40 Years of
Finance on
Shenzhen Special
Economic Zone

林居正　李凯

执行主编

刘平生　何杰

主编

深圳
经济特区
金融
40年

社会科学文献出版社
SOCIAL SCIENCES ACADEMIC PRESS (CHINA)

特别鸣谢：招商银行股份有限公司

主　　编：刘平生　何　杰

执行主编：林居正　李　凯

执　　笔：（排名不分先后）

　　　　　林居正　李　凯　余　臻　张润泽

　　　　　吕秋红　田程偲

写作单位：深圳市地方金融监督管理局

　　　　　深圳市金融稳定发展研究院

序

习近平总书记指出，我们回顾历史，是为了总结历史经验、把握历史规律，增强开拓前进的勇气和力量。只有与历史同步伐、与时代共命运的人，才能赢得光明的未来。在此过程中，深圳经济特区的光辉历程无疑是值得充分总结的，深圳经济特区的光明前景无疑是值得无限展望的。《深圳经济特区金融40年》一书正是以金融业为中心，充分展现了40年来，在深圳这片改革开放的热土上，一家又一家金融机构、一批又一批改革者、一位又一位实干家接续奋斗的壮丽篇章。

40年来，深圳金融业在市场取向的经济体制改革中发挥引领作用，是由经济体制改革到全面深化改革的典型案例。在40年发展历程中，深圳金融业得到了中央及监管部门的大力支持，而每项政策红利，深圳都善于转化为务实的改革措施，确保用足用好。

40年来，深圳金融业以"引进来"和"走出去"为契机，着力打造国际国内两个市场、两种资源的协同模式，是对由以进出口贸易为主到全方位高水平对外开放的精彩注解。利用毗邻香港国际金融中心的区位优势，深圳在吸纳香港资本、借鉴香港经验的过程中，加速了自我蜕变。过去40年，港深金融合作呈现从点到面、由浅入深的良好态势，成为深圳金融业持续扩大开放、接轨国际市场的重要载体和关键路径。

习近平总书记在深圳经济特区建立40周年庆祝大会上的重要讲话既充分肯定了深圳实现的"历史性跨越"，又是新时代深圳改革开放再出发的宣言书、动员令、指南针、路线图。正如本书所言，深圳经济特区建设不单纯是关乎一个城市发展的问题，更是关乎国家发展大局的大事，是向全世界展现大国改革开放形象和磅礴伟力的窗口，其重要意义绝不亚于任何其他国家战略。

新时代呼唤更多的改革者和实干家，而深圳作为中国特色社会主义先行示范区，需要将坚持"摸着石头过河"和加强顶层设计相结合，努力在资本项目开放、人民币国际化、金融规则与国际对接、港深金融融合发展、数字金融等领域率先破题，续写更多"春天的故事"。

总之，《深圳经济特区金融40年》一书站在"两个一百年"交汇的战略节点上，对深圳经济特区金融40年发展的恢宏历程和伟大成就进行了全面展示，能够唤起我们对40年极不平凡的党史、国史的深刻回忆，并奏响深圳金融全面深化改革、全面扩大开放的新时代号角，是一本具有历史价值和现实意义的著作。

前　言

在 2021 年党史学习教育动员大会上，习近平总书记指出，回望过往的奋斗路，眺望前方的奋进路，必须把党的历史学习好、总结好，把党的成功经验传承好、发扬好。要注重用党的奋斗历程和伟大成就鼓舞斗志、明确方向，用党的光荣传统和优良作风坚定信念、凝聚力量，用党的实践创造和历史经验启迪智慧、砥砺品格。

深圳作为中国改革开放的排头兵、先行地、实验区，在中国共产党坚强领导和全国大力支持下，用 40 年时间走过了国外一些国际化大都市上百年走完的历程，创造了世界发展史上的一个奇迹，在中国共产党历史、中华人民共和国历史上写下了浓墨重彩的一笔。

在中国共产党成立 100 周年和深圳经济特区刚刚跨越 40 载的重要时刻，《深圳经济特区金融 40 年》一书应运而生。本书聚焦深圳金融业的历史回眸和继往开来两大主题，一方面对深圳 40 年金融改革开放的重要事件、重要成就、重要机构、重要人物进行系统梳理和回顾；另一方面立足于世界大变局和新发展阶段的战略节点，对深圳金融业如何实现更高层次的发展进行展望。

本书分为四个部分，第一部分为历史进程篇，主要以深圳金融业的历史发展为时间线，分析并阐述 40 年中，深圳金融业在改革开放、创新发展、服务实体、港深融合等方面的光辉历程和重要经验，具体包括深圳金融业发展历程、深圳金融业发展的主要成就、深圳金融业发展的主要经验和不足三章内容。

第二部分为典型案例篇，主要对招商银行、中国平安、深圳证券交易所等代表性金融机构和金融基础设施等进行介绍，充分展现深圳金融机构从星火燎原、披荆斩棘到蓬勃发展、百花齐放的精彩历程。具体包括深圳股份制银行的典型案例、深圳国有银行的典型案例、深圳证券基金类机构的典型案例、深圳保险类机构的典型案例、深圳地方国资类机构的典型案例、深圳投资管理类机构的典型案例、深圳其他机构的典型案例七章内容。

第三部分为典型人物篇，主要对深圳改革开放进程中为促进金融业发展做出重要贡献的代表性人物进行介绍，充分诠释敢想敢试、敢为人先、埋头苦干的改革者精神和企业家精神。具体包括深圳党政机关代表性人物、深圳金融机构代表性人物两章内容。

第四部分为继往开来篇，主要对在世界百年未有之大变局和"双区"驱动战略下，深圳如何打造国际金融标杆城市提供具有方向性和实际操作性的建议。具体包括深圳金融业改革开放再出发的总体方向、深圳金融业改革开放再出发的实施路径两章内容。

本书具有四大特点。一是史料丰富，本书通过收集大量的史料，对40年来深圳的金融大事件进行全面梳理，对每个发展阶段的重要金融事件和背景进行系统阐述，对回顾深圳金融业的发展历史具有一定参考价值；二是案例丰富，本书对深圳的银行、证券、基金、保险、创投、金融基础设施和金融平台等代表性机构进行了全面介绍，覆盖面广，充分展现了深圳金融业态百花齐放、欣欣向荣的面貌，以及深圳金融机构如何更好地支持"双区"战略的实施；三是经验丰富，本书全面梳理了深圳金融发展的历史成就和经验，深化了我们对中国特色社会主义道路、理论、制度、文化的全方位认识，凸显了深圳政府和企业家在改革开放进程中敢于创新、敢于担当、敢于作为的精神；四是内涵丰富，本书注重大格局与高立意的思想，对先行示范区的发展机遇和战略意义进行了全面论述，对深圳金融业的重点创新发展领域进行了前瞻设想，丰富了中共中央、国务院《关于支持深圳建设中国特色社会主义先行示范区的意见》的内涵。

目 录

CONTENTS

第三部分　典型人物篇

第四部分　继往开来篇

第一部分

历史进程篇

第一章　深圳金融业发展历程

深圳改革开放的 40 年是披荆斩棘、波澜壮阔、砥砺奋进的 40 年，是中国特色社会主义在一张白纸上的精彩演绎。在此过程中，深圳金融从无到有，从小到大，从弱到强，是深圳改革篇章中不可忽视的重要组成部分，为城市的创新发展提供源源不断的新鲜血液。回顾深圳金融业的发展历程，既能够从历史中回眸城市发展与金融业发展相生相伴的峥嵘岁月，明确各个时期的时代特征和金融发展主线，领阅深圳改革者和建设者艰苦奋斗的历程和顽强拼搏的精神，又能够以史为鉴，呼唤新时代的新理念、新担当、新作为，为金融业改革开放再出发提供指引。

基于此，本章以深圳金融业的历史发展为时间线，将 40 年的发展历史大致分为五个阶段，在每个阶段中分别从金融业自身的发展特征和进程以及特区的政策改革、产业变迁、技术变化对金融业的影响等角度分析并阐述特区 40 年中，金融业作为特区资源流动的催化剂，如何铸就深圳的发展奇迹，实现深圳金融业发展与深圳全面发展的相辅相成。

第一节　服务外资外贸开启深圳金融业星火燎原之势

1979 年 5 月初，广东省委起草《关于试办深圳、珠海、汕头出口特区的初步设想》。"出口"一词，正道出了中央通过设立特区改变中国经济发展面貌的战略目标。1979年尚未改名成"深圳"的宝安县，正是中国经济发展的一个缩影：经济凋敝，工业产业薄弱，俨然是位于南方一隅的"小渔村"。此时宝安县人口只有3万人，1979年的人均生产总值只有606元，不少人因为吃不上饭而逃到一河之隔的香港。党的十一届三中全会提出发展生产力，必须引入国外技术，但是引进国外技术需要外汇，那么外汇从哪里来？国家计划成立的出口特区表明深圳等特区所担负的使命——依靠出口赚取外汇，依靠外汇购买国外先进工业品，再依靠先进工业品提高国家产出。既然改革是必然的，那么突破经济发展的限制势在必行，因此国家决定在特区试行更为大胆的办法。1980年8月，全国人大常委会颁布了《广东省经济特区条例》，深圳经济特区正式成立。

一 外贸产业飞速增长，促进金融开放发展

与香港在1841年开埠后最开始所做的转口贸易不同，深圳经济特区成立初期着重于在生产地生产加工制成品或半制成品，直接对接国外买方。"三来一补"是"来料加工"、"来料装配"、"来样加工"和"补偿贸易"的简称，凭借着劳动力成本低廉和深圳在农业纺织产品方面的国际比较优势，外贸时期正式拉开了序幕。这种对外贸易和生产模式，对生产地的货币兑换基础设施要求高，因此外汇汇兑业务亟须发展。1981年7月16日，中国银行深圳支行经中国银行、国家外汇管理局等联合批准改为中国银行深圳市分行，对外挂分行和外汇管理分局两块牌子。1982年1月，新中国成立后引进的第一家境外银行——南洋商业银行深圳分行开业。这家香港的银行，立足香港、服务世界，同样也为国外企业购买中国产品和服务提供汇兑业务等金融服务。随着外向型贸易逐渐成为特区初期发展的主题，以外商投资企业为主的特区外贸结构，产生了多种金融服务需求，而很多国内金融机构在提供多种金融服务方面经验不足，因

此 1981 年底，深圳市政府向上级呈送《关于尽快研究发行特区货币及批准外资银行来深圳经济特区设置分支机构的请示报告》。同年，中国人民银行批准香港民安保险有限公司在深圳设立分公司，成为第一家进入内地保险市场的境外保险公司。1983 年 3 月，日本拓银国际有限公司在深圳设立代表处，这是外国银行在我国经济特区设置的第一家代表机构。1984 年，中国人民银行深圳经济特区分行的成立，标志着深圳金融业走向更为成熟理性的发展道路，使得特区在一定程度上摆脱了金融发展单纯依靠中央政策支持的思路，走上了自我发展的市场化之路，央行在深圳正式设立分行，也代表特区获得了更高的金融管理权限。在对外开放方面，由于央行的支持，1984 年刚刚成立的中国工商银行深圳市分行率先在国内开办外汇业务，打破了中国银行在外汇业务的垄断，中国农业银行和中国建设银行也获准办理外汇结算业务。1986 年 4 月 4 日，深圳市政府颁布《深圳市外汇缴存和外汇管理体制改革办法》，在政策层面进一步完善了特区外汇管理制度。一系列金融改革创新政策和新的金融机构大大促进了特区外汇汇兑等业务的发展，为初期的特区金融业发展带来了外来经验、技术和资金，为全国金融业改革摸索了重要经验。

图 1-1 南洋商业银行深圳分行开业仪式

图片来源：南洋商业银行（中国）有限公司深圳分行。

二 特区资金切块管理，催生现代信贷市场

伴随着经济的好转，特区资金的使用在中央授权下更加自由。1984年7月16日，国务院批复《关于改革深圳市银行体制的试点意见》，国务院赋予深圳金融特殊政策：一是将中国人民银行深圳经济特区分行定位为省级分行，统管深圳的银行、证券、保险等金融机构，直接对总行负责；二是对深圳实行信贷资金"切块"管理（中国人民银行总行不调走深圳各行资金，留归深圳使用，除此以外，总行每年还切一块资金归中国人民银行深圳经济特区分行统一调配使用）；三是赋予中国人民银行深圳经济特区分行利率调整权；四是赋予中国人民银行深圳经济特区分行存款准备金的调节权；五是赋予中国人民银行深圳经济特区分行对金融分支机构的审批权。与此同时，中国人民银行深圳经济特区分行在信贷资金管理上进行如下改革：废除"金融井田"，打破专业银行界限；打破资金界限；组织银团贷款；取消信用放款，实行担保或抵押贷款；开辟按揭贷款；开辟离岸金融业务。随着深圳经济特区资金的切块，位于深圳经济特区的金融机构在开展信贷业务方面有了新的发展空间。1985年4月，建行深圳分行四海办事处在国内银行中首次推出"职工购房抵押贷款"业务，成为国内首家开办楼宇按揭贷款业务的银行。职工购房抵押贷款业务从深层次改变了人们传统计划经济的思维方式，使特区人民逐渐认识到可以通过贷款将未来的资金挪到当前使用，也可以通过存款将现在的资金存到未来使用。与此同时，人们也开始意识到借贷是存在风险的，人们的金融风险意识开始萌生，这是市场经济发展壮大必不可少的环节。

1984年，全国商业信贷工作会议决定在深圳、珠海、汕头经济特区和海南行政区试行特殊的信贷政策：一是放宽贷款条件，只要符合政策，有经济效益，还款有保证，不论自筹资金多少，都可以获得贷款；二是不论国营、集体、个体经营的各种商业、服务业，还是外商独资和中外合资的商业、服务业，以及商业、粮食部门外引内联的来料加工、补偿贸易等，都可以给予贷款。信贷政策的放

开，为深圳的民营企业提供了广阔的发展空间。特区民营、个体企业在更为自由的信贷政策激励下，有了起步资金和扩张资金，发展的动力越来越强，深圳民营企业兴盛的基础正是发端于此。1984 年 7 月，招商局蛇口工业区成立了内部结算中心，以加强对直属单位资金的宏观管理；1985 年 10 月 28 日，在内部结算中心的基础上成立了蛇口工业区财务公司，这是中国第一家企业内部结算中心和财务公司，一定程度上满足了工业区内企业的资金管理需求。

图 1-2　国内第一笔银行楼宇按揭业务抵押贷款合同

图片来源：建行深圳分行。

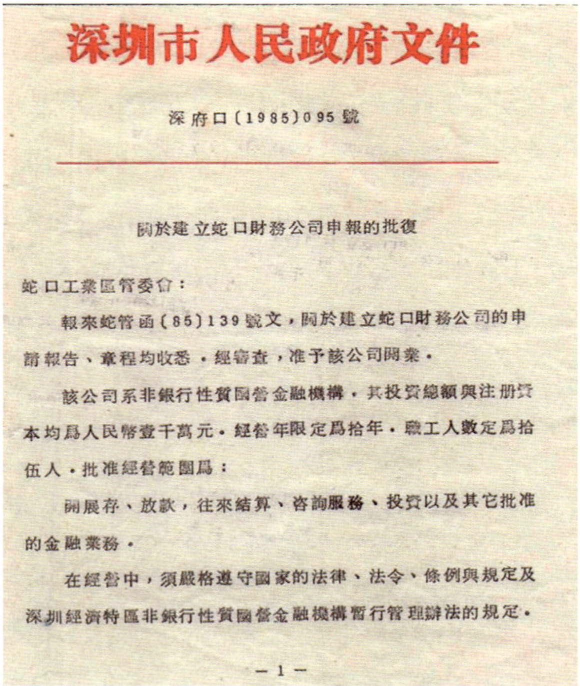

深圳市人民政府文件

深府口〔1985〕095號

關於建立蛇口財務公司申報的批復

蛇口工業區管委會：

報來蛇管函〔85〕139號文，關於建立蛇口財務公司的申請報告、章程均收悉。經審查，准予該公司開業。

該公司系非銀行性質國營金融機構，其投資總額與注册資本均爲人民幣壹千萬元。經營年限定爲拾年，職工人數定爲拾伍人。批准經營範圍爲：

開展存、放款，往來結算、咨詢服務、投資以及其它批准的金融業務。

在經營中，須嚴格遵守國家的法律、法令、條例與規定及深圳經濟特區非銀行性質國營金融機構暫行管理辦法的規定。

—1—

图 1-3　深圳市人民政府关于建立蛇口财务公司的批复

图片来源：招商局集团官网，https://www.cmhk.com/main/a/2015/k08/a258_313.shtml。

1980~1985 年，深圳步入外向型经济大发展时期，累计利用外资 9.2 亿美元，兴办了数千家外商投资企业。到 1985 年，出口总值达 56 亿美元，按当时汇率折算，占当年深圳国内生产总值的比例高达 53.9%。由于当时没有外汇市场，企业之间的外汇余缺无法通过正常渠道进行调剂，造成外汇黑市交易猖獗，甚至愈演愈烈。因此，建立一个公开合法的外汇市场，灵活调剂企业间外汇余缺，成为改善特区投资环境的当务之急。1985 年 9 月，中国人民银行深圳经济特区分行、国家外汇管理局深圳分局向国家外汇管理局联合提交《关于在深圳经济特区建立留成外汇调剂中心的请示》，希望公开办理企业间的外汇交易，外汇调剂实行“管两头，放中间”，即只管外汇来源和用途，放开调剂价格，只要外汇符合条例规定，用途正当，买卖双方可自由议价成交。1985 年 11 月 9 日，深圳市政府颁布《深圳经济特区外汇调剂办法》，深圳经济特区外汇调剂中心挂牌成立，这是全国首家外汇调剂中心。

三　企业股份制改革，资本市场开始萌芽

1981 年，深圳经济特区成立时被撤销的宝安县建制重新得到恢复，但原先的宝安县需要迁出深圳市到新安镇重建县城。白手起家，百废待兴。重建一个新县城，国家无法负担全部的迁移和建设投资。新成立的深圳市财力有限，市政府仅拨给宝安县 1000 万元作为启动资金，对当时的宝安县可以说是杯水车薪。当时的宝安县县长李广镇从一水之隔的香港得到启示，结合当时宝安的具体情况，提出了一个大胆的想法：集资办企业，搞一个宝安县联合投资公司，向社会公开招股，筹集一切可以筹集的资金，为建设新宝安服务。1982 年 11 月，中共宝安县人民政府经过慎重讨论，以宝府〔1982〕75 号文批复成立宝安县联合投资公司（现中国宝安集团股份有限公司的前身）。1983 年 7 月 8 日，宝安县联合投资公司在一阵鞭炮声中正式挂牌开业，这代表着新中国第一家股份制企业在深圳经济特区诞生。股份制企业的诞生在供给端为市场提供了更多的投资选择，此后不断有新兴的企业以股份制形式设立。

1983 年 6 月，深圳市政府批准三和有限公司成立。中国人民银行深圳经济特区分行、中国银行深圳市分行为该公司股权证、债券发行的法定代理人。1985 年，深圳开发科技股份有限公司第一次试行"技术入股"，成为中国首家"引智入股"的高科技企业。以这种"花钱买脑袋"的方式合资，在当时的中国是一种大胆的创新。1985 年 11 月 4 日，经中国人民银行总行批准，深圳特区证券公司成立，这是全国第一家证券公司。1986 年 10 月 15 日，深圳市政府颁布并实施《深圳经济特区国营企业股份化试点暂行规定》，国营企业股份化改革进程在深圳拉开序幕。1988 年 3 月 1 日，深圳市政府决定，市属赛格集团、城市建设开发集团、物资总公司、石化总公司等 6 家大型国营企业实施股份化，这些企业设

国家股、企业股、社会股、职工私人股等。1988 年 12 月 28 日，深圳万科企业股份有限公司开始向国内外公开发行股票 2800 万股，每股人民币 1 元。万科的前身是深圳国营现代企业公司，经深圳市政府批准进行股份制改造，这是广东省工商企业按"国际规范"发行股票的第一家企业。除了国营企业以外，同样开始股份制改革的还有商业银行和保险公司：1987 年 4 月 8 日，我国第一家由企业集团创办的银行——招商银行在深圳蛇口开业；1987 年 12 月 29 日，我国第一家由国家、企业、私人三方合股的区域性、股份制商业银行——深圳发展银行开业；1988 年 4 月 7 日，深圳发展银行发行的股票在深圳正式挂牌上市，该行成为国内第一家股票上市的银行；1988 年 5 月 27 日，由招商局蛇口工业区下属的社会保险公司与中国工商银行深圳信托投资公司合办的保险公司——平安保险公司在蛇口开业，这是全国第一家由企业与专业金融机构合办的保险公司。当时深圳在企业改革中面临这样一种困境：在产权仍属国家而经营权特别是分配权交给企业后，收入分配普遍向国家倾斜。承包制也未能解决这一难题，企业自我约束、自我积累、自我发展的机制始终未能真正建立。而股份制无疑是国营企业建立自我约束机制的理想选择。在股份制体制下，企业的税后利润分为生产发展基金、职工福利基金与奖励基金、分红基金三大块，企业发展、积累增加、股本升值是股东的根本利益所在。深圳股份制改革如火如荼地进行，不仅激发了个人对投资机会的渴望，也激发了企业对效益的追求，为接下来资本市场的发展奠定了基础。

股份制建立了一套基本按国际惯例运作的管理体制，规范了投资各方的权利与义务。股份制是一种分散风险、集中投资、稳定经营的机制，使其产生了其他企业机制难以比拟的吸引力，这对进一步引进外资、发展外向型经济起到了重要作用。伴随着服务外资外贸需求，外资金融机构开始进入特区。1986 年 7 月 25 日，中国银行深圳市分行、香港东亚银行、日本野村证券有限公司、美国太平洋海外投资有限公司和日本住友银行 5 家金融机构签订协议，在深圳成立全国第一家中外合资的跨国性的非银行金融企业——中国国际财务有限公司。1988 年 6 月 9 日，经中国人民银行批准，外资银行被允许在深圳设立外资银行分行和中外合资银行经营人民币业务。外资金融机构进入深圳的同时，中资银行也迈开了对外开放的步伐。1989 年 7 月，招商银行正式推出离岸业务，成为新中国首家开办离岸业务试点的银行，这为中资金融机构拓展外向型业务积累了许多宝贵经验。1989 年底，深圳共设立营业性外资金融机构 16 家，占同期全国外资金融机构总数的 59%。

五　特区法制建设先行，金融业规范管理

金融机构的发展迫切要求金融行业的管理与时俱进，跟上经济发展的步伐。金融管理的规范化、制度化和市场化则是深圳金融机构迅速发展的内在要求与必然选择，同时又为深圳金融业的发展打下了良好的基础。一方面，管理规范要求法制先行，这一时期是深圳市金融秩序大整顿、金融法规频频出台的时期，在 1985 年到 1988 年这三年间，针对金融管理领域，中国人民银行深圳支行、深圳市人民政府等部门出台的一系列规范金融行业的法律、法规和措施超过 300 份，如关于颁发《深圳经济特区现金管理暂行办法》的通知、关于颁发《深圳经济特区外汇调剂暂行办法》的通知等。这些法律法规的制定对于推进深圳金融业更加规范地发展起到了积极作用。另一方面，随着法律法规的颁布实施，深圳金融机构与人员设置逐渐完善，从业人员的专业水平不断提升，深圳金融业的市场化、专业化水平显著提高。例如，这一时期作为深圳市中央银行的中国人民银行深圳经济特区分行就包括 2 个办公室、18 个工作处、2 个工作中心、1 个纪检组和 1 个宝安支行。此外，各类其他银行、保险公司、证券公司的职能和机构划分也更为完善。

第二节　资本市场成长壮大推动深圳金融业提质增效

早在 1990 年 12 月深圳证券交易所试营业之前，深发展、深万科、深金田、

深安达以及深原野这 5 只股票就已经在深圳特区证券公司公开柜台上市交易，史称深市"老五股"。

"老五股"陆续在特区证券部、国投证券部、中行证券部进行柜台交易，构成了深圳证券市场的雏形。到 1990 年，深市"老五股"已经在深圳的 12 个证券部进行柜台交易。此时特区分散的柜台交易效率低，信息不透明，导致许多投资者亏损。为了加强管理，集中的交易场所与标准化的章程亟待建立。深圳在股份制改革的过程中，逐渐放开投资主体的限制，充分激发了民众对财富的向往，这反过来也促进了企业股份化和资本市场发育的进程，带动深圳金融体系不断完善。

一 实体经济证券化，资本市场破壳而生

1990 年，《深圳经济特区股份有限公司条例》颁布。而当年深圳 3862 家工业企业中，股份形式的公司近 2000 家。这在供给端为更加成熟的资本市场发展提供了巨大先行优势。在改革开放不断深入并取得令人瞩目的成就的过程中，特区的发展同样吸引了外资的眼球，引起了外资对飞速发展的特区市场表现出极大兴趣。时间回到 1988 年 5 月，时任深圳市委书记兼市长李灏率团到英国、法国和意大利招商引资。在伦敦举行的一次推介会上，参加会议的境外大基金、大证券公司老板对李灏书记说："你不是要引进外资吗，我们这一个基金的老板手里就有几亿美元，在座这么多人，就有几十亿美元，但这些钱只能投资股票、债券，所以我们建议李书记回到深圳以后，建一个按国际惯例运作的证券交易所，给我们一个投资的机会。"① 在国内，投资者热情刚刚被点燃；与此同时，国外投资者也期盼能够分享特区建设的红利。因此，一个更为集中和成熟的资本市场在股份制改革蓬勃进行的特区应运而生。1990 年 8 月 16 日，新中国首家证券登记

---

① 来源于《禹国刚口述历史：深交所一开始就坚持规范与发展并重》。

专业机构——深圳证券登记有限公司正式组建成立，为深圳证券交易所的设立与经营奠定了基础。

二　借鉴多方经验，深圳证券交易所成立

1988 年，时任深圳市委书记兼市长李灏访英归来，途经香港时，聘请香港新鸿基证券公司主席冯永祥担任深圳市政府顾问，负责以下几件事：一是协助深圳市政府制定深圳市金融证券发展的总体规划；二是请冯永祥从香港派人到深圳帮助培养资本市场人才；三是为深圳证券交易所（简称"深交所"）成立提供足够的资料。1989 年 4 月至 9 月，在学习境外证券市场法律法规和业务规则的基础上，结合深圳的实际情况，李书记领导的深交所工作组推出深交所"蓝皮书"——《深圳证券交易所筹建资料汇编》。同年 11 月 15 日，市政府下达《关于同意成立深圳证券交易所的批复》。但是原本打算 8 月开业的深交所，一直没有正式开业。1990 年 12 月 1 日，还没拿到"准生证"的深交所正式"试营业"，中国改革开放后第一家证券交易所——深交所开始集中交易，"深安达"股票在当天上午成交 8 笔共计 8000 股。"深安达"股票集中交易被很多人形象地称为"先生孩子后拿证"，它标志着新中国从此有了资本市场。无论是从深圳还是从全国金融改革开放史角度来看，这都是一项具有里程碑意义的影响深远的重大改革。

三　资本市场深化发展，多层次资本市场格局形成

特区股份交易市场在不断壮大的同时，金融机构为了增强抵御风险的能力，联手推进资本市场的深化改革，有效促进多层次资本市场形成。在企业贷款方面，为了应对初期单个银行储蓄资金不足的问题，1990 年 9 月 28 日，由 16 家日资和中资银行组成的国际银团向深圳赛格日立彩色显示器件有限公司贷款 8200 万美元。在债券市场方面，1990 年 11 月 20 日，全市七家金融机构联手

发行深圳首家大型企业债券——深圳机场公司债券。此外，在期货市场发展方面特区也开花结果：1991年6月10日，中国首家期货交易所——深圳有色金属期货交易所正式成立；同年9月28日，深圳有色金属期货交易所推出我国第一个商品期货标准合约——特级铝期货合约，这标志着中国期货市场的正式建立。资本市场的发展引发了许多衍生需求，进而催生了各种各样的金融服务机构。1992年8月23日，由10家金融机构共同组建的深圳资信评估公司正式成立，次年，该公司正式拿到企业法人营业执照，这是中国首家金融机构合股组建的金融资信评估有限公司。该公司的建立，是市场经济发展的必然产物，是当时深圳改革试验进一步深入推进的体现。资本市场的发展，提高了人们的风险意识，使得保险机构的身影开始出现在特区逐渐发展的金融市场中。1992年10月，深圳千秋业保险顾问公司成立，这是中国第一家保险中介机构。资本市场的发展壮大，带动了以基金业为代表的财富管理行业的发展。1992年10月8日，我国第一家专门从事投资基金管理的专业性机构——深圳市投资基金管理公司成立，开了中国基金投资管理的先河。1993年1月19日，新中国历史上第一个按照国际管理规则运作的基金——天骥基金一次性公开募集成功。

市场对资金的需求愈加强烈，各类资金融通、交易中心和信用社如雨后春笋般涌现。1993年6月3日，全国第一家试行资金公开买卖的融资中心在深圳成立。1994年5月28日，深圳外汇经纪中心成立，并于同年10月率先设立了外汇同业拆借市场，这是中国首家专门从事外汇买卖及相关金融服务的外汇经纪机构。1994年12月29日，为解决中小科技企业融资难问题而设立的专业金融服务机构——深圳市高新技术产业投资服务有限公司（深圳高新投集团有限公司的前身）成立。1995年6月22日，我国首家城市合作商业银行——深圳市城市合作商业银行在深圳成立，它整合了当时16家城市信用社，为深圳金融业注入了竞争压力和市场活力。1998年3月，经中国证监会批准，国内首批两家规范的基金管理公司之一的南方基金有限公司在深圳成立。当月，第一批获得中国证监会批准发行的封闭式证券投资基金——开元证券投资基金在深圳证券交易所公开网上发行。在深圳发展的过程中，因为信用抵押不足问题，中小企业资金融通需求最为强烈，因此，增信机构对中小企业的意义重大。1999 年 12 月 28 日，深圳市中小企业信用担保中心（深圳担保集团有限公司的前身）挂牌成立。在这个时期，多层次资本市场及相应的各种金融服务机构不断深化发展，为金融业注入了源源不断的活力与动力。

图 1-4　深圳外汇经纪中心开业和深圳外汇调剂中心迁址仪式

图片来源：深圳市史志办，http://www.szzx.gov.cn/content/2015-09/02/content_12198428.htm。

四　迎接香港回归，金融开放范围扩大

香港在 1997 年回归祖国，开启了深港金融合作的新篇章。在迎接香港回归的时期，深圳金融业在发展过程中日益受到香港成熟经验的影响。随着特区经济的发展，资金融通需求的日益扩大以及融资方式选择的多元化，扩大深圳金融领域的开放成为必然。香港的回归改变了金融发展路径，使得深圳金融业日益走向

国际化。深圳的金融业开放在 20 世纪 90 年代取得一个又一个丰硕的成果。

1993 年 8 月 20 日，渣打证券有限公司、法国里昂证券有限公司、高城证券有限公司、新鸿基投资服务有限公司和柏毅证券有限公司的代表，首次以深交所 B 股特别经销商的身份，进入深交所交易大厅直接为客户买卖股票。随着外资银行合资限制的放开，1993 年 9 月 3 日，首家中外合资银行——华商银行在深圳开业。特区金融机构也积极对外发行债券。1994 年 9 月 22 日，深圳国际信托投资公司发行 1.5 亿亚洲美元债券承销协议签字仪式在香港举行，这是深圳市首次向境外发行债券。

临近香港回归，深圳企业"走出去"步伐加快。1997 年 2 月 18 日，"深业控股"上市国际推介会在伦敦举行，21 日在香港正式发售，26 日招股获得超 300 倍认购，上市集资额 5.32 亿港元，深业控股也因此成为深圳市第一家于境外上市的企业。1997 年 2 月 24 日，深圳市第一个在港上市的 H 股——深圳高速公路正式向境外推介，3 月 9 日全球发行，募集资金 17.63 亿元。随着开放合作交流的深入，香港与内地的结算效率越来越高。1997 年 12 月 3 日，香港与中国人民银行深圳经济特区分行达成协议，设立联合结算机制，港元支票的交换和兑换时间缩短至 2 天。香港回归后，政策开始放开对外资银行部分业务的限制。1998 年 8 月，深圳成为第二个允许外资银行经营人民币业务的试点城市。外资保险机构也感受到深圳发展的巨大潜力，纷纷在深设立机构并寻找合作机会。2000 年 1 月 21 日，外资保险公司首次获准在深开展业务，美国友邦保险有限公司、美亚保险有限公司的深圳分公司正式开业。2000 年 12 月 20 日，中国平安保险公司与美国国际集团（AIG）达成协议，这是中外资保险企业的首次战略联盟。2006 年 5 月，保监会与深圳市委市政府共同确定将深圳建设成为全国保险创新发展试验区，深圳由此成为全国首个保险创新发展试验区。2010 年 3 月，保监会与深圳市政府在深圳签署了《中国保险监督管理委员会、深圳市人民政府关于深圳保险创新发展试验区建设的合作备忘录》，进一步明确了深圳保险创新发展试验区的发展方向，支持符合条件的香港保险机构在深圳设立中国总部、分支机构以及各类后台服务机构，支持有条件的深港两地保险机构在产品开发、渠道开拓和理赔服务等方面开展资源共享和业务合作。金融业对外开放在这个时期具备全面性的特点，在各个金融领域积极引入外资，部分放开了中外合资的限制以及对外资金融机构业务范围的限制。金融开放的深入推进为特区金融业带来了国际资金和重要的国际经验。

五 数字化基因植入，技术提高金融业效率

20 世纪 80 年代末，深圳由贸易和初级加工业为支柱产业向科技产业转型。外贸行业快速发展的同时，国外先进管理理念流入外贸企业。伴随着代工技术的发展，先进数字化管理理念也影响到深圳的各行各业，尤其是以电子代工为主的深圳外贸产业，为特区植入数字化基因，在一定程度上为深圳金融业数字化转型发展提供助力。

从引进第一台大型电脑主机开始，深圳开启了银行业电子信息化的时代，首创数十项行业第一的创新业务，在科技创新方面一直领先于全国。国内第一台 ATM 自动柜员机在深圳诞生，昭示了一个新金融时代的开启。1988 年 5 月，中国银行深圳市分行顺利完成 ATM 项目投产工作，并发行全国第一张 ATM 鹏程卡，标志着国内首家 ATM 联机网络已经形成，这意味着储户可以在深圳的任意一家中行网点办理存取款业务，这项创新为客户带来了巨大的便利，属于当时整个银行业具有革命性意义的里程碑事件。深圳银行业自中国银行开始，逐渐把电脑系统管理广泛应用到各类业务。科技的应用使客户有更好的服务体验，也使银行的内部运作更为高效。数字化科技化的基因深深地烙在深圳金融业发展的过程中。1992 年 8 月 27 日，中国首套条形码收款机系统在深圳面世。同年，深圳市正式推出电话委托买卖股票业务，为投资者购买股票提供便利。1993 年 1 月 12 日，由新欣软件公司和中国农业银行深圳市分行共同开发的中国首套证券电话委托自动交易系统通过鉴定。同年 3 月 29 日，深圳证券交易所正式与路透社的

IDN 网络联通，为全世界传送深 A、深 B 及债券等实时报价，使得国外投资者看到"深圳价值"。1995 年 5 月，深圳金融电子结算中心率先建立小额批量处理系统，并于 1996 年在全国率先开通"缴费自选一本（户）通"代收付批量结算业务。这一业务，由市民自主选择银行，通过一个账户通缴水电气等公共事业服务费用，极大方便了人们的日常生活。数字化技术在金融业的应用是高科技产业在深圳成长壮大的一个时代缩影。

六　金融乱象叠加亚洲金融风暴，金融监管未雨绸缪

随着资本市场的发展，问题也不断暴露出来：黑市交易、过度投机以及市场不透明导致内幕交易盛行等乱象，使得投资者蒙受损失。比如深圳"8·10"事件中，百万人争购股票抽签表并引起骚乱，这是深圳股票市场发育不成熟、运作不规范的表现。此外，1997 年席卷东南亚各国的亚洲金融风暴，使得深圳金融业经受了一次国际化的大洗礼，极大地促进深圳金融监管、金融发展模式与金融发展理念的转变。针对这次危机中暴露出的薄弱环节，深圳金融业加强了以信用体系建设为主的安全防范建设以及市场化管理方式与管理手段的建设。特区政府不断推出新的监管政策以应对金融开放带来的潜在风险。1991 年 4 月 1日，中国人民银行深圳经济特区分行在全国率先推出贷款证制度，该制度探索出了一条"活而不乱、管而不死"的金融管理新路，是"金融管理跃上新台阶的标志"。1991 年 5 月 15 日，中国第一个股票市场管理条例《深圳市股票发行和交易管理暂行办法》实施。1991 年 12 月 5 日，中国人民银行、深圳市人民政府发布《深圳市人民币特种股票管理暂行办法》，B 股监管办法出炉。1992 年1 月，经上级部门批准，深圳市政府发布《深圳市股份有限公司暂行规定》，标志着我国资本市场第一部具有法律效力的文件正式实施。该规定在我国股份制发展历程中具有开创性的意义，为后来颁布的《公司法》提供了大量的经验。1992 年 9 月 23 日，深圳体改办和深圳司法局联合发布《关于律师参与股份制

改革若干问题的通知》，要求国有企业申请上市必须出具法律意见书，自此法律意见书成为公司上市申请必备的第 14 份材料。伴随着资金可得性的提高和股份制改革带来的风险分散效应，各种各样的股份制公司纷纷建立，亟须建立公司管理标准。1993 年 4 月，深圳市一届人大五次会议通过《深圳经济特区股份有限公司条例》和《深圳经济特区有限责任公司条例》，这是我国第一批问世的公司法，明确规定了公司的设立、组织、活动和解散以及股东的权利和义务等关系。金融机构间开始成立自律协会，为营造良性竞争市场提供协商交流平台。1996 年 4 月 11 日，深圳 14 家金融机构负责人正式签署《深圳市国内金融机构关于制止存款业务中不正当竞争行为的公约》，倡导和谐竞争、共赢竞争。保险业在特区的发展起步较早，因此深圳市政府在 1997 年 1 月 3 日就推出《深圳市保险机构风险监管试行办法》，为规范保险行业发展提供了制度性保障。随着政府监督权与管理权之间的边界逐渐明晰，政府投资规范管理也提上日程。2000 年 7 月 1 日，《深圳市政府投资项目管理条例》正式实施，这是我国第一部政府投资项目管理的专门法规。2003 年 3 月 1 日，《深圳市支持金融业发展若干规定》发布，由此设立深圳金融业发展专项资金和金融创新奖，并成立深圳市金融资产管理办公室（9 月 19 日更名为深圳市人民政府金融发展服务办公室）。

第三节　高科技产业崛起促进深圳创投之都强势腾飞

20 世纪 80 年代末 90 年代初，正当深圳的"三来一补"企业和三资企业蓬勃发展之时，深圳市政府却有意识地抑制了这种发展过快的趋势，前瞻性地提出以市场为导向发展高新技术产业的基本思路，把发展高新技术产业作为深圳的第一经济增长点，将电子信息、新材料和生物工程技术作为 20 世纪 90 年代重点发展的科技领域。这一时期的深圳主要以分配制度改革和人才政策创新为突破口，一方面鼓励资本、技术要素入股并参与分配，充分调动广大科技人员的积极性；另一方面积极打造人才洼地，吸引国内外大量的优秀科技人才。在深圳市政府的正确引导下，高新技术产业化的市场机制不断完善，尤其是无形资产评估制度的建立、技术入股机制的完善以及融资贷款、风险投资、成果转化等体系的相继组建，为深圳中小企业及高新技术产业的创新发展提供了体制机制保障。为完善和规范政府推动高新技术产业发展的政策措施，1998年深圳出台了以"22条"为代表的一系列扶持高新技术产业发展的重要文件，在研发投入、技术入股、融资担保、税收优惠、人才引进等方面取得重大突破。高科技企业尤其是民营高科技企业的特征是自主研发投入占比高，成果转化周期长，总体风险较大。但是经验证明，各国中小企业不仅支撑着国民经济，而且吸纳了大部分就业。特别是其中的高新技术中小企业，往往是孕育大型高科技企业的摇篮。实践证明，高新技术企业只要有好的体制和机制，有持续创新能力和正确的市场策略，就能够迅速从小到大，在激烈的市场竞争中崛起。从1999年开始，深圳每年举办"中国国际高新技术成果交易会"，为高科技企业对外展示从而获得资金支持提供有效的交流平台。高科技以及民营企业的发展使得风险投资、私募股权投资以及担保增信等行业在深圳发展壮大开来，"创投之都"在特区逐渐形成。

一 政策鼓励设立创投机构，助力高科技企业发展

1999年8月25日，深圳市第一家创业投资机构"深圳市创新科技投资有限公司"（深圳市创新投资集团有限公司的前身）宣告成立。在政府引导下成立的深创投，通过资源整合、资本运作、监督规范、培训辅导等多种方式助推投资企业快速健康发展。同年11月24日，盐田区民科企业安多福公司以商标抵押，获得首期40万元贷款，首开商标抵押科技贷款的先河，这是深圳市扶持高科技产业的尝试之一。1999年9月23日，深圳市政府常务会议审议通过了《关于进一步扶持高新技术产业发展的若干规定》（"新22条"），突出以人为本，以抢占引

进人才、引进成果的"双引进"为制高点，在八个方面实现了创新和突破：一是增强政府产业导向性及其决策科学性；二是继续加大财政对科技的投入，提高高新技术企业的创新能力；三是进一步加大税收优惠政策，减轻高新技术企业的税负；四是以人为本，侧重成果转化；五是营造尊重知识、尊重人才的社会氛围；六是设立政府奖励制度，鼓励高新技术成果产业化；七是提出了对知识产权的管理和保护；八是放宽设立高科技型企业工商注册政策。2000年10月14日，深圳市政府颁布《深圳市创业资本投资高新技术产业暂行规定》，为进一步吸引国内外创业资本投资高新技术产业，加快深圳市高新技术产业的发展，规范创业投资机构的设立和经营，形成完善的创业投资体系，保护创业投资者的合法权益，提供制度化保证。在鼓励技术转让方面，特区也走在时代前沿。2000年10月14日，全国首家股份制技术产权交易所——深圳国际高新技术产权交易所开盘，全国人大常委会副委员长成思危为其摇铃开盘。高新技术交易所的成立，促进了特区高新技术产业化进程、架构了技术与资本的桥梁。高新技术交易所采用市场化的运作模式，为科技型企业、成长型企业和高科技项目提供了广泛的投资融资市场空间。

图1-5 《关于进一步扶持高新技术产业发展的若干规定》实施

图片来源：《深圳商报》。

高科技企业与民营企业由于自身的风险特征，对于征信业务的需求旺盛。2001年12月18日，深圳正式发布《深圳市个人信用征信及信用评级管理办法》。这是我国首次出现个人信用立法，也是我国首部地方征信法规，深圳成为全国第一个为个人信用立法的城市。它的出台，促进了深圳征信业的发展，推动了深圳社会信用体系建设，也为我国其他省区市的社会信用体系建设起到了模范带头作用。2002年，《深圳市企业信用征信和评估管理办法》出台，推动了社会征信体系的建立，进一步提高了高科技和民营企业的信用透明度，减少了市场"劣币驱逐良币"现象的产生，有助于保护创投等投资主体，也有助于引导资金流向优质的高科技和民营企业，为高科技企业的发展提供更多的资金和流动性。

2002年10月16日，国内首个大型投资企业集团——深圳市创新投资集团正式成立。集团以创业投资业务为支柱，以创业投资相关增值服务业务为延伸，走基金与基金管理的发展之路，推动深圳乃至我国高新技术产业的发展。2003年2月，深圳颁布《深圳经济特区创业投资条例》，规范创投行业发展，为创投企业提供有关鼓励和优惠措施，并在特区政府的指导和监督下，引导创业投资同业公会的设立，同时提供境外投资人申请独资或者合资设立创业投资机构或者创业投资管理机构的审批服务。

二 政策持续加码，扶持中小微企业融资

中小微科技企业往往是大型高科技企业的前身，因此2004年，国务院发布的《关于推进资本市场改革开放和稳定发展的若干意见》提出，分步推进创业板市场建设，完善风险投资机制，拓展中小企业融资渠道。2004年5月17日，深圳证券交易所主板市场内设立中小企业板块。中小企业板块的总体设计可概括为"两个不变"和"四个独立"，即在先行法律法规不变、发行上市标准不变的前提下，在深圳证券交易所主板市场中设立一个运行独立、监察独立、代码独立、

指数独立的板块。中小企业板的推出成为建设多层次资本市场体系过程中的一块"探路石"，通过直接融资推动中小企业和科技型企业的发展。深圳通过成立专营机构和进行金融产品和服务创新，实现点对点支持，更有效地扶持了民营和科技中小微企业。2005 年 12 月 10 日，深圳市农村商业银行正式挂牌开业，成为继北京、上海之后国内第三个副省级及以上城市成立的农村商业银行。2007 年11 月 21 日，由深圳市政府、国家开发银行联合举办的"2007 年深圳市中小企业集合债券"发行仪式在五洲宾馆隆重举行，这是国内首只由中小企业捆绑发行的债券。2008 年 4 月 1 日，《深圳经济特区金融发展促进条例》通过，是全国首个地方金融立法，提出拓宽中小企业融资渠道等创新举措。2008 年 7 月 30 日，深圳市委、市政府为解决"融资难"问题再出实招，建行深圳分行与市民营企业互保金管委会在五洲宾馆举行互保金贷款签约仪式，建行承诺在未来 5 年提供 150亿元贷款支持深圳市重点民营企业发展。首批 20 家企业签订了合作意向书，获得共计 12.3 亿元的贷款支持。同年 8 月 25 日，深圳市政府召开中小企业融资政策及产品推介会，进一步缓解部分中小企业尤其是科技企业融资难问题。全市44 家银行 10 家担保机构到场服务、300 余家面临融资难问题的企业到会，享受面对面融资服务。2008 年 12 月，招商银行获得中国银监会颁发的小企业信贷中心金融许可证，成为国内首家拥有小企业信贷业务专营资格的金融机构。2009年 6 月，深圳发布《深圳市小企业金融服务体系建设工作方案》，从机构体系创新、政策扶持、环境体系建设、业务体系创新指导、鼓励发展多种形式专业小企业金融服务机构等方面解决中小企业融资难问题。2009 年 10 月 23 日，创业板举行开板启动仪式。首批 28 家公司于 2009 年 10 月 30 日以平均 56.7 倍市盈率登陆创业板，从此中小企业更加便利地拥抱资本市场。2009 年 12 月 4 日，深圳出台《深圳市小额贷款公司试点管理暂行办法》，缓解中小企业融资难题，满足中低收入人群融资需求。深圳同时加强对股权投资基金产业的扶持，于 2010 年出台《关于促进股权投资基金业发展的若干规定》。4 月 23 日，深圳首个股权投资基金集聚园在南山高新区金融基地揭牌。

三　为外资提供舞台，引入外资促进竞争

深圳金融业发展过程离不开外资的参与。利用外资，促进了特区金融业对国际资本市场、风险投资的学习，在政府引导下利用国外证券市场及建立中外合资合作产业基金、风险投资基金，为特区科技企业提供资金。尤其是在深圳市国企改造方面，通过吸引跨国公司采用跨国并购方式，增强了深圳市国有企业造血功能，提高了企业管理水平，使深圳市国有企业在资本、市场、运作等各方面逐步与国际接轨。外资加大对特区科技企业的投资，拓展了深圳电子产品进入国际市场的机会，也使得深圳高科技企业能够引入国外先进的管理理念。在引入外国资金的同时，本土金融机构面对更为成熟的外资金融和政府机构，在市场竞争压力下通过不断学习、模仿取得进步，从而促进了行业长期健康发展。

2001年中国正式加入WTO。在此之前，深圳高新技术产业是出口优势产业，这主要是由于深圳在生产高新技术产品方面具有低成本等比较优势。随着以市场换技术及出口配额等限制性政策的取消，以及外商投资方式的放开，外商投资深圳高新技术产业的环境更加宽松；同时，随着在深圳设立主要为高新技术企业服务的"二板市场"已成定局，外商投资深圳高新技术产业在中国加入WTO之后更加踊跃。值得注意的是，加入WTO后，中国逐渐开放电信服务业，电信服务业投资增加又带动通信设备制造业的发展，使得通信设备制造业成为深圳的支柱产业和外商投资的重点产业。2002年2月4日，《深圳市利用外国政府贷款管理办法》经市政府常务会议讨论通过，该办法规定：经市、区人民政府授权的市、区财政局，市属事业单位和在深圳市登记注册的工商企业都可以申请外国政府贷款。2002年6月22日，深港港币支票双向结算业务正式开通，大大缩短了资金的在途时间，为深圳乃至珠江三角洲地区的港币支票提供了安全、稳定、

高效的结算渠道，加快了外资通过香港进入深圳的步伐，为高科技等产业注入增量资金。外资金融机构和投资者的进入产生了对汇兑等外汇业务的需求。2002年7月8日，在深圳经营全面外汇业务的外资银行——汇丰银行深圳分行正式开业。

四　CEPA框架建立，深港加强金融合作

为了逐步取消香港和内地之间的货物贸易关税和非关税壁垒，逐步实现服务贸易自由化和贸易投资便利化，2003年6月，香港特区政府与中央政府签署了《内地与香港关于建立更紧密经贸关系的安排》（简称"CEPA"）的主体协议。此后在CEPA框架下，深港金融合作不断结硕果。香港作为国际金融中心，为深圳引入了增量国际资本。2004年2月29日，香港永隆银行深圳分行正式开业，成为在CEPA框架下香港银行首家内地分行。2007年12月13日，中国人民银行深圳市中心支行人民币发行基金中心香港代保管库在香港中银大厦70楼正式启用。同年，首家总部落户深圳的外资法人银行——永亨银行（中国）有限公司开业。2007年发布的《深圳市金融产业布局规划》，明确深圳将承接香港国际金融中心的部分前、后台职能，为香港的金融机构提供新发展空间，巩固和提升深圳区域性金融中心地位。2008年7月，南方基金公司获批在香港设立资产管理合资公司——南方东英资产管理有限公司，成为内地唯一一家获批在香港设立分公司的基金公司。2009年6月18日，香港按揭证券公司与深圳金融电子结算中心合资设立深圳经纬盈富担保有限公司，该投资的设立标志着深港两地金融合作的进一步深化。2009年7月7日，"深圳市跨境贸易人民币结算试点"正式启动，中国人民银行深圳市中心支行率先创造性地设计并实践境外人民币业务清算机制，成功将境内支付系统应用推广到境外，一举突破跨境资金清算主要依赖SWIFT等系统的局面，推动了我国支付体系国际化。

第四节　前海开发建设打造深圳金融开放创新新格局

CEPA 是一个开放性的协议。随着香港和内地经济的不断发展和内地改革开放的继续深化，CEPA 也随之不断增加和充实新的内容。CEPA 的主要内容涵盖货物贸易零关税、服务贸易自由化和贸易投资便利化三个方面。2010 年 8 月 26 日，《前海深港现代服务业合作区总体发展规划》获国务院批复，提出研究探讨推进深港金融合作，研究适当降低香港金融机构和金融业务准入门槛，支持金融改革创新项目在前海先行先试，营造良好的金融生态环境，吸引各类金融机构在前海集聚发展，增强金融辐射服务能力，努力将前海建设成为国家金融业对外开放试验示范窗口。

一　政策先行先试，打造特区中的特区

2012 年 6 月 29 日，国务院批复前海实行比经济特区更加特殊的先行先试政策，政策涉及金融、财税、法制、人才、教育医疗以及电信六个方面 22 条具体措施，支持前海在金融改革创新方面先行先试，建设我国金融业对外开放试验示范窗口，并给予前海 8 个方面的先行先试金融政策。一是允许前海探索拓宽境外人民币资金回流渠道，配合支持香港人民币离岸业务发展，构建跨境人民币业务创新试验区。二是支持设立在前海的银行机构发放境外项目人民币贷款，在 CEPA 框架下，积极研究香港银行机构对设立在前海的企业或项目发放人民币贷款。三是支持在前海注册、符合条件的企业和金融机构在国务院批准的额度范围内在香港发行人民币债券，用于支持前海开发建设。四是支持设立前海股权投资母基金。五是支持包括香港在内的外资股权投资基金在前海创新发展，积极探索外资股权投资企业在资本金结汇、投资、基金管理等方面的新模式。六是进一步推进前海金融市场扩大对香港开放。支持在 CEPA 框架下适当降低香港金融企业在前海设立机构和开展金融

业务的准入条件。七是根据国家总体部署和规范发展要求，支持前海试点设立各类有利于增强市场功能的创新型金融机构，探索推动新型要素交易平台建设，支持前海开展以服务实体经济为重点的金融体制机制改革和业务模式创新。八是支持香港金融机构和其他境内外金融机构在前海设立国际性或全国性管理总部、业务运营总部，加快提高金融国际化水平，促进前海金融业和总部经济集聚发展。

2013 年 5 月 9 日，深圳市召开改革工作会议，公布深圳市《深圳市全面深化改革总体方案（2013—2015 年）》，提出制订前海金融创新发展总体方案，创新跨境人民币和境外股权投资业务，在创新型金融机构和新型金融要素交易平台建设等方面先行先试。2014 年 1 月 23 日，深圳市发布《关于推进前海湾保税港区开展融资租赁业务的试点意见》，从市场准入、海关政策、跨境融资政策三方面提出 8 条试点意见。2014 年，"一行三会"出台支持前海金融创新的 32 条先行先试政策。

图 1-6　国务院关于前海深港现代服务业合作区总体发展规划的批复

图片来源：前海管理局网站，http://qh.sz.gov.cn/ljqh/qhjj/ztgh/。

二 用好用足政策，前海金融创新结硕果

在各种先行先试政策的指引下，前海形成了以跨境金融为特色的金融开放创新体系，具体来说包括六个跨境：跨境双向贷款融资、跨境本外币资金池、跨境双向股权投资、跨境双向发债、跨境资产转让、跨境金融基础设施，再加上全口径外债宏观审慎管理试点和资本项目收入支付审核便利化，以及金融机构准入，前海金融开放呈现开放领域广、开放程度深等特点。

2012年5月15日，前海股权交易中心举行揭牌签约仪式。2012年，《关于本市开展外商投资股权投资企业试点工作的暂行办法》（深府金发〔2012〕12号）、《深圳市外商投资股权投资企业试点工作操作规程》（深府金发〔2013〕13号）相继出台，标志着外商投资股权投资试点（QFLP）在前海正式落地。2014年12月8日，《深圳市开展合格境内投资者境外投资试点工作的管理办法》发布，QDIE政策落地。2014年12月，注册在前海的微众银行获得金融许可证，成为国内首家开业的互联网民营银行。2015年3月6日，CEPA的框架下的消费金融公司——招联消费金融有限公司正式开业。2015年3月17日，台湾玉山银行获中国银监会核准于深圳前海筹设玉山银行（中国）有限公司，成为前海首家港澳台资法人银行，也是深圳首家台资法人银行。2015年5月27日，证监会系统唯一一家信用增进公司——中证信用增进股份有限公司在前海成立。2015年6月8日，中国首只投资REITs项目的公募基金——鹏华前海万科REITs正式获批并完成注册。2015年7月24日，内地首家在CEPA框架下成立的港资控股合资基金管理公司恒生前海基金管理有限公司获批筹建，并于2016年9月8日开业。2016年3月，深圳市金融办和前海管理局联合发布了《关于加快前海再保险中心建设的试点意见》，针对再保险企业发展制定一系列优惠措施。2016年6月，众惠财产相互保险社获中国保监会颁发首批相互保险牌照，相互保险这一保险组织形式在我国

落地。2016 年 8 月，深圳证监局与前海管理局签署《私募基金监管合作备忘录》，探索私募领域协同监管的新模式、新机制。2017 年 4 月 6 日，深圳私募基金信息服务平台在前海上线。2016 年 12 月，前海再保险股份有限公司开业，这是全国首家由社会资本发起设立的再保险公司。2017 年 4 月 7 日，香港交易所在内地筹备的大宗商品现货交易中心"前海联合交易中心"（QME）正式注册成立。2017 年 6 月 1 日，国家外汇管理局授权深圳成为全国首个也是唯一一个自主审核管理银行不良资产跨境转让业务的城市。2017 年 10 月，东亚联丰投资获准在前海设立外商独资私募证券基金管理机构（WFOE），成为华南地区首家外商独资私募证券投资基金管理人。2017 年 12 月 6 日，中国自贸区内首个集银行、保险、证券、基金及新金融等多种金融业态的行业组织——深圳市前海金融同业公会成立。2017 年 12 月 8 日，内地首家在 CEPA

图 1-7　玉山银行（中国）开幕仪式

图片来源：玉山银行。

图1-8　汇丰前海证券有限责任公司、东亚前海证券有限责任公司开业仪式

图片来源：中国（广东）自由贸易试验区深圳前海蛇口片区网站，http://qhsk.china-gdftz.gov.cn/zwgk/dtxw/dtzx/201803/W020180306405723041789.jpg。

图1-9　深圳知识产权法庭暨深圳金融法庭揭牌开业

图片来源：最高人民法院网站，http://www.court.gov.cn/zixun-xiangqing-75412.html。

框架下获得证监会批准设立的港资控股多牌照证券公司汇丰前海证券公司、东亚前海证券公司正式开业。2017年12月26日，深圳金融法庭在前海合作区挂牌成立。2019年12月31日，经中国人民银行批准，自由贸易账户（FT账户）在前海正式落地。前海自2016年以来已连续发布四批共87个金融创新案例，在金融开放、资本项目开放、人民币国际化等诸多方面形成了全国领先的创新成果，成为深圳金融业重要增长极。

三 深港金融市场互联互通水平不断提升

深港金融合作一直是深圳金融业发展的重要抓手，近年来深港两地加快推进金融开放创新，有序推进金融市场互联互通，巩固提升香港国际金融中心地位。2013 年 1 月，香港证券及期货事务监督委员会（香港证监会）首提内地与香港基金互认，即允许境外注册并受当地监管机构监管的基金向本地居民公开销售。经过两年多的筹备，2015 年 5 月 22 日，中国证监会和中国香港证监会在香港签署《中国证券监督管理委员会与香港证券及期货事务监察委员会关于内地与香港基金互认安排的监管合作备忘录》，同时发布《中国证券监督管理委员会香港证券及期货事务监察委员会联合公告》《香港互认基金管理暂行规定》，基金互认自 2015 年 7 月 1 日起施行。为配合内地与香港基金互认业务的落地，深圳证券交易所、中国证券登记结算公司、深圳证券通信公司与香港金融管理局合作，在两地证监会和深圳市政府支持下，共同推出了基金互认服务平台，平台与香港金管局 CMU 平台（债务工具中央结算系统）连接，两地相关机构只需单点接入平台，就可实现跨境基金销售的数据交换、次级登记托管和资金交收，该平台于 2015 年 12 月 5 日正式上线。

2016 年 8 月 16 日，中国证券监督管理委员会和香港证券及期货事务监察委员会在北京发布联合公告，正式批准深港通。2016 年 9 月 30 日，中国证监会发布《内地与香港股票市场交易互联互通机制若干规定》，进一步明确深港通的运行机制。2016 年 11 月 5 日，财政部、国家税务总局、中国证监会联合发布《关于深港股票市场交易互联互通机制试点有关税收政策的通知》，明确深港通的税收优惠政策。2016 年 11 月 25 日，中国证券监督管理委员会和香港证券及期货事务监察委员会再次发布联合公告，宣布深港通于 2016 年 12 月 5 日正式运行。

2018 年 9 月 4 日，"湾区贸易金融区块链平台"在深圳正式上线试运行，企业可在平台上进行包括应收账款、贸易融资等多种场景在内的贸易和融资活动。

2020 年 11 月 3 日，中国人民银行数字货币研究所下属机构深圳金融科技研究院与香港银行同业结算有限公司旗下香港贸易融资平台有限公司联合宣布，湾区贸易金融区块链平台和香港贸易联动平台（eTradeConnect）已完成第一期对接项目，正式进入试运行阶段。项目将切实解决贸易金融现有操作流程中的痛点、难点，促进两地银行拓展贸易融资业务，并进一步推动两地金融科技合作的持续发展，打造开放、包容、共建的金融生态。

2019 年 2 月 18 日发布的《粤港澳大湾区发展规划纲要》提出，推进深港金融市场互联互通和深澳特色金融合作，有序推进金融市场互联互通。2019 年 8 月 18 日发布的《关于支持深圳建设中国特色社会主义先行示范区的意见》提出，促进与港澳金融市场互联互通和金融（基金）产品互认。2020 年 5 月 14 日发布的《关于金融支持粤港澳大湾区建设的意见》提出，推进深港金融市场互联互通。2019 年 4 月 10 日，深圳与多家深港两地银行推出"深港通注册易"服务，联手为有意在深圳开办企业的香港投资者提供工商注册服务，实现香港投资者"足不出港"，便可一站式注册深圳企业。2020 年 10 月 23 日，香港与内地 ETF（交易所买卖基金）互挂计划下首批产品在香港和深圳两地同时上市，香港交易所与深交所亦签署合作备忘录，共同推广 ETF 互通。2020 年 11 月 26 日，深圳天然气交易中心正式揭牌运营，深港大宗商品跨境交易再上新台阶。

第五节　先行示范引领深圳金融五位一体发展再出发

2019 年 8 月 18 日，中共中央、国务院《关于支持深圳建设中国特色社会主义先行示范区的意见》发布，既提出高质量发展高地、法治城市示范、城市文明典范、民生幸福标杆、可持续发展先锋五大战略定位，也提出多项金融改革创新任务，包括提高金融服务实体经济能力，研究完善创业板发行上市、再融资和并购重组制度，创造条件推动注册制改革，支持在深圳开展数字货币研究与移动支付等创新应用，促进与港澳金融市场互联互通和金融（基金）产品互认，在推进人民币国际化上先行先试，探索创新跨境金融监管，探索设立国际海洋开发银行，发展绿色金融。近年来，深圳积极推动"金融+"，为五大战略定位落地提供金融支撑。

一　金融和实体经济良性互动

在服务高质量发展高地方面，深圳大力发展"金融+科技""金融+实体"，实现金融和实体经济良性互动。

一是为实体经济提供更好的金融服务。2016年，深交所启动创新创业跨境投融资服务平台（V-Next）建设，以促进跨境资本形成为目标，以信息披露和展示为手段，以线上线下投融资对接平台为载体，探索形成支持创业创新的跨境投融资生态圈。2017年12月23日上线"深圳市创业创新金融服务平台"，尝试从供给侧有效引导境内外金融资源支持企业发展。2019年1月印发实施《关于促进深圳市供应链金融发展的意见》，成为全国首个出台支持供应链金融发展专项政策的副省级城市。2020年4月13日，深圳市融资担保基金有限责任公司正式成立，注册资本13亿元，积极落实国家构建自上而下政府性融资担保体系的统一部署。2020年8月6日，由深圳证券交易所与福田区人民政府联合共建的产业资源与金融资源融合创新、企业上市加速一站式服务平台——香蜜湖（深圳）产融创新／上市加速器正式启动。2020年11月20日，深圳交易集团有限公司（深圳公共资源交易中心）正式揭牌，高质量建设"立足深圳、服务大湾区、辐射全国"的全要素大型综合性交易服务机构，打造公共资源交易领域的"深交所"。2020年11月24日，国家外汇管理局批准深圳合格境内投资者境外投资（QDIE）试点规模由50亿美元增加到100亿美元。

二是大力发展金融科技等前沿金融业态。2017年6月9日上市国内首只金融科技指数——香蜜湖金融科技指数。2018年6月，深圳市人民政府与中国人民银行共同发起成立深圳金融科技研究院，为数字货币试点奠定基础，深圳作为中国人民银行批准的四个试点城市之一，在保证安全可控的前提下，有序开展数字货币内部测试工作，2020 年 10 月在罗湖区开展数字人民币红包试点。2018 年 8 月 10 日，全国第一张区块链电子发票在深圳开出。2019 年 5 月 11 日，深圳未来金融研究院、深圳未来金融监管科技研究院共同举行揭牌仪式。2020 年 4 月 27 日，深圳纳入央行扩大金融科技创新监管试点，首批 4 个创新应用于 2020 年 7 月 31 日公示。2020 年 7 月 28 日，深圳市金融业信息技术应用创新攻关基地正式揭牌，成为深圳鲲鹏产业发展载体中的重要组成部分。2020 年 11 月 26 日，发布《深圳市扶持金融科技发展若干措施（征求意见稿）》，推进深圳全球金融科技中心建设。2020 年 12 月 13 日，在 2020 中国（深圳）金融科技全球峰会上举行了深圳国家金融科技测评中心成立仪式、中汇金融科技（深圳）有限公司揭牌仪式、《深圳市金融科技伦理宣言》发布暨深圳市金融科技伦理委员会成立仪式、深港澳金融科技师专才计划认证三地签章仪式。

三是积极探索服务实体经济的金融改革创新。人民币海外投贷基金管理公司和基金分别于 2019 年 1 月、2019 年 6 月注册成立。2019 年 12 月 23 日，深交所首只衍生品——沪深 300ETF 期权上市。2018 年 12 月 14 日，我国首只真正意义上的知识产权证券化标准化产品"第一创业 - 文科租赁一期资产支持专项计划"在深交所成功获批，并于 2019 年 3 月 8 日成功发行；2019 年 12 月，深圳市首单知识产权 ABS 产品"平安证券 - 高新投知识产权 1 号资产支持专项计划"在深交所挂牌；2020 年 3 月发行全国第一只百分百服务"战疫"企业的知识产权证券化产品、深圳市首个疫情防控专项知识产权证券化项目"南山区 - 中山证券 - 高新投知识产权 1 期资产支持计划（疫情防控）"；"龙岗区 - 平安证券 - 高新投知识产权 1-10 号资产支持专项计划" 2020 年 6 月 19 日在深交所审核通过；"坪山区 - 南方中心 - 长江 -1-10 期知识产权资产支持专项计划" 2020 年 7 月 6 日在深交所审核通过，第 1 期产品发行工作于 7 月 16 日正式启动；"南山区 - 中山证券 - 高新投知识产权 2 期资产支持计划（中小企业）"于 2020 年 8 月 18 日正式成立；"南山区 - 中山证券 - 高新投知识产权 3 期资产支持计划（5G 专场）"于 2020 年 10 月 20 日挂牌。2020 年 4 月 27 日，创业板改革并试点注册制出台实施方案,6月12日发布相关制度规则,创业板注册制首批公司于8月24日上市。2020年6月5日,非投资性企业开展股权投资、跨境人民币结算高水平便利化试点范围由前海蛇口自贸片区扩展至深圳全市,满足企业利用境外资金拓展境内业务、再投资的需求,缩短了企业办理跨境人民币业务时间。2020年7月,贸易外汇收支便利化试点范围由货物贸易扩展至服务贸易。公募REITs试点有序推进,规范有序建设知识产权和科技成果产权交易中心以及大湾区债券平台。2020年12月25日,深圳市地方金融监管局与龙华区人民政府签署战略合作框架协议,开创市区联动新局面,共促金融高质量发展。

图1-10 深圳市地方金融监管局与龙华区人民政府签署战略合作框架协议

图片来源:深圳市地方金融监管局网站,http://jr.sz.gov.cn/sjrb/xxgk/gzdt/content/post_8376422.html。

二 法治引领金融业规范发展

在服务法治城市示范方面,深圳以法治为引领推动金融业规范发展。

一是强化司法保障。2020年8月18日,最高人民法院发布《关于为创业板改革并试点注册制提供司法保障的若干意见》(法发〔2020〕28号),从增强为创业板改革并试点注册制提供司法保障的自觉性、依法保障创业板改革并试点注册制顺利推进、依法提高市场主体违法违规成本、依法有效保护投资者合法权益四个方面提出了 10 条举措。2020 年 11 月,最高人民法院发布《关于支持和保障深圳建设中国特色社会主义先行示范区的意见》(法发〔2020〕39 号),明确了人民法院支持保障先行示范区建设的总体思路、保障措施等,并对人民法院承担的改革试点任务提出细化落实措施,提出推进金融审判工作创新,完善打击非法集资、内幕交易、逃汇套汇、洗钱等金融违法犯罪司法工作机制。加强数字货币、移动支付、与港澳金融市场和金融(基金)产品互认等法律问题研究,服务保障深圳金融业创新发展。

二是加强金融立法。积极推动绿色金融地方立法,2018 年 12 月 27 日,出台《深圳市人民政府关于构建绿色金融体系的实施意见》(深府规〔2018〕29 号),《深圳经济特区绿色金融条例》于 2020 年 10 月 29 日通过,自 2021 年 3 月 1 日起施行,是国内首部绿色金融领域法规,率先要求符合条件的金融机构强制性披露环境信息,为构建绿色金融可持续商业化发展生态系统提供信息保障;率先要求金融机构对符合条件的投资项目开展绿色投资评估,为产业和基础设施绿色化提供评估保障;率先要求金融机构制定符合自身发展战略的绿色投资管理制度,为金融机构持续开展绿色金融提供制度保障;赋予地方金融监管部门在绿色金融领域的部分行政处罚权限,对金融机构在建立内部绿色管理制度、开展绿色投资评估和环境信息披露中的违法行为进行处罚,规范和强化了绿色金融领域的监管职能。2020 年 5 月启动深圳经济特区地方金融监督管理条例立法研究项目。

三是完善金融扶持政策。2017 年 10 月 12 日印发《深圳市金融创新奖和金融科技专项奖评选办法》,在全国率先设立金融科技专项奖,每年安排单独 6 个名额,奖励深港金融创新合作优秀项目,并将申报主体拓展至香港机构。2018 年 12 月,《深圳市扶持金融业发展若干措施》《深圳市支持金融人才发展实施办法》陆续发布,强化对金融机构和金融从业人员的激励。

四是突出规划的引领作用。2020 年 7 月制定出台《深圳市贯彻落实〈关于金融支持粤港澳大湾区建设的意见〉行动方案》,提出 50 条行动措施,共

85 项细分任务。2020 年 10 月发布的《深圳建设中国特色社会主义先行示范区综合改革试点实施方案（2020—2025 年）》，在加快金融法治建设、完善多层次资本市场体系、扩大金融开放、提升人民币国际化与外汇管理水平、推动绿色金融和金融科技发展、探索数据要素市场化配置、促进金融人才流动、强化金融风险防控、金融助力科技创新与国企改革等领域部署金融改革任务。高标准编制《深圳市金融业发展"十四五"规划》，提出打造全球金融创新中心、全球创新资本形成中心、全球金融科技中心、全球可持续金融中心等目标。

三 推动金融业持续健康发展

在服务城市文明典范方面，深圳努力营造"金融向上向善"氛围，推动金融业持续健康发展。

一是完善金融监管架构。2017 年 10 月 10 日，深圳召开全市金融工作会议，决定对市金融办职能"扩容"，加挂地方金融监管局牌子，对相对分散的地方金融监管职能进行整合，进一步分离发展和监管职能，补齐监管短板，切实履行好中央交由地方负责的各类金融机构，如小额贷款公司、融资性担保公司、交易场所等监管和风险处置职责。2019 年，在全国率先成立深圳市新兴金融行业党委，统筹协调新兴金融行业党建工作；2020 年 12 月，市新兴金融行业委员会第一次党员代表大会召开，选举产生新一届党委、纪委领导班子。2019 年 11 月 20 日，深圳市率先成立地方金融行政处罚委员会。2020 年 3 月 20 日，金融委办公室地方协调机制（深圳市）正式成立，致力于发挥合力，坚决打赢防范化解重大金融风险攻坚战，促进金融改革创新，充分发挥金融支持粤港澳大湾区、深圳中国特色社会主义先行示范区、前海蛇口自贸片区建设的积极作用，提升金融服务实体经济效率，为深圳经济高质量发展营造良好金融环境。2020 年 8 月 18 日，深圳私募基金业协会成立，是国内首个地方性私募自律组织。

二是完善金融监管抓手。2018 年 5 月 23 日，由央行主导、中国互联网金融协会与 8 家市场机构共同发起组建的市场化个人征信机构——百行征信在深圳正式挂牌，致力于提高行业风险防控水平，防范系统性金融风险，打击"过度多头借贷""诈骗借贷"等乱象，促进互联网金融持续健康发展。2019 年 3 月，深圳市互联网金融协会发布《深圳市网络借贷信息中介机构良性退出指引》，在全国率先搭建网贷机构退出投票表决系统，率先发布良性退出指引、知情人举报制度、失信惩戒规范、清产核资指引等系列制度，加快行业清退。2020 年 4 月，深圳第二家地方 AMC 成立，探索地方金融风险化解新模式。2020 年 11 月 24 日，深圳国家金融科技测评中心有限公司合作签约仪式在北京隆重举行，将成为金融风险防控和金融科技发展的重要基础设施，是防控金融科技安全风险的有力武器、保障金融科技发展质量的坚固基石，也是构建金融科技监管体系的关键要素，2020 年 12 月正式成立运营。此外，深圳还设立"深圳市金融风险监测预警平台""深圳市地方金融监管信息平台""灵鲲金融安全大数据平台""深圳私募基金信息服务平台"等多个金融监管信息平台。

三是大力发展可持续金融。2017 年 6 月 27 日，深圳经济特区金融学会绿色金融专业委员会正式成立，深圳成为全国首个成立绿色金融委员会的城市。2017 年 12 月 3 日，首届全球公益金融论坛暨 2017 社会影响力投资峰会在深圳举行，深圳国际公益学院联合 77 家企业、基金会、研究院、媒体，共同在峰会上发布《全球社会影响力投资共识（香蜜湖共识）》。2017 年 12 月，福田区率先出台《福田区关于打造社会影响力投资高地的意见》《福田区关于打造社会影响力投资高地的扶持办法》，提出"用五年时间打造全球社会影响力投资高地和公益金融中心"。2017 年 12 月 13 日，联合国环境规划署在巴黎举办的"金融中心：调动资本推进气候行动"会议上，深圳同多伦多、日内瓦、苏黎世、法兰克福一起宣布加入"全球金融中心城市绿色金融联盟"（FC4S）；2019 年 10 月，FC4S 绿色金融实验室落地深圳，该实验室除构建信息平台外，将推动国内外绿色技术、绿色项目与资金对接。2020 年 1 月，联合香港、澳门、广州发起设立"粤港澳大湾区绿色金融联盟"，联盟秘书处落户深圳。2020 年 7 月 30 日，联合国开发计划署深圳全球可持续金融中心可行性研究项目启动会在线上成功举办。

四 提升居民金融服务获得感

在服务民生幸福标杆方面，深圳大力发展"金融＋民生"，提升居民的获得感。

一是提高金融普惠程度。2017 年 6 月 22 日，《深圳市推进普惠金融发展实施方案（2016—2020 年）》发布。2018 年 9 月 26 日，深圳市福田区政府、深圳保监局、平安产险深圳分公司、深圳经济特区金融学会绿色金融专业委员会在第六届深圳国际低碳城论坛上达成战略合作，共同启动绿色保险的创新险种——绿色卫士装修污染责任险，这是国内首个绿色保险创新产品。2020 年 6 月，外汇管理个人项下创新政策落地，深圳市政府引进的海外高层次人才开展个人赡家款项下跨境汇款便利化试点，便利特定人才办理赡家款项下跨境汇款。

二是提高居民金融素养。2019 年 3 月 23 日，第十届中国（深圳）金融科技发展论坛暨深港澳金融合作创新座谈会第八次会议在深圳举行，会上，"深港澳金融科技师"专才计划正式启动，该专才计划借鉴国际特许金融分析师（CFA）和注册会计师（CPA）资格考试体系，首次一级考试于 2020 年 8 月成功举行。2020 年 7 月，率先启动"深圳市居民金融素养提升工程"，强化居民金融知识及风险意识，致力于守护居民"钱袋子"，构建防范金融风险长效机制。新冠肺炎疫情期间，举办 41 期"大国战'疫'、金融担当"金融公益系列讲座，向公众传播金融知识。2020 年 8 月，推出"先行示范区金融大讲堂"，让公众享受金融思想盛宴。2019 年开始举办金融领军人才研修班，为高端金融人才提供高水平的研修项目。

图 1-11 深港澳金融科技师专才计划三地认证仪式

图片来源：深圳市地方金融监管局，http://jr.sz.gov.cn/sjrb/xxgk/gzdt/content/post_8357767.html。

五 可持续金融助力"六稳""六保"

在服务可持续发展先锋方面，深圳大力发展可持续金融，助力"六稳""六保"。

一是加强对中小微企业的金融服务。2018 年 7 月 5 日，修订后的《深圳市中小微企业动产融资贷款风险补偿金操作规程（试行）》《深圳市中小微企业贷款风险补偿金操作规程（试行）》发布，缓解中小微企业融资困难。2018 年 9 月 13 日，《关于强化中小微企业金融服务的若干措施》（深府规〔2018〕17 号）印发，提出设立 30 亿元规模的政策性融资担保基金、首期 20 亿元的风险补偿资金池、试点政策性小额贷款保证保险、缓解中小微企业流动性融资难题、建立企业发债融资支持机制等 8 项具体举措 11 个政策点，着力解决中小微企业融资难融资贵问题。2020 年 7 月，深圳市天使母基金增资至 100 亿元，撬动更多社会资本投向天使类项目和种子期项目。

二是助力民营经济健康发展。2018 年 8 月 29 日，深圳市政府出台《关于促进我市上市公司稳健发展的若干措施》，安排 150 亿元资金，按照市场化方式运作，通过债权（100 亿元）、股权（50 亿元放大至 200 亿元规模的基金）两种方式化解上市公司股票质押风险。2018 年 12 月 2 日，深圳市政府印发《关于以更大力度支持民营经济发展的若干措施》，实施"四个千亿"计划，设立总规模 1000 亿元的深圳市民营企业平稳发展基金，力争实现企业年减负降成本 1000 亿元以上，新增银行信贷 1000 亿元以上和民企新增发债 1000 亿元以上，助力深圳民营经济健康发展。

三是积极金融"抗疫"。新冠肺炎疫情发生以后，深圳出台了一系列"及时雨"政策，通过稳资金、降成本、送补贴、提增信四大举措帮助企业缓解融资难题，联合各区及众多商业银行开展"深入社区稳企业保就业"专项行动，让广大小微企业更好地知晓、会用、获得金融支持政策，加大金融对受疫情影响较大的重点行业及群体以及各区主导产业和重点扶持产业的支持力度。2020 年 4 月启动了以"唇齿相依同舟共济"为主题的"深圳市金融抗疫 ING 暨'金融方舟'"企业扶持计划，组织全市银证保等各类金融机构协同作战，创新开展中小企业金融支持专项行动。

第二章　深圳金融业发展的主要成就

40 年来，深圳以"闯"的精神、"创"的劲头、"干"的作风，实现了由一座落后的边陲小镇到具有全球影响力的国际化大都市的历史性跨越；实现了由经济体制改革到全面深化改革的历史性跨越；实现了由进出口贸易为主到全方位高水平对外开放的历史性跨越；实现了由经济开发到统筹社会主义物质文明、政治文明、精神文明、社会文明、生态文明发展的历史性跨越；实现了由解决温饱到高质量全面小康的历史性跨越。

在五大历史性跨越中，深圳金融业创造了一个又一个第一，书写了一段又一段传奇，成为深圳一张亮丽的"名片"。40 年来，深圳金融支柱地位日益稳固，金融生态不断丰富，服务实体功能持续提高，金融合作不断深化，金融科技蓬勃发展，地方金融监管治理不断强化，不断向比肩全球标杆的金融中心迈进。

"雄关漫道真如铁，而今迈步从头越"，总结历史成就既能够充分彰显深圳金融业"看似寻常最奇崛，成如容易却艰辛"的奋斗历程，又能够激励深圳金融人以归零心态继续砥砺前行。因此，本章从金融支柱产业构建、金融生态体系构建、金融创新模式构建等角度对深圳金融业发展的主要成就进行系统梳理，力求全面展现深圳金融业谱写的壮丽篇章。

第一节 深圳金融支柱产业构建的主要成就

一 金融产业高速增长

1980 年至 2019 年，深圳金融业增加值从 0.23 亿元增长到 3667.63 亿元，增长了约 1.6 万倍，增加值在全国各大城市中稳居第三名，仅次于上海、北京。2003 年至 2019 年，深圳金融业实现了高速跨越式发展，增加值年平均实际增速达 14.4%，高于同期深圳 GDP 实际增速 2.7 个百分点。金融业增加值占全市 GDP 的比例从 2003 年的 7.2% 增加到 2019 年的 13.6%（见图 2-1）。

图 2-1 深圳市金融业增加值及其占 GDP 比例（1980~2019 年）

资料来源：深圳市统计局。

2020 年，面对复杂多变的外部环境，深圳金融业更是迎难而上、开拓进取，实现增加值 4189.6 亿元，同比增长 9.1%，占全市 GDP 的 15.1%，高于 GDP 实际增速 6 个百分点，为深圳经济增速转负为正提供了强劲动力，发挥了压舱石的强大作用。2003~2019 年深圳 GDP 和金融业增加值实际增速如图 2-2 所示。

图 2-2 深圳 GDP 和金融业增加值实际增速比较（2003~2019 年）

资料来源：深圳市统计局。

二 支柱地位日益稳固

当前，深圳金融业总资产已超 15 万亿元，规模仅次于北京、上海。从传统金融细分领域看，各金融业核心指标均保持全国领先水平。深圳金融业实现税收（不含海关代征关税和证券交易印花税）占全市总税收的比例也从 2003 年的 6.04% 增加到 2020 年的 24.20%，稳居各行业首位。2020 年，深圳金融业贡献了全市近 1/4 的税收（见图 2-3）。可以说，金融业已经成为深圳市名副其实的支柱产业，地位日益稳固。

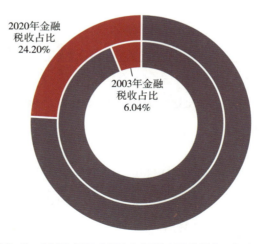

图 2-3 2003 年和 2020 年深圳金融业税收贡献比较

资料来源：深圳市统计局。

三　服务能力不断提升

多层次资本市场体系不断完善。1990 年，深圳证券交易所敲钟开市，标志着深圳多层次资本市场建设正式迈开步伐。2004 年深圳证券交易所设立中小企业板，2006 年底率先基本完成股权分置改革，2009 年 10 月正式启动创业板，多层次资本市场体系架构基本确立。2020 年创业板实现注册制改革，在制度上进一步提升了资本市场包容性，深化了多层次资本市场服务创新创业和新技术新业态新模式等功能。2012 年，深交所作为股东之一的全国中小企业股份转让系统设立。2013 年，区域性股权交易市场前海股权交易中心正式开业，完善了深圳的多层次市场体系。围绕资本市场的生态体系，深圳也聚集和产生了一批证券基金龙头企业。全国十大证券公司中深圳有 3 家，全国公募基金 20 强中深圳有 6 家，创投企业 20 强中深圳有 5 家，在中国证券投资基金业协会备案的私募基金数量深圳位居全国第二。

创新资本形成效率不断提升，金融服务实体经济功能得到充分体现。深圳企业家精神旺盛，对创新资本的需求强劲。2020 年 12 月底，深圳辖区企业在境内 A 股上市公司累计达 333 家，位居全国第二，仅次于北京；A 股上市公司总市值 10.42 万亿元，高出上海近 30%。图 2-4 列出了 1990~2020 年深圳辖区企业每年在 A 股市场上市企业家数。在海外上市企业 138 家，其中香港联交所上市 110 家，纳斯达克上市 16 家，纽交所上市 5 家，新加坡交易所上市 5 家，伦敦证券交易所和巴黎证券交易所各上市 1 家。深交所作为境内两大证券交易所之一，2015~2017 年 IPO 数量位居全球第一，交易量多年一直位居全球第三。截至 2020 年 12 月 31 日，深交所挂牌交易股票 2354 家，债券、基金、期权分别是 7965 只、487 只、114 只，有价证券成交总额达 162.2 万亿元，充分发挥了资本市场对实体经济的融资和服务功能（见图 2-5）。

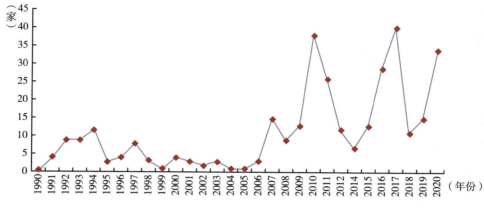

图 2-4　1990~2020 年深圳辖区企业每年在 A 股市场上市企业家数

资料来源：深圳证券交易所。

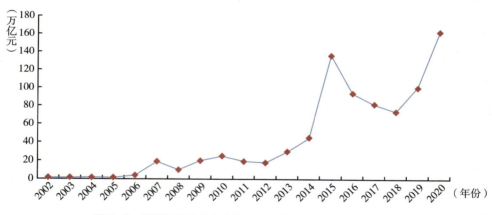

图 2-5　深圳证券交易所有价证券成交额（2002~2020 年）

资料来源：深圳证券交易所。

风险投资基金支持创新创业成效明显。截至 2019 年底，深圳有活跃的创投机构 2400 多家，管理基金数量 6288 只，管理基金规模达 1.33 万亿元，在投项目 8413 家，投资金额 4672.91 亿元；基金数量、管理基金规模、在投项目均位居全国前三。

市财政出资成立 50 亿元的天使投资母基金（目前已增资至 100 亿元），通过市场化、专业化运作，引导社会资本投向天使类项目，各区也设立了各类引导基金。数量繁多的富有创新活力的中小微企业为创业投资提供了源源不断的投资项目源，再加上市场化运作的政府引导基金，吸引了境内外众多创业资本聚集深圳，使深圳成为全国本土创投最活跃、创投机构数量最多、管理本土创投资本总额最多、创业氛围最好的地区之一。

四　金融合作蹄疾步稳

粤港澳大湾区金融合作是深圳金融发展的重要支柱，也是深圳金融创新的关键内容。以深港合作为例，40 年来，深港金融合作由最初以"引进来""单向开放"为主，发展到"走出去"与"交流合作"齐头并进；合作内容过去以局部的、微观的业务技术层面为主，逐步上升至运行机制的衔接、金融市场的对接和资金流动的融合等深层次合作。

从 1998 年起，深港金融监管部门就着手建立跨境支付渠道，为两地跨境资金流动创造条件。随着 2003 年内地与香港签署《内地与香港关于建立更紧密经贸关系的安排》（CEPA）后，深圳成为香港金融业进入内地市场的"试水地"，香港成为深圳金融业进入国际市场的重要支点，如平安集团、招商银行、中信证券等 13 家深圳金融机构在香港收购或新设金融机构。深圳在 CEPA 框架下不断加强金融对港澳开放措施落地，"深港通"、"债券通"、基金互认、跨境股权投资（合格境外有限合伙人 QFLP/ 合格境内有限合伙人 QDLP）等重大项目落地实施；在跨境业务方面，率先开展跨境人民币贷款。2004 年香港个人人民币业务开始启动，中国人民银行深圳市中心支行为该项业务提供清算安排，并在中银香港设立了首个人民币境外代保管库。2009 年 7 月，深圳作为首批试点城市正式启动跨境贸易人民币结算业务，深港金融合作步入新的阶段。2017 年，两家港资控股全牌照证券公司（汇丰前海、东亚前海）和一家合资基金公司（恒生前海基金）获批开业，港交所前海联合交易中心正式落户。

前海跨境人民币贷款、跨境双向发债、跨境双向本外币资金池、跨境双向股权投资、跨境资产转让、跨境金融基础设施建设"六个跨境"稳步发展，自由贸易账户正式落地实施，全国首家港资控股证券公司、全国首家港资控股公募基金公司、大湾区首家外商独资私募证券投资基金管理公司入驻，人民币在跨境结算、跨境投资等领域使用取得新进展。

深港澳金融监管层面互动交流合作频繁。连续组织召开九次深港澳金融合作季度座谈会，搭建常态化会晤交流平台。三地率先成立"深港澳天使投资人联盟"，构建优势互补、覆盖初创企业成长全周期的天使投资生态圈。

第二节 深圳金融生态体系构建的主要成就

一 金融市场日益完善

深圳依托深交所、深圳前海股权交易中心形成了以主板、中小板、创业板、区域性股权市场为体系的多层次资本市场。深交所初步建立起板块特色鲜明、监管规范透明、运行安全可靠、服务专业高效的多层次资本市场体系。截至2020年12月底，深交所共有上市公司2354家，其中主板468家、中小板994家、创业板892家，总市值34.19万亿元；挂牌债券（含资产支持证券）7965只，挂牌面值2.00万亿元；挂牌基金487只，资产净值2696亿元。2019年，深圳市各类证券成交总额达162.2万亿元，沪深300ETF期权成功上市交易，并在积极准备股指期货等产品，多元化产品体系不断完善。截至2021年9月，深圳前海股权交易中心展示企业7086家，初步构建了满足企业多元化需求的多层次企业服务产品体系，形成了中小企业综合服务平台雏形。上海黄金交易所深圳备份交易中心开设黄金交易夜市，工行深圳分行成为上海黄金交易所国际板指定交割仓库，开展实物入库、出库、入境、进口、出境及仓储业务。

二　金融生态不断丰富

规划建设香蜜湖新金融中心、前海国际金融城、红岭创新金融产业带、南山科技金融城、后海金融商务总部经济区、湾区金融科技城等金融集聚区和重点金融楼宇，全面优化产业空间布局。金融产业政策不断完善，修订《深圳市扶持金融业发展若干措施》和系列配套政策，实施"千亿发债"、"千亿信贷"、中小微企业无还本续贷奖励、过桥资金贴息、发债融资奖励等融资促进政策，出台地方性首个金融科技发展专项政策和首个供应链金融专项政策，政府金融服务机制不断健全。落实国家构建自上而下政府性融资担保体系的统一部署，成立深圳市融资担保基金有限责任公司。深圳证券交易所与福田区人民政府联合共建产业资源与金融资源融合创新、企业上市加速一站式服务平台——香蜜湖产融创新／上市加速器。依托深交所规范有序建设知识产权和科技成果产权交易中心、大湾区债券平台。

金融机构从无到有，金融生态体系不断完善。40 年前，深圳市仅有 8 家银行网点和 24 家农村信用合作社（其中，特区内 6 个、特区外 18 个），金融从业人员仅 700 人。从这样薄弱的基础起步，深圳金融业砥砺前行、创新发展，业态不断完善，逐渐形成了银行业、保险业、证券业、基金业等传统金融行业与公募基金子公司、理财子公司、私募证券投资基金、私募股权投资基金、金融科技公司、小额贷款公司、融资性担保公司、典当行、融资租赁、商业保理、地方资产管理公司、区域股权市场、要素交易平台等新兴金融业态百花齐放、蓬勃发展的格局。表 2-1 列出了 2007~2019 年深圳银行业金融机构情况，表 2-2 列出了截至 2020 年 12 月深圳证券基金期货经营机构数量。

表 2-1 深圳银行业金融机构情况（2007~2019 年）

年份	营业网点			法人机构数（家）
	机构数（家）	从业人数（人）	资产总额（亿元）	
2007	1235	37263	20733	10
2008	1270	40980	20906	11
2009	1305	48770	27084	26
2010	1366	51607	34014	15
2011	1427	56585	38535	21
2012	1488	63145	45875	23
2013	1569	66979	52274	27
2014	1654	68424	60486	28
2015	1785	72357	68300	30
2016	1849	71553	78469	33
2017	1863	72780	83840	35
2018	1977	75878	80177	37
2019	2008	80253	89383	35

资料来源：中国人民银行深圳经济特区分行。

表 2-2 深圳证券基金期货经营机构数量（截至 2020 年 12 月）

序号	类型	数量
1	证券公司	23
2	证券经营分支机构	559
3	基金管理公司	31
4	期货公司	14
5	期货公司营业部及分公司	85
6	已登记私募基金管理人	4472
7	证券投资咨询机构	20
8	独立基金销售机构	20
9	证券资信评级机构	1

资料来源：中国证监会深圳监管局。

从传统金融各领域来看，质量效益核心指标均保持全国领先水平。截至2020年12月底，深圳市银行业金融机构资产总额10.45万亿元，同比增长16.92%；本外币存款余额10.19万亿元，同比增长21.4%；本外币各项贷款余额6.80万亿元，同比增长14.4%（见图2-6）。深圳银行业资产、贷款和存款规模均居全国大中城市第三位（仅次于北京、上海）。2013~2019年深圳辖区证券交易额如图2-7所示。

图 2-6　1990~2020 年深圳本外币存贷款余额和增速

资料来源：深圳市统计局。

在证券基金领域，截至2020年12月底，23家证券公司总资产2.22万亿元，营业收入1103.70亿元，净利润414.23亿元，均位列全国第一，净资产、净资本均位居全国第二。截至2019年底，深圳共有公募基金管理公司30家（按办公地口径），管理产品1659只，管理资产规模合计5.47万亿元，比上年增长16.38%，占全国比例25.5%，市场占有率排名全国第三位，位列上海和北京之后。其中，公募基金资产净值3.63万亿元，比上年增长17.1%，占全国比例24.55%；非公募资产净值（包括年金、社保、专户）1.85万亿元，比上年增长23.33%，占全国比例27.57%。

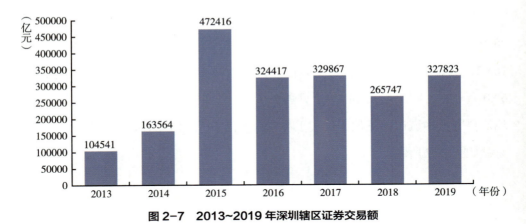

图 2-7　2013~2019 年深圳辖区证券交易额

资料来源：深圳市统计局。

在保险领域，保险法人机构从 2006 年的 7 家增长到 2020 年 12 月的 27 家，法人机构数量位居全国大中城市第三。保险法人机构总资产 5.46 万亿元，位居全国第二。2020 年，全市保险市场实现保费收入 1454 亿元，同比增长 5.5%（见图 2-8）。

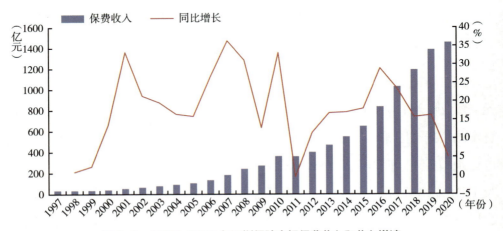

图 2-8　1997~2020 年深圳保险市场保费收入和收入增速

资料来源：深圳市统计局。

新兴金融业健康发展，为传统金融业提供了有益补充。截至 2019 年底，全市小额贷款公司、融资担保公司、典当行、区域股权市场融资余额 2108.49 亿元，占全市中小微企业贷款余额 18.02%，在服务实体经济、推动企业发展等方面发挥了积极作用。深圳充分发挥"7+3"类新兴金融机构的作用，在产融结合的重点领域发力，搭建深圳市创新创业金融服务平台，整合政务数据资源，构建银企对接桥梁，深化金融供给侧结构性改革，助力高质量发展，为小微企业融资提质增效。

创新型金融机构相继落户。建设银行、招商银行、平安银行旗下理财子公司率先落户，理财业务规模约占全国的 1/5，国内银行业首家汽车金融持牌专营机构——平安银行汽车消费金融中心获批开业，人民币国际投贷基金、天使母基金注册成立，在中国证券投资基金业协会备案的私募基金管理人数量深圳位居全国第二，与实体经济密切相关的商业保理、融资租赁等创新型地方金融组织发展活跃。一批本土法人机构进入行业前列。2019 年度深圳有 3 家证券公司营业收入进入行业前 10，6 家基金公司资产管理规模进入行业前 20，5 家创投机构管理资本量进入行业前 20。平安保险、招商银行在 2020 年"世界 500 强"排名第 21 位和第 189 位，地方金融控股公司——深圳市投资控股有限公司进入"世界 500 强"。

区域要素市场发展取得重要突破。前海金融资产交易所率先落地不良资产跨境交易等创新业务，依托"跨境通"交易平台完成全国首单商业保理资产、租赁资产对外转让业务；前海股权交易中心开发面向小微企业的增信债、双创债、园区债、集合债等可转债融资业务，深圳排放权交易所落地国内首笔跨境碳资产回购融资业务，由香港交易所集团设立的深圳前海联合交易中心现货大宗商品交易平台正式开业运营。

三 金融人才培养成效显著

深圳高度重视金融人才培养和人才队伍的建设。2018 年底深圳市政府出台

《深圳市支持金融人才发展的实施办法》，拨付财政资金专项支持金融人才引进、培育和发展，鼓励开展深港两地金融人才和项目常态化合作。2019年深圳市联合港澳启动"深港澳金融科技师"专才计划，推进金融科技人才的培养。2019年深圳地方金融监督管理局启动百千万金融人才培养工程，即每年遴选100名高端金融领军人才、1000名有发展后劲的骨干金融人才作为培养对象，向其提供各类研修项目和专题进修资源；为1万名青年金融人才提供"微课"、专题讲座、公开课等线上、线下相结合的培训资源。《深圳市福田区支持金融科技发展若干政策》"人才奖励"部分专门就金融科技人才获得认证后的奖励办法做出明确规定，是全国首条专门的金融科技人才奖励政策，将对取得"深港澳金融科技师"二级及以上资格证书，且在福田区内同一家金融科技企业（机构）全职工作的人才，给予最高3万元奖励，其他区也出台了金融人才扶持政策。深圳市、区的一系列金融人才扶持举措，吸引了金融人才不断集聚。

四 金融国际国内地位稳步提升

深圳毗邻香港国际金融中心的区位优势以及经济特区先行先试的政策优势，打造了深圳国际金融中心的地位。2020年12月发布的《2020中国内地省市金融竞争力排行榜》显示，在"中国内地城市金融竞争力50强"中，深圳名列第三；在副省级及计划单列城市金融竞争力榜单中，深圳凭借多层次资本市场的优势排名第一，遥遥领先。在"双区"政策的进一步驱动下，深圳不断深化深港金融融合发展，扩大金融对外开放，国际金融合作不断取得新进展。2019年，深圳市地方金融监管局牵头与伦敦金融城、英国国际贸易部联合举办首届深伦金融创新与合作论坛，近150位来自中英两国的知名机构代表出席；与伦敦金融城签订《双城金融合作交流计划书（2020—2021）》和《合作备忘录增补文本》，建立常态化交流机制，推动两地金融科技、绿色金融、资本市场、人才交流等方面合作。在此基础上，深圳金融的海外"朋友圈"不断扩大，与新加坡、阿布扎比等金融中心城市酝酿建立定期沟通机制。2020 年 9 月，在英国智库 Z/Yen 集团与中国（深圳）综合开发研究院共同编制的第 28 期"全球金融中心指数"（GFCI）中，深圳位列全球第 9 名，国内仅次于上海（第 3 名）、香港（第 5 名）和北京（第 7 名）（见图 2-9）。

图 2-9　深圳在 GFCI 历史排名情况

五　金融监管有力有效

监管组织体系不断健全。成立金融委办公室地方协调机制（深圳市），成立深圳市及前海、福田等区地方金融监管局。建立新兴金融行业党委，将金融行业党的建设与监管治理有机结合，多措并举、多管齐下，扎实做好发展党员、教育培训、标准化建设、制度规范等各项工作，推动新兴金融行业"两个全覆盖"提质增效，打造新兴金融行业党建特色品牌，深入做好"党建引领金融业发展"，探索"党建＋金融""党建＋监管""党建＋科技"的可行路径，把党的政治优势、组织优势转化为金融业发展优势。理顺行业协会自律监管机制，组建全市网贷风险处置实体化工作专班，充分发挥风险防范处置合力。监管科技应用持续加强，创新搭建地方金融风险监测预警系统、监管信息系统、灵鲲金融安全大数据平台、深圳私募基金信息服务平台等监管科技平台，加强对重点领域金融风险的防控和对地方金融组织的统一监管，全力打造监管科技品牌。启动金融科技创新监管试点，推动金融科技有序发展。

地方金融监管治理不断强化。制定出台了区域性股权市场监督管理实施细则，助力多层次资本市场规范发展；按照"门槛从高、标准从严"的思路，制订实施融资租赁、商业保理行业过渡期准入工作方案，建立联合会商机制，把好准入关口；在国内率先成立地方金融行政处罚委员会，构建"查处分离"工作机制，提高执法监督的规范化水平。加强小贷、融资担保、典当等业态的合规督导，提高现场检查的覆盖面；有序推进商业保理行业专项清理规范、交易场所分类处置、互联网小贷整改验收，以合规为标尺，引导行业"减量增质"。

率先建立"海豚指数"预警模型、P2P网贷蜂巢（COMB）指数平台、小额贷款 CAMEL+RR、交易场所 FORCE 等系列监管报表体系，开发上线信访回复智慧平台，有效提高监管技术含量，弥补人员紧缺短板。组建第二家地方资产管理公司，构建风险"减压阀"。加强投资者风险教育，集中组织开展防范非法集资宣传活动 400 余场，参与群众 20 余万人；围绕"网贷清退投票平台""识别网上高利贷""逃废债惩戒"等主题推送宣传 415 篇（条），转发十万余次。2020年金融风险防控处置不断探索新经验。率先启动"深圳市居民金融素养提升工程"，在福田区、南山区共六个街道开展试点，加强金融知识普及和风险教育，着力构建源头治理、政社联动、贴近民生的风险防范长效机制。深入推进网贷风险处置，综合利用投票表决系统、失信惩戒三级公示、接入央行征信等措施，加快良性退出进度；利用上门催收、征信催收、司法催收等多种方式，持续压降借贷余额，提高清偿率。同时，借鉴网贷整治经验，会同证监局研究制定专项排查方案，探索组建工作专班，成立国内首个地方性私募自律组织——深圳私募基金业协会，协同推进私募基金领域风险防控处置和可持续发展。

第三节 深圳金融创新模式构建的主要成就

一 金融科技中心地位初步形成

深圳金融业始终将科技创新作为核心动力，逐步塑造金融科技的完整生态。20 世纪 90 年代初中国人民银行深圳市中心支行率先运用信息技术布局支付结算体系。深圳证券交易所建所之初即充分借助先进的信息技术手段高起点打造证券市场交易系统。深圳培育聚集了平安、腾讯、微众银行、招商金科、赢时胜、银之杰、金证科技等一批国内外领先的金融科技企业，金融科技相关领域的上市公司达到 18 家。世界知识产权组织（WIPO）《2020 年全球金融科技专利排行榜TOP100》中，中国平安以 1604 项金融科技专利申请量位列全球第一。近年来，央行数字货币研究所金融科技研究院、未来金融监管科技研究院、全国唯一的金融科技测评中心、全国唯一的市场化个人征信公司百行征信等一批金融科技重要机构落户深圳，为金融科技发展提供了基础设施保障。同时，设立深圳市金融业信息技术应用创新攻关基地，完善深圳鲲鹏产业发展载体。着手制定《深圳经济特区数据条例》，为推进数据要素市场化配置提供法治保障，筹划用金融数据沙箱的方式解决政务数据开放当中遇到的痛点问题，以数据为抓手，以技术为支撑，以金融为场景突破口，实现了还数于民、以人为本，用金融数据沙箱切实有效推进金融服务实体经济。2020 年 12 月 7 日，深圳发布国内首个金融区块链的地方标准《金融行业区块链平台技术规范》。

深圳已经形成金融科技物理集聚空间，如福田的湾区金融科技城已有 90 家金融科技型企业入驻，国际金融科技生态园已启动招商工作；南山地铁金融科技大厦正在筹备开业。国内首只金融科技指数（国证香蜜湖金融科技指数）及首只金融科技指数基金（合煦智远国证香蜜湖金融科技指数基金）在深圳率先落地，涵盖 85 家金融科技企业，市值接近 2 万亿元；平安科技与 SparkLabs 联合推出平安云金融科技全球加速器，已吸引42家优秀初创企业入驻，其中海外30家。自2016年起已连续举办五届金融科技全球峰会。同时，联合港澳组建深港澳金融科技联盟。

多层次的金融科技人才培养机制逐步形成。深圳市金融监管局借鉴国际CFA和CPA资格考试体系，联合香港金管局、澳门金管局，率先启动"深港澳金融科技师"专才计划，联合中国人民银行科技司及多家高校编写出一级考试的13门教材并在机械工业出版社出版，2020年8月15日，以线上方式组织了一级一次考试，深港澳三地1100余名考生参加考试。这是深化三地人才交流合作的重大举措，是"一国两制"背景下金融科技人才标准化的重要一步。此外，深圳持续推动香港青年暑期交流学习计划和香港金融科技周在深活动。微众银行和深圳大学联合设立国内首家金融科技一级学院，可以进行本硕博培养招生，已招收学生115人，并与中国银行业协会合作开办首期"金融科技师"（CFT）认证培训；哈尔滨工业大学于2018年在深设立了全国首个金融科技MBA项目，提供金融科技EDP培训；北大汇丰商学院在深设立了金融科技专业全日制硕士培养项目，进一步完善金融科技发展承载体系和生态体系。

推出区块链电子发票，将发票的开具、流转、报销的全流程上链，实现了"交易即开票""开票即报销""发票即数据"，每一张发票都可查、可验、可信、可追溯、可管控，解决了传统发票在企业用票、个人开票、税务局管票过程中的各类痛点、难点，减少了企业、消费者的经济成本和时间成本，支持税务部门以信息控税，截至2020年6月底，开票量已达2500万张，累计开票金额259亿元，注册企业近2万家。上线中国人民银行贸易金融区块链平台，依托深圳市税务局、深圳市公安局、深圳海关、中国人民银行深圳市中心支行联合开发的"深圳四部门信息情报交换平台"成功实现供应链应收账款多级融资、跨境融资、国际贸易账款监管、对外支付税务备案表等多项业务上链运行，截至2019年底，业务量超过900亿元。中国人民银行贸易金融区块链平台已实现与香港贸易联动平台对接，围绕两地企业及金融机构贸易融资业务需求，集中各自优势资源，持续深挖贸易金融业务场景和金融科技的结合点，提高跨境贸易融资互信与便利化水平，降低中小企业对外贸易融资成本，助力企业"走出去"；同时，切实解决贸易金融现有操作流程中的痛点、难点，促进两地银行拓展贸易融资业务，并进一步推动两地金融科技合作的持续发展，打造开放、包容、共建的金融生态。

深圳作为中国人民银行批准的四个数字货币试点城市之一，在保证安全可控的前提下，正有序开展数字货币内部测试工作，成功发放礼享罗湖数字人民币红包，完成对公众首测，数字货币落地试点场景已达约 5000 个。印发《深圳市金融创新奖和金融科技专项奖评选办法》，在全国率先设立金融科技专项奖，每年安排单独 6 个名额，奖励深港金融创新合作优秀项目，并将申报主体拓展至香港机构。

2020 年 9 月，英国智库 Z/Yen 集团与中国（深圳）综合开发研究院共同编制的最新一期"全球金融中心指数"（GFCI）中，深圳金融科技指数位列全球第 4 名，国内仅次于北京（第 2 名）、上海（第 3 名），超过香港（第 7 名）。

二　可持续金融亮点纷呈

深圳大力发展可持续金融，助力"六稳"、"六保"、可持续发展。深圳经济特区金融学会绿色金融专业委员会正式成立，深圳成为全国首个成立绿色金融委员会的城市。福田区出台《福田区关于打造社会影响力投资高地的意见》《福田区关于打造社会影响力投资高地的扶持办法》，成为全国首批有关影响力投资的政府政策文件。深圳国际公益学院联合 77 家企业、基金会、研究院、媒体，共同发布《全球社会影响力投资共识》（"香蜜湖共识"）。发布首个上市公司社会价值评价指数"义利 99"。深圳向国务院提交了《深圳市建设国家绿色金融改革创新试验区总体方案》，明确提出"坚持金融服务实体经济"和"坚持商业可持续"两大绿色金融发展原则。出台《关于构建绿色金融体系的实施意见》，进一步深化深圳市供给侧结构性改革，构建独具深圳特色的绿色金融体系，支持绿色信贷、绿色债券、绿色保险、区域性环境权益交易市场等发展。出台《深圳经济特区绿色金融条例》，明确金融机构的社会责任，要求金融机构建立完善的绿色金融制度体系，规范绿色金融标准体系建设，建立金融机构绿色投资评估制度，优化绿色金融产品与服务，明确环境信息披露责任，发挥金融监管部门的引导和监管职能。中国人民银行深圳市中心支行设立首批规模10亿元的"绿票通"专项再贴现额度，支持绿色企业绿色项目的再贴现业务。深圳率先推行环境污染强制责任保险，并将其列为全市生态文明体制改革重点任务统筹推进，力争为全国推行环境污染强制责任保险制度提供可复制、可借鉴的经验。深圳加入"全球金融中心城市绿色金融联盟"（FC4S），成为全球第12座、内地第2座成员城市。深圳经济特区金融学会绿色金融专业委员会与联合国环境规划署推动设立的"绿色金融服务实体经济实验室"在瑞士日内瓦启动，该平台落户于福田区，是全球首个链接绿色金融与绿色实体经济的金融服务平台。深圳承办了国际标准化组织可持续金融技术委员会（ISO/TC 322）第二次全体会议。联合香港、澳门、广州发起设立"粤港澳大湾区绿色金融联盟"，联盟永久秘书处设在深圳。截至2020年9月末，深圳有13家机构加入了"联合国责任投资原则组织"（UNPRI）。2020年11月下旬，由上市公司行业协会、公司治理研究会等首倡，首批13家投资机构、11家上市公司发起香蜜湖"女性董事"倡议，推动男女平权，得到联合国开发计划署（UNDP）的大力支持和高度赞赏。

出台《关于促进我市上市公司稳健发展的若干措施》，安排150亿元资金，按照市场化方式运作，通过债权（100亿元）、股权（50亿元放大至200亿元规模的基金）两种方式化解上市公司股票质押风险。

印发《深圳市推进普惠金融发展实施方案（2016—2020年）》，致力于提高金融服务可得性，明显增强人民群众对金融服务的获得感，显著提升金融服务满意度，满足人民群众日益增长的金融服务需求。深圳银行业金融机构通过"普惠金融＋大数据＋科创知识产权"引金融活水精准滴灌科创型小微企业，同时创新"开发性金融＋互联网科技"普惠小微企业转贷模式，以开放银行连接"1+N"生态场景为小微企业融资提速，积极应用金融科技大力开展"非接触式"线上化金融服务。

三　供应链金融全国领先

供应链金融早在20世纪80年代就已有雏形，深圳发展银行（现为平安银行）1998年在深圳首次开展货物质押业务，2002年开始系统性提出并在全国推广供应链金融理念。作为国内供应链金融的发源地和集聚地，深圳已经成为国内供应链金融最为发达的地区之一。深圳实体经济发达、金融创新活跃，不仅拥有一大批积极开展供应链金融的金融机构，还有全国80%以上的供应链管理服务企业总部，以及数量众多、类型丰富的供应链实体企业。各类供应链金融市场主体在深圳已经形成生态集聚，具备助推供应链金融发展的产业基础和强劲需求。长期以来，平安银行、建设银行、工商银行等一批金融机构，以及以怡亚通为代表的供应链行业翘楚，围绕供应链建立起了完整的供应链金融产品和服务体系，为深圳中小企业发展保驾护航。以怡亚通为例，在20余年专业供应链管理的基础上所搭建的供应链金融服务平台，从上下游交易衍生的金融场景切入，深度结合供应链业务载体，帮助供应链载体上的广大中小微企业对接金融机构，为其提供标准化金融解决方案。深圳印发实施国内首个地方性供应链金融专项政策《关于促进深圳市供应链金融发展的意见》，引导成立粤港澳大湾区首个供应链金融协会——深圳市供应链金融协会，并支持福田、南山、宝安等区出台个性化措施，通过市区联动，打造供应链金融集聚示范区。同时，积极推进供应链金融人才培训、公共服务平台建设工作，着力培育产业生态。

通过精准定位，推动全市供应链金融的合理布局和空间规划。福田区定位"大而全"，打造大湾区国际化供应链金融产业高地，重点集聚发展供应链及供应链金融龙头企业，吸引推动总部机构集聚；南山区重点强调金融科技赋能供应链金融，以南山区科技金融城为载体，以供应链金融服务平台为抓手，打造"新而优"的大湾区供应链金融创新示范基地；宝安区以海纳百川大厦为基地，以宝安金融超市为创新主体，打造"精而美"的大湾区先进制造业的供应链金融服务中心。

采用前沿技术，利用金融科技促进深圳供应链金融发展。鼓励供应链融资服务平台、物流企业、金融科技企业、供应链管理服务企业等机构，利用物联网、区块链、大数据、人工智能等技术及管理、服务能力，实现供应链交易及信用生态的可视、可感、可控，为供应链金融赋能。同时，推动各区打造供应链金融服务平台，实现信息在线共享、产品在线服务、政策发布及非现场监管等公共服务功能。

悉心培育人才，开展供应链金融领域的人才教育与培养工作。开展供应链金融前瞻性研究，为全国树立标杆。通过开展供应链金融产品标准化研究项目，探索制定供应链金融相关的行业共性标准。对"应收类""存货类""预付类"等业务产品开展标准化分析，使深圳成为全国供应链金融标准"输出地"。

四　提前谋划布局新兴金融业态

科技金融体系不断完善。搭建"深圳市创业创新金融服务平台"，成立全国首个科技金融联盟，成立国内规模最大的市场化运营天使母基金，建立全国首家知识产权金融全业态联盟，创新以知识产权为核心资产的质押融资、股权投资、债券发行、保险服务等各类服务，构建多元化的科技金融生态系统和"基础研究+技术攻关+成果转化+科技金融"全过程创新生态链，深入推进科技金融创新实践，积极创建科创金融改革创新试验区。深圳市知识产权证券化工作走在前列，全国首只疫情防控知识产权证券化产品、全国首个中国银行间交易商协会中小企业专项知识产权ABN项目、全国首只聚焦生物医药专门领域的知识产权证券化产品等多行业首创成果已经获批及落地，构建起知识产权证券化先行示范的"深圳模式"。

落实中央和省、市有关公共资源交易改革工作部署，整合市、区两级 14 家公共资源交易平台，高质量建设"立足深圳、服务大湾区、辐射全国"的全要素大型综合性交易服务机构。成立人民币海外投贷基金，募集内地、港澳地区及海外机构和个人的人民币资金，为我国企业"走出去"开展投资、并购提供投融资服务，助力"一带一路"建设。在"金融＋文化"方面，探索文化金融发展的体制机制与产品创新，创设文化金融合作试验区，全面构建以文化产业投融资平台为依托的文化产业新高地；2020 年 12 月 17 日，福田区人民政府联合深圳证券信息有限公司共同研究编制的"国证香蜜湖文化创意指数"发布，是国内首只文化创意主题股票指数，也是全国首只深港跨境文创指数。在"金融＋海洋"方面，探索设立国际海洋开发银行，推动适应粤港澳海洋经济发展需求的金融资源有序竞合、协同发展，打造引领泛珠、辐射东南亚、服务"一带一路"的海洋金融枢纽。

第三章　深圳金融业发展的主要经验和不足

　　深圳金融业在 40 年的进程中积累了大量改革开放、创新发展的宝贵经验，充分彰显了中国特色社会主义理论和制度的先进性和优越性，谱写了理论与实践有机结合、互相补充的发展范例。系统总结深圳经济特区 40 年（尤其是金融行业）的经验，既有利于深化我们对中国特色社会主义经济特区建设规律的认识，增强经济特区的示范效应和辐射效应，又能够为深圳金融业的改革开放再出发提供重要指导。在总结经验的同时，也应当意识到深圳与国际标杆城市仍然存在差距。总结深圳金融业的不足，有利于更加客观地分析制约深圳金融业发展的内因和外因，积极争取更大力度的政策支持，补齐深圳金融发展的短板。

　　因此，本章主要从理论和实践两个方面总结深圳金融发展的历史经验，充分彰显中国特色社会主义理论和制度的优越性，进而为深圳金融业如何贯彻新发展理念、构建新发展格局提供指引。同时，通过分析深圳金融业存在的不足，有利于更加有的放矢地为深圳重点领域的发展提供决策参考。

第一节　深圳金融发展理论经验

一　坚持党对金融工作的领导

坚持党对金融工作的领导是确保金融行业始终坚持正确发展方向的根本。金融行业具有很强的政策性，只有坚持加强党的领导，才能在国家治理体系和治理能力现代化中发挥更大作用。只有坚持党的领导，才能为金融业把方向、谋大局、定政策，保证经济金融发展的正确方向；才能始终总揽全局、协调各方，保证在金融改革中促进经济发展；才能战胜金融危机与有效防治各种金融风险。

40年来深圳金融体系由无序到有序、由封闭到开放，关键就是始终坚持党对金融工作的领导。始终坚持金融为实体经济服务、为人民群众服务，并在金融实践中重视金融改革与金融创新的自主性、安全性和可控性，注重防范系统性金融风险。坚持加强党的领导，把讲政治的要求落实到政策制定和执行的各个环节、各个方面，坚决贯彻党中央、国务院关于金融工作的决策和部署，坚持正确方向、更好服务全局。实践证明，金融行业越是加强党的领导，就越能实现稳定健康发展，越有利于服务实体经济和国家战略。

二　坚持"四个自信"

深圳金融40年取得辉煌成绩与坚持"四个自信"，即坚持道路自信、理论自信、制度自信和文化自信休戚相关。方向决定道路，道路决定命运。习近平总书记指出：改革开放是决定当代中国命运的关键一招，也是决定实现"两个一百年"奋斗目标、实现中华民族伟大复兴的关键一招。深圳因改革开放而生，因改革开放而兴，作为改革开放的前沿阵地，始终坚持中国特色社会主义道路不动摇，在改革开放的进程中有效地处理了"姓社姓资"、"公有制与私有制"、"计划经济"与"市场经济"的关系,极大地解放了社会生产力。

深圳作为经济特区,为全国探索可复制可推广的经验是其使命之一。改革开放以来,深圳通过充分贯彻邓小平理论、"三个代表"重要思想、科学发展观、习近平新时代中国特色社会主义思想,为国家发展贡献诸多深圳实践,彰显理论自信和理论指导实践的发展理念。英国《经济学人》杂志称,在全球4300个经济特区中,深圳是最为成功的一个。成功的原因不仅在于强化竞争力和减少贸易壁垒,更重要的是这种模式能够在全国推广,促进全国范围的改革转型。深圳金融40年发展的创举,为全国金融理论的发展和完善积累了宝贵的理论经验。

深圳的奇迹,在于始终坚持中国特色社会主义制度,同时也为完善这一制度进行不断探索。深圳金融发展经历了从实验到规范、从区域到全国、从单一产品到多层次资本市场体系的跨越式成长,为完善社会主义市场经济体制,为推进中国改革开放和现代化建设事业,不懈探索、锐意进取,走出了一条充满艰辛的希望之路,是践行制度自信的生动体现。

习近平总书记说过:"没有文明的继承和发展,没有文化的弘扬和繁荣,就没有中国梦的实现。"在深圳改革开放的进程中,形成了两类文化精神,第一类是思想创新、积极学习、敢于担当的改革者精神。思想创新的精神主要体现在敢于突破传统意识形态、思想观念的束缚,敢于突破计划经济等旧体制的束缚,敢于促进完善阻碍改革开放和经济社会发展的法律法规及有关政策。第二类是善于"破字当头,立在其中",在不违背国家改革总原则的基础上,根据深圳的实际情况,创造性地贯彻落实国家赋予深圳的政策,使之更好地发挥实际效果。尤其是深圳市政府相关部门长期以来都在高度务实地为深圳企业制定一系列支持政策,竭尽全力创造规范和完善的市场经济环境。积极学习的精神主要体现在深圳充分利用了毗邻香港的优势,学习和借鉴香港的经验,并在学习中不断更新管理理念、监管技术和发展模式,与时俱进。敢于担当的精神主要体现在深圳拥有一大批敢于承担风险的改革者,敢于直面深圳创新性政策推行过程中出现的各类批评和指责,在非议和肯定交替中不断向全国输出改革开放成果。

回顾历史，深圳金融发展是改革开放以来我国实现历史性变革和取得伟大成就的生动缩影，是践行"四个自信"的充分体现。

第二节　深圳金融发展的实践经验

一　立足国家战略，提升发展能级

改革开放以来，深圳一直扮演国家金融改革创新实验中心的角色。深圳金融业在改革开放初期整体呈快速发展态势，但发展质量偏低、竞争力不强，这一趋势延续到 20 世纪 90 年代中期。借助我国建立社会主义市场经济体系的政策红利，深圳抓住机遇，坚持顶层设计，注重规划先行，开始致力于金融业发展。20 世纪 90 年代中后期，深圳以贸易为支撑、以香港为链接的金融体系逐步建立起来。21 世纪以来，深圳抓住我国加入 WTO、强化深港合作及建立健全开放型经济新体制的历史机遇，践行国家战略，全面建设深圳产业创新和金融创新中心，以顶层设计引领金融部门全面、高速、规范和高质量发展。

在推进金融机构股份制改革、引进外资金融机构、推动金融产品和业务创新等方面一直领先于全国其他城市。近年来，深圳金融改革创新的领域主要体现在为高科技、中小企业提供融资服务，包括创建创业板、中小企业板、场外市场等多种平台为高科技企业和中小企业风险投资提供退出机制等，取得了巨大的成就。

深圳在实施金融业对外开放，不断探索新的金融发展方式方面发挥了先锋作用。深圳金融在最初从国外引进金融机构、资金、人才的基础上，逐步开始实现金融机构、资金、人才的对外辐射。近年来，深圳努力构建"跨境人民币业务创新试验区"和"国家金融业对外开放试验示范窗口"，为我国金融业对外开放积累了重要经验。

二 紧把政策脉搏，持续改革创新

40 年来，深圳始终牢记党中央创办经济特区的战略意图，秉承"敢闯敢试、敢为人先、埋头苦干"的特区精神，不断改革创新。深圳金融经历从无到有，金融创新由点到面、由易而难、由浅入深，金融体制冲破旧模式、旧格局，打造出完整的金融生态。虽艰难重重，但硕果累累。其中，改革创新是贯穿深圳金融业发展的总纽带，是深圳金融业跨越式发展的强大动力和不竭源泉。

在 40 年发展历程中，深圳金融业得到了中央及监管部门的大力支持，而对每项政策红利，深圳都善于转化为务实的改革措施，确保用足用好。1986 年，中央政府创新性地相继给予四个经济特区四项金融特权：一是信贷资金"切块"管理权，赋予经济特区资金存留及使用的管理权；二是利率调节权，允许经济特区的资金使用及其价格可与全国政策出现差异化而无须担心"纠偏"风险；三是存款准备金率调节权，使经济特区在宏观经济和金融政策调控上拥有更直接的监管调节权力，可通过存款准备金的调整来释放或缩紧流动性，以更好地满足经济特区的资金需求；四是部分金融机构准入审批权，有利于经济特区通过设立金融机构来实现金融产品、服务及创新的发展，发挥金融总部经济发展和金融要素集聚功能，建立健全金融机构体系和金融市场体系。深圳据此进行了多项具有全国影响力的金融创新，开设了第一家外汇调剂中心、第一家中外合资财务公司、第一家由企业法人持股的股份制商业银行、第一家证券公司等，为早期金融市场蓬勃发展奠定了基础。2006 年，中国保监会将深圳确定为首个保险创新发展试验区，一些重点领域的改革创新项目迅速破题，比如制定下发了《关于在深圳开展商业车险定价机制改革试点的指导意见》，商业保险机构投资医疗机构成功试点，跨境人民币保险业务结算取得突破。2014 年，深圳在全国率先推出巨灾保险。

在一些空白领域，深圳敢于"摸着石头过河"，"敢闯敢试、敢为人先"的特区精神在金融领域得到充分阐释。深圳证券交易所 1990 年顶住"姓资姓社"

的压力率先试营业，到次年 4 月才拿到批文，属于"先出生后领证"；深圳外汇调剂中心 1985 年挂牌运营，三年后才获得国家外汇管理局下批的经营许可证。40 年来，深圳金融业创造的全国"第一"不胜枚举；深圳于 2005 年创设金融创新奖，是国内设立最早、延续最长的行业盛事，许多项目成果推广到全国。可以说，良好的创新生态和灵活的体制机制，是深圳金融业发展的不竭动力。

三 坚持风险底线，兼顾发展平衡

深圳金融部门在改革开放初期出现过一些不规范行为和显著的风险事件，但随着改革创新的深入，深圳充分认识到金融在提供资金融通的同时也存在"经营风险"，有效防控金融风险是金融部门发挥职能、优化结构、促进增长的前提。尤其是国际金融危机发生后，深圳坚决守住不发生区域性和系统性金融风险的底线。这个底线目标的实现，得益于较为有效的金融监管、相对完善的法律框架、较为激烈的市场竞争、充满活力的实体经济等因素。可以说，深圳在建立和创新防范工作机制上不断开全国先河。

2018 年以来，深圳创新搭建的"三大系统"，即地方金融风险监测预警系统、监管信息系统以及"灵鲲金融安全大数据平台"上线运行，有效提高了监管技术含量。率先建立"海豚指数"预警模型、P2P 蜂巢（COMB）、小额贷款 CAMEL+RR 等系列监管报表体系，加强非现场监管。

近两年来，P2P 网贷、私募基金等领域的风险集中暴露，为深入开展 P2P 网贷风险应对处置，深圳市组建市级网贷风险应对实体化工作专班。在全国率先搭建网贷机构退出投票表决系统，促进网贷重大利益事项达成；率先研究制定网贷机构良性退出指引、失信联合惩戒机制等。专班联合报业、广电两大集团建立的风险教育常态化机制成效显著，围绕"以备促退""并购重组不会成救命稻草""深圳率先推出网贷平台良性退出投票系统"等主题，在全国、广东省及深圳市权威媒体上发表原创或转载新闻作品 180 余篇（条），转发数十万次。严格履行属地监管职责，在国内率先严控融资租赁、商业保理公司的新设注册和主要股东变更。在全国率先建立了互联网金融网上投诉平台。

在加强顶层设计和法律制度保障的基础上，深圳金融业还充分发挥行业自律的作用进行风险防范。从任何一个行业的发展历程看，国家法律和政府监管都只是辅助手段，而且往往会有漏洞，金融行业尤甚，加强行业自律是对法律和行政监管的最好补充，也是促进行业更快地走上规范化发展之路的重要保障。深圳的互联金融行业自律经验是深圳近年来金融改革创新摸索出来的重要经验。

作为全国金融中心城市之一，深圳互联网金融企业蓬勃发展，数量约占全国的1/3。近年来，经过一系列洗牌和调整，如何做好监管工作已成为摆在全行业面前的重要课题。2017年6月，深圳互联网金融行业协会党委成立，这是全国首个互联网金融领域的基层行业党委。成立以来，协会党委把党建与行业发展紧密结合，在防范金融风险、支持实体经济、大力倡导公益等方面发挥积极作用，探索出一条"党建＋行业自律"的深圳路径。

为呼应全国互联网金融专项整治工作，深圳互联网金融行业协会以党建为引领，出台网贷机构从业人员黑名单制度，并通过健全行业自律公约、制定行业职业道德准则、规范行业发展秩序、实行信息公开、推行诚信承诺等形式建立行业自律机制。

在协会党委引领下，各企业党支部纷纷行动起来。红岭创投党支部组织员工进行"提升职业道德与防范职业犯罪"主题培训；小牛在线党支部党建创新小组联合公司稽核监察中心，运用技术手段上线大数据稽核平台，历时5个多月，实现了非现场风险监控与远程审计。党组织对党员自律的监督与协会对会员自律的监督，将形成行业自律合力，为全国互联网金融行业"党建＋行业自律"探路。

深圳金融业要通过开放和创新来建设先行示范区，但开放和创新的前提是金融安全，必须严守不发生区域性、系统性金融风险底线。在保证金融安全的前提下，进一步做好金融业服务实体与金融业对外开放工作，将深圳打造成为安全、开放、创新、可持续发展的金融中心。

四　着眼深港合作，稳步扩大开放

利用毗邻香港国际金融中心的区位优势，深圳在吸纳香港资本、借鉴香港经验的过程中，加速了自我蝶变。改革开放初期，深港金融合作主要实行"请进来"战略。当时，深圳刚成为经济特区，为克服资金短缺、技术薄弱、人才匮乏等问题，深圳顺应香港产业升级和内迁的机遇，主动接受香港的金融辐射，率先引进了国内第一家境外银行——南洋商业银行深圳分行、第一家境外资本保险公司——香港民安保险公司深圳分公司等机构，成为早期香港金融进入内地的桥头堡和试验场。到 21 世纪初，深港金融合作向"请进来"与"走出去"相结合过渡。在《内地与香港关于建立更紧密经贸关系的安排》（CEPA）推动下，深圳在继续大力引进港资金融机构的同时，还借助香港平台主动接驳国际金融市场，合作领域也由银行业逐步扩大到证券、保险、创业投资、股权投资、人民币跨境结算、小额结算等多方面，合作方式由港方到深圳设立机构，变成了机构互设、监管合作、收购重组、业务互认等方式，助推深圳金融业进入快车道。

近年来，借助粤港澳大湾区建设机遇和前海等战略合作平台，深港金融市场进入互联互通、融合互促的新阶段，"深港通"、"债券通"、基金互认以及跨境双向贷款、跨境双向股权投资、跨境人民币资金池、跨境发债等改革相继落地，两地监管部门建立了常态化会晤工作机制，联合开展了"深港澳金融科技师"专才计划等系列活动。

总体上看，40 年来深港金融合作呈现从点到面、由浅入深的良好态势，是深圳金融业持续扩大开放、接轨国际市场的重要载体和关键路径。

五　加强政府引导，营造最优环境

深圳市政府率先制定并连续多年颁布多项有利于促进金融改革、创新和发展的政策法规，倾力将深圳打造成最适宜金融业发展的城市，营造出最优的营商环境。

在最优惠的政策构建上，首先，深圳借助政策约束少的优势，快速解放思想，打破路径依赖、习惯势力、利益冲突等诸多约束，创新、探索、完善优惠政策体系。其次，深圳不仅注重优惠政策的制定，更注重优惠政策的可持续性和政策体系的长效机制。最后，在优惠政策配套上，深圳一直注重"整体最优"。深圳率先构建了"人无我有、人有我优"的扶持体系，先后出台多项引导和促进金融创新发展的政策法规，大力吸引金融牌照落户。比如，深圳市于2003年出台《深圳市支持金融业发展若干规定》及配套实施细则，先后于2006年、2009年、2013年、2016年、2018年数次修订金融扶持政策，不断优化扶持方式、拓宽惠及范围，与时俱进保持政策优势；市人大审议颁布《深圳经济特区金融发展促进条例》《深圳经济特区创业投资条例》，利用特区立法权在国内率先为金融立法；深圳市政府分别于2006年、2014年两次颁布1号文件鼓励金融改革创新，充分表明对金融工作的高度重视。

在最优质的服务上，一是建立金融发展的"绿色通道"。持续简化金融创新事项的审批手续，不断完善金融创新审批的业务流程，加快金融创新业务的审批速度，持续为金融机构、市场、产品的创新发展开辟新渠道。二是实施负面清单管理模式。深圳是全国实践"负面清单"管理模式的先行者之一，秉承负面清单管理的政策逻辑，鼓励金融创新。凡法律法规未明确禁止的、不会发生重大风险的，均鼓励金融机构大胆尝试创新。三是建立健全集中协调机制。基于市政府的金融发展委员会和金融咨询委员会等沟通协调机制，强化金融监管机构间的沟通、协调、研讨与合作，形成"大金融""大市场""大体系""大监测"的金融管理、政策协调和发展格局。比如，深圳一直将市地方金融监管局及前身市金融办定位为服务协调机构，设立金融发展专项资金，制定金融人才专项政策，并集中土地资源相继打造罗湖蔡屋围、福田中心区、南山后海、前海等金融核心功能区，通过在资金、土地、人才等方面持续努力，塑造最佳营商环境，获得业内高度评价。

在最优良的环境营造上，深圳致力于营造一种服务效率高、管理规范、最具市场活力、综合成本最佳的国际一流营商环境。粤港澳大湾区研究院课题组根据国家统计局等部门发布的数据，基于对软环境、基础设施、商务成本、市场环境、社会服务、生态环境6个指标的测算得出结论，深圳2018年营商环境位列全国第1。在具体政策上，深圳营商环境的打造主要集中于五方面：打造日益开放、双向通畅的贸易投资环境，打造综合成本合理的产业发展环境，营造高效透明的政务服务环境，完善金融发展的人才支持与发展环境，营造公平公正的法治环境。比如，在金融机构的引进和培养过程中，深圳始终遵循市场导向，尊重市场机构、相信市场力量，通常"不求所有、但求所在""不塞项目不塞人"。这种"有事服务、无事不扰"的服务型政府理念，也促使金融机构专注主业、安心发展，在激烈的市场洗礼中成长壮大。

六　坚持市场导向，优化资源配置

深圳金融发展始终坚持"大市场、小政府"理念，充分发挥市场经济的作用，构建适合深圳实际情况的市场化机制，打造效率优先的发展理念。一是发挥金融机构和产业机构的微观经济主体作用，尊重其在资源配置中的主动性和能动性；二是构建良好的市场环境，为市场主体提供平等的金融参与权和市场化的金融收益权；三是逐步完善相关法律法规，用法律规范来维系市场公平与稳健运行。深圳在发挥好政策引导和环境建设功能外，更多让市场在储蓄投资转换、金融结构演进、金融机构发展、金融市场深化及金融产品服务创新中发挥基础性和决定性作用，有力促进了深圳金融市场体系的建设与完善。

以市场化为准绳是深圳金融改革创新成功的关键，市场是推动改革创新的原动力。深圳金融业的改革创新一直遵循市场经济原则，重点借鉴香港等地的市场化运作经验，构建适合深圳实际情况的市场化机制。

一是运行机制市场化。首先，股份制改革为深圳金融机构赢得竞争优势提供了制度条件。从率先进行股份制改革到目前大部分国有金融机构先后完成股份制改造，深圳金融机构的业务管理和业务流程得到较大改善，风险管理和控制能力明显增强。

二是资源配置市场化。深圳金融创业者在特区建设初期即探索以市场机制配置资源，成立了外汇调剂中心、证券交易所、外汇交易中心，为我国货币市场、外汇市场和资本市场建设积累了经验。深圳作为全国资本市场的重要场所，不断完善交易系统、创新交易规则、丰富交易品种，对推动经济结构调整、优化资源配置发挥了重要作用。中小企业板和创业板的启动，为中小企业发展提供了融资渠道，缓解了中小企业融资难问题。

三是金融产品市场化。40年来，深圳金融机构在市场竞争环境中，个性化服务意识逐步增强。金融机构紧跟市场需要，调整经营策略，创新金融产品，满足多样化需求。银行业在传统业务基础上在资产业务、负债业务和中间业务等各方面创新，面向企业、个人推出形式多样的信贷产品和理财产品。证券行业从最早品种单一、不成体系起步，目前发展到包含了股票、债券、基金、期货等多个品种在内的比较完整的业务架构。保险行业在全面建设全国保险创新发展试验区过程中，推出多种多样创新产品。深圳金融业还大胆突破相互隔离、各自为政的藩篱，推动跨行业、跨市场的交叉性金融产品和业务不断涌现。

四是调控方式市场化。2007年，深圳20家中小企业在国家开发银行担保下，集合捆绑发行了10亿元企业债券，在发债主体和担保主体上实现了突破，促进了资本市场均衡发展。2008年，中国人民银行深圳市中心支行指导深圳市信用评级协会和信用协会搭建"评信通"中小企业融资平台，利用行业协会和评级公司力量，实现中小企业融资制度创新，促进了信贷市场均衡发展。

七　依托核心平台，培育创新资本

资本市场是深圳金融业的发展引擎，同时助推了深圳实体经济的发展，是深圳金融业始终坚持以服务实体经济为宗旨的最好体现。40 年来，深圳已经形成较为完善的多层次资本市场，在波澜壮阔的改革开放历程中，深圳证券交易所一直是资本市场领域最活跃的力量，是深圳金融市场建设中的一大核心引擎。

深交所 1992 年推出 B 股市场，至 1997 年底在深交所 B 股市场上市的公司总数达 41 家，在吸引外资、拓宽企业融资渠道方面发挥了显著作用。2002 年发布的《深圳证券交易所合格境外机构投资者证券交易实施细则》，引入 QFII 制度。2004 年推出中小板、2009 年推出创业板，2015 年实施内地与香港的基金互认，2016 年启动"深港通"，2019 年落地首个金融衍生品，2020 年创业板改革并试点注册制等，这些运作使深交所逐步成长为全球最具活力和成长性的新兴市场，成为国际社会了解深圳金融业的重要窗口。除了集聚了 2280 余家上市公司外，深圳证券交易所还吸引了海量资金、证券公司、基金公司、PE/VC、中介机构以及信息、人才等资源，发挥了强大的辐射带动作用。据统计，深交所成立以来累计为实体经济直接融资 13 万亿元，深圳区域内与深交所市场相关的沉淀资金过万亿元；深圳的证券基金期货业整体水平、创投风投产业生态均居全国前列，这也与深交所发挥的带动外溢效应密切相关。

此外，2016 年，深交所启动创新创业跨境投融资服务平台（V-Next）建设，以促进跨境资本形成为目标，以信息披露和展示为手段，以线上线下投融资对接平台为载体，探索形成支持创业创新的跨境投融资生态圈。目前已为超过 300 家境外企业提供了路演展示和信息对接服务，合作网络覆盖全球 35 个国家。

以创新资本为纽带，把人才、科技与企业家精神有机结合起来，使其成为市场创业创新的主体，助推产业升级，优化经济结构，为经济增长提供新动力。创业板是典型案例。截至 2020 年 6 月底，创业板公司数量占 A 股上市公司总数的

21.5%，总市值 8.16 万亿元，占 A 股总市值的 11.6%，超过九成的企业为高新技术企业，七成以上企业属于战略性新兴企业，以新一代信息技术、生物医药、新材料等为代表的产业聚集效应明显。创业板公司 IPO 融资累计 4857.5 亿元，再融资 5675.5 亿元，累计股权融资 10533.0 亿元。创业板发展 10 年来，在促进创新资本形成、扩大创投资本退出渠道、壮大风险投资市场、推动资本与科技创新实现良性循环、助推经济转型方面发挥了积极作用。

八 利用科技赋能，促进融合发展

深圳金融业始终紧抓科技这一第一生产力，走在金融创新前列，用科技赋能金融，金融与科技发展相得益彰，最后交汇出金融科技的发展高地。深圳金融业 40 年发展史，就是金融逐步电子化、数字化的历史。科技思维根植于深圳金融业的土壤之中，科技应用覆盖到金融细分行业每个角落，科技迭代成为金融成长的"加速器"，科技与金融结合始终走在全国前列。

20 世纪 90 年代初，中国人民银行深圳市中心支行着手修建资金清算"高速公路"——支付结算体系。目前已形成以中国现代化支付系统为核心，全国支票影像交换系统、同城支付结算系统、同城外币实时支付系统、同城人民币票据交换系统、深穗人民币票据交换系统和外币票据交换系统等为重要组成部分的多层次、多币种支付清算网络体系。

1993 年深交所借助先进的信息技术手段，成为全球第一个同步实现交易电脑化、交收无纸化、通信卫星化、运作无大堂化的证券交易所，并不断推进交易系统的升级换代。招商银行最早于 1995 年就提出"科技兴行"战略，率先推出以电子技术为基础的"一卡通"，初步奠定电子化方面的领先优势，开启个人业务的"飞跃式"发展。同样，中国平安从最初只有 13 人的小公司成长为国际大型综合金融集团，也谱写了一部曲折向上的科技创新史，目前拥有生物识别、大数据、人工智能、区块链、云平台等核心技术，在全球设立 25 家金融科技研究实验室，过去 10 年累计科研投入达 70 亿美元。前海微众银行是首家民营互联网银行，无营业网点和柜台，纯科技人员占比一直高于 50%，是国内第一家获得国家高新技术企业认定的商业银行，2019 年以 632 件专利申请量居全球银行首位。

在当前的金融科技大潮中，深圳起步早，技术创新、场景应用等能力处于领先地位。2019 年，深圳拥有 15 家金融科技企业进入毕马威金融科技 50 强榜单。支付领域，腾讯财付通是国内移动支付双巨头之一；普惠金融领域，微众银行是以数据为驱动的互联网银行标杆，招联消费金融是通过互联网场景提供普惠金融服务的代表；保险领域，平安、腾讯微保、慧择是保险科技运用先锋；资管领域，招商银行在业界首家推出人工智能投顾服务；区块链方面，中国人民银行贸易金融平台已与香港金管局合作探索创新应用；云计算方面，腾讯云、平安云、华为云均是国内领先的公有云服务商；人工智能方面，平安的智能语音、生物识别、虹膜技术等运用广泛。此外，深圳在全国率先设立了市区两级金融科技创新奖（市、区各 600 万元），有力地推动了应用落地。

近年来，深圳市级层面继续大力推进监管科技建设。在科技治理方面，在全国率先发布《深圳市网络借贷信息中介机构良性退出指引》，应用区块链、人脸识别等技术搭建网贷机构投票表决系统。在监测科技方面，深圳市地方金融监督管理局率先运用大数据、云计算、区块链、人工智能等技术，自主建设了"金融风险监测预警系统""地方金融监管信息系统""灵鲲金融安全大数据平台"。在合规科技方面，中国人民银行深圳中心支行、深圳银保监局、深圳证监局和深交所也进行了前瞻性的探索和实践，鼓励金融机构和科技公司加大创新力度，提升合规水平、强化风险管理。如深圳价值在线利用人工智能、云计算、模式分析等技术，为上市公司等提供 AI+SAAS 服务产品——"易董"，为上市公司合规管理和资本运营赋能，提升公司治理与信息披露水平。

九 围绕实体需求，实现良性循环

40 年来，深圳金融业与实体经济保持着相互促进、共生共荣的良好局面。在成立之初，深圳金融基础十分薄弱，但深港独特的"前店后厂"产业合作模式催生了金融需求。为适应外向型经济发展，深圳于 1982 年分别引进中国第一家境外银行和保险营业机构——南洋商业银行深圳分行、香港民安保险公司深圳分公司，之后香港上海汇丰银行等一批港资银行也陆续在深圳设立分行，深圳金融交易、支付、结算、汇兑等业务逐渐兴起，并反过来促进了贸易和初级加工业的发展。从 20 世纪 90 年代开始，随着主导产业向高科技产业转型，深圳相继成立高新投、深创投、深圳担保集团等金融机构，服务于高新技术产业培育，并发起组建千亿元规模的市政府投资引导基金、百亿元天使母基金等，吸引带动境内外创业资本集聚，有力地助推高科技产业发展。同时，针对庞大的民营中小企业群体，深圳市不断丰富《关于强化中小微企业金融服务的若干措施》《关于促进我市上市公司稳健发展的若干措施》《关于进一步改进小微企业金融服务的意见》《关于以更大力度支持民营经济发展的若干措施》等政策组合，启动实施"深圳市创业创新金融服务平台""金融方舟"等创新项目，积极营造产业与金融良性互动、互利共赢的生态环境。

十 构建法律体系，推动重大改革

自 1992 年被正式授予"特区立法权"以来，深圳经济特区通过法规超过 400 项，有力地推动了深圳在不同发展时期的金融发展和金融服务实体经济，同时也为国家立法提供了"深圳经验"。例如，1999 年 9 月，深圳市人民政府发布《关于进一步扶持高新技术产业发展的若干规定》（简称"新 22 条"），以抢占引进人才、引进成果的"双引进"为制高点，在八个方面实现了高新技术产业政策的创新和突破。促使特别是高新技术专利企业入股上限提高到 35% 的突破，促使后来我国《公司法》修改，并对深圳市成为全国高新技术创新中心产生了重要的影响，极大地提升了深圳金融服务高科技产业的效能。

不断探索构建科学完善的法律体系，既保证深圳金融业重大改革能够做到于法有据，又通过法治力量推动改革深入，为改革开放保驾护航。面对当下先行示范区建设的重大任务，更应当强调法律"先行示范"的重要性，这不仅需要继续用足用好深圳已有的特区立法权，更应当积极争取顶层立法，以法律形式保持先行示范区建设整体制度更加定型和稳定。

第三节　深圳金融业存在的不足

一　缺乏国家层面明确定位

中央有关文件已经明确了北京作为"国家金融管理中心"、上海作为"国际金融中心"的定位。尽管深圳自身提出了要打造全球金融创新中心、全球创新资本形成中心、全球金融科技中心、全球可持续金融中心的目标，但是仍缺乏在国家金融战略中的明确定位。定位的不明确导致了深圳金融业发展的同质化，即缺乏差异性与明确的发展方向；而发展方向上的不明确则导致现有金融资源无法被有效整合，未能形成与其他城市，尤其是与香港、上海的差异化发展模式，造成深圳金融业竞争力存在一定不足，前景不明确，对金融机构，尤其是外资金融机构缺乏吸引力。

二　金融国际化水平有待加强

在金融国际化水平方面，深圳和北京、上海相比存在很大差距。比如，深圳没有外国领事馆、国际组织，外籍人士占常住人口的比例仅为 0.2% 左右，低于北京的 1% 和上海的 0.73%；全国 41 家外资法人银行中深圳仅有 5 家，约为上海的 1/4、北京的 1/2。在国家金融业新一轮对外开放中，更多的国际性金融机构仍选择落地北京、上海，深圳的金融国际化水平有待加强。

三　全国性金融基础设施存在短板

当前，深圳的全国性金融基础设施仅有深圳证券交易所、上海黄金交易所深圳备份交易中心、中国国家现代化支付系统清算中心、中央国债登记结算有限责任公司深圳客户服务中心、中国证券登记结算有限公司深圳分公司、百行征信有限公司、国家金融科技测评中心等。与上海、北京相比，深圳在征信、评级、清算系统、全国性交易场所等金融基础设施建设方面存在明显短板，制约了深圳金融资源的集聚。

四　高端金融人才供不应求

在金融人才方面，深圳近年来正在大力补齐短板。深圳市区两级均制定了金融人才扶持政策，同步推动相关认证和奖励，成效不错，特别是金融科技的人才培育，走在全国前列。但与国际金融中心城市纽约、伦敦、新加坡、香港等城市相比，高端金融人才仍供不应求，尤其是国际化、复合型的人才缺口较大。从绝对数来看，高端金融人才仍然只有北京的 1/2，上海的 1/3，还有很大的发展空间。

五　金融功能区建设受限于城市发展空间

在城市发展空间方面，目前，深圳可供开发土地面积与北京、上海、广州相比均存在明显差距，与深圳超过 2000 万的实际管理人口存在严重不匹配，亟须突破土地匮乏等资源瓶颈，以新增土地承载深圳部分支柱产业的空间转移，集中力量规划和建设好金融功能区。

第二部分

典型案例篇

第四章　深圳股份制银行的典型案例

伴随着深圳经济的快速发展，深圳金融业涌现出一批国内领先和具有行业代表性的股份制银行，它们之中有零售业务的标杆招商银行，有金融科技的标杆微众银行，有普惠金融的标杆深圳农村商业银行和福田银座村镇银行等。它们在金融服务实体经济方面做出了重要贡献，有力地推动了深圳银行业的创新发展和业务转型。

因此，本章主要以招商银行、深圳农商行、微众银行和福田银座村镇银行为代表，从基本情况、发展脉络、突出贡献和发展展望等角度对代表性案例进行介绍，为进一步提升招商银行在股份制银行中的领头羊地位、加强特色股份制银行服务实体经济的效能提供决策参考。

第一节　招商银行

一　基本情况介绍

招商银行成立于 1987 年，是中国境内第一家由企业法人发起并完全持股的股份制商业银行，也是国家从体制外推动银行业改革的第一家试点银行。

图 4-1　招商银行开业典礼

图片来源：招商银行。

截至 2020 年末，招商银行境内外分支机构逾 1800 家，在中国境内的 130 余个城市设立了服务网点，拥有 6 家境外分行和 3 家境外代表处、员工 80000 余人。招商银行在境内全资拥有招银理财、招银金融租赁、招银云创，控股招商基金、招商银诺、招联消费；在香港全资控股永隆银行、招银国际金融，是一家拥有商业银行、金融租赁、基金管理、人寿保险、境外投行、消费金融等金融牌照的银行集团。

长期以来，招商银行深耕零售金融业务，已成为国内零售银行标杆：2014年起率先实施"轻型银行""一体两翼"战略转型，在巩固并发扬零售业务优势的同时，在投资银行、资产管理、交易银行、资产托管等"轻型银行"业务领域塑造出鲜明的特色和差异化竞争优势；2017年起以打造"金融科技银行"和"最佳客户体验银行"为目标推动数字化时代经营模式的全方位转型升级。同时，作为境内首批股份制银行中唯一一家实施资本计量高级方法的银行，招商银行一直坚守稳健经营的风格，严格控制风险。

截至 2020 年末，招商银行集团口径总资产达 8.36 万亿元。2020 年全年实现营业收入 2904.82 亿元，净利润达 973.42 亿元，增速位居行业前列。

凭借出色的业绩表现、管理能力和品牌文化，招商银行得到了投资者及国内外权威机构的认可。招商银行市值长期保持在 1.6 倍净资产以上，在上市银行中保持领先。2020 年，招商银行在英国《银行家》杂志全球 1000 家大银行排行榜中，按一级资本排名居全球第 17 位，连续 3 年进入全球 20 强；连续 11 年荣膺权威媒体《亚洲银行家》杂志评选的"中国最佳零售银行"称号；蝉联国际权威财经媒体《欧洲货币》杂志评选的重量级奖项"中国最佳银行"称号。

二　发展脉络

（一）"一卡通"植入零售基因

招商银行是最早提出向零售转型，也是唯一一家将零售业务作为战略主体的银行。1995 年，招商银行在国内率先推出了"一卡通"业务。"一卡通"具备"方便、便携、灵活"等特点，一经推出便大受市场欢迎，发卡量同比增速保持在 50% 以上，2003 年市占率达 4.7%。

2006 年，国有行发力借记卡，招商银行发展空间受挤压，"一卡通"增速回落至 3%~4%，市占率降至 2% 附近。为此，招商银行坚持零售业务的战略定位，持续开发优质零售产品接力，增强客户忠诚度与客户黏性，可以说，忠诚的零售客户是招商银行非常宝贵的核心竞争力之一。

（二）两次转型奠定零售根基

2004 年，为了应对资本约束的挑战，招商银行启动了"一次转型"，深耕零售业务、发力中间业务，成功塑造了"零售银行"的业务结构和品牌影响力。2009 年，招商银行提出"二次转型"的战略构想，追求内涵集约式的发展道路，确立提高资本效率、贷款风险定价、费用效率、价值客户占比和风控水平五大目标。

2014 年，面对宏观经济增速下行、金融脱媒、利率市场化、互联网金融"四因叠加"的外部形势，招商银行确立以"轻型银行"为转型目标，以"一体两翼"为业务定位，持续深化推进"二次转型"。"轻型银行"的本质是以更少的资本消耗、更集约的经营方式、更灵巧的应变能力，实现更高效的发展和更丰厚的价值回报，主要体现在"轻资产、轻运营、轻管理、轻文化"。"一体两翼"的"一体"指零售金融，"两翼"指公司金融和同业金融。"一体两翼"是一个有机联系、彼此增强、正向循环的经营管理体系，在凸显零售业务战略地位的同时，强调三大板块相互促进、整体最优。经过几年的聚焦和转型，招商银行甩掉资产规模包袱，持续推进结构调整，逐渐形成了一条结构更安全、特色更鲜明、模式更清晰的发展之路，率先走出银行业片面以规模取胜的 1.0 阶段，成功走向2.0 结构和质量取胜阶段。

（三）从"轻型银行"到FinTech

随着全球进入移动互联网时代，科技正逐渐改变金融的基础，甚至颠覆了银行商业模式。为此，2017 年，招商银行正式提出以金融科技为核动力，打造最佳客户体验银行，进入 3.0 模式取胜阶段。招商银行做金融科技的目标，绝不是为了将前沿技术更多地应用于业务场景或者是提高业务效率，而是要通过金融科技的基因重塑银行商业模式，使招商银行成为一家能够快速响应客户需求的金融科技银行。金融科技银行建设将"轻型银行"战略推进到了下半场，在已基本实现轻资产的基础上，通过金融科技进一步实现轻运营和轻管理，让"轻型银行"更"轻"，也让"一体两翼"的特色更加鲜明，最终让整个组织文化也更轻盈。

招商银行始终坚持"轻型银行"战略转型方向和"一体两翼"战略定位，把握中国银行业发展的阶段性规律，在保持 2.0 阶段所取得的结构和质量优势的基础上，以打造"金融科技银行"和"最佳客户体验银行"为目标，深入推进迈向3.0 阶段的经营模式全方位升级。

1. 以MAU北极星为指引，重塑零售金融数字化服务体系

在数字化获客方面，招商银行以"招商银行"和"掌上生活"两大 App 为平台，拓展零售获客新的增长点，从客户思维向用户思维转变，努力把获客"开口做大"。在数字化经营方面，招商银行通过平台开放接入金融和非金融场景，拓宽服务边界，并不断提高场景使用率；通过数字化运营不断提高与客户的线上交互频次；通过重构客户体验监测体系，为打造最佳客户体验银行提供系统支持。在数字化流程方面，招商银行不断优化线上线下流程，提升客户体验，零售信贷业务贷中审批实现了全流程数字化处理，在资料齐全的情况下，可实现房贷 T+0 审结、小微贷 T+2 审结，客户通过招商银行 App 提出消费"闪电贷"业务申请后最快 1 分钟即可完成审批放款。在数字化风控方面，招商银行不断强化扩展智能风控平台"天秤系统"，交易发出后 30 毫秒即可对疑似欺诈交易做出拦截判断，将非持卡人伪冒及盗用金额比例降至千万分之七，为客户资金安全提供了有力保障。

2. 以生态化视角，重塑批发业务经营模式

招商银行持续探索批发业务数字化转型的可行路径，推动传统交易银行业务向产业互联网升级，尝试破解批发业务实质风险识别及管控难题，重塑批发业务经营模式。在数字化经营平台方面，依托招商银行企业 App，构建开放式全场景

的企业移动服务平台。在批发金融产品线上化方面，线上提交融资申请的付款代理业务占比超过 60%；票据贴现放款时间已缩短至半小时以内。在数字化风控方面，招商银行融合内外部数据，构建客户关联知识图谱，提升针对具体场景的风险分析能力，完善风险特征模型，有效地降低了业务风险；建设基于机器学习算法的对公智能预警系统，针对有潜在风险的公司客户预警准确率达到 75.21%。在产业互联网方面，招商银行围绕账户及支付体系数字化、数字化融资、金融科技能力输出三大方向打通产业链，在统一支付结算体系方面创新实现收款分账功能和打造 B2B 平台内部户结算模式。

图 4-2　招商银行总部大厦

图片来源：招商银行。

3. 以开放和智能为核心，持续提升科技基础能力

在云 +API 方面，招商银行加快系统架构转型，打造开放型 IT 架构，建立基于原生云技术的大规模 IT 基础设施，发布新一代 PaaS（平台即服务）平台，加快全行应用上云速度，应用上云比例达到 36%，同时不断增强开放银行能力，累计发布 API 130 个，推出基于 API 的场景金融共享平台；在大数据 +AI 方面，升级大数据云平台，数据湖整体容量提升至接近 5PB，在内外数据整合的基础上，加大 AI 技术研究和应用力度，建立了计算机视觉、语音识别、自然语言处理、知识图谱、机器学习、知识中心六大 AI 平台，支持业务的智能化发展；在区块链方面，完善并发展标准分链、BaaS（区块链即服务）平台生态，应用数量累计达 20 个。同时，继续深化业务和科技融合，全面推进精益研发规模化转型。

4. 以开放、平视、包容、创新为方向，重塑组织形态和文化氛围

招商银行以"蛋壳"平台和小团队创新项目为抓手，持续推进开放、平视、包容、创新文化建设。建立"自下而上"的小团队创新机制，采用"人员独立""考核保护""鼓励创新"等方式激发员工内在的创新动力。

三　突出贡献

招商银行作为扎根深圳、辐射全国的中国最具影响力的股份制商业银行，为深圳经济、金融和社会发展做出了突出贡献。连续 10 年入榜《财富》"世界 500 强"，2021 年排名第 162 位，同时入榜《财富》"中国 500 强"，名列第 37 位。入选英国《银行家》杂志 2020 年"全球银行品牌价值 500 强"，名列第 9 位。

（1）助力脱贫攻坚。长期以来，招商银行聚焦产业扶贫、就业扶贫、文化扶贫，不断优化定点扶贫工作机制。至 2020 年，招商银行在定点扶贫县——云南省武定县、永仁县开展扶贫工作 20 余年，为两县投入帮扶资金 4436.61 万元，引进帮扶资金 198.11 万元并成功助力两县分别于 2019 年和 2020 年脱贫摘帽。

（2）优化服务体验。招商银行始终将客户作为金融科技发展最重要的驱动因素，围绕客户和科技两条主线，以客户需求为导向，加速金融科技应用，打造有温度的最佳客户体验银行。2019 年推出招商银行 App 8.0。截至 2021 年 1 月，招商银行 App 下载客户数达 1.45 亿，持续为用户提供更加智能、便利的无卡服务。

（3）确保稳健经营。招商银行高度重视风险管理，运用金融科技，助力防范化解金融风险，确保稳健合规经营，切实维护全体股东利益，为利益相关方创造更可持续的共享价值。截至 2021 年上半年，招商银行不良贷款总额为 545.42 亿元，不良贷款率为 1.01%，分别比年初下降 9.27 亿元和 0.06 个百分点。

（4）携手员工成长。招商银行坚持"以人为本"，保障员工合法权益，为员工提供广阔的职业发展机会，主动倾听员工声音，以开放、平视、包容、创新为方向构建企业文化，实现企业和员工共同发展。基于员工成长需求，帮助员工通过培训学习、职业晋升等实现个人的职业理想。2020 年，招商银行为员工开展了 7452 期培训，员工平均培训时长达 85.11 小时。

（5）践行公益慈善。招商银行倡导"人人公益"的慈善理念，结合自身的业务特点，打造人人皆可参与的特色公益平台；开展各类员工志愿服务活动，关注弱势群体和社会发展，携手员工、公众和公益机构共同参与社会公益事业。2020 年，"月捐悦多"平台全年累计捐赠金额为 362.95 万元，"小积分·微慈善"平台全年累计捐赠 2417 万积分，吸引 24 万人。

四　紧抓"双区"战略机遇期的发展展望

在"十四五"开局之年，招商银行坚持"轻型银行"战略方向和"一体两翼"战略定位，以客户体验为本，以风险管理为基，以构建大财富管理价值循环链为主线，面向"大"客群、搭建"大"平台、促进"大"生态，发挥自身"人＋数字化"的优势，与打造金融科技银行、推进开放融合的组织文化相互促进，持续探索商业银行经营的3.0模式，在自身高质量发展的同时积极服务实体经济，努力为股东创造更大价值。

第二节　深圳农商行

一　基本情况介绍

深圳农商行始创于1952年，前身为深圳市农村信用社，2005年改制为深圳农村商业银行，扎根深圳近七十载，与深圳经济发展同频共振，是深圳经济发展的参与者、建设者和受益者。

（一）代表性成就

（1）坚持普惠金融。深圳地区布局营业网点超200家，服务零售客户1600万，储蓄存款在深圳的市场份额稳居第五。其中全行1/3的网点铺设在东部如大鹏、坪山、坪地、坑梓、南澳等地区，持续为当地的社区、居民提供基础性金融服务，已成为当地金融服务的主力军。

（2）专注服务民营和中小微企业。深圳农商行紧贴深圳经济发展脉搏，始终专注主业，不断探寻为中小微企业提供综合金融服务的路径。27万公司客户中超过90%为中小微企业，中小微授信客户数量占全部企业授信客户的99%。

（3）走差异化的经营之路，坚持"合规经营、稳健发展"的经营理念，规模利润实现可持续增长。改制以来，深圳农商行资产规模、净利润等较改制之初增长了10倍以上，年均增幅达17%。

（二）行业地位

在中国银行业协会2021年发布的"中国银行业100强榜单"中，深圳农商行列第 48 位。在英国《银行家》杂志 2020 年发布的"全球银行 1000 强"中，深圳农商行排名第 286 位。2020 年在全国农商银行系列，资产规模位列第七。监管评级连续多年保持在 2B 水平。深圳农商行是深圳唯一的地方性法人银行，2020 年集团资产规模超 5000 亿元，正式跻身中型银行发展阵营。

（三）发展理念与企业文化

深圳农商行坚持"合规经营、稳健发展"的发展理念，秉承"务实、创新、团结、奋进"的企业文化、"始于平凡、见于细微"的服务文化，坚持以人为本，强化"合规人人有责""主动合规""合规创造价值"的合规理念和行为准则。

（四）发展远景

未来五年深圳农商行将持续坚定地走零售银行发展道路，以"零售 + 科技 + 生态"为驱动，进一步丰富"社区零售银行"的内涵，力争成为深圳地区具备综合服务能力、客户体验良好、经营特色鲜明的零售银行。

二 发展脉络

（一）深圳农村商业银行改制成立

2005 年 12 月，经广东省人民政府、中国银监会批准，在原深圳市农联社及辖属 18 家信用社的基础上，吸收原始社员、社区股份合作公司、民营中小微企业及员工作为发起股东，改制成立深圳农村商业银行。深圳农商行是我国第一家实行"自费改革"和"溢价发行"的农商行，也是全国首批由副省级及以上城市农村信用社改制组建的股份制农商行。

（二）"社区零售银行"定位确立

在早期的零售银行思维和成形的零售银行战略基础上，改制后的第二年，

图 4-3　2005 年 12 月深圳农商行成立

图片来源：深圳农商行。

即 2006 年深圳农商行确立了"社区零售银行"的发展战略，明确了以社区为依托，以社区企业、社区居民、社区内的民营中小企业为主要服务对象，实现业务零售化发展的主体战略思维。自 2006 年以来，深圳农商行一直坚守"社区零售银行"定位，不断完善线下线上渠道建设，提高服务水平，加大产品创新和优化力度，持续推进零售产品体系化建设，夯实了千万级客群的零售发展基础。

（三）跨区域发展

2010 年，深圳农商行 2 家异地支行广西临桂支行和柳江支行顺利开业。同年作为发起行在广西发起设立了村镇银行，以"异地支行 + 村镇银行"互补共赢的发展模式进入广西发展，这也是地方性中小银行实施跨区域发展的特色创新模式。

（四）开启网点转型

2013 年，深圳农商行确立了"由交易核算型向销售服务型转变"的网点转型策略，同年 7 月引入管理咨询公司，分批进行网点转型，提升零售客户服务功能，挖掘网点的销售功能，提升网点效能。

（五）推出信用卡业务

2015 年，正值改制 10 周年，深圳农商行推出了第一张信用卡，为客户提供更为优质的产品体验，进一步丰富了零售产品线。

（六）引进战略投资

2016 年，深圳农商行定向增发引进三家股东，资本实力进一步增强，股权结构更加合理，各类股东持股相对均衡，保证了公司稳健经营的发展风格。

（七）提出"零售+科技"的发展战略

作为特色鲜明的本土银行，深圳农商行把握深圳产业升级与经济转型的战略布局，2017 年初制定"零售＋科技"双特色发展战略，并专设"3 年 2000 户 200 亿元"额度支持科技型企业，金融服务对象快速向科技型企业转型并形成行业特色。截至 2020 年末，深圳农商行科技型企业（国高和深高）客户数占深圳市高新企业的 12.5%，服务科技型企业的特色正加快形成。

同时深圳农商行秉承"科技力行"理念，2017 年专门成立金融科技创新部，并划拨专项资金支持金融科技的创新研发，探索金融科技的市场化运作模式，陆续推出"智小窝""学子通""智慧社区"等智慧金融服务，构建社区金融生态链。

（八）开启综合化经营之路

2017 年，深圳农商行筹建的前海兴邦金融租赁有限责任公司顺利开业，是第二家在深圳注册成立的金融租赁公司，也标志着深圳农商行综合化经营迈出重要一步。

（九）扎实推进帮扶工作，集团化经营开启新篇章

2018 年以来，深圳农商行积极响应广东省政府全面加快组建农村商业银行的号召，承接了帮扶海丰联社、惠来联社两家高风险农村信用社改制的工作，并战略入股了博罗农商行，累计对海丰、博罗、惠来农商行三家机构投资 50 余亿元。这也意味着深圳农商行迈出深圳、服务粤桂地区的"母行 +8 家子公司"集团化管理架构正式搭建。

（十）2020年总部迁址

2020 年 12 月，深圳农商行总部迁址宝安中心区，同时集团资产规模超 5000 亿元，跻身中型银行发展阵营，综合实力站上了一个新台阶。

图 4-4　深圳农商行宝安中心区新办公楼

图片来源：深圳农商行。

三　突出贡献

（一）对深圳经济社会发展的贡献

（1）推动了深圳农村地区的城市化和现代化。深圳农商行始终紧跟深圳社区经济的发展变化，从最初支持深圳关外地区兴建工业厂房达7000多万平方米，到如今积极支持科技园区改造，不断吸引外来人才，创造就业机会，有力地推动了深圳农村地区的城市化和现代化。

（2）专注服务民营和中小微企业，履行服务实体经济的责任。作为深圳本土的民营银行，深圳农商行一直扎根深圳，坚守社区，服务中小企业和来深圳的建设者。深圳农商行通过差异化经营、强化产品研发、遵循"保本微利"、坚持透明定价等措施，支持民营中小企发展壮大。目前深圳农商行27万公司客户中超过90%为中小微企业，中小微授信客户数量占全部企业授信客户的99%。

（二）对深圳金融业发展的贡献

（1）1998年深圳联社（深圳农商行前身）率先在全国农村信用社系统独立开发核心业务系统，成功上线后广泛推广至全国各地农村信用社。深圳联社在全国农信系统率先发行银行卡、开办外汇业务。

（2）深圳农商行自觉担当起金融企业服务实体和普通居民的社会责任，持续推进薄弱领域的金融服务。深圳农商行全市200多个网点中，有将近1/3的网点在深圳东部坪山、坪地、坑梓、南澳等地区布局，部分营业网点虽处于盈亏平衡点，但仍坚持不撤网点，以"有温度""高品质"的金融服务，持续提升小微商事主体和偏远地区厂区工人的金融服务可得性。

（3）2011年，深圳农商行上线新一代核心业务系统，该系统荣获深圳市人民政府颁发的"2011年度深圳市金融创新奖"一等奖。

四 紧抓"双区"战略机遇期的发展展望

深圳农商行将继续坚持以金融科技为引领，秉承现代金融与本土智慧相融合的服务特色，坚定不移地走服务社区、民营及中小微企业的高质量发展道路，努力建设成为具备湾区综合服务能力的数字化智慧型零售银行。

第三节 微众银行

一 基本情况介绍

微众银行于 2014 年正式开业，是国内首家民营银行和互联网银行。微众银行以"让金融普惠大众"为使命，秉持"科技、普惠、连接"的战略愿景，专注为小微企业和大众提供更为优质、便捷的金融服务。

图 4-5 微众银行办公楼

图片来源：微众银行。

开业六年多来，微众银行陆续推出了微粒贷、微业贷、微车贷、微众银行 App、微众企业爱普 App、小鹅花钱、We2000 等普惠金融产品，服务的个人客户数超过 2.5 亿、小微企业法人客户超过 170 万家，在践行普惠金融、服务实体经济、深化金融供给侧结构性改革和解决金融服务不平衡不充分问题等方面取得积极成效。

微众银行持续在区块链、人工智能、大数据和云计算等关键技术领域开展研用攻关，并建成全球首个完全自主可控、支持亿级用户和高并发交易的分布式核心系统，是国内首家获得国家高新技术企业认证的商业银行。微众银行科技人员占比超过 50%，历年科技投入占营业收入比例在 10% 以上，累计申请发明专利近 1100 项。同时，微众银行将主要技术成果在国内外全面开源，通过链接合作伙伴构建开放、共赢的数字普惠金融生态圈。

目前，微众银行已跻身中国银行业百强，并被国际知名独立研究公司 Forrester 定义为"世界领先的数字银行"，国际评级机构穆迪和标普分别给予微众银行"A3"和"BBB+"评级。

二 发展脉络

（一）搭建自主可控的分布式银行核心系统

一直以来，传统银行的核心系统都是采用国外的"IOE"系统，即 IBM（国际商用机器）、Oracle（甲骨文）和 EMC（易安信），三者分别是小型机、数据库和高端存储的领导厂商，它们组成的系统曾经被视为大型金融机构的"黄金架构"。但"IOE"系统成本高昂，而且其所有基础软件通常并不公开，安全性存在隐患。

面对这样的局面，微众银行成功打造出"去 IOE"的分布式架构。在分布式架构下，微众银行可以使用大量标准化低价的硬件 X86 替代 IBM，数据库方面，运行在 X86 服务器上的数据库 TD-SQL，可实现数十万级 IOPS 的读写能力。

2015年8月，微众银行App上线，这标志着中国首个"去IOE"银行核心系统的全面上线。

图4-6　微众银行ECC控制中心

图片来源：微众银行。

当前，微众银行的分布式银行核心系统具备完全自主知识产权、支持亿级海量用户和高并发交易，已成功服务超过2.5亿客户，实现年均日交易3.6亿笔，单日交易峰值近6亿笔；已达到国内第一梯队银行的规模水平，每账户的科技运维成本仅为传统银行的1/10左右，为践行普惠金融进一步夯实了基础。

（二）创新个人信贷产品，提高大众普惠金融可得性

2015年5月，微众银行依托金融科技、大数据和互联网技术，针对城市中低收入人群和偏远、欠发达地区的广大民众，推出了全线上、纯信用、随借随用的小额信贷产品"微粒贷"，以满足他们"按需贷款、随时可得"的需求。相比于传统金融产品，"微粒贷"能够利用数字化精准营销策略，降低金融交易成本，

以可负担的成本为有融资需求的各类人群提供金融服务。

无论何时何地，客户只需要一部手机就能获得贷款，且享有无抵押、无担保、循环授信、随借随还、"7×24×365"的金融服务。微众银行通过"微粒贷"助力改进金融供给侧供给，扩大银行的服务半径，惠及大量传统金融难以覆盖的人群。

（三）"微业贷"服务长尾小微企业

2017年11月，微众银行获准在深圳地区开展"微业贷"试点。微众银行以金融科技作为驱动小微金融服务的引擎，融合在行内其他前序产品领域实践积累的大数据风控、互联网产品设计、互联网科技与数字化营销经验，打造了一套以特色产品"微业贷"为代表的"微业贷模式"。

2020年底，微众银行进一步将企业金融服务品牌升级为"微众企业+"，打造全链路商业服务生态。小微企业在经营过程中除了融资需求外，还有许多其他金融与非金融需求。微众银行以此为契机进一步拓展小微服务，以开放协作的模式不断完善产品矩阵。

依托前沿金融科技，微众银行的企业金融服务降低银行端"三高"成本，匹配小微企业客户端"短小频急"的资金需求，以化解供需两侧之间的结构性矛盾，切实满足小微企业的融资需求、降低融资成本。

三　突出贡献

微众银行从成立至今，充分利用前沿金融科技，打造创新的7×24小时全线上服务模式，积极践行普惠金融，在服务领域、质量、形式等方面闯出了一条崭新的、差异化的道路，发展速度、资产质量、经济效益和社会效益等方面都走在了行业前列，初步探索出了一条商业可持续的普惠金融发展之路。目前，微众银行服务的个人客户突破2.5亿人，小微企业法人客户达170万家，已跻身中国银行业百强，在民营银行中首屈一指。

2020 年，微众银行是前海全税种第二大纳税大户，连续 5 年纳税信用等级为 A。截至 2020 年底，微众银行累计纳税 69.07 亿元。

四 紧抓"双区"战略机遇期的发展展望

作为全国首家获批开业的互联网银行，微众银行一直发力金融科技建设，积极探索人工智能（AI）、区块链（Blockchain）、云计算（Cloud Computing）、大数据（Big Data）等技术在金融方面的落地应用，发挥金融科技在赋能实体经济、助力普惠金融发展方面的积极作用。基于微众银行 ABCD 四大科技能力打造数字"新基建"，能够有效攻克数据安全存储、可信传输以及协同生产三大问题，充分发挥数据要素的作用，进而促进"双区"的进一步发展。

第四节 福田银座村镇银行

一 基本情况介绍

深圳福田银座村镇银行成立于 2010 年 9 月，总部位于深圳市福田区，由全国小微企业金融服务领域的专家台州银行主发起设立。

自成立以来，深圳福田银座村镇银行始终坚持"小微企业伙伴银行"的市场定位，秉承主发起行"简单、方便、快捷"的优质金融服务品牌，本着"有所为、有所不为"的理念，以高效的服务流程、简单实用的个性化产品、持续的减费让利政策，与其他金融机构错位服务，致力于为小微企业提供平等的金融服务机会，让更多弱势群体平等享有融资权，逐步走出一条小微企业金融服务特色化、差异化的可持续发展道路。

经过十年的发展与沉淀，深圳福田银座村镇银行已经成为一个业绩稳健、管理合规、拥有小微风控领先技术和获得社会广泛认可的小微金融平台，并赢得了各级政府和监管部门的高度肯定，先后荣获"全国银行业金融机构小微企业金融服务'先进单位'""深圳银行业小微企业金融服务优秀单位""全国百强村镇银行"等多项荣誉称号。

二　发展脉络

（一）小微立行

2010年9月28日，深圳福田银座村镇银行由台州银行主发起，联合七家深圳本土知名企业共同设立，正式落地鹏城。

建行以来，深圳福田银座村镇银行始终以"支小惠民"为经营宗旨，采取差异化经营策略，不与大银行争夺大客户，专注服务小微客户。针对小微企业"短、小、频、急"的金融需求特点，深圳福田银座村镇银行"量体裁衣"，推出了多款适合小微客户的专项授信产品，如以单笔500万元以下的无抵押贷款为主，主要面向中小企业客户发放流动资金贷款或个人经营性贷款；针对经营规模更小的微型企业和个体工商户，推出贷款额度在100万元以下的"小本贷款"。"小本贷款"的推出，进一步凸显了深圳福田银座村镇银行在微小、中小企业金融服务方面的优势，为进一步完善金融生态环境贡献自己的力量。

趁经济体制改革之"天时"，得深圳市场广阔之"地利"，立足中小企业、个体经济蓬勃发展之"人和"，深圳福田银座村镇银行以准确的市场定位、灵活的经营机制、优质的金融服务，在深圳金融市场争得了一席之地。

（二）风控成行

为有效提升服务效率，满足小微客户最迫切、基本的金融需求，深圳福田银座村镇银行将信贷及管理权限充分下放至支行，允许支行自行审批、发放一定额度以内的贷款。截至目前，其70%以上的贷款由一线主管审批完成并直接发放给小微客户，但保持了不良贷款率始终低于 1% 的良好信贷资产质量纪录。这得益于严密的内部管控机制和风控技术。

深圳福田银座村镇银行高度重视风险约束机制的建立和完善。自 2015 年施行至今并不断补充完善"风险识别十二点""风险管控十六条"，结合"下户调查、眼见为实、自编报表、交叉检验"十六字核心调查技术，内容涵盖风险审查强制性控制要求、借款用途真实性及合理性分析、存货核实与价值评估等，成为信贷人员识别风险、开拓业务最为直观的指引。

标准化、可复制的信贷风险控制技术，奠定了信贷资产质量的基石。深圳福田银座村镇银行连续十年不良贷款率控制在 1% 以下，风险控制能力得到了监管部门的好评。

（三）科技展行

2018 年，依托于主发起行技术平台，深圳福田银座村镇银行全面推广基于"客户服务移动工作站"和互联网信息技术的"上门送金融服务"新模式，为小微企业、民营企业提供信息采集、授信申请、征信查询、授信审批等"一站式"服务。而利用大数据、云计算、视频、生物识别等最新移动互联网技术的"银座移动营业厅"，将优质的小微金融服务延伸到手机端，业务办理更加简便。

在 2020 年新冠肺炎疫情防控时期及支持企业复工复产的关键时刻，深圳福田银座村镇银行推出"非接触式"线上服务，为企业服务开辟绿色通道。"视频柜员"服务，让柜员通过视频面对面帮助客户解决问题，降低手机银行操作门槛，拉近了银行与客户的距离，进一步打通普惠金融"最后一公里"。

三　突出贡献

（一）对深圳经济社会发展的贡献

深圳福田银座村镇银行的发展历程，是扶持一批批小微企业从无到有、从小到大，是共同支持深圳地方民营经济发展的历程。

十年来，深圳福田银座村镇银行服务了 20000 多个小微客户，小微企业贷款占比超 90%，成就独具特色的小微金融服务之路，赢得了客户和市场的认同。截至 2020 年 12 月末，深圳福田银座村镇银行实现资产总额达 144.5 亿元，各项存款余额逾 114.5 亿元，各项贷款余额逾 120.1 亿元，不良贷款率为 0.33%。2020 年度实现纳税额 1.72 亿元，成立以来累计纳税额达 7.91 亿元。

图 4-7　深圳福田银座村镇银行

图片来源：深圳福田银座村镇银行。

（二）对深圳金融业发展的贡献

深圳福田银座村镇银行始终坚持小微企业金融服务的市场定位，与其他银行形成错位竞争，为许多在过去无法从银行获得金融服务的小企业和微型企业创造平等融资机会，共同促进地方信用文化建设，改善金融发展与竞争环境。

2012 年，深圳福田银座村镇银行率先扬起"免费银行"的大旗，连续 8 年以"服务不收费，服务更到位"的服务承诺，打造带有普惠性的免费银行服务项目，涵盖所有人民币基本结算类业务服务项目，真正做到让利深圳地区中小微企业客户，树立简单、方便、快捷的服务品牌和金融服务标杆。

四　紧抓"双区"战略机遇期的发展展望

深圳福田银座村镇银行将围绕小微市场和客户特征，不断加大产品和服务创新力度，如持续落实"六稳六保"工作，重点推进行业专业化、客户群营销，持续强化中小企业、微型创业企业银行账户服务，大力推进"生意圈""供应链"新型获客模式的落地等，通过一系列金融服务组合拳，为小微企业提供有针对性的金融支持。

未来，深圳福田银座村镇银行将坚持市场化治理、差异化定位、特色化服务、精细化管理，同时积极对接各项最新政策，寻找和争取业务机会，进一步推动服务"双区"建设、服务深圳实体经济发展。

第五章　深圳国有银行的典型案例

国有银行在支持实体经济发展的过程中发挥着顶梁柱的作用。对于改革初期的深圳，国有银行为推动深圳的经济发展和城市建设提供了重要的资金支持，同时，也催生了一大批深圳的金融创新案例。而在深圳经济转型和蓬勃发展的阶段，国有银行对于深圳金融业的稳定和繁荣同样具有重要的支撑作用，尤其是在新冠肺炎疫情期间，国有银行以实际行动践行社会责任，充分体现出国有大行的金融担当。

因此，本章主要选择中国工商银行、中国农业银行、中国银行、中国建设银行、中国交通银行和中国邮政储蓄银行六大国有商业银行的深圳市分行以及国家开发银行深圳市分行、中国进出口银行深圳分行为案例，从基本情况、发展脉络、突出贡献和发展展望几个角度对这些银行进行介绍，既充分彰显国有银行的历史贡献，又为国有银行助力深圳金融业再发展提供借鉴。

第一节　中国工商银行深圳市分行

一　基本情况介绍

中国工商银行深圳市分行（简称"工行深圳分行"）是从中国人民银行深圳经济特区分行分立出来的金融机构，于1984年1月1日对外挂牌，1984年7月1日，中国人民银行、中国工商银行两行正式分设，机构、人员、财产相应分开。

工行深圳分行是深圳经济特区成立最早的国有商业银行分支机构之一，对深圳经济社会发展的支持力度位居同业前列，是深圳地区经营实力和竞争力一流的现代商业银行之一。近年来，工行深圳分行坚持"党建为纲、创新引领、专业制胜、风控为本"的"四条主线"，倡导"为客户创价值，为社会担责任，为总行做贡献，为员工谋福利"的"四为"价值观，朝着建设"市场领先、创新突出、服务专业、风控严密、员工乐业"的优秀城市行目标不断前进。

二 发展脉络

（一）闯，于白纸中勾画蓝图（1984~1992年）

20世纪80年代中期，适逢深圳经济特区掀起大规模的城市开发建设和全面改革开放初期，分行跳出计划经济思维模式，提出了"四个转变"的经营目标，即由"内向型"向"外向型"转变，由"单一经营人民币"向"既经营人民币又经营外汇等多种业务"转变，由"落后的手工操作"向"先进的电脑化操作"转变，由"传统的管理体制"向"科学的管理体制"转变。围绕转型目标，深圳分行还推出一系列创新举措，比如在全国经营本币的银行中率先开办外汇业务，在工行系统内率先开办房屋储蓄贷款业务，在全国率先推出代发工资业务等。同时，深圳分行在1984年率先尝试发放开发性贷款，当年就发放了2亿多元贷款，支持特区隔离管理线、道路、桥梁、罗湖口岸联检大楼等项目建设。

（二）拓，于改革浪潮中自我革新（1993~1997年）

工行深圳分行主动向适应市场经济发展的商业化银行转轨，主动谋求经营转型。1993年起，分行相继推动了财务管理体制、资金管理体制、信贷管理体制、劳动人事管理体制、外汇业务管理体制五项改革，推行支行行长经营目标责任制、转授权经营制度、信贷资产业务集约化等一系列新举措，逐步实现由专业银行向商业银行、由粗放经营向集约经营的转变。分行不断拓展新业务领域，加快转型步伐，比如经市政府批准开办房地产信贷业务；扩展结售汇、代收（付）费和证券代理等新业务品种；引进了当时深圳市最先进、容量最大的 ES-9000 大型计算机；组建了工商银行系统规模最大的事后监督中心等。与此同时，分行推出一项项便民措施，比如在全市率先启用支付密码和电脑验印系统，实现对公结算通存通兑；在深圳同业最早推出缴费一本通；在全国率先推广"自助银行"和网点低柜服务；率先倡导和推行"一米线"服务等。分行业务高速增长，1997 年末本外币各项存款、贷款、利润较 1992 年末分别增长 214%、165%、279%。

图 5-1　1996 年工行深圳华强支行率先推行"一米线"服务

图片来源：工行深圳分行。

（三）变，于危机中幻化新生（1998~2006 年）

2000 年起，分行以"变"谋求突破，围绕"以客户为中心，以市场为导向，大力提升综合竞争力"的目标，在组织机构、业务经营与管理、干部人事、劳动分配四个方面进行"二次改革"，探索国有独资银行向现代商业银行转型。紧跟客户需求，成立个人、公司、机构三大市场营销部门，实施大堂经理制、客户经理制，构建以客户为中心、面向市场的管理构架。大力发展个人住房按揭贷款和项目贷款，使资产负债表发生历史性变化——从只发放流动资金贷款的单一结构，首次发展成为流动资金贷款、项目贷款和个人贷款三分天下的格局。根据特区经济发展特点，先后支持一大批优秀企业和重点项目，如华为科技、中兴通讯、万科地产、招商地产、华侨城地产等。截至 2005 年末，分行本外币各项存款余额达 1234 亿元，贷款余额达 690.5 亿元，不良贷款率为 2.39%，拨备覆盖率达 100%，成为深圳同业中资产质量最好的银行之一。

（四）立，于三十载走向成熟（2007~2014年）

股改上市后的十年，分行围绕"以创新促转型"的工作主线，以提升核心业务竞争能力为目标，推出了以"深圳企业通、深圳市民通、深圳电商通"三大平台为核心的综合化金融服务品牌；在 2013 年成立前海分行，成为第一家进驻前海的国有商业银行，并创新搭建"跨境业务平台""金融资产交易平台""总部企业服务平台""产品创新平台"四大平台，引领跨境金融服务。分行实现了拨备前利润 100 亿元的历史性跨越，2014 年拨备前、拨备后利润规模分别是 2009 年的 2.17 倍、1.84 倍，经营效益大幅提升；存款利差、贷款利差、中间业务收入比例优化至 1：1：1，业务结构持续优化。

（五）进，迈向发展新时代（2015年至今）

2015 年以来，深圳分行认真贯彻落实总行党委"48 字"工作思路，运用"三比三看三提高"工作方法，倡导"为客户创价值、为社会担责任、为总行做贡献、为员工谋福利"的"四为"价值观，坚持"党建为纲、创新引领、专业制胜、风控为本"的"四条主线"以及"五最"指导思想[①]，深入实施标杆管理，持续推进"市场领先、创新突出、服务专业、风控严密、员工乐业"的优秀城市行建设。2018 年，经总行批复由深圳分行直属分行升格为一级分行，2019 年，

① "五最"，即最有力的法宝就是党建为纲，最核心的要求就是贯彻总行重点城市行战略，最大的对手就是我们自己，最根本的动力就是转型创新，最重大的挑战就是守住风险底线。

图 5-2　2015 年 9 月 19 日，工行深圳分行成为全国首家实现智能网点全覆盖的分行

图片来源：工行深圳分行。

开启先行示范行建设新进程，经营发展呈现稳中有进的态势，对经济社会发展的支持力度始终位居深圳同业前列。

三　突出贡献

（一）对深圳经济社会发展的贡献

积极服务实体经济和社会民生，支持力度位居深圳同业前列。比如，1984 年率先尝试发放开发性贷款，发放人民币贷款 2 亿多元，支持特区隔离管理线、道路、桥梁、罗湖口岸联检大楼等项目建设。又比如，2000 年以来，根据深圳经济发展特点，支持一大批优秀企业和重点项目。再比如，在 2016 年深圳市 GDP 贡献企业排名中位居第 10，五年纳税总额达 276.1 亿元，年平均增长率为 13.7%。

（二）对深圳金融业发展的贡献

一方面，不断建立健全与特区金融业发展相适应的经营管理体制。比如，从 1984 年的"四个转变"到 1993 年的"五项改革"，再到 2000 年的组织机构改革，积极向适应市场经济的商业化银行转型。又比如，2013 年成立前海分行，成为第一家进驻前海的国有商业银行。再比如，2020 年以来探索打造开放金融、产业金融、科创金融、民生金融"四大先行示范行"。另一方面，不断提升综合金融服务水平。比如，率先在全国经营本币的银行中开办外汇业务，率先在深圳同业实现智能网点全覆盖，成功取得四行唯一 FT 账户试点资格等。又比如，率先倡导和推行"一米线"服务，引领深圳乃至全国金融业风尚。

四　紧抓"双区"战略机遇期的发展展望

中国工商银行深圳市分行未来将服务好新产业、新市场、新业态，以新机制、新布局、新突破带动服务实体经济能力和水平的全面提升；创新跨境结算、跨境投资、跨境资本流动等，服务好湾区人员、资金、技术和信息等高效便捷流动，不断提高金融服务水平；全面提升金融科技应用水平，将金融科技打造成为经营发展的"新引擎"；牢固树立新时期合规经营品牌形象，加快经营转型步伐，奋力在打造优秀金融人才队伍方面走在前列。

第二节　中国农业银行深圳市分行

一　基本情况介绍

中国农业银行股份有限公司深圳市分行（简称"农行深圳分行"）为中国农业银行股份有限公司直属分行，1979 年恢复成立。农行深圳分行始终致力于服务广大客户，支持区域经济发展和社会进步。与国内外知名大企业、世界 500 强企业、优质中小企业等建立了紧密的合作关系，对交通、能源、通信、外贸、市

图 5-3　中国农业银行深圳市分行大厦

图片来源：中国农业银行深圳市分行。

政基础设施建设和高科技等行业给予全力支持，先后为深圳地铁、深圳投控、华润、中广核、万科等众多优秀企业提供授信融资、债券承销、票据发行等综合服务。

在服务广大客户的同时，农行深圳分行积极履行社会责任，关爱员工及弱势群体、保障员工权益、注重人文关怀及精神文明建设，参与社会公益、环保活动，扶贫济困，为员工、客户、社会创造价值。2010 年创立"GoGreen 绿色农行"品牌，持续举办品牌推广、业务营销、社会责任类活动 30 余项 500 余场，获得了社会各界的肯定，荣获各机构和媒体颁发的各类奖项。

二　发展脉络

（一）弘扬敢闯敢干的特区精神

20 世纪 80 年代初，试点劳动用工制度改革，打破了"铁饭碗"和"大锅饭"。首开支行行长竞聘先河，破除了论资排辈的传统。在此期间，农行由主要办理农村金融业务的专业银行向综合性商业银行转变。

90 年代，农行深圳分行借鉴《巴塞尔协议》，在全国率先推出一套以"依法成立，安全第一"为前提、以"权限管理、体制制约、风险度量"为内容的信贷资产风险管理办法，在全国首家试行资产风险管理，有效降低了贷款风险，全面提升了资产质量，成为我国按照国际惯例并结合国情进行银行业资产风险管理科学量化、模型化的先行者。资产质量连续多年保持可比同业最优。2015 年，农行深圳分行升格为正省级分行，运用总行新授权、新政策加快产品和服务创新。

（二）全力支持特区经济转型升级

80 年代是特区建设的起步关键期，农行深圳分行打破陈规，贷款 1 亿元支持深圳"七通一平"基础设施建设，对特区早期建设发挥了积极作用。90 年代，深圳成立招商局蛇口工业区，被视为改革开放的"试管"，农行深圳分行成为其最早一批合作行之一。2000 年以来，深圳率先启动产业升级，总部经济资源丰富，农行深圳分行创新"总对总"服务模式，与腾讯等多家企业集团开展战略合作。

（三）用心用情服务民生国计

农行深圳分行在同业中首家实现金融社保卡即时发卡，累计发换金融社保卡超 146 万张。全国首家推出二手房交易结算资金在线托管服务。为全市 1000 余所学校提供智慧缴费服务。

2020 年以来，农行深圳分行认真落实中央"六稳""六保"部署，开通绿色审批通道，为新冠肺炎疫情防控企业提供信贷支持。为 1100 多家小微企业提供宽限、展期等服务。线上小微信贷业务保持 7×24 小时开通申请。

（四）主动融入深圳智慧城市建设

农行深圳分行自主研发"超级柜台"，荣获深圳市金融创新一等奖；全国首家落地"绿色农行"网点以及农行首批、深圳同业首家落地"5G+智慧银行"。

农行深圳分行在支付领域不断创新，与支付宝合作在全国首创"快捷支付"

业务，自主研发"手机 K 码"支付，荣获国家知识产权局专利认证。

近年来，农行深圳分行主动融入深圳智慧城市发展布局，启动数字化转型战略，加快开放银行建设，构建了教育、物业、出行等智慧场景生态。

三　突出贡献

（一）对深圳经济社会发展的贡献

2015 年 11 月 16 日，总行下发《关于推动农行深圳分行加快发展的意见》，明确给予农行深圳分行粤港澳联动业务创新、扩大业务授权等 4 大类 15 条政策支持。2017 年 8 月 4 日，总行下发《关于开展新经济金融服务试点工作的通知》，农行深圳分行开展新经济金融服务试点工作，探索全行可推广的服务模式。

2020 年 8 月 18 日，农行深圳分行发布"千帆企航"科创企业全周期服务品牌，通过"1+1+N"模式，解决企业初创、成长、成熟等全生命周期的融资、融智、融信需求，提供全方位、多领域、跨界别的服务。截至 2020 年末，农行深圳分行已服务科创企业超 5000 家，为超过 1600 家科创企业提供信贷支持，科创企业贷款客户数较 2020 年初增长 26%。

农行深圳分行携手多家央企打造线上扶贫新模式，精准对口帮扶广东省河源市紫金县龙窝镇慎田村，成功实现全员脱贫。积极践行新发展理念，与新能源领军企业比亚迪合作近 20 年，成为深圳首批、四大行首家"绿票通"再贴现业务承办金融机构。2015 年荣获深圳市企业社会责任评价最高级三星评价。2018 年获评改革开放 40 年中国企业文化四十标杆单位。

（二）对深圳金融业发展的贡献

恢复成立以来，农行深圳分行从服务民生、助力美好生活，到科技创新、驱动转型发展，创造了 68 项第一，包括在同业中最早实现储蓄存款取款电脑化，与蛇口新欣软件公司合作开发全国第一套证券电话自动委托交易系统，推出全国首家网上证券资金清算系统；在同业中首家推出 ATM 跨行转账功能、ATM 无卡无折本行异地现金存款功能、ATM 跨行现金存款功能；在同业中首家上线高速大额存取款机；在同业中率先推出"总行－总部"信贷管理模式；在同业中率先开办经营性物业抵押贷款；在同业中率先与支付宝合作开展快捷支付业务；在同业中首家提供 CIPS 延时服务；在全国首家提供二手房交易结算资金在线托管服务等。

2012 年 1 月 11 日，农行深圳分行"网点营销易系统"和"远程柜员服务系统"获深圳市金融创新奖优秀奖。2013 年 7 月，农行深圳分行在同业中首家推出无须跳转手机银行的微信银行，获 2014 年度深圳市金融创新奖优秀奖。2013 年 8 月，农行深圳分行自主研发的自助设备"超级柜台"零售业务试点上线。"超级柜台"在同业中和系统内开创多项第一：第一个获得国家专利；第一个实现零售非现金业务产品全覆盖；第一个实现对公开户线上线下电子化处理；第一个将人脸识别技术应用到智能终端；第一个实现客户免填单，成为同业同类设备中，功能最强大、产品最丰富的智能设备。2015 年，"超级柜台"获深圳市金融创新奖一等奖。2014 年以来，农行深圳分行大胆探索被骗客户"涉案资金返还"的新模式、新机制，建立健全"快查快冻"机制，被深圳市公安局评为"反电信诈骗先锋单位"。2016 年 7 月，农行深圳分行在全国首家推出二手房在线融资系统，获深圳市 2017 年金融创新奖二等奖。

四 紧抓"双区"战略机遇期的发展展望

对接深圳市"十四五"规划发展重点，在轨道交通、网络基建、城市更新、现代物流、先进制造业等重点领域加大资金支持力度。落实普惠发展新要求，提升金融服务覆盖面和可得性。大力发展绿色金融，紧紧围绕碳达峰、碳中和工作要求，服务绿色交通、清洁能源、生态环保等行业发展。树立"金融为民"的价值导向，做优个人消费和民生金融服务。在教育、医疗等领域广泛建立商户联盟，发展便利支付、投资理财和消费信贷。坚持"房住不炒"，做好首套房、刚需改善型和保障性住房贷款支持。助力"四新经济"发展，投、贷、债、服联动，为科创企业提供全生命周期金融服务。服务高水平对外开放，提升跨境金融服务能力和水平。

第三节 中国银行深圳市分行

一 基本情况介绍

中国银行深圳市分行成立于 1978 年，最初为中国银行深圳办事处，开业之初仅 52 人；1979 年，升格为支行；1981 年改组为中国银行深圳分行；1992 年更名为中国银行深圳市分行（简称"中行深圳分行"）；1997 年 8 月，中国银行总行对中行深圳分行实行直接管理；2005 年 2 月，正式更名为中国银行股份有限公司深圳市分行。目前，中行深圳分行辖属 18 家二级机构，共 154 家网点，6000 余名员工。

图 5-4　中行深圳分行最早位于和平路的办公楼

图片来源：中国银行深圳市分行。

中国银行深圳市分行作为深圳市成立最早的商业银行，存贷款等各项业务指标长期位居市场前列，国际结算、跨境人民币、个人储蓄存款等关键指标连续多年居市场首位。未来，中行深圳分行将继续立足深圳，并将自身发展融入国家发展大局和"双区"建设使命中，一如既往地为深圳经济社会发展贡献金融力量。

二　发展脉络

中行深圳分行成立于 1978 年，其 40 余年的发展历史，主要可以用四个阶段来概括。

（一）"拓荒"时期（1978~1985年）

中国银行深圳市分行的前身为中国银行深圳办事处，成立于 1978 年 1 月，员工总人数为 52 人，主要服务深港两地居民，在仅有两层的办公小楼里开始了艰辛的创业之路。

1980 年，中央设立深圳经济特区，中国银行深圳办事处发挥可以办理外汇业务的专业优势，在积极配合国家政策和深圳经济发展的同时，加快网点建设，夯实发展基础，到 1985 年，拥有网点 11 家、员工 798 人；人民币存款 7 亿元，外币存款 4 亿美元；人民币贷款 9.08 亿元，外币贷款 1.97 亿美元。为了帮助深圳经济特区发展筹措资金，作为外汇专业银行，中国银行开始开办个人外币存款业务，成为首家向蛇口工业区发放开发贷款的银行、唯一一家参与大亚湾核电站美元银团贷款的中资银行。

（二）"奋进"时期（1986~2000年）

在这个阶段，中行深圳分行充分认识到科技在银行发展中的重要地位，果断确立"科技兴行"战略，走上了一条依靠科技创新助推业务发展的道路。1986 年，引进第一台大型电脑主机，在全国率先实现同城通存通兑，实现了国内金融业从手工记账向电脑化操作的革命性跨越。1988 年，中行深圳分行推出国内首台联网自动柜员机。同一时期，中行深圳分行在证券市场进行积极尝试，设立了深圳"老三家"之一的证券部，承销原野、深发展等股票。

图 5-5 1988 年，中行深圳分行工作人员正在试用中行深圳分行推出的国内首台联网自动柜员机

图片来源：中国银行深圳市分行。

这一时期，中行深圳分行在个人金融业务领域建立了三级财富体系、理想之家、中银卡三大品牌，1996 年成立全国第一家理财中心。1988 年，在深圳同业发行第一张人民币信用卡以来，累计推出数十款信用卡，形成了长城卡和中银卡两大系列。1992 年开始，中行深圳分行人民币储蓄存款市场份额始终居市场首位。

（三）"见圳"时期（2001~2018年）

2001 年，随着中国加入世贸组织，中行深圳分行也伴随着深圳在进一步对外开放的过程中持续发展，帮助华为、中兴、迈瑞等一大批深圳企业"走出去"。2009 年，随着国务院在上海、广州、深圳、珠海、东莞开展跨境贸易人民币结算试点，中行深圳分行于 7 月 6 日通过中国人民银行大额支付系统为深圳科技龙头企业顺利完成深圳首笔跨境贸易人民币结算业务，拉开深圳跨境人民币发展的序幕。次年，中行深圳分行跨境人民币业务即突破百亿元。2011 年，中行深圳分行成为中国银行系统内同时也是深圳首家国际贸易结算业务量突破 1000 亿美元的一级分行。2013 年，随着前海跨境贷业务开闸，中行深圳分行成立前海分行，一大波创新举措在前海先试先行。2018 年，建设粤港澳大湾区的国家愿景浮出水面，中行深圳分行与时俱进推出"大湾区开户易""深港通注册易"服务，2019 年成为 H 股全流通独家结算银行，助推大湾区金融互通。

在持续助推深圳对外开放的同时，中行深圳分行还积极参与深圳城市服务和社会发展。2011 年，中行深圳分行作为唯一的金融企业参与了第 26 届深圳市世界大学生夏季运动会城市志愿者活动。2012 年，中行深圳分行独家与深圳团市委、深圳市义工联合作推出以银行金融 IC 卡为载体的义工卡，开了深圳地区银行卡发展史上"金融与公益事业"相结合的先河，该项目还被写入联合国年度报告十大案例。

（四）"先行"时期（2019年至今）

2019 年 11 月，中国银行与深圳市人民政府签订《中国银行服务支持深圳建设中国特色社会主义先行示范区全面战略合作协议》，为深圳建设中国特色社会主义先行示范区提供全方位金融助力。聚焦深圳确立五大战略定位，中行深圳分行在银政服务、综合经营、体制机制、重点领域等方面不断实现新突破。

三　突出贡献

（一）对经济社会发展的贡献

作为深圳地区最早成立的国有商业银行，43 年来中行深圳分行与特区共成长，始终把服务国家战略、服务实体经济放在重要位置，累计投放贷款超过万亿元，为国家上缴利税超千亿元。一是全心全意服务实体经济。作为深圳市政府土地储备贷款银团成员单位，参与了深圳市港口、机场、公路、铁路及地铁等多项大型基础设施建设。助力华为、腾讯、招商局、中广核、富士康、比亚迪、迈瑞等一大批深圳本土企业发展壮大，支持"一带一路"项目总金额超过 70 亿美元，实际发放贷款金额位列深圳地区银行同业前列。二是始终坚持创新驱动发展。中行深圳分行紧抓大湾区互联互通机遇，不断强化对粤港澳大湾区的金融服务：积极投入中国人民银行湾区贸易金融区块链平台建设，成为首批参与银行之一；提交的供应链融资方案，获选大湾区贸易金融区块链平台一期实现的唯一方案；率先办理跨境人民币前海贷款、本外币双向资金池、首单 QFLP、首笔跨境保理资产转入等多项创新业务。三是助推深圳城市发展，作为唯一金融企业参与了第 26 届深圳市世界大学生夏季运动会城市志愿者活动；成为深圳市唯一一家集金融社保卡、住房公积金卡、义工卡、工会卡四项发卡资格于一身的银行，全面覆盖市民生活的方方面面。

（二）对深圳金融业发展的贡献

一是成立时间最早，为深圳金融业发展先行探路。二是持续进行金融创新，从全国首家同城通存通兑、全国首台联网自动柜员机开始，始终赓续，在数十年时间内，创下了百余项全国、深圳"首家"。三是助推深圳证券市场建设，为深圳证券交易所筹建输送人才，成立深圳"老三家"证券部，承销原野、深发展股票，并率先推出"银证通""电脑联机股票交易"服务。

四 紧抓"双区"战略机遇期的发展展望

面对"双区"建设和综合改革试点重大历史机遇，中行深圳分行将紧跟国家和地方重大发展战略部署，坚守服务实体经济的初心，与"双区"建设共同成长。

一是重点突破。围绕"双区"规划中的重点区域、重点领域加大资源投入力度，进一步提升前海、光明、河套、深汕等区域的服务能力，积极扶持基础设施建设、民生工程、战略性新兴产业、小微企业等重点领域。

二是加快创新。加速推动信息科技与银行业务的有机融合，充分发挥跨境金融优势，重点在大湾区金融互联互通和协同发展上探索新路径、新方法。

三是综合服务。借助中银集团的综合化经营优势，在做好银行金融服务的基础上，为客户提供涵盖投资银行、直接投资、证券、保险、基金、航空租赁等全方位的金融服务方案。同时，重点支持科创企业成长，为其提供全生命周期、全方位的金融服务。

第四节　中国建设银行深圳市分行

一　基本情况介绍

中国建设银行深圳市分行（简称"建行深圳分行"）成立于 1982 年 7 月 2 日。数十年来，建行深圳分行以金融力量支持特区大型基建工程，从深圳机场、深南大道、深广铁路到国贸大厦、大亚湾核电站、盐田港等。创造多项金融"第一"，不断巩固市场创新地位。率先在全国办理私人储蓄业务、发放全国第一笔个人住房按揭贷款、成功进行我国首宗抵押贷款房产公开拍卖、创新推出小微企业"云快贷"业务模式、发放全国首笔个人住房租赁贷款、银行系统内首个发起设立创业者港湾、2020 年贡献"金融方舟"抗疫方案等。

未来，建行深圳分行将以"新金融"理念积极探索具有深圳特色的商业银行发展渠道，承担企业公民责任。

二　发展脉络

（一）助力基础建设

唱响深圳速度的深圳国贸大厦的建设离不开建行深圳分行的支持。1989 年

3月，建行深圳分行成立具有法人资格的"建经咨询服务公司"，这是国内金融系统第一家工程造价咨询服务机构。1989年到1994年，共编审工程预决算约15000项，编审工程总造价378亿元，核减工程造价23亿元。编审工程项目包括深圳国贸大厦、皇岗口岸、火车站、飞机场等。

时间步入20世纪90年代，建行深圳分行多次出资，加速推进城市发展。广深铁路、机场公司、盐田港等大型企业和项目，都成为建行深圳分行的重点信贷支持客户。

在深圳机场建设中，建行深圳分行两次牵头组织其他银行向在建的深圳机场共发放贷款3亿元，其中分行贷款1.15亿元；1995年8月，建行深圳分行再投入1.1亿元资金支持机场建设；此后，建行深圳分行与深圳机场签署了包括综合授信额度、按揭额度和开发贷款在内的总计9亿元的银企合作协议，并在国内银行界首次推出深圳机场候机楼集合委托贷款业务。

（二）发力普惠金融

2015年，建行深圳分行创新推出"云快贷"业务，利用大数据勾勒小微企业"精准画像"，破解小微企业融资难题。通过不断完善产品、完善服务、提升效率，该业务已累计发放贷款5000亿元，服务8万多个小微企业。截至2020年一季度，建行深圳分行普惠金融贷款突破1500亿元。

为抗疫情、稳就业、促复工，建行深圳分行大力开展"春风行动"。一方面，大胆提出"金融方舟"设想，借鉴医疗领域"方舱医院"理念，支持受新冠肺炎疫情影响、深陷困境的中小微企业，包括外贸出口、交通物流、批发零售等企业，产业链上的重要节点企业，临时性资金周转困难的先进制造业企业。另一方面，建行深圳分行推出"复工贷"系列产品，帮助高新技术、制造、住宿餐饮、批发零售等企业解决工资发放、租金支付等难题，切实支持企业复工复产。2020年全年批复"复工贷"额度41.86亿元，稳定就业员工超22万人；设立审批"绿色通道"，实现大中型企业投放2500亿元，普惠金融贷款投放1664亿元。对于受新冠肺炎疫情影响的企业，建行深圳分行不抽贷、不断贷，通过下调贷款利率等方式帮扶纾困 47 家大中型企业，涉及贷款金额 106 亿元。2020 年全年新发放人民币对公非贴贷款 4952 亿元，加权平均利率比上年下降 68BPS，小企业贷款利率下调 82BPS。

建行深圳分行也在不断提高业务办理效率，提升金融科技实力，多措并举提供差异化金融服务。尤其是近年来，建行深圳分行于 2015 年创新推出"云快贷"，全力开展小微金融服务，支持实体经济发展。2018 年，建行深圳分行启动普惠金融战略，打造"云快贷"智能信贷工厂 4.0 项目，已累计发放贷款超 5000 亿元，服务 8 万多个小微企业。

为进一步提升客户金融服务体验，建行深圳分行不仅从资金、技术上进行完善升级，还上线了"建行到家"微信小程序，诸如社保卡申请、房产证复印件打印等业务，都能通过"建行到家"完成，无须下载安装新的 App，便可享受 7×24 小时线上提交服务需求、物流配送服务上门的全新金融体验。

（三）放大创新基因

建行深圳分行在改革开放进程中，创下了业内多个第一：开办系统内第一笔个人港币储蓄业务；办理第一笔职工个人购房抵押贷款业务，成为国内第一家开办楼宇按揭贷款业务的银行；率先开办商业票据承兑和贴现业务；开办保管箱业务，填补国内保管箱业务的空白。

1985 年，建行深圳分行发放了全国第一笔个人住房按揭贷款，并首次推出职工购房抵押贷款，在住房领域迈出了敢为人先的第一步，此后，创新推出了更多相关服务，致力于让更多市民住有所居。2017 年 10 月 30 日，建行深圳分行出台《中国建设银行深圳市分行个人住房租赁贷款实施细则》，推出"按居贷"产品，向符合条件的个人发放贷款，用于其本人支付房屋租金等，引导百姓由"短租"变"长租"；同年 11 月，发放全国首笔个人住房租赁贷款；2018 年 8 月

14 日，建行深圳分行存房业务正式上线，融合住房租赁、普惠金融和金融科技三大战略，推出"建信房管家"业务，将房源的拓展由 B 端向 C 端延伸，推动个人业主将空置房源投入市场。

三 突出贡献

2020 年末，初步估算，建行深圳分行业务发展拉动全市 GDP 增长 0.13 个百分点，拉动金融业增加值增长 0.93 个百分点。

图 5-6　2021 年启用的建行深圳分行大厦

图片来源：中国建设银行深圳市分行。

（一）对深圳经济社会发展的贡献

住房租赁方面，积极构建智慧住房生态，创新"存房＋劳动者公寓"住房租赁新模式，以"平台＋金融＋监管＋运营＋品牌"五位一体构建具有融合性和生命力的住房租赁生态圈。

普惠金融方面，积极为小微及民营企业解困纾困。普惠金融贷款余额跨越 2000 亿元，达 2001 亿元，成为系统内及全国首家普惠金融贷款体量超2000 亿元的分行。

金融科技方面，持续深化数字化经营，2020 年已投产上线 461 项需求，累计拓展场景约

2800 个，其中出行类场景商户超 2000 个、医疗类场景客户 89 个、政务类 19 个、资产类 418 个、教育类 91 个。

（二）对深圳金融业发展的贡献

2020 年，分行经济资本回报率为 34.96%，持续保持在 30% 以上；成本收入比为 14.22%，自 2013 年以来逐年下降，一直保持系统及同业第一；人均拨备前利润 523 万元。资产质量保持稳定，不良额、不良率、逾期额、逾期率实现 4 降。截至 2020 年末，制造业非贴现贷款余额达 757.08 亿元，比年初新增 273.63 亿元；基础设施贷款余额达 1371 亿元，比年初新增 408.33 亿元；服务深圳市重大项目 68 个，信贷余额达 715 亿元。全年实现造价咨询收入 4894 万元，累计新签造价咨询服务合同 117 项。大力发展对公交易性业务，满足实体经济金融需求，截至 2020 年末，对公账户总量为 42.8 万户，保持同业第一；托管规模达 2.26 万亿元，四行排名第一。

四　紧抓"双区"战略机遇期的发展展望

未来，建行深圳分行将持续加大对基础设施、制造业、战略性新兴行业等重点领域的信贷投放，保持创新优势，践行高质量发展要求，全力支持"双区"建设。

第五节　交通银行深圳市分行

一　基本情况

交通银行深圳市分行（简称"交行深圳分行"）于 1990 年建立，是交通银行系统内按省级分行管理的直属城市分行。交行深圳分行各项发展指标在交通银行系统内均位列前茅，近年来被总行评为"经营管理优胜单位"，截至 2020 年末，交行深圳分行本外币总资产为 3693.26 亿元，按照中国人民银行深圳经济特区分行的统计口径，各项存款增速为 27%，在深圳主要同业中排名第三，各项贷款余额增速为 26%，在深圳主要同业中排名第一。先后获得"深圳地区最佳财富管理银行""深圳知名品牌""深圳地区最具影响力的中资银行"等荣誉称号。

交行深圳分行结合实际，提出"感恩、责任、担当、付出"八字文化，坚持"速度、质量、效益"协调可持续健康发展，以转型发展为目标，以改革创新为动力，以风险防控为保障，以党的建设为引领，努力打造成为一家"经营业绩优、客户基础优、风险防控优、党的建设优；队伍战斗力强、金融创新力强、员工幸福感强、客户满意度强"的分行。

二 发展脉络

1990 年 3 月 28 日，交通银行深圳支行对外试业。同年 9 月 25 日，交通银行深圳支行升格为交通银行深圳市分行。

1991 年，交行深圳分行正式开业，办公地址搬迁至红荔路交行大厦。

图 5-7 交行深圳分行正式开业

图片来源：交行深圳分行。

2000 年 3 月 3 日，交行深圳分行办公地址搬迁至深南中路华能大厦，交通银行"两卡合一"系统成功切换上线，交行深圳分行率先推出了太平洋卡全国通，在全国系统内实现通存通兑，在当时深圳地区各商业银行之中具有领先优势。

2001 年，交行深圳分行独家代理发行中国首只开放式基金。

图 5-8 交行深圳分行独家代理发行中国首只开放式基金

图片来源：交行深圳分行。

2006 年，推出服务个人高端客户的"沃德财富"品牌。

2007 年，交行深圳分行推出服务个人中端客户的"交银理财"品牌，同步推出了方便小商品市场客户的"家易通"业务，到 2009 年末，交行深圳分行"家易通"商户交易量在市场同业中遥遥领先。

2010 年，交行深圳分行被总行确立为 11 家重点发展分行之一，制订实施了"1830"三年率先倍增计划，提出到 2012 年实现规模和盈利翻番，再造一个质量更好、效益更佳、竞争力更强的分行。

2011 年，总行将交行深圳分行的管理级别提升为省分行级别，交行深圳分行成为系统内唯一一家升格的副省级城市分行。

2012年，"三年倍增"计划全面达成，年末总资产和经营利润均比2009年翻了一番多，主要指标基本实现翻番式增长，不良贷款连续三年下降，不良率降到了0.31%。

2014年10月，中国交通银行举全行之力打造的新一代综合业务系统——"531"系统，在交行深圳分行首家试点上线。

2016年，办公地址搬迁至深南中路世纪汇交通银行大厦。

2019年，交行深圳分行制定出台了"三年滚动发展规划"，年末，人民币各项存、贷款年增速分别达到12.03%和28.65%，均在系统内排名第一，在系统内的贡献度和在深圳同业中的市场占比均明显提升，在总行的年度工作会议上，交行深圳分行荣获了"经营管理优胜单位""消保服务优胜单位""交通银行文明单位"等多项称号。

三 突出贡献

（一）对深圳经济社会发展的贡献

（1）精准扶贫：交行深圳分行按照深圳市部署，自2016年5月开始，对口精准帮扶广东省河源市龙窝镇礼坑村。截至2020年末，礼坑村45户贫困户全部实现脱贫，礼坑村达到退出省定贫困村标准，并在广东省委农村工作办公室、广东省人力资源和社会保障厅等单位组织的2020年美丽乡村评选中，从全省2277个省定贫困村中脱颖而出，获评全省10个贫困村创建特色名村之一，交行深圳分行扶贫工作也连续四年获得"优秀"等级评价，并被评为深圳市扶贫工作突出贡献单位。

（2）积极支持深圳"双区"建设。2020年，分行对公贷款累计投放比上年同期多136.3亿元，重点投向深圳的优势企业、优势产业、优势项目和重要领域，并持续加大对制造业、新基建等领域的信贷支持力度，其中制造业贷款余额增幅为60.4%。

（3）金融助力稳企业保就业。一是大力支持抗疫和复工复产。主动调整信贷政策，建立绿色通道，坚持特事特办、急事急办，创新推出"应急贷""通关贷"等产品，通过知识产权质押、提高信用敞口、先放款后抵押等方式，助力企业抗疫。新冠肺炎疫情期间，向一大批疫情防控相关企业发放优惠贷款。除疫情防控全国性名单、广东省地方性名单内重点企业给予最高不超过 LPR 减 100BP 优惠利率外，对深圳市区各级政府公布的疫情防控企业清单以及清单外的疫情防控小微企业，均给予 3.85% 的优惠利率。二是助力小微企业发展。积极开展"百行进万企"融资对接活动，坚持进园区、进商圈、进协会，做好企业融资对接工作。优化普惠业务授信管理模式和业务流程，倾斜配置信贷资源，与深圳市知识产权局联合推出"知识产权线上融资平台"，与深圳市高新投集团、深圳市中小担集团推出高新技术企业"国高贷"，大力为小微企业客群提供优质金融服务。截至2020 年末，普惠贷款增速 64.8%，普惠贷款平均定价较年初下降 46BP。

（二）对深圳金融业发展的贡献

一是大力提升金融服务水平。强化科技赋能，实施科技创新项目管理制，更加主动地贴近市场需求创新产品和服务，在深圳地区首家推出应用电子签名技术开立线上保函的分离式保函系统；在系统内首家成功上线单一窗口，并成功办理深圳地区首单线上汇出款融资业务；与深圳不动产交易中心线上平台实现对接，业务办理效率在深圳同业中领先。

二是持续深化金融改革。实施支行架构改革，加强网点结构调整，持续释放网点经营活力。设立南山科创中心，大力提升为科创性企业服务的能力。持续完善激励考核机制，推动业务发展，提升金融服务质效。

四 紧抓"双区"战略机遇期的发展展望

未来，交行深圳分行将针对大湾区实体经济特点，积极对接深圳和总行政策，健全服务深圳"双区"建设工作机制，落实"六稳""六保"要求，落实金融三大任务，优化信贷投向，大力对接大湾区重点项目建设，加大科技金融、普惠金融、贸易金融、财富金融等重点领域支持力度，主动为深圳经济社会发展做出更大贡献。

第六节　中国邮政储蓄银行深圳市分行

一　基本情况介绍

中国邮政储蓄银行深圳市分行（简称"邮储银行深圳分行"）成立于2007年9月28日，属总行直接管辖的一级分行。成立14年来，深圳分行各项事业取得了较快进步和长足发展，在民生金融、社区金融、智慧金融、跨境金融、跨界金融、小微金融和服务深圳实体经济及社会发展方面取得突出成绩。目前下设1个分行、1个营业部、6个一级支行（罗湖区支行、福田区支行、华强北支行、南山区支行、宝安区支行、龙岗区支行）、68个二级支行、73个代理网点，总计141个网点、2800台ATM、1500万户个人客户。依托全国4万个网点和庞大的电子网络优势，为深圳市民提供柜台、自助银行和电子银行三大服务渠道。目前，深圳分行已形成了以本外币储蓄存款为主体的负债业务；以国内汇兑、国际汇兑、转账、银行卡、代理保险及基金、代收代付等多种形式为主体的中间业务；以信贷业务、银团贷款、金融市场、票据贴现等为主渠道的资产业务。2019年2月，中国人民银行首次将邮储银行深圳分行列入大型商业银行之列，6家大型商业银行均达到普惠金融定向降准第一档标准，普惠金融已融入邮储银行深圳分行经营发展理念。

（一）发展愿景

建设客户信赖、特色鲜明、文件安全、创新驱动、价值卓越的一流大型零售银行。

（二）应用理念

管理理念：删繁就简，让管理变轻。

经营理念：洞悉市场，先行一步。

风险理念：审慎合规是行稳之道，驾驭风险是致远之路。

服务理念：竭诚竭心竭力，让客户满意。

人才理念：尊重员工价值，开发员工潜能，成就员工梦想。

协同理念：胸怀全局，同心同向，共享共进。

（三）发展价值观

为客户创造价值。

诚信是立业之基。

因为稳健，所以持久。

员工是最重要的资本。

专业才能卓越。

拥抱变化，持续创新。

（四）发展使命

普惠城乡，让金融服务没有距离。

在中国经济转型升级、金融改革纵深推进、信息技术蓬勃发展的大背景下，邮储银行深圳分行将紧抓战略新机遇，充分发挥自身优势，不断丰富业务品种、拓宽服务渠道、提升服务能力，为广大客户提供更

图 5-9 中国邮政储蓄银行深圳市分行大楼

图片来源：中国邮政储蓄银行深圳市分行。

加全面、便捷的金融服务，致力于成为最受信赖、最具价值的一流大型零售商业银行。

二 发展脉络

2007 年 10 月 11 日，深圳分行及所辖 93 家支行同时开业，成为全国邮政储蓄银行中首家分支行同时挂牌成立的银行。

2008 年 11 月 18 日，深圳分行正式发行第一张中国邮政储蓄银行信用卡。

2009 年 8 月 10 日，深圳分行同城对公支付系统上线投入使用，成为全国邮储银行中第一个实现同城跨行资金流动的分行。

2010 年 5 月 31 日，深圳邮政金融 ATM 突破 2000 台，ATM 数量深圳市场占有率排名第一。

2011 年 7 月 5 日，深圳分行率先开办"个人综合消费贷款业务"，带动分行贷款品种多样化发展。

2012 年 3 月 1 日，正式对外开办手机银行业务，当年客户数量突破 100 万户。

2013 年 9 月 27 日，分行小额贷款特色支行正式挂牌，开办"金融夜市"。

2014 年 6 月，成功获准成为深圳社保基金分存银行。

2015 年 9 月，中国邮政储蓄银行前海分行正式挂牌成立，开办首家以服务老年客户为主的"银发银行"特色支行和以为城市普通市民提供家庭理财服务的财富管理中心。

2016 年，成功开办电子银行体验区，进行智慧网点建设。

2017 年，分行成立十周年，成功与深圳市政府签署战略合作协议。以持续改善客户体验为目标，进一步丰富广大市民的金融消费选择。

2018 年，"邮惠生活" App 成功上线，零售科技金融全面升级，线上粉丝突破百万。

图 5-10　邮储银行深圳分行新零售体验中心

图片来源：中国邮政储蓄银行深圳市分行。

2019 年 2 月 1 日，邮储银行深圳分行拥抱科技，打造新零售体验中心。

2020 年 3 月末，发行全国债券市场首单防疫 CMBN，以实际行动支持疫情防控。

三　突出贡献

（一）对深圳经济社会发展的贡献

邮储银行深圳分行成立 14 年来，始终保持战略定力，践行普惠金融发展理念。秉承"人嫌细微、我宁繁琐，不争大利、但求稳妥"的经营理念，加快渠道建设，差异化布放网点 141 个、ATM 2800 余台，原经济特区外占比分别高达 65% 和 85%，充分延伸服务触角；坚持走进社区，走进厂区，累计服务零售客户突破 1500 万人，为小微企业提供贷款超 600 亿元，服务小微企业客户数超 10

万户，间接惠及全市小微企业就业人数超 50 万人。始终履行社会责任，全力支持实体经济。积极服务地方国企、在深央企和优秀民营企业，通过专项融资、并购贷款、产业基金等，累计投入资金近 1000 亿元，重点支持深圳本地重大民生领域、基础设施建设、国企混合所有制改革。目前，总资产规模已超千亿元，年均增速达 15%，营业收入年均增速达 29%，纳税额年均增速达 27%，以资产质量、资产利润率、资本回报率等核心经营指标上的显著优势，走在深圳市商业银行竞争的前列。

（二）对深圳金融业发展的贡献

邮储银行深圳分行立足区域特色，坚持创新引领服务。深化"互联网＋"金融理念，创新线上服务，加快微银行建设，创新电子支付业务，累计服务深圳商户突破万户，成为系统内互联网金融创新的示范行；创新民生金融服务，率先在全市推出"金融夜市""信贷夜市""银发银行"，成为行业标杆。同时，坚持底线思维，始终把风险防控摆在突出位置。持续强化资产质量管控，不良率始终低于全市平均水平的一半，拨备覆盖率保持同业领先水平，并依托资金大行优势，坚持把维护金融稳定放在首位。

四 紧抓"双区"战略机遇期的发展展望

邮储银行深圳分行中长期将在以下 8 大核心领域和 25 个着力点重点提供金融服务。具体来看，第一，服务城市空间布局，聚焦企业总部大楼、产城融合、城市更新、飞地经济项目；第二，服务科技创新，聚焦创新孵化基地、科技研发和成果转化、军民融合示范区；第三，服务基础设施建设，聚焦港口群、机场群、铁路群、公路群规划项目；第四，服务现代产业，支持先进制造业、战略性新兴、现代服务和海洋经济等龙头企业发展壮大；第五，服务绿色产业，拓展固废污水处理、清洁能源发电、垃圾发电、绿色建筑、碳排放交易等项目；第六，服务优质生活圈布局，聚焦医疗养老、时尚文化、海上旅游、特色小镇；第七，服务"一带一路"规划，关注国际兼并购、共建产业园区、发展离岸业务市场；第八，服务合作平台，聚焦落马洲河套港深创新及科技园、深方科创园区和前海合作区。

第七节　国家开发银行深圳市分行

一　基本情况介绍

国家开发银行深圳市分行（简称"国开行深圳分行"）成立于 1999 年 3 月，是开发银行系统内一级分行。分行牢记"增强国力、改善民生"的办行宗旨，坚守"家国情怀、国际视野、专业高效、追求卓越"的开行精神，践行"责任、创新、绿色、稳健、共赢"的核心价值观，励精图治 20 余载，管理资产超 4300 亿元，贷款余额名列深圳第 6，人均管理资产、外汇贷款余额稳居全市同业首位。积极推进文化建设，营造"积极健康、和谐包容、开拓创新、合规卓越"分行子文化和"清朗的生态、清廉的干部、清亲的关系、清正的作风"金融廉政文化，打造以人为本、和谐奋进的团队。

当前，国开行深圳分行正抢抓建设粤港澳大湾区、先行示范区和实施深圳综合改革试点重大历史机遇，以建设"城市示范、创新示范、产业示范、科技示范"分行和打造新时代开发性金融的一面旗帜为目标，为创建社会主义现代化强国的城市范例做出贡献。

二　发展脉络

1999 年，国家开发银行深圳市分行挂牌成立。

2001 年，与深圳市政府签署第一轮《金融合作协议》。

2004 年，开展"走出去"业务，迈出第一步。

2006 年，信贷资产余额超过 500 亿元。

2006 年，外汇贷款余额达 43 亿美元，居深圳同业第一。

2007 年，与深圳市政府联合发行全国首只中小企业集合债券——"2007 年深圳市中小企业集合债券"。

2009 年，"深圳市重点民营企业贷款风险补偿创新模式"项目荣获 2008 年度深圳市金融创新奖一等奖。

2010 年，信贷资产余额超过 1000 亿元。

2012 年，信贷资产余额超过 2000 亿元。

2015 年，支持深圳外环高速公路（深圳段）项目，助力深圳缓解东西向交通压力。

2016 年，支持招商局中白商贸物流园项目，该项目是中国白俄罗斯两国元首见证的重点项目。

2016 年，支持中广核英国 HPC 核电项目，助力中国核电首次向西方发达国家进军。

2017 年，融资 55 亿元独家支持深圳国际会展中心项目，该项目是全球最大的会展中心。

2017 年，支持留仙洞战略性新兴产业总部基地项目，助力特区内可开发体量最大的科技园区项目建设。

2017 年，支持中芯国际深圳 12 英寸集成电路生产线项目，助力"中国芯"建设。

2017 年，信贷资产余额超过 3000 亿元。

2018 年，独家承办深圳生源地信用助学贷款业务，填补了深圳市学生资助业务空白。

2019 年，与中广核集团签署"共抓长江大保护"合作协议签约仪式。

2019 年，推动吉布提自贸区项目落地，落实"一带一路"峰会两国元首会谈事项。

2019 年，与深圳市人才安居集团签订 300 亿元租赁住房机制合作协议，累计为深圳提供 2.4 万套租赁住房，助力深圳人才住房保障体系建设。

2019 年，全额授信 324 亿元支持核电重启后大湾区首个核电项目——惠州核电项目建设。

2020 年，全额授信 433 亿元支持深圳市宝安新桥东片区重点城市更新项目，助力深圳先行示范区城市建设高质量发展。

2020 年，与市发改委联合搭建抗疫和复工复产专项机制，统筹服务疫情防控和经济社会发展。

2020 年，联合市政府和两家市属政策性担保机构，建立首期 20 亿元"制造业四方"融资合作机制，支持深圳制造业小微企业高质量发展。

2020 年，向微众银行首期发放低利率转贷款 20 亿元，惠及 9000 余家小微企业，着力解决小微企业融资难融资贵问题。

2020 年，发放东西部扶贫贷款 8.8 亿元，有效带动云南、贵州等地脱贫攻坚。

三　突出贡献

（一）对深圳经济社会发展的贡献

国开行深圳分行发挥开发性金融在关键时期、重点领域和薄弱环节的独特作用，累计向深圳发放 1.6 万亿元贷款，融智融制融资支持基础设施建设、战略性新兴产业创新发展、重大片区综合开发、绿色金融发展、中小微经济提质增效、共建"一带一路"、东西部产业扶贫协作、民生领域补短板，积极探索以市场化方式服务经济社会发展。先后支持了中广核、招商局、中集等企业"走出去"，重点支持通信标准建设与设备生产与出口、华星光电 TFT-11 代生产线、中芯国际深圳 12 英寸集成电路生产线等重点项目建设，支持产业园区、轨道交通、高速公路、会展中心等深圳重大基础设施项目，支持比亚迪、顺丰、腾讯等民营企业发展壮大，业务覆盖国内 31 个省份和境外 36 个国家与地区。

（二）对深圳金融业的贡献

国开行深圳分行坚持规划引领、创新驱动、科技赋能，不断探索机制改革、产品优化和模式创新，大力开拓新业务、新业态、新模式，在服务客户、行业、产业链等方面积累了显著的比较优势，逐步构建与深圳"双区"建设高质量发展相匹配的融资模式和体制机制，不断提升开发性金融的适配性。作为深圳地区支持基础设施建设、战略性新兴产业创新发展、重大片区综合开发、共建"一带一路"等领域的主力贷款行，分行一直在业内发挥示范引领作用。其中，分行创新的深圳市重点民营企业贷款风险补偿、"贷款银行＋助贷机构"微贷款业务、中小企业集合债券融资产品、"特区一体化"基础设施投融资创新模式、"走出去"业务结构化融资等模式，先后获深圳市金融创新不同等级奖项，成为业内典范。

四 紧抓"双区"战略机遇期的发展展望

国开行深圳分行在"十四五"开局之际，启动两个"双百工程"，即落实总行"百县千亿"和"百链千企"的专项工作计划，落地"百个战新客户""百个双重项目"。未来将致力于打造开发性金融先行示范旗帜分行。一是成为支持实体经济高质量发展的典范。完善基础设施和重点区域建设，提升城市发展能级，增强核心引擎功能。二是成为助推现代产业体系建设的标杆。构建以产业龙头客户为核心的产业链系统开发模式，聚焦核心技术和关键零部件"卡脖子"科技攻关，助力深圳打赢"产业基础高级化、产业链现代化"攻坚战。三是成为服务供给侧结构性改革的先锋。探索新时代银政合作和新型市场化融资模式，优化完善金融制度供给、服务供给和产品供给，通过在深圳试点机制优化、产品创新和流程再造，为推进开发性金融治理能力现代化提供实践经验。四是成为探索金融科技推广应用的高地。联合人民银行、银保监局、税务局等监管部门和金融科技机构深入开展数字货币、区块链等技术的合作研究及应用推广，探索构建适应智能评审、大数据征信、远程信贷管理等业务需求的现代化信息集成平台。

第八节 中国进出口银行深圳分行

一 基本情况

中国进出口银行深圳分行成立于 2002 年，是中国进出口银行国内开设的第二家直属一级分行，经营服务区为深圳市，主要职责是服务国家战略和实体经济，重点支持稳外贸稳外资、"一带一路"、"走出去"、工业信息化、粤港澳大湾区建设、绿色金融和普惠金融发展等重点领域和薄弱环节，助推深圳经济社会高质量发展，主要业务包括信贷、贸易金融、金融市场、投资与咨询等，主要客户包括招商局、中广核、中集、华为、中兴等行业龙头企业。截至 2020 年末，分行本外币贷款余额突破 1200 亿元，人均资产规模超 12 亿元，为建设深圳先行示范区做出了新贡献。

二 发展脉络

第一阶段：2002~2004 年，开拓探索期，支持出口促增长。

2001 年 12 月，我国加入 WTO，外经贸政策发生一定变化，在继续"引进来"吸引外国投资的同时，开始稳步实施"走出去"战略，分行适应政策变化，在承接原有业务的基础上，在总行指导下陆续开办了境外投资贷款、优惠出口买方信贷和软件出口贷款，充分利用国外资源和市场，带动和扩大国内设备、技术出口。

第二阶段：2005~2014 年，战略转型期，向国际经济合作银行迈进。

2005 年以来，中国进出口银行提出了向国际经济合作银行转型的战略构想，中国进出口银行深圳分行主动适应战略转型，在直接支持丰富进出口业务贷款品种的基础上，在总行指导下开始承办包括出口企业固定资产投资贷款、出口基地建设贷款、进口企业固定资产投资贷款、开放型产业整合贷款、国内企业自主创新及重大技术装备国产化贷款等一系列支持国际经济合作的创新类贷款品种，并调整整合转型升级贷款及服务贸易贷款业务，着力增强企业自主创新能力和国际化经营能力，优化我国对外贸易结构和扩大服务贸易规模。

第三阶段：2015~2018 年，定位强化期，政策性职能进一步发挥。

2015 年，国务院审批通过中国进出口银行的改革实施总体方案；2016 年，新章程获国务院审定批准，中国进出口银行的政策性职能定位进一步强化。中国进出口银行深圳分行在总行指导下对转型升级贷款、服务贸易贷款、沿海及沿江船舶贷款、节能环保贷款、农业产业化发展贷款、转贷项目配套资金贷款、应急救灾专项贷款进行再次归并，合并为促进境内对外开放贷款。加大对境内对外开放支持力度，促进转型升级、加工贸易境内梯度转移、基础设施建设，以及服务贸易、旅游、教育和文化、节能环保、农业等领域发展，提高我国地方政府应急救灾能力，彰显政策性银行的社会责任，并对外国政府、国际金融组织转贷款项目提供配套资金支持，向符合要求的借款人提供本、外币贷款，更好发挥政策性职能。

第四阶段：2019 年至今，改革创新期，更好实现高质量发展。

2019 年以来，中国进出口银行开展了 IT 蓝图建设规划，定为一号工程，并配套系统信贷品种制度对现有信贷产品体系进行了优化。目前中国进出口银行深圳分行 IT 蓝图系统建设进入决胜攻坚期和决战冲刺期，即将投产上线，为高质量发展提供坚强保障。

三　突出贡献

中国进出口银行深圳分行在助推深圳经济特区改革腾飞的实践中坚定履行服

务国家战略、服务实体经济的承诺，贷款规模屡创历史新高，由成立之初的"百亿分行"迈进"千亿分行"，辐射和带动了湖南、广东、海南和广西4家分行成立。发挥稳外贸稳外资主力作用，搭建良好的银政企合作平台，支持深中电、航天科工、怡亚通、深南电路、格林美等大批进出口企业，助力深圳深度融入全球发展浪潮。聚焦国家和地区重大发展项目，支持"一带一路"建设，携手招商局、中集、华润等大型骨干企业，推动港口、能源、园区等产业在世界各地蓬勃发展。围绕5G、人工智能、大数据开发应用，不断加大对华为、中兴、比亚迪、华星光电、天马微电子、研祥等高科技企业融资力度，辅助深圳建成全球5G产业集群，支持深圳创新驱动发展。深度参与新能源、新材料领域，扶持中广核、拓日新能、深能环保、中海油等大批节能环保行业优势企业，为深圳建设生态之城注入绿色能量。面对新冠肺炎疫情冲击，用高效服务筑牢战疫金融保障，以坚决有力的措施助力打赢疫情防控硬仗。

四　紧抓"双区"战略机遇期的发展展望

在改革不停步、开放不止步的新征程中，中国进出口银行深圳分行将用钉钉子精神，推动思想再解放、改革再深入、工作再抓实，全心投入深圳现代化经济体系和"双区"建设之中，在顺势而上开启全面建设社会主义现代化国家的新征程中发挥更大作用、贡献更大力量。

第六章　深圳证券基金类机构的典型案例

　　资本市场在深圳金融业的发展历史中写下了浓墨重彩的一笔，尤其是深交所的建立，对于深圳金融资源和企业资源的集聚产生了重要的促进作用，为深圳打造全球创新资本形成中心奠定了重要基础。正是得益于深圳拥有这一国家级交易所和优质的创新环境，深圳涌现出一批国内领先的证券公司和公募基金公司，有力地提升了深圳金融在中国乃至全球的地位和影响力。

　　因此，本章主要以深交所、国信证券、中信证券、招商证券、南方基金和博时基金为代表，从基本情况、发展脉络、突出贡献和发展展望等角度对典型案例进行介绍，以此展现深交所在打造世界一流交易所过程中的创新发展方向，并充分彰显深圳资本市场最具活力和创新力的典型特征。

第一节　深圳证券交易所

一　基本情况介绍

　　深圳证券交易所于 1990 年 12 月 1 日开始营业，是经国务院批准设立的全国性证券交易场所，受中国证监会监督管理，履行市场组织、市场监管和市场服务等职责以及中国证监会许可、授权或者委托的其他职能。

深圳证券交易所立足服务实体经济和国家战略全局，经过 30 多年发展，初步建立起板块特色鲜明、监管规范透明、运行安全可靠、服务专业高效的市场体系，多项指标位居世界前列，吸引力和影响力不断提升，成长为全球最具活力的新兴市场。截至 2020 年 12 月末，深交所共有上市公司 2354 家，总市值 34.2 万亿元；挂牌债券（含资产支持证券）7954 只，挂牌面值 2.5 万亿元；挂牌基金 487 只，资产净值 2669 亿元；沪深 300ETF 期权平稳运行，累计成交 7877 万张，成交面值 3.5 万亿元。2020 年，深市各类证券成交总额达 162.2 万亿元，股票融资额 5638 亿元，固收产品融资额 1.85 万亿元。

图 6-1 深圳证券交易所大楼

图片来源：深圳证券交易所。

深圳证券交易所坚持以习近平新时代中国特色社会主义思想为指导，准确把握新发展阶段，深入贯彻新发展理念，积极推进构建新发展格局，坚持稳中求进工作总基调，践行"建制度、不干预、零容忍"方针和"四个敬畏、一个合力"要求，紧抓服务粤港澳大湾区和中国特色社会主义先行示范区发展机遇，深化金融供给侧结构性改革，提高直接融资比重，发挥市场枢纽作用，构建更加适应创新资本形成的市场体系、制度体系、产品体系、监管风控体系、双向开放体系、数字化体系和交易所治理体系，促进科技、资本和实体经济高水平循环，努力建设优质创新资本中心和世界一流交易所，为打造一个规范、透明、开放、有活力、有韧性的资本市场贡献积极力量。

二 发展脉络

1988年5月,深圳市政府做出筹建证券交易所的决定。1988年11月,深圳市成立资本市场领导小组和专家小组,主持证券交易所的筹备工作。1989年11月25日,深圳市政府下达《关于同意成立深圳证券交易所的批复》。

1990年1月,中国人民银行深圳经济特区分行发布《关于深圳证券交易所筹建若干问题的意见》。深圳证券交易所筹备小组在特区改革开放的象征——国贸大厦三楼正式挂牌办公。

1990年11月22日,深圳市委市政府听取深圳证券交易所筹备情况,决定1990年12月1日开始集中交易。1990年12月1日,改革开放以来中国运作第一家的证券交易所——深圳证券交易所开始营业,标志着集中统一交易的场内市场正式建立。至此,证券市场从分散柜台交易转为交易所集中交易。1991年4月16日,深圳证券交易所获中国人民银行批准成立。1997年7月,深沪证券交易所正式划归中国证监会直接管理。

图6-2 深圳证券交易所开业典礼

图片来源:深圳证券交易所。

深圳证券交易所在创立初期,创建基础规则架构,倡导规范运作,促进公开透明,初步建立起深圳证券市场基本架构。1990年12月至1997年6月,深圳证券交易所历经了从手工作业到柜台委托电子化、交易席位无形化、交易撮合自动化、登记结算无纸化的发展历程。1995 年 10 月至 1997 年 8 月，深圳证券交易所开展全国性市场服务工程，确立"市场至上，服务为本"为立所之本。至 1996 年底，深圳证券交易所共与 31 个地方证管办签订了合作协议书。1996 年，设立北京、上海、武汉、西安和成都服务中心，建立全国性市场服务网络。这一时期，深圳证券市场实现从区域性市场到全国性市场的跨越性成长。1991 年起，深圳证券交易所积极探索证券市场国际化道路。1995 年，深圳证券交易所已初步形成包括 A 股、B 股、债券、认股权证、国债期货等在内的多品种证券并存的市场格局。1993 年 8 月，与人民日报社联合创立的全国第一家专业证券媒体——《证券时报》试刊。1997 年 4 月，深圳证券交易所成立综合研究所。1999 年成立中国证券行业第一家博士后工作站，成为中国资本市场研究领域的先行者。

图 6-3　1990 年 12 月，深圳证券交易所开始营业

图片来源：深圳证券交易所。

为进一步发挥资本市场服务中小企业的作用，2004 年 1 月，国务院发布《关于推进资本市场改革开放和稳定发展的若干意见》，提出"分步推进创业板市场建设，完善风险投资机制，拓展中小企业融资渠道"。2004 年 5 月 17 日，经国务院同意，中国证监会批复同意在深圳证券交易所设立中小企业板。5 月 27 日，中小企业板正式启动。6 月 25 日，中小企业板首批 8 家公司挂牌上市。

2008 年 12 月，国务院发布《关于当前金融促进经济发展的若干意见》，提出"适时推出创业板"。2009 年 10 月 23 日，创业板正式启动。10 月 30 日，首批 28 家创业板上市公司集中上市。

2016 年 6 月，成功完成交易系统的第四次重大升级，平稳上线第五代交易系统，系统能力实现飞跃，跻身世界级交易系统行列。同年 12 月，深港通正式开通，进一步完善了内地与香港市场互联互通机制。

2020 年 4 月 27 日，中央全面深化改革委员会审议通过《创业板改革并试点注册制总体实施方案》，2020 年 8 月 24 日，创业板改革并试点注册制落地实施，首批 18 家企业成功上市。

2020 年 10 月和 2021 年 4 月，先后推出深港 ETF 互通和深日 ETF 互通，完善跨境投融资产品体系。目前，深圳证券交易所与全球 52 家交易所、市场机构等签订合作谅解备忘录，深化交流合作。

2021 年 2 月 5 日，经国务院同意、证监会批准，深交所发布合并主板与中小板相关业务通知，正式启动两板合并工作。2021 年 4 月 6 日，深市主板与中小板合并正式实施，形成"主板 + 创业板"的市场格局。合并后，深市主板上市公司超过 1470 家，总市值超过 20 万亿元。

三　突出贡献

（一）服务科技创新，构建创新资本中心

深圳证券交易所把支持科技创新、以创新引领高质量发展放在突出位置，努力推动要素资源向高科技领域聚集。迭代升级创新创业投融资服务平台

（V-Next），为创新创业企业搭建全方位投融资服务体系，疏通创新创业活动的"血脉"。截至 2020 年底，**V-Next** 平台已实现全国各省区市（包含港澳台地区）服务全覆盖，跨境服务网络覆盖 45 个国家、73 个国家高新区，聚集了 8670 家投资机构（含上市公司）、23157 位投资人，累计服务 15264 家境内外优质科技企业，融资成功项目数 1641 个，融资总额达 531 亿元。

（二）服务实体经济，支持深圳企业做优做强

深圳证券交易所成立以来，大力支持深圳企业直接融资，利用资本市场做大做强。截至 2020 年底，深市有深圳公司 293 家，占深市上市公司总数的 12.4%，位列第一；深圳公司在深市合计 IPO 募资 1872 亿元，占比 14.8%，再融资募资 3964.9 亿元，占比 15.5%，均位列第一。在板块分布方面，充分发挥多层次资本市场平台的作用，促进深圳大中小型企业协调发展。深市的深圳公司在主板（含中小板）有 186 家，占比 12.7%，IPO 融资 1211.5 亿元，占比 15.7%，均稳居第一，大幅度领先于其他城市；深圳公司在创业板有 107 家，占比 12%，位居第二，仅比排名第一的北京（12.3%）少 3 家，IPO 融资 660.49 亿元，占比 13.2%，位列第一。在行业特征方面，深市的深圳公司以高科技公司居多，电子和通信公司分别有 68 家和 14 家，占深市电子和通信行业的 32.9% 和 19%。在深市的深圳公司中，超过 67% 为民营企业，并涌现出多家细分行业的领军企业，在区域经济发展中发挥了良好的示范引导作用。

同时，优化并购政策，推进深市公司优化资源配置。并购重组日益规范、简政放权，积极促进资本市场利用并购重组手段实现资源优化配置，提高资源利用率。2011~2020 年，深市一共完成 1147 起重大并购重组，其中，深圳公司参与 91 起，占比 7.9%，位列第二，仅次于北京，并购规模达 1561.1 亿元，占比 7.1%，位列第一，持续地推进了深市公司优化资源配置。

（三）加大产品创新，促进债券市场健康发展

经过多年发展，深圳证券交易所固定收益类产品不断丰富。一方面形成了包含公司债、可转债、可交债、地方政府债、政策性金融债以及传统资产支持证券等在内的产品体系。另一方面，先后推出创新创业债、熊猫债、知识产权支持证券、类 REITs 以及基础设施公募 REITs 等多种创新型产品，逐步丰富了固定收益类产品体系，也增加了资本市场的投资产品和工具种类。截至 2020 年底，深市的深圳公司发行公司债 466 只，发行金额 6565.3 亿元，发行 ABS784 只，发行金额 6085.8 亿元，排名均列全国第一。挂牌的深圳地方债 123 只，发行金额 1093.6 亿元，其中，深圳证券交易所招标发行 76 只，发行金额 725.3 亿元。2021 年 6 月 21 日，深圳证券交易所首批 4 只基础设施公募 REITs 正式上市，募集总规模达 143.71 亿元，标志着国内公募 REITs 试点工作正式落地。

（四）完善市场功能，丰富深圳金融要素

2019 年 12 月 23 日，深市首只场内标准化衍生品——沪深 300ETF 期权成功上市，实现深市衍生品市场历史性的突破。同时，深市股票期权为深圳金融机构创造了创新型业务发展空间，带来新的利润增长点，产生积极的社会经济效益。深市沪深 300ETF 期权在成功推出的第一年，累计成交 7877 万张，居全球同类型产品第 7 位，成交面值 3.5 万亿元，109 家期权经营机构开通深市股票期权业务交易权限，累计开户数 14.7 万户，为深圳沉淀资金 60 亿元。

（五）完善治理结构，践行社会责任

深圳证券交易所充分发挥资本市场功能作用和交易所平台优势，全力做好对口帮扶新疆麦盖提县、甘肃武山县工作，精准施策助力脱贫攻坚；开展阿拉善国情教育活动，助力建设国家生态安全屏障，累计植树造林 10 万亩。

四　紧抓"双区"战略机遇期的发展期望

站在实现"两个一百年"奋斗目标的历史交汇点，深圳证券交易所将立足新发展阶段，全面贯彻新发展理念，积极服务构建新发展格局，坚持党的领导，坚持改革创新，坚持干事创业，牢牢抓住改革发展重大机遇，传承发扬奋斗精神、创新精神、服务精神、奉献精神，坚决扛起创新发展的使命，在更高起点上推进改革、扩大开放，扎实推进全面深化资本市场改革和深圳先行示范区综合授权改革重点任务。全面实行股票发行注册制，率先塑造包容高效的创新支持市场体系、创新友好型的市场服务体系、高水平的创新资本循环制度、具有创新市场特色的全球资产配置平台、精准有效的监管体系、全面有效的风险防控体系、制度型系统性的高水平双向开放体系、国际领先的数字化体系、科学高效的交易所治理体系，培育和聚集一批世界一流企业、一流中介机构和代表优质资本的一流投资机构，全力建设优质创新资本中心和世界一流交易所。

第二节　国信证券

一　基本情况介绍

国信证券正式成立于 1994 年。在过去的 20 多年中，从最初注册资本仅为 1 亿元的地方性单一经纪牌照公司，稳步成长为注册资本 96.12 亿元、拥有证券业务全牌照并累计 11 年获得证券行业最高的"AA"评级的全国性大型综合类证券公司。

国信证券立足深圳总部，稳步推动全国布局。截至 2020 年底，在全国 118 个城市和地区共设立 54 家分公司、179 家营业部，员工超过 1 万人；拥有国信期货、国信弘盛、国信香港和国信资本 4 家全资子公司，50% 参股鹏华基金管理有限公司。

2014 年 12 月 29 日，国信证券在深圳证券交易所挂牌上市，成为 2012 年 IPO 暂停后 A 股第一家获准首发上市的券商。

（一）经营情况和行业地位

国信证券一直保持良好的增长势头，净资产、净利润等核心财务指标的年复合增长率都超过了 20%，高过行业的平均增速。净资产收益率水平行业领先。

国信证券作为行业前 8 家"创新试点证券公司"之一，具备行业领先的产品和服务创新能力，经纪、投行、固收等业务优势尤为明显。在经纪业务方面，近十年来，国信证券经纪手续费净收入市场份额始终位于行业前五，其中 2015 年排名行业第一。在投行业务方面，累计完成 IPO 项目家数（272 家）、中小板 IPO 项目家数（108 家）、创业板 IPO 项目家数（64 家）均排名行业第一。在固收业务方面，发行了全国首只纾困专项公司债券、全国首只先行示范区绿色公司债、深交所首只"一带一路"公司债券等一批行业标杆性、首创性产品。

（二）发展战略

"十四五"期间，在整体战略上，公司将坚持以客户为中心，全力实施"六个推进、一个夯实、一个打造"（6+1+1）工程。其中，"6"是指"六个推进"，即积极推进"全价值链财富管理""稳健型投行服务""多平台价值投资""创新型衍生品业务""金融科技驱动创新""多渠道国际化发展"六大业务主线；中间一个"1"是指"一个夯实"，即不断夯实公司资本硬实力；最后一个"1"是指"一个打造"，即目标是全力打造世界一流的综合服务型投资银行。

（三）企业文化

2019 年 12 月，结合"合规、诚信、专业、稳健"的行业文化理念，国信证券确立了"合规自律，专业务实，诚信稳健，和谐担当"的公司文化理念和"创造价值，成就你我，服务社会"的价值观念。

二 发展脉络

以 2014 年底上市为节点，公司发展大体上可以分为两个阶段。

（一）上市前阶段

1994 年至 2014 年的上市前阶段，国信证券作为成长于改革开放前沿阵地的券商，依靠市场化运营机制，由一家地方券商发展为行业前列的大型综合性证券公司。国信证券的前身是 1989 年成立的"深圳国投证券业务部"，是中国证券市场最早的三家营业部之一。1994 年，应国家金融业分业经营、分业管理的要求，"深圳国投证券业务部"正式从母公司分离出来，成立"深圳国投证券有限公司"（注册资本 1 亿元），成为全国信托投资公司中首家分业设立的证券公司。

2002 年，国信证券启动"银证通"业务，变坐商为行商，将证券业务接入了全国千万家银行网点，一举跻身全国证券公司十强。2004 年深交所正式设立中小企业板，国信证券在当年的中小企业板发行家数和筹资金额均排名行业第一。2009 年，国信证券再次成为当年创业板发行家数第一的保荐机构，并在此后多年始终排名前列。20 年间，国信的总资产由 5.9 亿元增至 1613.52 亿元，增长 272 倍，净资产由 1.4 亿元增至 327.82 亿元，增长 233 倍；累计实现营业收入 769.23 亿元、利润总额 408.49 亿元、净利润 319.56 亿元、现金分红 91.79 亿元、税金 155.51 亿元。

图6-4 国信证券"银证通"业务

图片来源：国信证券。

图6-5 1999年国信证券鑫网网上交易系统正式开通

图片来源：国信证券。

（二）上市后阶段

在 2015 年至 2020 年的上市后发展阶段，国信证券向高质量发展转型迈进，行业地位进一步巩固。2014 年 12 月 29 日，国信证券在深交所挂牌上市。2020 年 8 月，国信证券完成 150 亿元的非公开发行，成功引入全国社会保障基金理事会等重要股东，公司股权结构进一步优化。从上市到现在，国信证券为境内企业完成股权融资的金额，占了公司历史总量的近一半；为境内企业完成债券融资的金额，占了公司历史总量的近九成。这六年主要经营指标的总和超过了前 20 年（1994~2014 年）的总和。公司总资产、累计营收、累计利税、市值实现 4 个 "超千亿"。

三　突出贡献

（一）对深圳经济社会发展的贡献

国信利用多年积累起来的良好口碑、客户资源以及国资背景，在践行国企责任、助力深圳经济发展方面积极贡献自己的力量。截至 2020 年第三季度末，国信证券通过股权、债权、资本中介等融资方式，累计为深圳企业提供融资约 2000 亿元。

国信全资子公司国信弘盛，与深圳企业大族激光、蓝思科技等发起设立产业投资基金，专注于机器人、TMT 等产业投资领域，截至 2020 年底已累计投资深圳地区项目 19 个，其中 5 个项目实现 IPO 退出，为深圳产业升级和企业创新发展做出积极贡献。

（二）对深圳金融业发展的贡献

公司积极参与深交所中小板、创业板的设立和运行，中小板、创业板 IPO 保荐项目家数均排名行业第一，为深圳资本市场发展做出了积极贡献。另外，在监管机构的支持下，推出证券业首个自主研发的手机证券应用 "金太阳 APP"，成为移动互联、证券业融合发展的行业领跑者；在行业内独家试点质押式报价回购业务，开了证券行业在现金管理产品领域的先河。国信推出了众多在行业具有重要影响和示范效应的"业内第一"，为推动深圳资本市场的发展增添了活力。

四 紧抓"双区"战略机遇期的发展展望

作为"土生土长"的深圳金融企业，作为深圳国资控股的全牌照大型证券公司，国信证券一方面将积极参与深圳国资国企产业协同发展平台建设，加快与本地国企、市属职能部门及各区建立常态化的联动机制；依托深圳国资国企资源，发挥股权投资与基金管理优势，促进深圳产业高质量发展。另一方面，以深圳和大湾区为重点，发挥公司投行、固收等业务的市场化优势，积极为重点区域企业提供全价值链一站式综合金融服务，为"双区"建设的可持续发展提供金融支撑。

第三节 中信证券

一 基本情况介绍

中信证券股份有限公司（简称"中信证券"）成立于 1995 年 10 月，2003 年在上海证券交易所挂牌上市交易，2011 年在香港联合交易所挂牌上市交易，是中国第一家 A+H 股上市的证券公司。中信证券第一大股东为中国中信有限公司，持股比例 16.68%。

中信证券业务范围涵盖证券、基金、期货、直接投资、产业基金和大宗商品等多个领域，通过全牌照综合经营，全方位支持实体经济发展，为境内外超 7 万家企业客户与 1000 余万个人客户提供各类金融服务解决方案。目前拥有 7 家主要一级子公司，分支机构遍布全球 13 个国家，实现中国境内省、自治区、直辖市全覆盖，华夏基金、中信期货、金石投资等主要子公司都在各自行业中保持领先地位。

中信证券营业收入和净利润连续十余年排名行业第一；净资本、净资产和总资产等规模优势显著；各项业务保持市场领先地位，在国内市场积累了广泛的声誉和品牌优势。多年来获得亚洲货币、英国金融时报、福布斯、沪深证券交易所等境内外机构颁发的各类奖项。

中信证券以"成为全球客户最为信赖的国内领先、国际一流的中国投资银行"为愿景，践行国家战略、服务实体经济，为社会创造更大价值。

二 发展脉络

中信证券是在整合中信集团旗下的证券业务基础上成立的，在中信集团的全力支持下，从一家中小证券公司发展成为大型综合化的证券集团。1995 年 10 月 25 日，中信证券成立时注册资本 3 亿元、注册地为北京市。2000 年 4 月 6 日，经中国证监会和国家工商总局批准，公司注册地变更为深圳市。截至 2020 年底，公司注册资本约 129.27 亿元。20 多年来，围绕服务实体经济发展的本质要求，中信证券实施了一系列超前的战略布局，奠定了公司领先行业的基础。

（一）"大项目"战略

为应对融资市场的变化，中信证券在成立初期就实施了"大项目"战略，并不断完善。在 1996 年实现公司首单 IPO 业务的突破后，中信证券成功抓住了国企改革上市的浪潮，推动投行业务逐渐占据市场制高点。

（二）"大网络"战略

为应对行业竞争的变化，中信证券实施了"大网络"战略，确立了业务渠道优势。在 2003 年成为第一家 A 股 IPO 的证券公司后，中信证券凭借行业内率先上市积累的资本优势择机收购扩张，先后收购华夏证券、金通证券、万通证券、广州证券等。

（三）"大平台"战略

为应对行业重资产属性的变化，2006年以来，中信证券实施了"大平台"战略，率先在行业内提出并践行新型买方业务，搭建起了多元化的买方业务平台。中信证券目前累计获得两百多项境内监管部门许可的业务资格，实现了全品种、全市场、全业务覆盖，投资、融资、交易、支付和托管等金融基础功能日益完善。

（四）"国际化"战略

为应对客户需求变化，中信证券实施了"国际化"战略。中信证券是首家获准在香港设立全资子公司的证券公司，2006年中信证券国际有限公司正式成立，将业务延伸到境外市场。2011年中信证券H股IPO上市，随后在境外成功收购了里昂证券和昆仑国际，建立起了全球化的业务版图，2020年全面实施全球一体化垂直管理。

图6-6 中信证券总部大堂

图片来源：中信证券。

作为第一家A+H股上市的证券公司，中信证券获得了资本市场的充分认可。

中信证券 2003 年在上交所上市后，先后被纳入上证 180 指数、上证 50 指数、沪深 300 指数、上证公司治理指数、新华富时 A50 指数、道琼斯中国 88 指数、上证社会责任指数等；2011 年在香港联交所上市后，先后被纳入恒生中国 H 股金融行业指数、恒生 AH 指数、恒生环球综合指数、恒生综合指数、恒生综合行业指数——金融业、恒生综合中型股指数、恒生中国企业指数、恒生中国内地 100 指数、中证恒生沪港通 AH 股精明指数、上证沪股通指数、富时中国 25 指数、MSCI 中国指数等成分股。

三　突出贡献

（一）对深圳经济社会发展的贡献

作为注册在深圳的证券公司，中信证券深耕深圳、辐射全国，始终坚持践行国家战略、服务实体经济，为客户提供全方位综合金融服务。2010 年以来，中信证券累计为超过 3500 家客户提供股权、债券、资产证券化及并购等各类投资银行服务，涵盖大型国有企业、世界 500 强、上市公司及重要地方客户。近三年中信证券境内股权承销规模、债券承销规模均排名证券公司第一，旗下资产管理规模超过 3 万亿元，托管客户资产超过 8 万亿元，为经济社会和资本市场的发展做出了积极贡献。公司成立以来截至 2020 年末，在深圳累计缴纳税费 476.44 亿元（并表口径，含代扣代缴）。

（二）对深圳金融业发展的贡献

经过 20 多年的深耕发展，中信证券目前总资产规模突破 1 万亿元，累计实现营业收入 4684 亿元，实现净利润 1580 亿元，累计向股东分红 562 亿元，成为深圳地区的主要金融机构之一。中信证券目前在深圳市拥有 1 家分公司、10 家证券营业部、4 家一级全资子公司（中信期货有限公司、中信中证投资服务有限责任公司、中信证券信息与量化服务有限责任公司、广证领秀投资有限公司），为客户提供包括财富管理、证券承销、投资咨询、资产管理、托管外包、期货等综合性金融服务。中信证券积极推动资本市场创新，建立了业内领先的金融市场业务体系、境内外服务网络，在多项业务上先行先试，引领行业发展，持续推动提升深圳证券业的影响力和深圳金融服务链的成熟度。

四 紧抓"双区"战略机遇期的发展展望

中信证券将全力支持"双区"建设，持续探索业务和产品创新，共同推动形成深圳地区良好的证券业创新业态；布局新经济领域业务，为新一轮高质量的工业化和城镇化，积极提供投融资服务，发挥金融业务优势，支持实体经济发展。

第四节 招商证券

一 基本情况介绍

招商证券股份有限公司（简称"招商证券"）于1991年8月创立于深圳市，是百年招商局旗下的核心金融企业，也是目前国务院国资委体系内经营规模最大的综合型证券公司。截至2020年12月末，招商证券在中国内地设有259家证券营业部和12家分公司；拥有招商证券国际有限公司、招商期货有限公司、招商证券资产管理有限公司、招商致远资本投资有限公司、招商证券投资有限公司5家一级全资子公司；参股博时基金管理公司、招商基金管理公司。同时，公司在英国、韩国等地设有经营机构，构建起境内外一体化的综合证券服务平台。公司业务全面覆盖了中国资本市场中的证券、期货、基金、直投等主要领域，业务结构多元均衡，能够为客户提供全功能、全产业链的综合金融服务。

成立30年来，招商证券以"助推中国经济转型升级，助力社会财富保值增值"为使命，秉承"家国情怀，时代担当，励新图强，敦行致远"的核心价值观，积极助力资本市场发展和经济发展。近年来，招商证券坚持质量第一、效益优先、规模适度，致力于建设特色鲜明、创新引领、质量第一、贡献卓著的金融机构。目前公司员工逾万人、分支机构遍及海内外，综合竞争力稳居国内前十券商行列。公司业务收入结构多元均衡，整体发展基础稳固，具备全功能平台全产业链的服务能力。公司是行业内仅有的两家连续 13 年获得证券公司分类监管评级 A 类 AA 评级的证券公司之一，以及首批六家被纳入并表监管试点范围的证券公司之一，在行业中树立了稳健规范、锐意进取的品牌形象。

二　发展脉络

1991 年，伴随着中国改革开放的伟大进程，招商证券诞生于南海之滨的深圳。1994 年 4 月，招银证券公司获准成立；1998 年 12 月，招银证券公司更名为"国通证券有限责任公司"；2001 年，完成股份制改造，更名为"国通证券股份有限公司"。招商证券在中国证券市场的发展中进行了诸多成功的探索，创下了多个先行者与探索者的纪录：深圳证券交易所的第一批会员，第一批上市推荐人，第一批同时具备 A 股及 B 股承销资格的券商，业内创新推出了牛卡、牛网、E 号通、24 小时交易委托等产品和服务，业内率先推出银证通、网上交易与服务等业务模式。在此期间，公司大力调整业务架构，拓展业务种类，提升管理能力，全面搭建业务平台，通过收购兼并和新设，完成了全国布局，成长为全国性综合类券商。

2002 年，国通证券股份有限公司正式更名为招商证券股份有限公司。公司不断规范经营管理，经受住了行业危机的考验，与行业一同经历了 5 年综合治理时期，同时努力把握行业创新发展的机遇，于 2004 年在业内首批获得创新试点资格。2005 年，公司收购了招商证券（香港），开始逐步布局境外业务；2006 年、

2007 年，公司收购整合北京证券和巨田证券营业部资产，快速扩大了网点规模；2007 年，收购新基业期货和博时基金部分股权，业务平台进一步扩大。

图 6-7 国通证券股份有限公司正式更名为招商证券股份有限公司，并举行揭牌庆典

图片来源：招商证券。

2009 年 11 月 17 日，招商证券首次公开发行 A 股并在上海证券交易所主板上市，成为 A 股市场第 3 家以 IPO 方式实现上市的大型券商。公司积极拓展业务范围，布局直投、托管、创新性自营等业务，着力培育股指期货、融资融券等新业务。通过增资香港公司、期货公司和招商资本，壮大子公司实力，完善了多元均衡的业务结构。管理方面，以集约化管理为重点，实施"E 站通"集中运营模式，建立客户信息集中管理系统和客户价值分析体系，运营集中能力进一步加强；完善内部控制体系，构建涵盖事前、事中、事后"三道防线"的内控机制；以流程管理为主线，管理的精细化水平不断提升。2016 年 10 月 7 日，招商证券成功发行 H 股并在香港联交所主板挂牌上市，成为业内第七家实现 A+H 股上市的证券公司。

图6-8　2009年11月17日，招商证券首次公开发行A股并在上海证券交易所主板上市

图片来源：招商证券。

2018年，招商证券制定了《中长期发展战略暨2019—2023年发展规划》，指明公司未来发展的方向与路径。公司聚焦发展的质量和效益，进入高质量发展、特色化发展时期。2018年，公司启动"提质增效"咨询项目，并作为国企改革"双百行动"试点企业，开启深入转型变革。2020年8月，公司圆满完成A+H股配股，成为首家实施A+H股配股的证券公司，净资产规模突破1000亿元，综合竞争力稳居国内券商前十行列。

三　突出贡献

（一）对深圳经济社会发展的贡献

招商证券在实现自身发展的同时，积极为促进经济社会发展、保障和改善民生贡献力量。一是在资本市场服务领域，公司通过深圳34家证券营业部、1家分公司，为深圳政府机构、企业以及超过350万户的深圳投资者等提供全面、专业的金融服务。2010年以来，公司为深圳市88家企业完成境内股票、债券融资超 5000 亿元；公司积极推行羚跃计划，目前已入库 21 家、投资 4 家深圳优秀中小企业；通过全资子公司，以 PE 基金和自有资金投资的形式，投资于深圳的信息技术、生物医药、现代制造、文化、互联网等战略性新兴行业，投资金额超过 15 亿元；与福田引导基金、鲲鹏资本合作设立深港基金，推动深港合作区的发展和科技创新（首期 30 亿元）。二是在公益慈善方面，公司捐赠注册了"深圳市招商证券公益基金会"，围绕教育、医疗救助、救灾赈济、民生工程等多个领域，累计向社会捐款近 2300 万元；积极助力新冠肺炎疫情防控，证券行业首家向武汉捐款，两轮累计向湖北捐资捐物总价值 1116.2 万元，其中 77 万元（含招商证券员工捐款 60.39 万元）定向捐赠给深圳援鄂的 77 位医护人员。三是在企业税收贡献方面，2020 年，公司（合并口径）在深圳缴纳税款约 44.19 亿元，比 2019 年增长了 40%；近五年来（2016~2020 年）在深圳累计缴纳税款约 157.39 亿元，创造了积极的财税贡献。公司还在诞生地深圳种下了六片绿色环保林，组织了多项环保公益活动，关心并服务于一方社会。

（二）对深圳金融业发展的贡献

招商证券积极参与深圳资本市场的建设工作，在维护资本市场稳定、促进行业健康发展方面做出了积极贡献。一是持续打造专业的金融服务能力。作为深圳证券交易所的第一批会员，招商证券 2010~2020 年累计在深交所承销保荐 IPO 项目 93 个，完成再融资项目 86 个，发行债券项目 428 只，累计帮助企业融资超 6000 亿元，多次荣获深交所"最佳保荐机构""优秀公司债券承销商""优秀固定收益业务创新机构"等奖项。二是重视金融科技创新。近年来，公司自主研发的多个创新项目多次荣获深圳市金融创新奖及香蜜湖金融科技创新奖。三是积极开展投资者教育，认真落实中国证监会关于投资者保护和投资者教育的各项监管要求，将投资者教育保护工作全面融入日常业务开展的各项环节。

四　紧抓"双区"战略机遇期的发展展望

"十四五"时期，招商证券确立了特色化发展的道路。第一，招商证券是深化国企改革"双百行动"的试点单位，将积极参与改革、推动改革，服务于深圳资本市场改革的需要。第二，招商证券将做强做优做大香港平台，稳步提升公司的跨境服务能力。第三，招商证券投行、投资将锚定发展潜力大的关键产业，如半导体、生物医药、物流供应链等重点行业，开展战略布局，深耕细作，形成优势。第四，针对科创型中小微企业的融资与发展需求，招商证券将持续深入实施"羚跃"企业成长计划，用好已经成立的深港科技创新合作区产业投资基金，发挥自身"资本＋资本中介"综合服务商的优势，整合市场各方资源，为种子企业提供覆盖全生命周期和全方位的金融服务。第五，招商证券将与政府部门、各行业协会、金融机构和上市公司等积极交流合作，充分发挥自身客户覆盖面广、资本市场专业能力领先等优势，带动资源整合，实现多方共赢。

第五节　南方基金

一　基本情况介绍

1998 年 3 月 6 日，经中国证监会批准，南方基金作为国内首批规范的基金管理公司正式成立，成为我国"新基金时代"的起始标志。

南方基金总部设在深圳，北京、上海、深圳、南京、成都、合肥六地设有分公司，在深圳和香港设有子公司——南方资本管理有限公司和南方东英资产管理有限公司。南方东英是境内基金公司获批成立的第一家境外分支机构；南方资本下设南方股权子公司，主要从事私募股权投资业务。

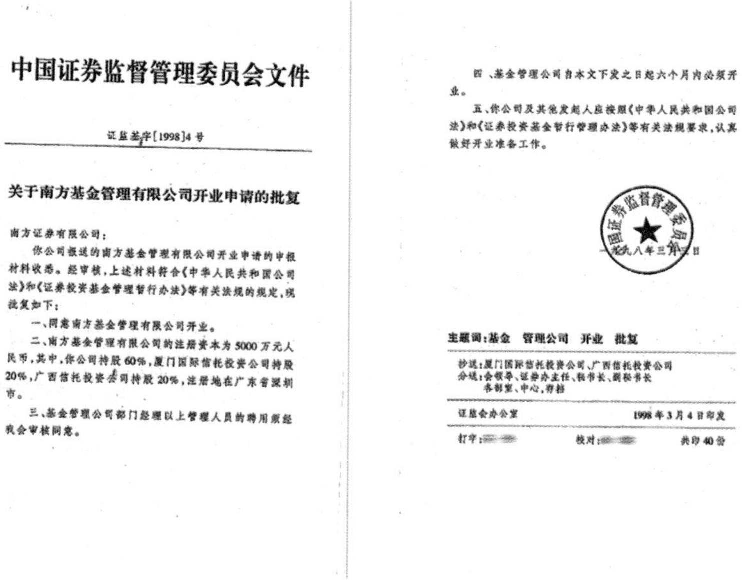

图6-9 关于南方基金管理有限公司开业申请的批复

图片来源：南方基金。

南方基金以打造"值得托付的全球一流资产管理集团"为愿景，秉承"为客户持续创造价值"的使命，倡导"客户、诚信、共享、奋进"的核心价值观和"根植于时代，领先于市场"的企业精神，坚持以客户需求为导向，以价值创造为核心，以产品创新为引擎，践行长期投资、价值投资和责任投资的投资理念，坚守"合规为先，行稳致远"的合规理念，历经了中国证券市场多次牛熊交替的长期考验，以持续稳健的投资业绩、完善专业的客户服务，赢得了广大基金投资人、社保理事会、年金客户和专户客户的认可和信赖。

截至2020年12月31日，南方基金母子公司合并资产管理规模达13337亿元。其中南方基金母公司资产规模为11983亿元，位居行业前列。南方基金公募基金规模为8080亿元，客户数量超过1.41亿人，累计向客户分红超过1303亿元，管理公募基金共233只，产品涵盖股票型、混合型、债券型、货币型、指数型、QDII型、FOF型等。南方基金非公募业务规模3903亿元，在行业中持续保持优势地位。南方资本子公司规模 672 亿元、南方东英子公司规模 663 亿元。南方基金已发展成为产品种类丰富、业务领域全面、经营业绩优秀、资产管理规模位居前列的基金管理公司之一。

二　发展脉络

（一）开元之局

1998 年 2 月，证监会发出《中国证券监督委员会关于同意筹建南方基金管理有限公司的批复》（证监基字〔1998〕2 号），批复同意筹建南方基金。同年 3 月，中国证监会发出了同意南方基金公司开业申请的批复。3 月 6 日，南方基金在深圳经济特区注册成立，这在中国基金史上是具有历史意义的一刻，标志着规范运作的基金管理公司在中国正式扬帆起航，开启了中国公募基金行业的奔腾年代。

3 月 27 日，经中国证监会批准，南方基金成立了国内首只封闭式基金——基金开元，封闭期 15 年，募集规模为 20 亿元。基金开元的成立，标志着中国第一批真正意义上的投资基金诞生，1998 年也成为中国公募基金行业的投资元年，由此拉开了中国证券投资基金发展的序幕，开创了中国基金业的新纪元。

（二）创新发展

作为行业的开拓者，南方基金顺应经济社会发展的潮流和趋势，积极把握住每个时代的业务机遇，持续探索产品创新、业务创新。2001 年 9 月，南方基金发行国内首批开放式基金——南方稳健。2002 年 9 月，南方基金成立了国内首只债券型基金——南方宝元债券，首募规模近 50 亿元。南方宝元的成立，标志着中国基金投资从股票市场扩展到了债券市场，投资标的更加丰富，推动了中国基金投资更加全面发展。自此，南方基金持续引领了行业多数重要产品的创新，相继发行成立首只避险策略基金、首批货币基金、首只 LOF、首只股票 QDII 基金、首只债券指数基金、首批沪港通基金、首只公募 FOF、首批战略配售基金、首批中日通 ETF、首只"赚钱才收固定管理费"的基金、首批科创主题基金等。

此外，南方基金相继获得首批社保基金管理人、企业年金管理人、专户理财业务、境外子公司设立、RQFII 业务、保险资金管理人、QDIE 试点业务、基本养老金管理人以及基金投顾业务试点等资格。并且，在 2008 年设立了第一家内地基金公司的香港子公司南方东英，在 2013 年设立了全资子公司南方资本管理有限公司。南方基金不断迈向更为广阔的资产管理新领域，形成了业务领域丰富全面的发展格局。

（三）机制改革

2018 年 1 月 4 日，南方基金管理有限公司整体变更为南方基金管理股份有限公司。南方基金于 2019 年 7 月经中国证监会核准，同步实施了员工持股和股东增资，注册资本从人民币 30000 万元增至 36172 万元。员工持股计划的正式落地，将核心人才与公司更加紧密地连接在一起，有利于鼓励员工积极深入参与公司改革发展，形成基金份额持有人、股东与员工长期利益一致的有效机制，持续为基金份额持有人创造最优价值，推动公司的长期稳健发展。南方基金成为公募基金行业老十家中最早实现员工持股的公司。

三　突出贡献

在坚持服务实体经济方面，南方基金坚持基本面研究，紧扣国家经济社会发展和改革的总体方向，积极践行长期、有价值、可增长的责任投资机制，在企业价值发现、优化资源配置、完善公司治理等方面发挥重要作用。同时，子公司南方资本大力发展企业资产证券化业务，为实体经济以及中小企业提供融资服务，涵盖供应链金融、CMBS、知识产权 ABS、小额贷款 ABS 等类型。

在积极发展普惠金融方面，截至 2020 年底，南方母子公司合并资产管理规模超过 1.3 万亿元，服务客户人数超过 1.41 亿人，公募基金产品累计向客户分红超过 1303 亿元。同时，南方基金积极为居民的养老投资提供服务，其中，为深圳十余家企业提供年金投资管理服务，规模近 50 亿元。

在切实履行社会责任方面，南方基金是 UNPRI 签署成员、"气候行动 100+"签署成员和 UNEP FI 签署成员，遵守联合国社会责任投资准则 ESG 投资六项原则，遵循可持续发展蓝色经济十四条原则。同时，公司大力推进 ESG 投资理念在投资体系中的应用，构建了 ESG 评级体系，并于 2019 年 12 月成立了南方 ESG 主题股票型证券投资基金。另外，南方基金于 2011 年 7 月 25 日捐资 800 万元自主设立广东省南方基金慈善基金会，对外捐赠资金主要投向奖教助学、救济赈灾、扶贫济困和环境保护等方面，截至 2020 年底已累计捐赠 704.89 万元。

南方基金作为公募基金行业的先行者和头部机构之一，积极发挥专业优势，担任深圳市金融发展决策咨询委员会委员单位、中国基金业协会副会长单位、上交所及深交所多个专业委员会委员单位、深圳市投资基金同业公会会长单位，以及深圳市反洗钱协会、深圳经济特区金融学会等众多机构的发起单位或会员单位，通过参与相关组织活动，建言献策，积极推动资本市场和深圳金融行业发展。自 1998 年成立至 2020 年累计税收贡献约为 83.77 亿元，积极助力城市发展。

四　紧抓"双区"战略机遇期的发展展望

南方基金将继续以"根植于时代，领先于市场"的精神，秉持"立足深圳、服务深圳"的责任，助力深圳经济高质量发展。

一是专业提供投资服务，专注创造价值。南方基金将一如既往秉承"以客户为中心"的宗旨，不断优化并提升自身的投资管理能力、客户服务能力、科技智能化运营能力以及提供创新产品和解决方案的能力，以全天候的策略、多元化的服务、全生命周期的方案，在各个环节为客户创造价值。

二是聚集社会资本，助力经济发展。南方基金将通过专业化的投资服务，促进社会资本和优质企业形成对接，充分发挥公募基金市场稳定器的作用，有效促进产业资本向优质企业聚集。

三是发展金融科技，促进业务模式变革。南方基金将重点加强金融科技领域的研究和发展，通过推进人工智能、数据挖掘等技术的应用，与传统业务相融合，在进一步提升效率、防范风险的基础上，力争以金融科技助力业务的高速发展和模式变革。

四是加强产品创新，完善市场建设。未来将在权益、固收、商品、另类等多个领域研究推进创新产品开发，同时从投资策略、投资范围、产品结构、运作模式等方面丰富完善现有业务模式，通过提供多层次、多维度的资产配置选择吸引更多增量资金入市，助力提升市场活跃度，为资产管理行业提供持续的生命力和更广阔的成长空间，进一步服务实体经济发展。

第六节　博时基金

一　基本情况介绍

博时基金管理有限公司（简称"博时基金"）是招商局集团下属公募基金，成立于 1998 年 7 月 13 日，是中国内地首批成立的五家基金管理公司之一，也是目前国内管理规模最大的基金公司之一。

博时基金总部设在深圳，在北京、上海等地设有分公司，同时拥有博时基金（国际）有限公司和博时资本管理有限公司两家全资子公司，形成了覆盖境内外和一级、二级市场业务的全资管牌照平台。博时基金注册资本 2.5 亿元，股东为招商证券（占比 49%）、长城资产（占比 25%）、上海汇华实业（占比 12%）、天津港（占比 6%）、上海盛业资产（占比 6%）、广厦建设（占比 2%）。博时基金经营范围包括基金募集、基金销售、资产管理和中国证监会许可的其他业务。
"为国民创造财富"是博时的使命，"做投资价值的发现者"是博时始终坚持的核
心理念。

图 6-10　博时基金办公楼

图片来源：博时基金。

作为招商局财富管理板块的重要一员，博时基金近五年实现了资产管理
总规模从千亿级向万亿级的飞跃。截至 2020 年 12 月末，博时基金共管理
246 只公募基金，并受全国社会保障基金理事会委托管理部分社保基金，以
及多个企业年金、职业年金及特定专户，管理资产总规模逾 13294 亿元，剔
除货币基金与短期理财债券基金后，博时基金公募资产管理总规模逾 4012 亿
元，累计分红逾 1373 亿元。加总两家子公司规模，博时实现综合资产管理总

规模近 1.5 万亿元，核心公募规模、养老金业务规模、专户业务规模均处于行业第一梯队。

二 发展脉络

作为首批成立的五家基金公司之一，博时基金不但在中国基金业内率先倡导价值投资理念，而且最早开始细分投资风格小组。博时基金拥有业内居前的投研团队和完善的投研管理体系。经过 22 年稳健发展，博时基金建立了制度、技术、执行三重保障的内部控制体系，设立了以董事会风险管理委员会、公司风险管理委员会为中心的风险管理组织架构。同时，博时基金吸引并培养了大批优秀的 IT 人才，搭建起实力雄厚的 IT 信息系统。

1998 年 7 月，发行了国内首批封闭式基金产品博时裕阳，并在上海证券交易所上市交易；2003 年 8 月，发行首只跨市场指数基金——博时裕富沪深 300；2005 年 1 月，首批成立上市开放式基金（LOF），发行首只行业主题类基金博时主题；2013 年 12 月，博时标普 500 交易型开放式指数基金（ETF）是国内第四只跨境 ETF 产品，也是首只跟踪美股权威标普 500 指数的跨境 ETF 产品；2014 年 8 月，博时黄金 ETF 成立，成为市场上首批成立的商品 ETF 基金。

近五年，博时把握住几次关键发展机会实现业务重大突破，从而迅速提升了公司规模排名，重塑了公司品牌形象和行业地位。

一是输出债券管理能力。从 2015 年下半年开始，博时基金率先抓住并积极对接银行需求，为银行提供债券主动管理服务，依靠长期固定收益投资能力和团队实力，一举奠定了博时基金在固收投资和市场占有率方面的优势。海通数据显示，截至 2020 年末，博时基金公募债券基金总规模约 2600 亿元，排在行业第 2 位。

二是发展互联网金融业务。2017 年开始，在实现"存金宝"合作基础上，博时基金抓住余额宝快速发展的契机，迅速扩大了互联网货币基金的管理规模。目前，博时在蚂蚁金服保有总规模近2000亿元，存量用户近5000万，户均规模约4000元。当前，博时正围绕"两全两低"（全产品线服务、全过程陪伴、低转换时延、低交易成本），在App、互联网、直销银行、券商互联网四个方面发力，全面提升客户体验，加快互联网布局和发展，打造平台、产品、场景三位一体互联网服务平台。

三是发展绝对收益投资。博时基金抢先加强绝对收益投资能力建设和产品布局，已有部分拳头产品处于市场领先的水平。

四是业务结构日趋均衡。博时基金按照"全能型"的基本思路，着力弥补业务结构中的短板，在ETF、国企改革、养老金、委外管理等业务方向进行了均衡布局。特别是，针对博时基金实际情况，弥补了科技和成长、数字经济赛道的相对不足。业务结构的均衡，为博时基金适应不同市场和不同客群的业务发展创造了条件。

博时还形成了完整的产品服务体系，涵盖股票型、债券型、混合型、商品型、QDII型等各类资产类别，包括从低风险到高风险、从主动管理到被动管理、从国内到海外等不同基金产品类型，服务机构、传统银行客户、互联网客户、直销客群等广大客户群体。截至2020年12月末，客户总数量超过1.2亿。二十多年来，博时所管理的各类资产均实现了良好的投资收益增长，产品策略全力满足各类客户的资产配置需求，以实现各类客户长期财富管理的收益目标。

三　突出贡献

博时基金坚持服务实体、服务民生、服务改革、服务金融生态四个"服务意识"。

"服务实体"就是牢记"投资价值发现者"初心，回归优化金融资源配置和提升市场定价效率的行业定位，牢牢把握产业转型和结构升级的大方向，加大对新技术、新产业、新业态、新模式的企业投资价值的深入跟踪研究，以专业的投研能力提升金融市场的定价效率，助力金融资源的优化配置，同时以长期的价值增长回报投资者信任。

"服务民生"，就是立足公募基金普惠金融的大众属性，立足国民财富管理的需求，为投资者提供优质的金融服务。其中包括直面"基金赚钱，投资人买基金不挣钱"的客户痛点，发展绝对收益类、资产配置类的产品，通过资产之间的风险分散和组合风险控制技术，提升产品的夏普比率，降低产品的波动率，让投资者更好地获得复利的增长。面对人口老龄化下的养老需求和社保养老资金缺口，大力发展目标日期和目标波动产品，为居民养老理财提供第三支柱的支持。利用互联网和 AI 等技术手段，加强和渠道的投资顾问的合作，更加精准地定位客户需求，为客户提供量身定做的、方便快捷的基金配置方案。

"服务改革"，就是结合实体产业经济改革、升级需求，服务多层次资本市场建设和直接融资比例的提升，服务金融市场的改革开放和互联互通，创新性地提供基金产品和工具。

"服务生态"，也是服务同业，因为机制、资源、基因等禀赋的不同，各类型资管机构之间会形成优势互补，实现市场的最优化发展。

四 紧抓"双区"战略机遇期的发展展望

博时基金将充分融入中国经济转型和资本市场发展的历史洪流，拥抱变化、抓住机遇、回归本源，进一步提升核心竞争力，紧扣投资者多样化的财富管理需求，提供更好的投资产品和服务，为投资者带来更好的投资体验和价值回报。

为实现"四个服务"，博时基金将立足于"五个驱动"，即战略驱动、投研驱动、市场驱动、科技驱动、创新驱动。战略驱动就是要加强战略引领，以国际一流资管企业为标准，全面提升博时资产管理能力，不断完善产品和服务；投研驱动就是不断增强投资研究的广度和深度，打造一支专精卓越的投研队伍；市场驱动的本质是客户驱动，就是要不断满足客户日益多元化的财富管理需求，因客户需求而变，及时为客户提供财富管理解决方案；科技驱动就是要牢牢把握新科技革命浪潮的趋势，将金融业务与大数据、云计算、人工智能和区块链等技术深入融合，以科技为资管业务赋能，积极探索新技术条件下的业务模式、投资策略、系统建设、客户服务方式等，打造博时在新技术上的竞争实力；创新驱动就是要求各方面都实现创新发展、提质增效，持续保持竞争力。

第七章　深圳保险类机构的典型案例

长期以来，保险机构在深圳金融业的发展过程中发挥着重要的"稳定器"作用，同时也形成了鲜明的行业特征，其中，以保险起家的中国平安已发展为我国三大综合金融集团之一，国任保险是深圳市属国资控制的唯一财产保险公司，招商仁和人寿保险是中国最具历史底蕴的保险公司之一，前海再保险是国内目前仅有的两家中资综合性再保险公司之一，中国人保深圳分公司、中国人寿深圳分公司是国有保险公司在深圳的代表。

因此，本章主要以中国平安、国任保险、招商仁和人寿保险、前海再保险、中国人保深圳分公司、中国人寿深圳分公司为代表，从基本情况、发展脉络、突出贡献和发展展望等角度对典型案例进行介绍，以此展现深圳从金融保险集团到特色保险的行业发展全貌。

第一节　中国平安

一　基本情况介绍

中国平安保险（集团）股份有限公司（简称"中国平安"）于 1988 年诞生于深圳蛇口，是中国第一家股份制保险企业，至今已发展为我国三大综合金融集团之一。中国平安在《福布斯》"2019 年全球上市公司 2000 强"中名列第 7，居全球多元保险企业第 1 位；在美国 2020 年度《财富》世界 500 强名列第 21，蝉联中国内地混合所有制企业第 1 位。

图 7-1　深圳平安大厦

图片来源：中国平安保险（集团）股份有限公司。

中国平安旗下子公司包括平安寿险、平安产险、平安养老险、平安健康险、平安银行、平安信托、平安证券、平安基金等，涵盖金融业各个领域。

中国平安致力于成为国际领先的科技型个人金融生活服务集团，坚持"科技引领金融，金融服务生活"的理念，持续深化"金融＋科技"、探索"金融＋生态"战略，聚焦"大金融资产"和"大医疗健康"两大产业，为客户创造"专业，让生活更简单"的品牌体验。

中国平安始终坚持在"在竞争中求生存，在创新中求发展"的蛇口精神。平安企业文化，以"国际领先的科技型个人金融生活服务集团"为愿景，以"对客户负责、对股东负责、对员工负责、对社会负责"为使命，将价值最大化作为检验经营管理工作的标准，以"专业创造价值、专业让生活更简单"为核心理念。企业文化为"领先、专业、价值、危机意识、简单、包容、执行"；公司训导为"专业领先，诚信服务，创造价值，回馈社会"。

二　发展脉络

（一）探索现代保险道路，搭建体制机制平台

第一个十年，中国平安建立起良好的机制、优秀的文化，抓住时代机遇，迅速成长为中国金融保险业的知名品牌。

1988 年 3 月 21 日，中国人民银行总行发文（银复〔1998〕113）批准成立平安保险公司，同时颁发"经营金融业务许可证"。我国第一家股份制、地方性的保险企业成立，同年 5 月 27 日开业。1992 年，更名为中国平安保险公司。

1993 年，寿险起步，深圳平安人寿保险公司成立。

1994 年，平安保险在中国大陆首家引入个人寿险业务。同时，开行业风气之先，在中国金融业首次引进外资股东，摩根、高盛成为战略投资者；同年，聘请国际会计师对公司财务按国际标准进行审计，是国内首家。

1996 年，成立平安信托、平安证券，逐步探索综合金融。

1997 年，与麦肯锡签订合作协议，成为国内第一家聘请国际知名咨询公司麦肯锡做战略规划的公司。

图 7-2　1988 年 5 月 27 日，平安保险公司开业典礼在平安办公楼大厅
（深圳特区招商局蛇口工业区招商路北六栋）举行

图片来源：中国平安。

（二）专注保险经营发展，探索综合金融模式

这一时期，中国平安在专注于保险经营发展的同时，全面推行综合金融战略，成为国内首批综合金融集团之一。经过多年专业化经营，中国平安在香港成功上市，并回归 A 股。

2002 年，平安引进战略投资者汇丰集团。双方在诸多领域开展大量卓有成效的交流与合作，共同建立了亚洲最大、国际领先的综合金融后援平台。同时，进一步完善公司治理架构、风险管控体系和平台等，为中国平安快速成长为国际一流的综合金融集团打下基础。

2003 年，中国平安保险（集团）股份有限公司成立，成为中国金融业综合化经营的试点企业，金融控股架构确立。年底，平安集团收购福建亚洲银行。

2004 年，中国平安集团在香港整体上市，成为当年度香港最大宗的首次公开招股，壮大了公司的资本实力。

2006 年，中国平安张江后援中心投入运营，成为亚洲最大的集中运营平台。同年，中国平安收购深圳市商业银行，之后更名为平安银行。

2007 年 3 月 1 日，中国平安集团在上海证券交易所挂牌上市，创下当时全球最大的保险公司 IPO 纪录。

2009 年 6 月，中国平安宣布以认购深圳发展银行（简称"深发展"）定向增发股份及受让深发展第一大股东新桥投资所持股份的方式投资深发展，成为深发展第一大股东。2012 年 7 月，深发展吸收合并原平安银行，正式更名为平安银行，标志着中国平安综合金融集团旗下银行板块业务发展驶入快车道。

图 7-3　2004 年，中国平安集团在香港整体上市

图片来源：中国平安。

（三）强化综合金融实践，探索"金融+科技"

第三个十年，中国平安持续深化综合金融战略，不断升级互联网金融战略，并逐步向"金融＋科技"转型。

这一时期，平安自建科研队伍，在科技研发方面投入大量资金和人力，在基础科技方面打下坚实基础。与此同时，陆续孵化出陆金所、平安好医生、金融壹账通、平安医保科技等多家科技独角兽。

2011 年，平安创办陆金所，迅速成长为中国最大的线上财富管理平台。2020 年，陆金所在纽交所挂牌上市。

2014 年，平安好医生成立，并迅速成长为全球领先的互联网医疗健康服务平台。2018 年，平安好医生在港交所上市。目前，已经形成在线医疗、消费型医疗、健康商城、健康管理及互动等重点业务板块。

2015 年，金融壹账通成立。旨在打造全球领先的面向金融机构的商业科技云服务平台，并于 2019 年在美国纽交所上市。

2018 年，中国平安积极响应国家脱贫攻坚号召，在公司成立 30 周年之际，启动"三村工程"（"村官"、村医、村教）项目。截至 2020 年底，已在全国 21 个省区市落地，累计发放扶贫资金逾 298.34 亿元，带动建档立卡贫困户超 15 万，惠及 73 万多贫困人口。同时，中国平安已援建、升级 1228 个乡村卫生所、1054 所乡村学校，培训村医 11843 名、乡村教师 14110 名，体检义诊覆盖 11 万余人，受益学生达 30 余万人。

（四）深化"金融+科技"，探索"金融+生态"

2017 年，中国平安正式确立了未来十年深化"金融＋科技"、探索"金融＋生态"的战略规划。

2018 年，在中国平安中期业绩发布会现场，董事长马明哲描绘出平安战略三部曲：科技赋能金融、科技赋能生态、生态赋能金融。

2020 年，新冠肺炎疫情突袭而至。中国平安上下同心，全力以赴，从金融、科技、公益等领域发力，为全国防疫抗疫、复工复产贡献力量。中国平安为受疫情影响的企业、客户及一线医疗机构提供逾 180 亿元资金支持。平安医保科技派遣移动 CT 影像车驰援武汉，利用远程线上阅片辅助诊断手段，成为第一批入选新冠病毒核酸检测的定点机构。平安智慧城为国家相关部委、多地政府提供疫情预测、复工复产等科技平台，疫情预测单日准确率高达98%以上。

凭借领先的科技技术及32年服务与管理经验的积累，中国平安以科技赋能新型智慧城市建设。截至2020年底，平安智慧城已累计在国内144个城市和多个"一带一路"沿线国家及地区落地推广智慧政务、生活、交通、医疗、教育等服务。为深圳打造的"i深圳"一体化政务服务平台，上线7789项服务事项，实现95%的个人服务、70%的企业服务线上办理，超500项服务纯线上"秒报、秒批、秒查、零跑动"。协同深圳多个委办局打造智慧环保、智慧法院、智慧医疗、智慧市场监管、智慧财政等多个一体化平台，助力深圳打造智慧城市样本，在国务院办公厅发布的《省级政府和重点城市网上政务服务能力调查评估报告》中连续两年居首，2020年六次被央视《新闻联播》报道。

2020年，中国平安贯彻落实国家"健康中国"战略，全面推动医疗健康生态圈战略布局，从政府、用户、服务方、支付方、科技五方面发力构建医疗生态闭环，打造未来价值增长新引擎。在"2018—2020年全球数字医疗专利TOP100"中，中国平安以1074件专利位居全球第一。

截至2020年6月末，中国平安科技专利申请数累计达26008项，较年初增加4625项；在2020年全球金融科技专利排名榜中，平安以超1500项专利申请，连续两年位居全球第一。新冠肺炎疫情高峰期间，平安好医生互联网平台的累计访问量达11.1亿人次；2020年上半年，平安好医生在线医疗业务收入同比强劲增长106.8%，达到6.95亿元。

三 突出贡献

（一）对深圳经济社会发展的贡献

中国平安努力做好金融服务实体经济的工作，累计投入超5万亿元服务国家重要战略工作，为国家和社会各行各业提供风险保障、优化金融资源、增添发展动力。

中国平安从参与智慧城市建设入手，输出平安的科技，构建"1+N"智慧城市一体化平台体系，助力各省市克服"城市病"，实现"优政、兴业、惠民"的目标。在医疗科技方面，平安打造医疗健康生态圈，用全球领先的医疗科技赋能政府、用户、服务、支付等相关方，不断提升医疗质量和效率。

（二）对深圳金融业发展的贡献

中国平安是中国金融保险业中首家引进外资，率先采用国际财务制度、国际保险精算制度及个人寿险营销制度的公司，成功创建出兼具国际标准和中国特色的综合金融"平安模式"，为 2.1 亿个人客户和 5.6 亿互联网用户提供金融生活产品及服务。

四 紧抓"双区"战略机遇期的发展展望

中国平安将继续深化"金融＋科技""金融＋生态"战略，发挥综合金融及科技赋能的优势，全面提升服务实体经济和创新发展的能力和水平。助力智慧城市建设，为推动城市治理体系和治理能力现代化贡献解决方案。同时，依托先进的现代科技，加快创新发展步伐，助力深圳进一步增强在粤港澳大湾区建设中的核心引擎功能。

第二节 国任保险

一 基本情况介绍

国任财产保险股份有限公司（简称"国任保险"）原名为信达财产保险股份

图7-4　国任保险大厦

图片来源：国任保险。

有限公司，是经金融监督管理部门批准，于2009年8月成立的一家全国性保险公司。目前，公司注册资本40.07亿元，注册地为深圳；机构网点已基本覆盖全国重点经济区域，设有二级机构24家，三级及四级机构达240余家。

2017年4月，深圳市投资控股有限公司成为国任保险第一大股东，国任保险成为深圳市属国资控制的唯一财产保险公司。其他股东包括联美量子股份有限公司、深圳市罗湖引导基金投资有限公司、中国信达资产管理股份有限公司、北京东方信达资产经营总公司、中国铁建投资集团有限公司等18家企业。

（一）发展定位与思路

国任保险秉承"有信念、守规矩、严执行、讲专业、敢创新"新企业文化，致力于成为具有核心竞争力的数字化科技型现代财产保险公司，以及受市场尊重、受员工热爱、受股东信赖的优秀企业。

（二）发展目标

国任保险定性指标与定量指标相结合，以"深化改革、创新转型、价值发展"为核心经营理念，建立以客户为中心、以数据科技为驱动、共建开放共享平台的经营模式，努力成为"创新转型的先锋、服务客户的典范、科技应用的标杆"。

国任保险构建体现公司"十四五"时期改革与转型发展成效的目标体系，力争用五年的时间，全面建立公司市场化的体制机制，资本实力更加雄厚，经营效益持续提升，管理水平大幅提高，投资收益稳步增长，创新能力显著增强，科技赋能效果明显，人才队伍更加优良，公司治理更加完善，企业文化深入人心，党的建设不断加强，保费规模实现过百亿元目标，业务结构均衡合理，核心竞争力突出，特色优势位居行业前列。

二　发展脉络

国任保险前身为信达财险，是 2009 年 8 月在北京成立的一家全国性保险公司，注册资本金 10 亿元；2012 年以 1.3 元 / 股增发 20 亿股，注册资本增至 30 亿元；2017 年深圳投控公司成为大股东，持股比例为 41%；2018 年正式更名为国任保险；2019 年公司注册地迁至深圳，入驻招商中环并冠名国任保险大厦；2020 年以 1.832 元 / 股增发 10.07 亿股，注册资本增至 40.07 亿元。2018 年至 2020 年，公司在更名、迁址后，进行了一系列管理体制机制上的改革。

从规模上看，2018 年公司保费收入 41.10 亿元，增速 26.1%；2019 年收入 48.57 亿元，增速 18.2%；2020 年收入 61.69 亿元，增速 28.68%，连续三年高于行业平均增速。市场排名从 2019 年的第 25 位上升至 2020 年的第 20 位，品牌影响力不断提高。

从利润上看，2018 年公司同比减亏 0.96 亿元；2019 年公司净利润为 0.17 亿元，同比增长 1.88 亿元；2020 年公司净利润为 0.62 亿元，盈利金额较上年进一步扩大。

从业务结构看，公司 2017 年非车险占比 16.3%，2020 年非车险占比 43.05%，上升 26.75 个百分点。其中，截至 2020 年 12 月，公司科技保险业务保单 98683 件，实现原保费收入 9789.31 万元，同比增长 72.7%。截至 2020 年底，科技保险专属产品共计 40 款，表现出优良的业务品质和良好的业务前景。

从投资收益看，公司投资团队的专业能力得到稳步加强，连续取得无担保债投资能力备案、股权投资能力备案以及股票投资资质等；投资收益稳步提高，从 2018 年的 1.05 亿元到 2019 年的 2.21 亿元，再到 2020 年的 4.83 亿元，实现每年超过 100% 的收益增长。

从重大战略事项看，第一轮增资扩股顺利完成，注册地从北京迁至深圳，客户联系中心稳妥搬迁，全资子公司信达保险销售从苏州迁至深圳。

三　突出贡献

（一）对深圳经济社会发展的贡献

（1）逐步走出一条具有国任特色的中小财险公司的健康快速发展之路。在宏观经济下行压力加大、行业监管日趋严格的情况下，公司稳步走上持续盈利的健康发展道路，为深圳本土保险行业中小公司快速健康发展积累了经验。

（2）积极践行社会责任。2020 年国任保险深圳分公司保费收入超 3.6 亿元，承保风险保额近 3.25 万亿元，深圳分公司和总公司 2018 年至 2020 年共计缴纳税收 1.02 亿元。同时，积极践行社会责任，2020 年，国任保险在抗击新冠肺炎疫情过程中，为湖北地区 15000 余名医务人员和中国红十字会派往武汉 100 余名工作人员，提供总保额 1.1 亿元风险保障；为支持企业复工复产，推出多款"复工无忧"相关专属保险产品，独家承保太原市慈善总会抗疫保项目，获得社会好评；为深圳市国资委系统"防疫通"项目提供国有企业员工专属抗疫复工保障，获得深圳国资委充分肯定。同时，疫情发生以来，公司有序组织全辖推动疫情防控工作，公司员工疑似、确诊病例"零"发生，有效地保障了员工的生命健康。

（二）对深圳金融业发展的贡献

为粤港澳大湾区提供科技保险服务。作为深圳市属国资控制的唯一财险公司，科技保险是公司优势所在。2019 年 6 月，国任保险总公司成立了科技保险中心，围绕知识产权、贷款保证两大板块，逐步摸索出一条"保险产品＋补贴政策＋技术服务"的创新道路。截至 2020 年，国任保险为科技企业提供全方位保险服务，累计研发科技保险专属产品 40 款，为多家科技公司提供科技保险业务保单 98683 件，充分利用"科技＋保险"手段，服务科技创新型企业。

第一，发起设立了全国首家知识产权金融全业态联盟。2019 年 10 月，公司联合其他 6 家深圳总部机构发起设立了全国首家知识产权金融全业态联盟——深圳市知识产权金融联盟。该联盟旨在通过模式和业务的创新，在政府引导和支持下，推动知识产权与金融的深度结合，实现知识产权的"产权化、货币化、商品化、证券化"，打造集银行、保险、投资、担保、证券、律所等金融服务业务于一体的知识产权金融服务生态圈。

第二，围绕知识产权、贷款保证两大板块，初步形成了"保险产品＋补贴政策＋技术服务"的独特创新模式。科技保险商业模式日渐清晰，知识产权质押融资保证保险全国首批落单，荣获 2020 年深圳最具创新精神的金融机构奖。知识产权维权保障深圳第一；深圳市线上扶持中小企业信用保证险模式全国首创；知识产权金融全业态联盟全国首创；知识产权金融公共服务平台在全国首先落地。除此之外，互联网线上业务从无到有，仅用了半年时间，保费从 0 元突破至 5.7 亿元。

其中，与南山区知识产权保护中心、浦发银行深圳分行、深圳农商行合作推出"知识产权保险质押融资专项计划"，在一个月内为两家中小型科技企业解决了 770 万元的贷款需求，叠加补贴后实际融资成本每年仅为 2.73%，有效降低了中小型科技企业的融资成本，成为南山区首个通过保险质押完成融资的成功案例。

国任保险开具保险行业首张区块链电子发票。2020 年 8 月 21 日，国任保险通过系统直联深圳市税务局区块链电子发票平台，成功为客户开出了首张区块链电子发票，标志着国任保险成为全国首个应用区块链电子发票的保险公司。区块链电子发票将"资金流、发票流"二流合一，可以解决发票流转过程中一票多报、虚报虚抵、真假难验等难题，能够显著降低经营成本和税务风险，同时为税务机关实时监控发票生命周期、实现智能税务管理提供了有力保障。

四　紧抓"双区"战略机遇期的发展展望

近年来，作为深圳市属国资控制的唯一财产保险公司，国任保险积极结合股东战略，充分利用股东资源，加快国任保险在深圳及粤港澳大湾区的业务布局，实现资源协同，推动"双区"建设。

"十四五"时期，尽快实现高质量过百亿元目标，同时，加快建立科技保险专业队伍和服务网络，为科技创新企业提供全方位的风险保障。

第三节　招商仁和人寿保险

一　基本情况介绍

"仁和保险"品牌历史源远流长，与招商局的发展息息相关。作为中国民族工商业先驱的轮船招商局1872年成立后，于1875年创办了中国最早的民族保险公司——保险招商局，并于次年创办了仁和保险，保险招商局后来并入仁和保险。

从1875年开启中国近代民族金融保险业，到20世纪50年代融入新中国金融保险事业，70余年间，仁和保险经历了几度兴衰起落的坎坷历程。然而，在中国近代民族金融保险业的史册上，仁和保险的历史地位不可忽视，贡献不可磨灭，在利用金融资本支持实业发展、探索官督商办新体制新机制、试水国际化经营等方面走在前列。

2016年12月1日，经中国保监会批准，招商仁和人寿正式开始筹建，并于2017年6月30日获得开业批复。招商仁和人寿应运而生，宣告"仁和保险"成功复牌，中国民族保险业的历史由此提前了半个多世纪。

招商仁和人寿注册资本为65.99亿元，由招商局、中国移动、中国航信三大央企联合多家企业共同发起设立。

作为一家央企控股的保险公司，招商仁和人寿将遵循金融保险业的发展规律和"保险姓保"的原则，走市场化、专业化、差异化的创新驱动型发展道路，持续推动"价值引领、创新驱动、科技赋能、风控保障"四大策略贯彻落实。坚持质量、效益、规模动态均衡发展的理念，将价值经营作为公司发展的主要引领。持续从产品创新、服务创新、商业模式创新、产业链创新以及组织流程再造五个方面推进创新驱动，不断满足客户对更好产品、更暖服务、更捷理赔、更稳收益的期待。以移动互联等新科技为动力，以客户、产品、渠道、技术和治理为五大支撑，培育智慧保险业务核心竞争力，开拓具有立体社交、综合金融、一站式服务、产业生态四大特点的平台经济新模式。把风控保障作为公司最重要的保障性体系，不断完善覆盖全业务、全流程的风险管理体系，确保公司健康有序发展。

未来，招商仁和人寿将充分发挥股东优势和后发优势，努力建设成为具有创新特色的精品保险服务商。

二　发展脉络

2016 年 12 月 1 日，招商仁和人寿获得中国保监会批复筹建。

2017 年 6 月 8 日，招商仁和人寿通过中国保监会开业现场验收。

2017 年 6 月 30 日，招商仁和人寿正式获得中国保监会开业批文。

2017 年 8 月 19 日，招商仁和人寿举行开业仪式。

2017 年 11 月 22 日，招商仁和人寿深圳中心支公司正式开业。

2018 年，招商仁和人寿完成了珠三角布局，先后开立广东、东莞、佛山、惠州分公司，足迹遍布珠三角的 13 个地区。

2019 年，招商仁和人寿陆续完成中山、珠海、江门分公司的开设。

2019 年 3 月 5 日，招商局仁和养老投资有限公司正式开业。

2019 年 11 月 20 日，深圳市招商局创新投资基金中心与厚德医疗健康管理有限公司签署投资合作协议，标志着招商仁和人寿受托管理的首个医疗健康产业项目顺利完成。

2019 年 12 月 27 日，江苏分公司获江苏省银保监局准许开业批复，宣布正式开业，标志着招商仁和人寿迈出了全国布局的第一步。

2020 年，招商仁和人寿继续在全国进行布局，苏州分公司、河南分公司正式开业。

图 7-5　2017 年 8 月 19 日招商仁和人寿在深圳市民中心举行开业仪式

图片来源：招商仁和人寿保险。

三　突出贡献

（一）对深圳经济社会的贡献

一是助力深圳保险保障业务。招商仁和人寿于 2017 年在深圳设立分支机构，经过 3 年多的发展，业务经营实现突破成长，市场地位持续稳定提升，截至 2020 年末，招商仁和人寿在深圳市场的新单保费收入达 14 亿元，市场排名第 6。

二是助力深圳医养建设。招商局仁和养老投资公司成功设立，投资金额达 4.9 亿元，建设并运营广州金山谷养老社区；与招商创投合作，受托管理招商仁和厚德医疗管理有限公司及其附属的医疗服务机构，积极参与构建深圳医疗健康服务网络。

三是积极利用险资服务深圳经济。招商仁和人寿投资了中保投贰号（深圳）股权投资专项基金和中国保险投资基金（九期），投资金额分别为2.5亿元和1.78亿元，资金用途分别为投向广东省广业集团有限公司的新一轮环境综合整治及环保产业并购项目和华侨城集团及其实际控制企业的新型城镇化、旅游文化和城市更新项目。

四是积极履行疫情防控社会责任。招商仁和人寿为深圳等地援鄂和在当地抗击疫情的一线医护人员以及招商局集团"灾急送"公益项目运输人员捐赠保险累计2.3万人，累计赠送总保额逾236亿元；积极参加招商局"灾急送"志愿者团队，获"全国抗击新冠肺炎疫情先进集体"称号；中标财政部发行的10年期债券——20抗疫国债03，金额达1995万元。

（二）对深圳金融业发展的贡献

一是为深圳金融业增添了新的力量。作为中国最早的民族保险公司，仁和保险的复牌新生让深圳又多了一个百年老字号。自成立以来，公司业务快速发展，截至2020年底，招商仁和人寿原保费收入在全国91家人身险公司中排名第39位。

二是积极助力深圳金融科技创新。招商仁和人寿大力推进数字化战略，开业以来累计科技投入超3亿元，并成功孵化出招商金融科技。2020年，招商仁和人寿"保险新零售项目"分别获深圳金融创新奖三等奖、前海优秀金融创新案例鼓励类奖。2020年4月，招商仁和人寿收购了招商海达保险经纪有限公司，持有海达保险经纪90%的股权，注册地址为深圳市南山区，投资金额达4938万元，主要从事保险经纪业务，实现了业务渠道的拓展。

三是积极助力深圳保险产品创新。创新推出老年专属医疗险和健康产融结合险种，积极参与开发深圳专属医疗政保业务。

四　紧抓"双区"战略机遇期的发展展望

招商仁和人寿将以建设成为具有创新特色的精品保险服务商为目标，坚持走市场化、专业化、差异化的创新驱动型发展道路，大力推动产品创新、服务创新、投资创新、科技创新、产业链创新。

产品创新方面，将结合大数据业务，发挥"近港"优势，积极参考借鉴港澳先进经验，开发新型健康与养老保险，满足居民的健康与养老保障需求。

服务创新方面，将联合粤港澳医疗机构及第三方服务机构，为保险消费者提供理赔、绿色通道、紧急医疗转运等服务，提升客户体验。

投资创新方面，将充分发挥保险资金规模大、期限长、稳定性高、安全性要求高的优势，主动参与深圳"双区"重大投资项目，积极支持实体经济建设。

图 7-6　招商仁和人寿所在办公大楼"招商局广场"

图片来源：招商仁和人寿保险。

科技创新方面，将移动互联、人工智能、区块链、云计算、大数据等新技术与保险业务结合，全面赋能保险服务链，重点推动保险科技在产品创新、精准营销、风险控制等方面的创新应用。

产业链创新方面，加快发展商业养老和健康保险，加快医养产业布局，打造"保险＋医养"生态圈。

第四节 前海再保险

一 基本情况介绍

前海再保险股份有限（简称"前海再保险"）公司是国内首家由社会资本主导发起设立的混合所有制再保险公司，于 2016 年 12 月由前海金融控股有限公司、中国邮政集团有限公司、深圳市资本运营集团有限公司、爱仕达股份有限公司、福建七匹狼实业股份有限公司、腾邦国际商业服务集团股份有限公司以及启天控股有限公司在深圳前海共同发起成立，注册资本为 30 亿元，是国内目前仅有的两家中资综合性再保险公司之一，深圳也成为国内除北京之外唯一拥有再保险总部机构的城市。公司经营范围包括财产与意外险再保险、人寿与健康险再保险以及与再保险有关的咨询业务。前海再保险围绕"立足前海、携手香港、聚焦中国、辐射全球"的战略定位，以风险为纽带，以客户为中心，遵循保障本源，坚持稳健发展，致力于推动前海国际再保险中心建设、引导保险产业集聚创新发展，并成为国际化的风险管理和资本管理专家。

二 发展脉络

2016 年 12 月 7 日开业后，公司以"让保险更可靠，让世界更有力"为使命，围绕"立足前海、携手香港、聚焦中国、辐射全球"的战略目标，以风险为纽带，以客户为中心，遵循保障本源，坚持稳健发展，积极参与市场竞争，稳步开展业务经营，各项经营指标良好。2016 年，在国际评级机构贝氏评级（A.M.Best）的信用评级中，获评 A-，展望为"稳定"。

2017 年，公司实现分保费收入 39.9 亿元，业务分布较均衡，拓展了泰国、韩国、越南、新加坡、菲律宾以及中国台湾等不同国家和地区的市场。2017 年

12 月，公司被深圳市金融办认定为深圳市金融总部机构。2017 年，在国际评级机构贝氏评级的信用评级中，获评 A-，展望为"稳定"。

2018 年，公司各项业务继续稳步发展。公司实现总保费收入 66.5 亿元，比 2017 年增长 67%。公司业务结构进一步优化，海外业务覆盖 13 个国家和地区，亚洲市场布局初步形成。2018 年 11 月，公司被深圳市前海现代服务业合作区管理局认定为前海深港合作区总部企业。2018 年，在国际评级机构贝氏评级的信用评级中，获评 A-，展望为"稳定"。

2019 年，公司继续优化业务结构，提升业务质量，逐步迈向高质量增长阶段，寿险再保险业务在产品研究、探索与第三方产品创新合作模式、健康管理、特药保险、与保险在线销售平台合作等领域均有所突破，2019 年公司总保费收入为 65.0 亿元，首次实现当年盈利。2019 年，在国际评级机构贝氏评级的信用评级中，获评 A-，展望为"稳定"。

2020 年，面对新冠肺炎疫情的冲击，公司按照政府、监管部门的要求，积极部署、沉着应对，持续夯实产寿两大支柱的业务基础，提升业务规模与质量；调整资产配置结构，降低投资风险；积极探索保险科技的应用，不断加强再保险业务与保险科技的协同，2020 年公司总保费收入为 102.7 亿元，继续保持盈利势头。2020 年 7 月，公司被深圳市发改委核定为深圳市总部企业；2020 年 11 月，贝氏评级机构发布了最新的全球再保险公司前 50 名最大的再保险公司排行榜，前海再保险排名继续攀升至第 39 位；2020 年 12 月，前海再保险科技公司筹建完成，并取得深圳市博士后创新实践基地设立资格。2020 年，在国际评级机构贝氏评级的信用评级中，获评 A-，展望为"稳定"。

三 突出贡献

针对新冠肺炎疫情暴发初期一线医疗人员口罩、防护服等医疗物资紧缺的形势，公司积极发挥自身及国际业务和渠道优势，积极协调日本、美国及其他国家和地区资源，筹集并捐赠抗击疫情相关物资，在疫情初期紧急捐出 2 万多个医用 N95 口罩和 3800 套防护服，帮助解决前线医疗人员的燃眉之急。

2020 年 2 月，前海再保险股份有限公司出席深圳市退役军人红星志愿服务队誓师大会，并在现场与志愿服务队签订了合作协议，向志愿者捐赠总保额达 5 亿元的保险保障，同时现场捐赠了一批口罩及护目镜等抗疫物资。

图 7-7　前海再保险股份有限公司出席深圳市退役军人红星志愿服务队誓师大会

图片来源：前海再保险股份有限公司。

四　紧抓"双区"战略机遇期的发展展望

前海再保险将充分发挥前海综合改革授权的政策优势、区位优势和跨境优势，加强深圳、香港、澳门的深港深澳金融合作。目前，公司已研究并形成了相关方案，建议设立粤港澳大湾区保险服务中心，通过创新商业模式，在顺应国家政策导向的前提下助力港澳保险机构逐步开通保单的境内续期缴纳功能，降低保单失效率和外汇流出风险，并合理地将对港澳保单收取的保费纳入境内保险监管范畴，支持港澳保险公司开展白名单内的产品研发创新。整套技术方案已完成初步论证，公司将对方案进行进一步的完善，推进方案落地，推动大湾区内保险通的开展，以及保险产品创新服务率先在前海试点，促进前海再保险中心建设。

第五节　中国人保深圳分公司

一　基本情况介绍

1984年2月9日，中国人民保险公司深圳支公司改为中国人民保险公司深圳市分公司（简称"中国人保深圳分公司"）。2个月后，启用"中国人民保险公司深圳市分公司"印鉴。5月7日，经国务院批复，中国人民保险公司深圳市分公司从中国人民银行深圳市分行划分出来。至此，中国人民保险公司深圳市分公司正式成为特区保险业独立经营主体。

二　发展脉络

（一）行业新生（1980~1989年）

1985年，中国人保深圳分公司在全国率先实行干部聘用制、员工合同制，打破"铁饭碗"，工资、奖金同个人的业绩和贡献相联系，体现按劳取酬、多劳多得、奖勤罚懒的分配制度；改革传统的承保方式，实行相对灵活、随行就市的展业措施，不分国内外业务、不分币种，统一条款、统一费率、统一保单；实行独立核算，费用包干，利润不上缴，在当地纳税，自行提留赔款准备金和总准备金。

1986年11月，中国人保深圳分公司代人保总公司承保大亚湾核电站建工险业务，保额为10.9亿美元。这是中国第一份核风险保单，标志着我国有能力对核风险进行风险分析、承保。该工程总投资为40亿美元，1993年建成后，承保金额为17亿美元，主要为机损险、核物质损失险、核责任险。

1988年3月1日，中国人寿保险股份有限公司深圳市分公司成立。由中国人保深圳分公司代管，并与分公司人寿部实行"两块牌子、一套人马"，对外开展业务，这是深圳市首家专业性寿险公司。

（二）初现峥嵘（1990~1999年）

1990年，经中国人民保险总公司批准，中国人保深圳分公司正式实行经济计划单列，深圳业务经营计划管理从广东省公司划分出来，直接隶属于总公司。

这十年来，中国人保深圳分公司业务稳健发展，在原有基础上，不断拓宽承保范围，积极服务实体经济发展，取得了较好的社会效益和经济效益。1991年10月，中国人保深圳分公司承保了新落成的深圳国际机场的财产、责任等保险项目。1992年2月，分公司与美国锦绣中华有限公司签订了劳工保险合同，这是公司首次把业务扩展到国外企业财产，也是首次单张保单保险费突破百万元人民币。1996年，中国人保深圳分公司承保深圳市骨干电厂妈湾电厂，签订了财产险、机器损坏险两份保单，实收保费540多万元。

在业务高速发展的同时，分公司多次参与重大案件的赔付，积极践行社会责任和企业价值。1993年，对受灾严重的深圳市布吉镇香港华成电器制品有限公司，共计赔付财产损失4000万元、利润损失3000万元，合计7300万元，这是深圳建市以来最大的损失赔付；同年8月，积极参与深圳清水河仓储区安贸危险物品储运公司仓库两次大爆炸的赔付；1997年5月8日，为CZ3456航班失事事件承保部分责任险和机身险损失，最终赔款2000余万元。

（三）改革之路（2000~2009年）

2000年伊始，中国人保深圳分公司召开了年度工作会议，拉开改革大幕。此后数年间，中国人保深圳分公司改革动作频频。2001年11月22日，中国人保深圳分公司与大亚湾核电站签订了2001/2002年度NMD/NTPL新保单及保险服务协议。这标志着中国人保同大亚湾核电站的合作进入了新的历史时期。2003年2月17日，公司提出"三个中心"建设方案，这标志着中国人保深圳分公司向现代化企业改革转型进程的开始。在 2009 年深圳金融创新评比中，中国人保深圳分公司自主开发的"车险理赔全流程高科技平台系统"，荣获了深圳市金融创新二等奖。

2003 年 7 月 19 日，中国人民保险公司更名为中国人保控股公司，并发起设立中国人民财产保险股份有限公司和中国人保资产管理有限公司。

转型过程也并非一帆风顺，虽然中国人保深圳分公司成功承保了地铁、华为、康地正大、中兴通讯保险项目，在非车领域仍然保持了市场竞争力，但在车险领域，中国人保深圳分公司市场份额却连年下降，至 2009 年前后，被迫交出了车险市场份额头把交椅。

2006 年，盐田支公司成功中标深圳市学生人身伤害校园方责任保险，夺得了深圳市全部 1376 所大、中、小学和幼儿园共 102.62 万注册学生的人身伤害校园方责任保险独家承保权。

（四）未来已来（2010年至今）

这十年来，以 2014 年末为分水岭，市场的发展可大概分为两个半场。

在上半场（2010~2014 年），得益于保监 70 号文，车险业的经营环境得到了极大改善，2010 年中国人保深圳分公司车险业务仅有 20 亿元左右，至 2014 年底，车险业务规模已接近 40 亿元。当深圳保险业到了下半场（2015 年至今），深圳车险市场增速相对较低，而非车险业务迅猛发展。在此背景下，中国人保深圳分公司由以前的"计划导向"逐步转变为"市场对标导向"。

2011 年，中国人保深圳分公司提出深入推进车险专管专营和非车险专业化团队建设的改革。以车行业务专管专营为重点，深入推进车险专业化经营，实现车险发展方式和盈利模式的根本转变。车险要积极应对汽车销量增速下滑和车险费率市场化趋势等不确定因素，完善车险销售平台建设，整合销售资源，实施整体化渠道战略；完善车行专管专营的运行和资源配置方式，提升车险专业化经营能力；大力发展电销，继续推进手机和网络销售系统的试点工作，推动实现手机和网络系统与业务管理的无缝衔接，促使手机和网络成为业务增长的新渠道；加大市场竞争策略研究力度，开展大型营销活动；积极应对深圳车险条款费率改革，提升精细化管理水平和盈利水平。

在内部管理方面，开展人力资源改革，制定推出了分公司销售、管理、技术、事务四大序列人员基本管理办法，建立了配套的职级体系、薪酬体系和考核激励体系，规范了人才引进和用工身份转换制度；推动出单中心和财务共享服务中心建设，优化人员结构和作业流程。推动本部人员减员增效。实施机关管理部门人员分流，充实一线业务管理和展业力量。

2010 年 8 月 24 日，妥善处理河南航空的 VD8387 班次事故的理赔和服务工作。

2014 年 6 月 1 日，中国人保深圳分公司与深圳市民政局签订《深圳市巨灾救助保险协议书》，于 2014 年 6 月 1 日起正式实施，协议期一年。这标志全国首单巨灾保险合同落地生效。深圳巨灾保险项目的落地，使中国人保深圳分公司荣获深圳市政府金融创新二等奖。另外，中国人保深圳分公司还荣获深圳市"品牌影响力奖""金砖奖""最具品牌创新力奖""深圳市民最喜爱的保险机构"等荣誉。

2015 年，深圳市光明新区凤凰社区恒泰裕工业园发生滑坡事故。中国人保深圳分公司积极参与救灾工作，共赔付约 1000 万元。

2017 年以后，中国人保深圳分公司提出，坚持高质量发展，推进创新开拓和转型升级，全力打造创新领先、科技领先、管理领先的智慧型精品公司。

第六节　中国人寿深圳分公司

一　基本情况介绍

中国人寿保险股份有限公司深圳市分公司（简称"中国人寿深圳分公司"）成立于 1988 年，是中国人寿保险股份公司的副省级计划单列市分公司。公司主营人寿保险、养老保险、健康医疗保险及人身意外伤害保险四大类数十个险种，近年来，在总公司深化经营管理体系改革的总体框架下，中国人寿深圳分公司以改革为动力，坚持业务发展与合规经营齐抓共管，努力优化业务流程，持续提高服务质量，在深圳市民中树立起了良好的品牌形象。随着公司产品体系的日趋健全、服务质量的不断提升、管理机制的日臻完善，中国人寿深圳分公司正向着现代化寿险分公司逐步迈进。在主营业务快速发展的同时，中国人寿深圳分公司坚持立足服务地方经济社会发展大局，积极投入公益事业，责无旁贷地勇挑社会责任，使中国人寿"播撒爱心，造福社会"的价值理念得到了进一步凸显。未来中国人寿深圳分公司将一如既往地秉承"成己为人，成人达己"的企业文化理念，坚持依法合规经营，努力打造"系统内名列前茅，市场上引领行业"的一流寿险分公司。

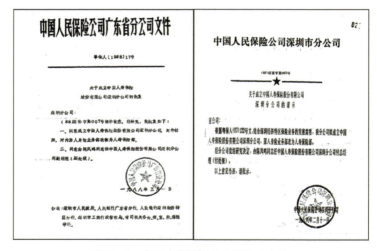

图 7-8 中国人寿深圳分公司设立文件

图片来源：中国人寿深圳分公司。

二 发展脉络

1988 年，中国人寿保险股份有限公司深圳分公司注册成立，隶属于中国人民保险公司深圳市分公司，是深圳首家专业化寿险公司。当年保费收入 880 万元，开创了经济特区保险企业寿险专业化经营道路。

1994 年，中国人寿保险股份有限公司深圳分公司率先试点寿险个人代理人制度，是深圳首家探索寿险市场化个人营销模式的人寿保险公司。在当时中国居民商业保险意识相对薄弱的大环境下，保险代理人制度的探索实施，对提高和增强整个社会的保险意识起到了促进作用，为我国寿险事业的蓬勃发展奠定了基础。

1995 年，《中华人民共和国保险法》颁布实施，保险业开始实施产险、寿险分业经营。"中国人寿保险股份有限公司深圳分公司"从"中国人民保险公司深圳分公司"分离出来，改制更名为"中保人寿保险公司"，秉持"深化改革，转换机制，强化管理"的经营理念，对推动寿险市场个人业务快速发展发挥了重要作用。

2003 年，中国人寿保险股份有限公司完成股份制改造，在美国纽约和香港上市，成为中国首家上市的寿险公司。中国人寿深圳分公司作为股份公司的分支机构，通过不断深化管理创新，全面开启市场化改革发展之路。

2007 年 1 月 1 日，中国人寿保险股份有限公司深圳市分公司为满足市场对保险产品的多元化需求，正式开办了深圳第一款快速返还分红型年金保险产品——国寿美满一生年金保险（分红型）。该产品上市当年保费收入达 2.8 亿元，占当年深圳市场期交保费规模的 16%。

2016 年 2 月 29 日，中国人寿与花旗集团及 IBM Credit 签订了相关收购协议，以 6.39 元 / 股的价格，合计收购了后者持有的广发银行 36.48 亿股，总对价约为 233.12 亿元。

2016 年 10 月 8~10 日，中国人寿深圳分公司保险股份有限公司深圳市分公司举办"重走长征路 精神铸辉煌"暨"两学一做"学习教育系列活动，150 名销售人员从江西于都出发，两天内沿当年红军长征路线徒步近 50 公里，最终到达江西信丰。公司计划在未来十年内，分不同主题、不同参与人群，不同节点路线，穿行江西、广东、湖南、贵州、云南、四川、甘肃、宁夏和陕西等 10 个省区，最后到达陕北，与前期参与团队共同会师吴起镇。

2017 年 1 月 12 日，中国人寿保险股份有限公司深圳市分公司与广发银行深圳分行正式签署《全面合作框架协议》，迈上综合金融战略布局的新征程。

第八章 深圳地方国资类机构的典型案例

深圳地方国资类企业是支持城市建设、产业引导、企业孵化和培育的核心平台，也是国有资本进行一级市场投资的关键载体，对于提高国有资本利用和管理效率、实现国有资本保值增值、促进经济社会发展具有重要意义。同时，在新冠肺炎疫情等极端情况下，地方国资类企业也承担着保持社会稳定的责任，为深圳企业尤其是中小企业渡过难关提供了强有力的担保和资金支持。

因此，本章主要以深投控、深创投、深圳高新投、深圳担保集团、深圳资本运营集团为代表，从基本情况、发展脉络、突出贡献和发展展望等角度对典型案例进行介绍，以此展现深圳地方国资类企业在促进深圳金融和科技产业发展、践行社会责任等方面发挥的作用。

第一节 深投控

一 基本情况介绍

深圳市投资控股有限公司（简称"深投控"）成立于2004年，由原深圳市投资管理公司、商贸控股公司、建设控股公司三家资产经营公司合并新设而成，现已发展成为以科技金融、科技园区、新兴产业和高端服务业为主业的国有资本投资公司。目前，公司注册资本为 280.09 亿元，全资、控股并表企业 39 家，其中上市公司 11 家。

"十三五"以来，深投控以"聚合资源、培育产业、服务城市"为使命，围绕科技创新和产业培育，着力打造"科技金融、科技园区、科技产业"三大产业集群，构建"科技创新资源导入 + 科技园区 + 科技金融 + 上市公司 + 科技产业集群"五位一体商业模式。三大产业板块之间相互支撑，具有清晰的逻辑关系和极强的协同效应。深投控通过建设全方位科技金融服务体系，掌控资金筹措端口，为科技园区、新兴产业提供资金支持，同时分享产业发展红利；通过建设高品质科技园区，为产业发展搭建广阔平台，汇聚国内外科技创新资源；通过培育新兴产业与高端服务业，为科技金融、科技园区提供资产内容，储备长远发展后劲，形成以科技金融为"阳光雨露"，以科技园区为"土壤"，以科技产业为"种子、幼苗和树木"的全生命周期产业生态体系。2016~2020 年，深投控总资产从 4006 亿元增长到 8439 亿元，净资产从 1748 亿元增长到 3531 亿元，营业收入从 428 亿元增长到 2135 亿元，利润总额从 151 亿元增长到 275 亿元，增幅分别达 111%、102%、399%、82%，成功跻身世界 500 强。

二　发展脉络

2003 年，国务院国资委挂牌成立，国有资产管理体制改革拉开序幕。

2004 年，深圳市全面推进以"国有经济布局战略性调整和国有企业战略性改组"为主线的国有企业改革，对原深圳市投资管理公司、建设控股公司、商贸控股公司三家国有资产经营公司进行重组，合并新设一家综合型国有资本投资运营公司，深投控应运而生。

成立之初，深投控承担了国有资本从一般竞争性领域的劣势企业改制退出任务。改制企业大部分属于深圳市早期成立的老国企，历史遗留问题多、处理难度大。为维护国有资产安全和实现保值增值，深投控认真抓好员工安置、资产处置、债务承接等重点工作，顺利完成22家一级企业、177家二级企业的改制退出任务。

2006年，深投控又承担了深圳事业单位分类改革划转接收与重组整合的重要任务。其中，仅在行政事业单位分类改革中，就接收了341家党政机关事业单位所属企业、转企事业单位，按照"整合发展一批、产权转让一批、关闭注销一批"的工作思路，将划转企业缩减至50余家，产业结构不断优化，市场化水平显著提升，为市属国有经济布局优化进行了探索、积累了经验。

在实现国有资产保值增值、经济效益稳步提升的同时，深投控在"十二五"开局之年——2011年开启转型创新发展新征程。2011年，深投控承担了深圳重点产业园区项目开发运营任务，先后开发了深圳湾科技生态园、深圳市软件产业基地等产业园区，确立了科技园区主业方向；2018年，深投控推动公司科技金控方案获得市政府常务会议审议通过并取得市政府书面批复，金控方案的获批对于深投控的发展具有里程碑意义，它明确了公司的主营业务，明晰了公司的资产边界，为转型发展奠定了坚实基础。

同时，深投控陆续承担了对标淡马锡、国企改革"双百行动"和深圳区域性国资国企综合改革任务，加快建设国际一流的国有资本投资公司。2020年，深投控成功跻身世界500强，位居榜单第442名，成为深圳市属国企首家世界500强企业。

三 突出贡献

（一）对深圳经济社会发展的贡献

近年来，深投控全力推进科技金控平台建设、"一区多园"战略实施和新兴产业投资布局，以对标淡马锡、国企改革"双百行动"和深圳区域性国资国企综合改革试验为契机，全面深化改革，转型发展迈上新台阶。

图 8-1 深投控参展第十四届金博会

图片来源：深圳市投资控股有限公司。

一是完善科技金融服务体系，增强服务实体经济能力。深投控以布局科技金控平台为契机，不断优化存量、拓展增量，业务涉及证券、担保、保险、不良资产管理、信托、产业投资基金等多个领域，构建起全方位、全周期、全链条的多功能金融服务体系，科技证券、科技保险、科技担保和科技创投业务均处于行业相对领先地位，如控股的国信证券、高新投、担保集团、国任保险等企业都是深圳具有代表性的金融企业。

二是加快科技园区建设布局，为产业发展提供空间保障。深投控按照"精耕深圳、服务湾区、面向全球"的思路，深入实施"圈层梯度、一区多园"战略，加快科技园区建设和海外科技创新中心布局，为科技产业发展提供肥沃"土壤"。全系统共有园区 50 多个，建成建筑面积近 600 万平方米，规划总建筑面积达 3000 万平方米，高标准打造深圳湾科技园区、深港科技创新合作区、深圳湾超级总部基地、香蜜湖北区等重要园区。

三是聚焦资本运作和产业培育，不断优化国有资本布局。深投控坚持立足深圳国资一盘棋，按照"有进有退，有所为有所不为"的原则，大力开展所属企业重组整合，通过上市发展一批、混合改制一批、重组整合一批、清理退出一批，推动资产和资源向优势产业和优势企业集中，将"十三五"期初的 67 家存量企业整合至 21 家，同时出清 100 多家"僵尸企业"。

四是对标国际一流优化体制机制，探索国企改革新路径。为解决国资国企改革普遍存在的单兵突破式、单项试点式改革容易产生的碎片化问题，投控公司 2016 年率先开展对标淡马锡综合改革试点工作，2018 年入选国家国企改革"双百行动"，2019 年推进落实深圳区域性国资国企综合改革试验。

（二）对深圳金融业发展的贡献

深投控着力提升服务科技和产业创新的能力，迅速成长为支持科技和产业创新的重要金融力量。科技创投基金群规模超千亿元，覆盖天使、VC/PE、并购等企业发展全生命周期，充分发挥基金投资的市场发现、信息传递、资源引进、人才培育等功能。

2018 年以来，为化解民营上市公司流动性困难，深投控从股权、债权两方面开展纾困共济和"四个千亿"计划工作，带头服务民营经济稳健发展。在股权融资方面，累计向 11 家企业投资近 80 亿元；在债权融资方面，累计向近 300 家企业提供近 290 亿元资金支持；在支持民营企业发债方面，已发债增信 165 亿元，正在推进的有 835 亿元。

2020 年，还专门设立了负责 P2P 网贷机构风险处置的专业公司，目前已完成包括红岭创投、小牛在线、荷包金融等大型平台在内 9 家 P2P 网贷平台的 299 亿元风险资产的摸底尽调工作，已协助上述网贷平台实现清收回款或债务化解合计约 11 亿元，对小牛、荷包、汇理财等几个重点 P2P 平台提出资产处置方案并组织实施，实现经济效益（提高受偿率及退返效率）与社会效益（化解社会矛盾、优化政府形象）双丰收。

四　抓紧"双区"战略机遇期的发展展望

"十四五"期间，深投控将坚持创新核心地位，进一步做强做优"科技金融、科技园区、科技产业"三大主业，全面对标世界一流企业，持续深化国企综合改革，努力打造国际一流的国有资本投资公司。一是完善科技金融服务体系，提升金融服务科技创新、服务实体经济能力。二是深入实施"一区多园"战略，提升全球创新资源配置能力。三是加大战略性新兴产业布局力度，推动科技自立自强和产业转型升级。

第二节　深创投

一　基本情况介绍

深圳市创新投资集团有限公司（简称"深创投"）1999 年由深圳市政府出资并引导社会资本出资设立，公司以发现并成就伟大企业为使命，致力于做创新价值的发掘者和培育者，已发展成为以创业投资为核心的综合性投资集团，现注册资本 100 亿元，管理各类资金总规模约 4093 亿元。

深创投主要投资中小企业、自主创新高新技术企业和新兴产业企业，涵盖信息科技、互联网、新媒体、文化创意、生物技术、大健康、新能源、节能环保、新材料、化工、高端装备制造、消费品、现代服务等行业领域，覆盖企业全生命周期。公司坚持"三分投资、七分服务"理念，通过资源整合、资本运作、监督规范、培训辅导等多种方式助推投资企业快速健康发展。

成立 21 年来，深创投已投资项目 1233 个 [1]，累计投资金额约 617 亿元，其中 180 家投资企业分别在全球 16 个资本市场上市，投资企业数量、投资企业上

---

[1]　数据截至 2021 年 1 月底，下同，不再另行标注。

市数量均居国内创投行业第一位，陪伴包括潍柴动力、酷狗音乐（腾讯音乐）、睿创微纳、西部超导、迈瑞医疗、欧菲光、信维通信、中新赛克、微芯生物、普门科技、宁德时代、傲基科技、金丹科技、康方生物、奇安信、柔宇科技、翱捷科技、华大九天等众多行业明星企业成长壮大。

凭借在创投领域的表现，深创投在中国创投委、清科集团、投中集团等权威机构举办的创投机构综合排名中连续多年名列前茅。2016~2020 年，在清科中国创业投资机构年度评选中，深创投均为本土创投机构第一名，其中，2017 年在内外资创投综合排名中位列第一。

二 发展脉络

（一）秉承市场化基因诞生，奠定良好发展基础

20 世纪 90 年代末，为支持科技成果转化、培育民族产业，深创投的前身"深圳创新科技投资有限公司"于 1999 年正式诞生。深创投成立之初，深圳市政府便确立了"政府引导、市场化运作，按经济规律办事、向国际惯例靠拢"的基本原则。与众多国有企业的政府全资不同，深创投是由深圳市财政出资 5 亿元，引入社会资本出资 2 亿元共同设立的，这一股权设计奠定了深创投日后市场化运作的基础。其后深创投通过多次增资，引入了星河集团、七匹狼集团、立业集团等多家民营机构股东，不仅撬动了社会资本，还通过引入优秀战略投资人，增强了深创投的市场化运作水平，为深创投拓展了更多的产业资源，大大提升了企业活力。

在对深创投的管理上，市领导明确要求由具有市场化运作经验的专业人士组建管理团队，后续确立了"不塞项目，不塞人"的原则。"不塞项目"确保了深创投决策机制的独立性，使得深创投按照市场规律进行投资决策成为可能。"不塞人"使得深创投真正聚集了一大批干事创业的专业人才，以专业的判断前瞻趋势，专注高新技术和新经济模式投资；以专业的经营管理防范风险，实现企业发展的长期可持续。

此外，政府鼓励深创投"立足深圳，面向全国"。突破了国企投资对地域的

限制，不仅丰富了深创投的投资标的，让深创投能够按照市场规律在全国范围内搜寻同一赛道上最有潜力、前景最好的投资标的，更让一些尚未足够认识"创投"这一概念的各地政府、投资人了解了深创投，为深创投的募资提供了契机。

（二）开政府引导基金先河，铺开全国投资网络

作为国内最早一批创投机构，深创投不仅肩负着扶持国内高新技术产业发展的任务，还承担着探索实践中国特色创投路径的使命。

2007 年 1 月，在与多地政府探讨设立政府引导基金的可行性和运作模式的基础上，深创投与苏州市政府合作成立了第一个地方政府产业引导基金——苏州国发创新资本，开了中国政府引导基金的先河。其后深创投陆续与多地政府合作设立政府引导基金，由深创投负责基金管理，投资当地的优势产业。

同时，深创投探索形成了一套完整的政府引导创投（子）基金管理理念、管理流程和管理方法，包括"保本＋固定收益"模式、特殊分成模式、跟进投资模式、阶段参股模式。

这些创新模式满足了不同地区产业引导的不同需求，受到了各地政府的广泛认可，在全国范围内实现了复制。截至目前，深创投参与的政府引导创投（子）基金数量已达 123 只，总规模达 724 亿元，形成了全国性的引导基金网络。而引导基金网络的成功搭建，又进一步促进了各地间的产业融合，依托深创投这一平台，各地各类优质企业实现资源共享、产业链接、异地拓展，促进了企业的成长壮大。

（三）坚持以改革创新破解发展难题，奠定内资创投领头羊地位

在深创投的发展大事记中，有几个历史时点非常重要：一是 2004 年中小板设立、2005 年股权分置改革，内资创投机构迎来顺畅退出机会，得以蓬勃发展；二是 2009 年创业板正式开板，2010 年深创投凭借当年 26 家投资企业上市的出色成绩创造了创投机构年度上市企业数世界纪录；三是 2017 年深创投所投企业中新赛克上市，实现了国内创投机构控股子公司中小板 IPO 零的突破；四是 2019 年科创板

开市，深创投 4 家所投企业首批登陆，成为科创板当之无愧的领头羊机构。

这些成绩的取得，是深创投不断改革创新探索的结果：在国内退出无门的阶段，深创投设计了"两头在外"的中外合作基金运行模式和"一头在内、一头在外"的项目投资退出模式，将投资项目在香港以及其他境外资本市场上市退出，打造了潍柴动力、中芯国际、网龙科技、贵州汉方等经典案例；在国内创投蓬勃发展时期，深创投开创了政府引导创投子基金模式，搭建了全国范围的投资网络，投出了国内一批优秀企业；当业务进入规模化阶段，深创投建立了国内创投行业首家博士后工作站；为满足创业企业在不同发展阶段的不同资本运作需求，深创投延伸多元化投资，建立了天使基金、并购基金、不动产基金，并参与上市企业定增等业务，持续助力企业成长。

得益于这些改革创新措施，深创投投资企业数量、投资企业上市数量跃居国内创投行业第一位，先后多次获评内资创投机构第一名。

（四）立足行业发展需求，积极营造创投生态平台

目前，深创投正基于自身发展经验、国内网络布局及大量所投企业、合作伙伴资源，打造服务全行业的创投生态平台。

深创投正在营造的生态平台具有以下几个特点：一是开放，对外可以整合全球资源，对内可以向平台上所有合作伙伴开放这些资源，实现资源整体利用价值的最大化；二是连接，促进各个组织融入平台，平台则成为各个组织的沟通桥梁和连接通道，提高组织间的沟通效率和彼此互信；三是赋能，平台企业为平台大生态的各个组织提供服务，甚至是搭建促进平台内各组织发展的基础设施；四是共赢，平台上各个合作伙伴都能够实现共生、共赢。

近几年，深创投建设了一批全国性专业化创投基金，其中军民融合基金、健康产业基金、互联网基金、新材料基金已经先后设立完成，未来还将布局信息科技、高端装备、消费升级等专业化基金。而针对创业企业各个阶段的融资需求，深创投布局了天使基金、并购基金等，希望能够在创业企业发展的各个阶段给予

其必要的支持和帮助。

　　同时，深创投针对众多基金管理人、基金投资人所面临的募资难、退出难问题，设立了大型母基金和S基金，希望通过这两只基金，发挥连接创投圈各类机构、促进机构互利共赢的作用。

三　突出贡献

（一）以投资带动深圳经济产业发展

　　深创投在按照市场化方式运作的同时，始终坚持"服务大局、服务城市、服务产业、服务市民"，大力支持深圳市高新技术企业和实体经济发展，积极推动深圳市产业机构转型与升级。截至2020年底，深创投在深圳累计投资企业数量259家，占投资企业总量的24.30%，投资金额125.89亿元，占投资总额的23.34%。21年来，深创投扶持深圳企业IPO或并购上市41家，为深圳市培养了一大批优秀的明星企业。

（二）为深圳营造活跃创投环境

　　深创投受托管理了千亿深圳市政府引导基金，截至2020年底已过会子基金达144只，子基金决策总规模达5001.52亿元，市场化子基金放大倍数近5倍，充分引导并带动社会资本支持深圳产业发展。同时，深创投参与管理了总规模100亿元的天使母基金，截至2020年底累计评审通过56只子基金（有效投决50只），子基金总规模达147.58亿元，财政出资放大倍数为2.5倍，将对战略性新兴产业的资金支持前移，优化了深圳的创新创业环境。

四　紧抓"双区"战略机遇期的发展展望

（一）深入推进基础设施公募REITs试点工作

　　"十四五"期间，深创投将通过发展不动产投资业务及公募REITs业务，进一步探索帮助其他国有企业参与不动产投资信托基金的有效方式和路径，推动不动产金融改革创新。

（二）探索创投领域支持政策创新

加大对粤港澳创新创业的支持力度，对标国际一流水平选择优质投资标的，积极研究推动创投领域改革创新措施落地，为国内创投行业发展打造政策范例模板。

（三）在国际竞争中提升经营管理水平

深创投将落实国际化战略，参与国际竞争，增强中国创投机构在国际上的知名度和影响力，培育、陪伴国内优秀企业扩展国际市场，也把国际上顶尖的企业引进来。

第三节　深圳高新投

一　基本情况介绍

深圳市高新投集团有限公司（简称"深圳高新投"）成立于 1994 年 12 月，是 20 世纪 90 年代初深圳市委市政府为解决中小科技企业融资难问题而设立的专业金融服务机构，目前集团实收资本 138 亿元，净资产超 220 亿元、总资产近 340 亿元，32 家分支机构遍布全国，资本实力、业务规模、创新能力、社会效益稳居全国同行业前列，已发展成为"具备资本市场主体信用 3A 最高评级的全国性创新型金融服务集团"。

作为国内最早成立的担保投资机构之一，深圳高新投始终以解决中小微科技型企业融资难题、助力高新技术产业发展为使命，为企业提供自初创期到成熟期的全生命周期综合投融资服务，核心业务包括融资担保、创业投资、金融增信、保证担保、商业保理、小贷典当、基金管理、财务顾问等。

图 8-2　深圳高新技术产业投资服务有限公司成立新闻发布会

图片来源：深圳市高新投集团有限公司。

深圳高新投积极培育中小微科技型企业成长，以自身首创的投资与担保联动方式，持续加大关键核心技术领域科技企业投融资布局，已相继扶持超过 300 家企业在境内外公开挂牌上市，被媒体称作资本市场的"高新投系"。

截至目前，深圳高新投累计为超 38000 家企业提供 7349 亿元担保服务，担保资金新增产值约 12769 亿元，新增利税 2578 亿元，促进新增就业超过 767 万人。多次荣获主流媒体和评选机构"年度最佳服务实体经济综合大奖""年度最佳 VC 机构""最佳品牌创投机构""年度创业投资社会贡献奖""履行社会责任杰出企业"等荣誉称号，是全国同行业最具知名度和品牌影响力的金融服务机构之一。

未来，深圳高新投将致力于打造国内领先的以信用增进与资产管理双轮驱动的创新型金融服务集团。秉持"以客户为中心，为创新者赋能"的理念，在"金融服务实体经济"主航道上，发掘科技企业价值潜力。

二 发展脉络

（一）加速推广知识产权证券化"深圳模式"

高新投成立27年来，始终聚焦科技金融领域积极探索创新。近年来，尤其是知识产权证券化领域，高新投逐步构建起专业化服务链条。

2019年12月，高新投在深交所顺利发行"平安证券－高新投知识产权1号资产支持专项计划"，这是社会主义先行示范区首个知识产权证券化项目，实现了深圳知识产权证券化"从零到壹"的历史性突破。

2020年，高新投的知识产权证券化产品正在快速推进与各个区的合作，至今已完成合计规模近17亿元的8期知识产权证券化产品发行。

图8-3 "平安证券－高新投知识产权1号资产支持专项计划"在深交所正式挂牌

图片来源：深圳市高新投集团有限公司。

（二）转型升级，信用增进与资产管理"双轮驱动"

如果仅仅从事融资担保业务，高新投很难发展壮大，也无法支撑更多创新型企业的融资需求。因此，高新投审时度势，主动求变，不断加快业务转型步伐，1999 年开始探索投保联动、担保换分红、担保换期权等新路。

近年来，高新投着力深化"信用增进＋资产管理"双轮驱动战略，加大"投保联动"业务开拓力度，债权和股权双管齐下。在"投保联动"业务模式下，深圳高新投运用担保换期权、担保换股权、担保换分红、直接投资等诸多方式，植根高新沃土，加大投资力度，放大企业信用，实现共同成长。大族激光、欧菲光、东江环保、科陆电子、科信技术等投资项目，均是深圳高新投应用"投保联动"的典范案例。截至 2021 年 1 月，深圳高新投累计投资企业 176 家，20 家企业公开挂牌上市，上市退出回报率高达 53.78 倍。

三　突出贡献

深圳高新投作为市属国企，成立 27 年来，持续奋斗在扶持广大民营企业发展的最前线。2020 年，深圳高新投第一时间推出支持抗疫"十五条措施"，创新开发"信新贷""战疫复工贷""信新链贷""英鹏贷""政采贷"等精准金融产品，全年抗疫专项金融产品审批金额超过 60 亿元，惠及全市超过 650 家企业，为受疫情冲击严重企业解燃眉之急。

作为深圳"四个千亿"计划的主力践行者，深圳高新投克服新冠肺炎疫情带来的各种不利因素，全力推进"四个千亿"计划加快落地。其中平稳资金一、二期 2020 年共审批通过 44 家上市企业、150 家中小企业；民企千亿元发债计划累计完成审批、待发行在途项目 114 家；深圳市中小微企业银行贷款风险补偿资金池涵盖深圳中小微企业和个体工商户超 14.7 万家；普惠金融预计 2020 年全年为中小微企业减少融资成本超 2 亿元。

四 紧抓"双区"战略机遇期的发展展望

深圳高新投将继续加大服务创新力度，不断完善全生命周期综合性金融服务链条，着力提升服务中小微企业的深度和广度，为经济特区高质量发展做出更大贡献。

具体而言，深圳高新投将推进以下几项工作，一是从坚定发展战略、聚焦科技企业，以先进制造业为依托，投身"广州－深圳－香港－澳门"科技创新走廊建设；二是大力发展融资担保业务，深度开发深圳科技企业，增设区域网点；三是聚力股权投资板块，围绕大湾区产业规划，坚定发展先进制造业；四是联合兄弟公司共建科技孵化器，推进科技金融融合事业；五是对接香港金融资源，为大湾区科创产业导入更多金融支持；六是以工程担保、债券增信等多种金融服务手段支持夯实基础设施建设；七是增强资本实力、优化内部管理、提升专业能力。

第四节 深圳担保集团

一 基本情况介绍

深圳担保集团有限公司（简称"深圳担保集团"）成立于1999年12月28日，是深圳市政府出资设立的专业担保机构。目前，集团注册资本114亿元，净资产超过186亿元，资本市场主体信用最高评级3A。集团下设12家专业化子公司、9家大湾区分公司及6家外地办事处，与40家银行、超20家券商建立深度合作，汇聚融通金融资源，通过融资担保、金融产品担保、保证担保、产业金融、科技金融、资金业务、创业投资等业务板块，为企业量身定制覆盖全生命周期的投融资服务。

深圳担保集团发扬"严谨、专注、进取、创新"的企业文化，在破解中小企业融资难、融资贵、融资繁问题上发挥了积极的作用，被国家工信部认定为"国家级中小企业公共服务示范平台"。获得"广东省金融创新奖""广东省自主创新标杆企业"称号和"深圳市金融创新奖"；凭借自主研发的"四全"风险管理体系，获得国家级、广东省、深圳市企业管理现代化创新成果一等奖；因服务能力及发展水平获得"深圳市市长质量奖"以及"深圳知名品牌""深圳质量标杆"等荣誉称号。

深圳担保集团积极助力产业升级优化，打造立足粤港澳大湾区、辐射全国的一流创新金融服务集团，力争在"十四五"期间成为"服务能力佼佼者""风控能力示范者""创新能力推动者""研究能力先行者""行业发展引领者"。

二　发展脉络

（一）1999~2006年：筑牢基础

深圳担保集团前身为深圳市中小企业信用担保中心（简称"担保中心"），是由深圳市政府二届150次常务会议批准设立的专业担保机构，承担着解决中小企业融资难问题、促进中小企业发展的政策性功能。在事业单位期间，担保中心按照"政策性定位、市场化运作、企业化管理"的模式运作，核心业务是融资担保、发债担保等，占比超70%，切实以解决中小企业最核心的融资问题为主业。

成立伊始，担保中心便自主研发了一套健全的"四全"风险管理体系，与深圳大多数主流银行建立了"八二"风险共担的良性合作关系，构筑了严谨、高效、廉洁的企业文化，搭建起了一个企业、银行、社会多赢的融资平台。

（二）2006~2017年：多元发展

2006年，深圳担保集团转至深圳市投资控股有限公司后，成为一家全资国有企业。2006 年至 2017 年，集团获股东多次增资，注册资本由 3 亿元增长至 18 亿元，人员团队从事业单位期间的几十人增长至 170 人。通过创新探索，研发了全国首只中小企业集合债券，为中小企业打开了债市之门；推出了"科技通""知识产权质押"等拳头科技金融产品；在进一步巩固传统优势业务的基础上，业务链条向保证担保、典当、小额贷款、投资等方向延伸；同时，设立了成都、杭州、武汉等全国办事处，实现了业务品种多角化、业务触角广域化。

图 8-4　2007 年 11 月 21 日由深圳担保集团设计并提供担保增信的
全国首只中小企业集合债券"07 深中小债"成功发行

图片来源：深圳担保集团。

在此期间，深圳担保集团的服务能力不断提升，2017 年共为 3300 余家次企业提供了 313 亿元的金融服务，相比 2000 年增长百倍，获评"国家中小企业公共服务示范平台"荣誉称号，并被认定为深圳市行业内首家博士后创新实践基地。

（三）2017年至今：提质增速

1. 综合实力全面增强

2017 年，深圳担保集团增资 66 亿元，净资产突破 100 亿元，获得国内七家主流评级机构评定的主体信用 3A 等级。近几年，集团服务能力快速提升，2020 年为近 7000 家次中小企业提供了 1750 亿元的金融服务。相较 2017 年，年度服务企业数量增长了一倍，服务金额增长了四倍。人员团队逐步壮大，目前总人数超过 400，硕士研究生及以上学历人员占比超过 88%，"985""211""双一流"等高校毕业人员占比超过 70%。

在此期间，深圳担保集团先后设立深圳市中小担人才股权投资基金管理有限公司、深圳市中小担商业保理有限公司、深圳市中小担非融资性担保有限公司、深圳市深担增信融资担保有限公司及深圳市中小担融资租赁有限公司 5 家子公司，进一步完善创新金融服务集团架构，其中融资租赁公司为深圳国资系统内首家。同时，在深圳、东莞和深汕合作区新设五家子公司，深度支持大湾区建设；新设昆明、南京、汕头三家办事处，服务范围辐射全国。

2. 坚守融资担保主业

近年，集团积极响应国家加强民营企业金融服务政策，持续助力企业获得低成本资金，费率由原本较低的 2%/ 年，进一步降低至 1%/ 年；推出"首贷易""投贷易"等低费率产品，帮助小微企业突破征信空白。根据业务量测算，深圳担保集团降费举措在近两年内降费让利超 8000 万元。

深圳担保集团是深圳市"四个千亿"计划具体执行机构之一，承担着国资纾困和发行千亿民企债券的重要职能。深圳担保集团市场化运作平稳发展基金，有效助力上市公司走出流动性"困境"；积极为民营企业提供债券融资支持，创造多项"首单""新低"债券纪录。

图 8-5 2019 年 3 月 12 日深圳担保集团成功举办"支持民企债券融资签约仪式"

图片来源：深圳担保集团。

2020 年，深圳担保集团积极响应深圳市"惠企 16 条"政策，助力"六稳""六保"，推出多个专项抗疫产品、下调担保费率、开通绿色融资通道，以金融抗疫与企业共克时艰。

三 突出贡献

（一）对深圳经济社会发展的贡献

1. 切实缓解中小企业融资难题

截至 2020 年底，深圳担保集团在 21 年间累计服务中小微企业超过 41803 家次，业务发生金额超过 6267 亿元，累计带动新增社会销售收入超 12408 亿元，新增纳税超 1275 亿元，新增就业岗位超 783 万个，已成功助推 148 家企业客户在国内外主板、中小板、创业板、科创板挂牌上市，其中不乏欣旺达、海目星、铂科新材等明星企业。

2. 推动社会信用体系建设

为促进社会信用体系构建，从 2003 年起，深圳担保集团开展了"中小企业诚信榜"活动，不收费对诚信中小企业进行授信，免抵押、免质押、免留置予以担保，开了担保机构为中小企业授信的先河。至今，"诚信榜"已成功举办七届，共推出了超过 1000 家"诚信中小企业"，总授信额度高达 360 亿元，至今未出现过风险坏账。深圳担保集团所有合作银行对"中小企业诚信榜"授信额度均予认可，上榜企业成为银行竞相争取的优质客户。深圳担保集团的"中小企业诚信榜"活动在社会上引起广泛的关注和美誉，当选"全国企业诚信建设十佳案例"。

（二）对深圳金融业发展的贡献

（1）让中小企业登上债市舞台。深圳担保集团是全国首只中小企业集合债"07 深中小债"的设计和担保单位，为中小企业开创了资本市场融资新模式。

（2）为完善银担合作机制提供了范例。自 2000 年起，深圳担保集团便开创性地与所有合作银行采用"一票否决、三项担保、六月代偿、八二分担"的风险共担合作模式，此分担比例为全国率先、深圳唯一，可促使银行深度参与每个项目，为其他担保机构开展银担合作提供了良好的范例。

（3）填补了我国信用担保案例教材的空白。深圳担保集团将多年发展探索的经验汇编成册，先后编撰出版了《信用担保实务案例》《中小企业信用担保规制与探索》《中小企业债市融资》《担保实务指南与疑难解答》《零距离话担保——业务一线实战手记》等行业案例教材。

四　紧抓"双区"战略机遇期的发展展望

深圳担保集团将在工具创新、技术创新、服务方式创新方面不断前进，推出更多覆盖企业全生命周期的创新型金融产品，充分利用金融科技手段，大力开展投保联动，挖掘企业价值，破除区域间资金自由流动的障碍，保障资金发挥流向实体经济的精准"滴灌"作用。同时强化合规经营理念，提高风险防范意识，全面促进集团实现高质量创新发展。

第五节 深圳资本运营集团

一 基本情况介绍

深圳市资本运营集团有限公司（简称"深圳资本运营集团"）成立于2007年6月，是深圳市国资委为推进国资管理从管资产向管资本转变、推动深圳国资整体资本运作，专门成立的国资辅助履职平台和国有资本运营专业平台。

作为市属国有资本运营专业化平台，深圳资本运营集团专职从事资本运作相关业务。自成立以来，深圳资本围绕深圳国资国企改革发展，探索以资本运营为内核的业务模式，构建起战略研究与并购重组、股权投资、产业基金、市值管理四大业务板块，形成了覆盖企业全生命周期的投资并购服务业务体系，以及以"管资本"为主的投后服务赋能体系。

深圳资本运营集团是市属国资拓展产业链布局的重要主体，旗下有万和证券、建科院、远致富海、远致瑞信、能源集团（含深南电）、中开院、平稳基金、香港深业、远致创投、汇进公司、柳鑫实业等10余家企业，重要参股企业包括中集集团、科陆电子、创新投、高新投、国家金融科技测评中心、前海再保险、鲲鹏资本、深国投投资等近20家，控参股企业涵盖绿色建筑、智能制造、新能源、债券、保险、基金、担保等诸多领域，形成了以战略性新兴产业和金融、类金融服务业为主的产业布局。

深圳资本运营集团是深圳市属唯一的国有资本运营公司，也是深圳市属入选国家"双百行动"的五家企业之一。

"十四五"期间，集团将以做强做优做大国有资本、提升国有资本运营效率为使命，发挥好主动整合、前瞻布局、高效运营、有序流转"四大功能"，通过五年奋斗，形成以金融投资、新兴产业、支撑服务为核心的"三大板块"，打造成为国内一流国有资本运营综合服务商。

二　发展脉络

自 2007 年成立至今，深圳资本运营集团实现了由国资委资本运作平台向专业化的国有资本运营公司的转型发展，发展历程可分为三个阶段。

（一）2007~2009年：初步探索阶段

这一阶段，深圳资本运营集团以 5 亿元资本金起步，主要进行市场化国有资本运营业务探索，核心业务集中在服务国资委整体资本运作战略研究、方案策划以及市值管理等领域。该阶段陆续入股高新投、赛格日立、水务投资、航盛电子，积累了一定的资本运作经验，为下一步发展打下了业务和资本层面的基础。

（二）2010~2018年：快速发展阶段

2010 年开始，集团借助编制"十二五"规划的契机，全面梳理了发展战略与业务规划，集中发展并购重组业务、新投资业务、市值管理业务、产业基金业务。这一阶段明确国有资本运营公司定位，业务体系架构基本建立，组织架构日趋成熟，资产形态由前期单纯的参股股权演变为参股股权与控股公司并存的格局，开展国有资本运营的手段和方式逐步丰富，为深圳资本运营集团由国资委资本运作平台向专业化国有资本运营公司转型发展奠定了基础。

（三）2019年至今：全面转型升级阶段

这一阶段，深圳资本运营集团强化"市场化、专业化、综合性国有资本运营公司"的功能定位，公司治理进一步完善，体制机制充分激活，更加注重服务国资委的整体战略与为股东创造更大价值的兼容，价值创造能力全面提升。2020

年，"深圳市远致投资有限公司"更名为"深圳市资本运营集团有限公司"，功能定位进一步升级，发展步入全新阶段。

三 突出贡献

（一）对深圳经济社会发展的贡献

（1）主动聚焦深圳产业发展前沿，战略性入股世界领先的物流装备和能源装备供应商中集集团，并购汇进公司、柳鑫实业等新兴产业优质企业，控股万和证券，参与发起设立深圳排放权交易所、前海股权交易中心、前海再保险、国家金融科技数据中心等金融项目，助力深圳在战略性新兴产业、高端金融服务领域补链、强链。

（2）配合市政府推进战略性新兴产业扶持政策由传统的补贴模式向市场化的投补结合模式转变，设立远致创投承担改革任务，通过与市场化投资机构"同股同权、同进同退、投补结合"的方式，精准扶持全市新兴产业发展，有力地支持了深圳市战略性新兴产业发展。

（3）在稳定全市高科技实体制造业发展方面，成立平稳公司，承接深圳市政府支持民营经济发展"四个千亿"项目之一的平稳基金的统筹运营工作。

（4）旗下中开院以"科技孵化＋早期创业投资"相结合的方式，持续深耕创新创业科技企业孵化服务。截至 2020 年末，中开院运营孵化器 24 家，孵化面积接近 100 万平方米，其中国家级孵化器 6 家，省级孵化器 5 家，国家级众创空间 4 家，助推国家创新创业和创新驱动战略实施。

（二）对深圳金融业发展的贡献

通过"集团本部＋产业基金＋专业平台"协同推进机制，集团本部并购和股权投资的核心业务运作日益完善，管理职能不断强化，远致富海和远致瑞信"并购基金＋股权基金"双基金模式初步形成，万和证券深化券商全牌照服务，中开院拓展孵化和天使投资，形成了从天使到并购的服务企业全生命周期的金融服务体系，国有资本运营公司业务模式在全国较为领先。

四　紧抓"双区"战略机遇期的发展展望

继续助力深圳城市和国资产业补链、强链。聚焦"绿色、健康、智能"领域的新兴产业优势企业、金融科技等牌照类企业，加大"双区"投资布局，成为国资委"科技+"战略、"产业引领"战略实施与落地的重要主力平台。

继续推动国资国企区域性综合改革和国企"双百行动"改革，进一步优化市场化机制，打造全国领先的国有资本运营综合服务商，争当国资国企改革的排头兵。

继续推进平稳基金运用股权、债权综合支持方式，持续向深圳市出现流动性困难的优质民营企业提供必要帮助，丰富企业融资渠道，成为促进深圳市金融稳定发展的主要支撑力量之一。

第九章　深圳投资管理类机构的典型案例

深圳是一座典型的科创之城，拥有大量的创投类企业，由此也形成了中国最具活力的创投类市场，激发了巨大的资产管理和投资管理需求。在此过程中，涌现出一批投资管理类机构，这其中既有具有深圳特色的产业投资基金，也有以实现资产增值为目标的私募股权基金和私募证券基金。它们共同为深圳营造了良好的投资环境，有效提升了深圳集聚财富和创新资本的能力。

因此，本章主要以鲲鹏资本、深圳天使母基金、前海母基金、招商平安资管、基石资本、同创伟业和松禾资本为代表，从基本情况、发展脉络、突出贡献和发展展望等角度对典型案例进行介绍，以此展现深圳百花齐放的金融业态。

第一节　鲲鹏资本

一　基本情况介绍

深圳市鲲鹏股权投资管理有限公司（简称"鲲鹏资本"）是深圳市委市政府为深化国资国企改革、推动国有企业做强做优做大和助力全市产业转型升级而设立的战略性基金管理平台，于 2016 年 6 月注册成立，注册资本 3 亿元。

目前，公司正在开展深圳市国资国企改革与战略发展基金（又称"鲲鹏基金"）、重大产业发展基金（一期）、国资协同发展基金和汕尾市产业发展基金等基金的运营管理工作。其中，管理母基金 385 亿元，母基金所投子基金累计管理规模逾 1700 亿元；管理协同发展基金 40 亿元；管理汕尾市产业发展基金 80 亿元（首期 10 亿元）。未来将以并购基金运作为核心业务，通过母子基金联动整合优质资源，布局重大产业项目、战略性新兴产业和开展跨境投资。

自公司成立以来，鲲鹏资本管理的鲲鹏基金通过主导发起或参与发起等方式，推动管理规模迅速扩大，基本完成了对国内头部私募股权基金管理公司的全覆盖，实现了对 5G、生物医药、半导体等战略性新兴产业和优质底层资产的系统化布局。目前，子基金累计管理规模逾 1700 亿元，子基金投资的底层项目近 1000 家，已上市和拟上市企业近 200 家。

（一）代表性成就

近年来，鲲鹏资本助推全市产业转型升级，完成了对南航集团、华星光电、光启集团、纾困基金等重大项目的入股投资，有力地支持了深圳重大产业的发展。在服务市属国资国企创新发展方面，助力赛格集团转型发展，助力万和证券做大做强，助力深国际探索新型发展模式。

（二）行业地位

鲲鹏基金规模 385 亿元，所投子基金累计管理规模逾 1700 亿元，荣获"最具创新母基金""2018 年度十大市场化母基金（国资类）""2019 年度中国最佳市场化母基金第七名""2020 市场化母基金最佳回报第八名"等荣誉称号。

（三）发展理念

（1）市场化。遵循市场规则，坚持以市场化方式进行基金管理和开展股权投资，建立与市场接轨的激励约束机制，充分发挥基金的功能和助推作用。

（2）专业化。加强投资团队建设，增强专业投资、行业研究及投后资产管理能力，提高专业化管理水平。

（3）规范化。坚持科学管理和规范运作，进一步严格各项规章制度管理，推进企业信息化建设，全面提升风险防控能力。

（4）国际化。积极引入国际化高级人才，搭建国际化投资平台，服务市属国资国企"走出去""引进来"，探索开展境外股权投资与并购。

（四）发展战略

"十四五"时期，公司将全力推进"1+2+3+6"发展战略，即坚持"一条主线"、推进"双轮驱动"、布局"三大领域"、实施"六大策略"。

（五）发展愿景

对标世界一流企业，跻身国内一流综合性股权投资机构行列。

（六）企业文化

（1）组织有力量、干部有担当、党员有示范、员工有奉献。

（2）积微速成、守正用奇、宽严相济、知行合一。

（3）服务、创新、责任、合作。

二 发展脉络

2016年6月30日，深圳市鲲鹏股权投资管理有限公司（简称"鲲鹏资本"）注册设立。

2016年8月19日，深圳市鲲鹏股权投资有限公司（简称"鲲鹏基金"）注册设立。

2016年8月29日，深圳市重大产业发展一期基金有限公司（简称"重大产业发展一期基金"）注册设立，专项投资华星光电半导体显示项目，该项目将带动深圳发展成为全球第一大半导体显示产业基地。自 2017 年起累计出资 147.5 亿元专项投资深圳市华星光电半导体显示技术有限公司，股份占比 40.67%。

2016 年 10 月 13 日，深圳市国资委任命彭鸿林为深圳市鲲鹏股权投资管理有限公司董事长，全面启动鲲鹏资本、鲲鹏基金公司筹建和投资运营工作。

2016 年 12 月起，鲲鹏基金向万和证券累计出资 17.59 亿元，提高了万和证券资本实力和抗风险能力，推动其大力发展各类创新业务。

2017 年 2 月 6 日，公司召开第一届董事会第一次会议，公司第一届领导班子、董事会、经营班子基本到位。

2017 年 12 月，鲲鹏资本发起设立规模为 21.1 亿元的鲲鹏建信能源产业基金，围绕深圳燃气集团产业链上下游开展并购。

2017 年 12 月，鲲鹏资本出资 6 亿元投资赛格集团增资扩股项目，助推赛格集团加快实施创新转型，构建多元化赛格产业生态圈。

2018 年 5 月，公司"十三五"战略规划经股东会审议通过，明确了公司"十三五"时期的发展战略、实施路径、主要举措等。

2018 年 6 月 26 日，鲲鹏资本荣获"最具创新母基金"称号。

2018 年 11 月 11 日，鲲鹏资本出资 50 亿元参与设立专项纾困基金，开展智慧城市、供应链、电子信息及战略性新兴产业等领域优质上市公司的并购投资。

2018 年 12 月 2 日，鲲鹏资本荣获"2018 年度十大市场化母基金（国资类）"称号。

2019 年 1 月，鲲鹏资本发起设立鹏启新睿子基金投资光启集团，支持重点高科技民营企业发展。

2019 年 6 月，鲲鹏资本发起设立规模为 100 亿元的深圳鹏航基金，定向投资南航集团。该项目是央企股权多元化改革的首个项目，也是第一家以央地合作模式在央企集团层面实施股权多元化改革的创新样本。

2019 年 12 月，鲲鹏资本管理的鲲鹏基金出资 1.34 亿元投资深圳深爱半导体股权有限公司，发挥"金融服务实体经济"重要作用，推动半导体行业建设。

2019 年 12 月 8 日，鲲鹏资本获"2019 年度中国最佳市场化母基金第七名"。

2020 年 3 月，鲲鹏资本获批设立博士后创新实践基地（市级）。

2020 年 3 月 8 日，鲲鹏资本荣获"中国股权投资机构抗击新冠肺炎十大标兵集体"称号。

2020 年 7 月 19 日，鲲鹏资本获"2020 市场化母基金最佳回报第八名"。

2020 年 8 月，鲲鹏资本发起设立深圳国资协同发展基金，助推深圳国资国企做强做优做大。

2020 年 9 月 17 日，鲲鹏资本与汕尾市政府投资平台合资组建基金管理公司，并发起设立了汕尾市产业发展投资基金，发挥鲲鹏资本的基金管理和项目资源优势，引进重大产业项目和战略性新兴产业项目落地汕尾，为鲲鹏资本探索管理能力输出的业务模式积累实践经验。

2020 年 12 月，协同深国际收购营运成熟的南昌、合肥、杭州高标仓物流园区项目，探索公募 REITs 重资产证券化退出路径，助力深国际"重资产投建＋轻资产管理运营"新型发展模式转型，释放深国际资金流动性。

三 突出贡献

（一）对深圳经济社会发展的贡献

（1）支持深圳市重大产业项目发展。鲲鹏资本高质量完成华星光电液晶面板项目、南航集团股权多元化改革、光启科学专项基金等重大专项投资任务。截至 2020 年 12 月底，鲲鹏基金在支持深圳市重大产业项目方面共投入 222 亿元。

图9-1　华星光电 t6 项目主设备搬入暨 t7 项目签约仪式

图片来源：鲲鹏资本。

（2）服务国企战略发展。截至 2020 年底，直接支持了深投控、资本运营集团、创新投、燃气集团、深国际、深高速、赛格集团、万和证券、深爱半导体、赛格育仁科技、深圳报业等十余家市属国企。

（3）支持深圳市实体经济发展。鲲鹏基金通过参股子基金，推动基金规模迅速扩大，实现了对深圳市七大战略性新兴产业的全面布局。截至 2020 年底，鲲鹏基金出资 40.6 亿元投资市场化子基金 26 只，实现 833.14 亿元的管理规模。其中，市场化子基金投资于深圳的项目合计 165 个，有效地引导了 93.21 亿元的外部资金投资深圳市实体经济。

（二）对深圳金融业发展的贡献

（1）鲲鹏基金的设立是深圳市属国资监管体制转向以管资本为主的重大创新举措。利用基金的产融结合优势、资金放大优势和体制机制优势，助推国资国企改革和转型创新发展，服务深圳市经济社会发展大局，为完成政府专项任务和成长为商业性大企业提供金融支持。

（2）利用鲲鹏基金的资金优势，助力深圳金融企业发展。一是鲲鹏基金于 2016 年连续三轮增资万和证券，提高万和证券资本实力和抗风险能力，助推万和证券转型创新发展，合计投资 17.59 亿元。二是与深创投、同创伟业、松禾资本、达晨等深圳市知名金融机构合作开展基金业务，支持私募股权行业发展，高效配置行业优质资源。三是出资 50 亿元参与设立纾困基金，支持深圳优质上市公司有效化解流动性风险，对促进民营企业健康稳定发展发挥了积极作用。

（3）开展金融创新，支持传统国企创新发展。鲲鹏基金通过参与设立深国际物流产业基金，收购营运成熟的南昌、合肥、杭州高标仓物流园区项目，利用融资杠杆有效放大资金规模，充分发挥金融创新优势，帮助深国际摆脱现有重资产运营模式，释放深国际资金流动性；同时，探索公募 REITs 重资产证券化退出路径，进一步完善"重资产投建 + 轻资产管理运营"新型发展模式。

四 紧抓"双区"战略机遇期的发展展望

（一）围绕国资国企"一体两翼"战略布局开展并购重组

在水电气、米袋子、菜篮子等领域开展并购重组，增强鲲鹏基金在深圳市基础设施公用事业领域的投资协同服务作用，夯实国资国企在公共服务行业的基础地位。积极发挥鲲鹏基金对高科技和战略性新兴产业的引导作用，撬动社会资本，助力国资国企布局战略性新兴产业。

围绕"上市公司 +"战略要求，积极支持市属国资开展控股型的上市公司收购、优质项目 IPO，助推国资国企加速资源资产化、资产资本化、资本证券化。积极引导、支持市属国资控股的上市公司开展市值管理，充分发挥上市公司的直接融资功能。

（二）围绕全市产业转型升级战略培育重大产业项目

积极引导和鼓励商业化子基金投资和落户深圳，大力推动战略性新兴产业和前沿学科领域项目落户。与华为等行业龙头企业合作，重点引进科技含量高、对产业结构调整有重大影响的优质项目。

以鲲鹏基金为国有资本投融资载体，深化与"一带一路"沿线国家、港澳台地区的产学研跨境合作。积极拓展境外投资合作，并注重境外投资法律风险防范。

图 9-2　赛格集团混合所有制改革项目签约仪式

图片来源：鲲鹏资本。

全面提升华星光电液晶面板项目、南航集团股权多元化改革项目、光启项目专项基金等重大专项投资项目的投后管理效能。主动服务被投企业管理和内控体系建设，支持企业技术研发与推广、设备更新和技术专家的引进，主动孵化被投企业新技术、新项目，有效帮助企业纵向整合资源。

第二节　深圳天使母基金

一　基本情况介绍

2017 年 11 月 30 日，深圳市天使投资引导基金管理有限公司（简称"深圳天使母基金管理公司"）注册成立。2018 年 3 月 24 日，深圳市天使投资引导基金（简称"深圳天使母基金"）揭牌。2018 年 5 月 25 日，深圳天使母基金注册成立。

深圳天使母基金是深圳市人民政府投资发起设立的战略性、政策性基金。深圳天使母基金由深圳市引导基金出资成立，目前规模 100 亿元，是国内规模最大的天使投资类政府引导基金。深圳天使母基金专注投资培育战略性新兴产业和未来产业，致力于引领天使投资行业，培育优秀初创企业，为深圳打造国际风投创投中心和国际科技、产业创新中心提供有力支撑。深圳天使母基金委托由深投控和深创投联合设立的深圳天使母基金管理公司按市场化方式运营管理。

二　发展脉络

2017 年 11 月 30 日，深圳天使母基金管理公司注册成立。

2018 年 3 月 22 日，《深圳市天使投资引导基金暂行实施办法》印发实施。

2018 年 3 月 24 日，深圳天使母基金揭牌。深圳市委书记王伟中、市长陈如桂等市领导出席。

2018 年 5 月 25 日，深圳天使母基金注册成立。

2018 年 11 月 16 日，深圳天使母基金签约仪式暨子基金投资项目路演会举办。

2019 年 9 月 24 日，深圳天使母基金完成首期 50 亿元承诺出资。

2019 年 12 月 11 日，深港澳天使投资人联盟揭牌成立，并启动种子库运营。

2020 年 2 月 21 日，对《深圳市天使投资引导基金暂行实施办法》进行修订，印发《深圳市天使投资引导基金实施细则》。

2020 年 6 月 5 日，深圳市政府投资引导基金投资管理委员会同意市引导基金对深圳天使母基金认缴出资规模从 50 亿元增加至 100 亿元。

2020 年 11 月 12 日，中国·深圳天使投资峰会暨深港澳天使投资人联盟会员大会成功举办。

2020 年 11 月 20 日，深圳市政府投资引导基金投资管理委员会审批通过深圳天使母基金开展跟投业务。

2021 年 1 月 7 日，深圳天使母基金天使投资人座谈会召开。

2021 年 3 月 5 日，深圳天使荟（福田）正式启动。

图 9-3　深圳天使荟（福田）启动仪式

图片来源：深圳天使母基金。

三　突出贡献

深圳天使母基金成立两年多以来，致力于聚集好机构、投出好项目、创建好生态，打造我国天使投资的新标杆。

在聚集好机构方面，截至 2021 年 2 月底，深圳天使母基金已累计接洽国内外 500 余家投资机构，有效决策子基金 54 只，累计有效决策出资额约 62 亿元，实际出资额超过 31 亿元。短短两年多时间，天使母基金已初步实现国际化布局，深圳的天使投资金额占 GDP 的比重已连续两年超越上海，深圳天使投资行业快速发展，呈现出加速追赶北京和上海的良好态势。

在投出好项目方面，子基金已交割项目 319 个，项目所处行业全部为新一代信息技术、生物医药、高端装备制造等战略性新兴产业和未来产业，成长阶段全部为天使阶段，已涌现出 15 个估值超 1 亿美元的"准独角兽企业"。

在创建好生态方面，一是成立深港澳天使投资人联盟。通过发挥近 200 名会员的资源群优势，汇集投资、金融、产业、孵化、企服等要素，衍生出投资融资、专业技术、成果转化、创业辅导、宣传推广、信贷担保等多项赋能产品，为天使投资行业和初创期企业发展提供丰富的市场化服务。二是建设天使项目种子库。通过积极拓宽项目来源、筛选推送优质项目、链接各项专业资源等，搭建优质的项目资源体系，打通科技企业和创投机构之间的互通平台，加速项目方和投资方的有效对接。三是运营天使荟。为初创科技企业提供环境优美、配套完善、服务一流的"培育"空间。四是探索建立健全系统的政策支持体系。深入研究发达国家和地区推进天使投资行业和初创期企业发展的成功经验，结合中国实际，完善有利于深圳天使投资行业和初创期企业发展的政策环境，通过与相关部门深入合作，搭建政府与市场无缝衔接的桥梁。汇集税收、住房、人才、创业等政策资源，多方面服务深圳天使投资行业和初创期企业。

四 紧抓"双区"战略机遇期的发展展望

面向未来，深圳天使母基金将继续以子基金投资、直投、生态运营为三大主体业务。子基金投资方面，进一步扶持新型机构，包括 CVC、高等院校、科研院所、国际知名技术转移机构、国家级科技企业孵化器等，进一步吸引顶级机构来深圳发展。直投方面，先期开展跟投业务，包括跟进投资及设立跟投子基金。通过开展跟进投资，丰富引导方式，进一步扶持天使投资项目发展；通过设立跟投子基金，与其他外部机构同轮次或后续轮次投资于具有发展潜力的优质项目，加大投资力度和提供增值服务，助力科技创新企业快速发展。生态运营方面，通过构建以政策、市场、产品、项目、空间等为主的网络体系，汇集税收、住房、人才、创业等政策资源，形成有利于天使投资行业和初创期企业发展的良好生态环境。采取有力措施，支持个人天使投资发展壮大，加快形成个人天使与机构天使共同繁荣的良好态势。

预计到 2035 年前后，深圳天使母基金将撬动社会资本，形成超 250 亿元规模的天使子基金群；预计投资天使项目超 2000 个，打造优质项目"十百千"工程，即十个独角兽项目、百个高成长项目、千个优质潜力项目，形成优秀初创期企业不断产生、持续成长的外部环境。

第三节　前海母基金

一　基本情况介绍

前海方舟资产管理有限公司成立于 2015 年 11 月，是国内综合实力最强的基金管理人之一，是国内管理资金规模最大的商业化母基金前海母基金的管理人，目前在管和筹设基金规模超过 500 亿元。前海方舟开创中国大型商业化母基金先河，建立起覆盖全国的资源网络。前海方舟下属 6 大投资平台，前海母基金、电信方舟 5G 基金、中原前海基金、齐鲁前海基金（筹）、南湖方舟基金（筹），淮泽中钊天使基金，覆盖了大湾区、长三角、环黄渤海三大中国最活跃经济区。

前海方舟与市场大部分活跃投资机构建立了联系，合作机构遍布全国。母子两级投资项目超过 1500 家，涵盖各个产业赛道，拥有庞大的资源网络。

前海方舟是中国管理保险资金最多的市场化母基金管理机构，吸引中国人保、新华保险、中国太平、君康人寿、建信人寿、光大永明、渤海人寿、永诚保险、阳光保险、中信保诚等 12 家保险机构投资；政府引导基金合作经验最丰富的投资机构，吸引 11 家政府引导基金投资；此外还获得大型知名金融机构、上市公司、大型国有企业及民营企业等机构投资人的认可。

二 发展脉络

（一）缘起前海金融创新政策，探索筹设大型股权投资母基金

2012 年 6 月，国务院发布《关于支持深圳前海深港现代服务业合作区开发开放有关政策的批复》，第四条着重提及支持设立前海股权投资母基金。

2013 年 3 月 12 日，国家发改委批复落实前海金融政策，原则支持设立前海股权投资母基金。

（二）汇聚行业精英，创立前海方舟

2015 年 12 月，前海方舟创立，深创投任机构合伙人，多位金融界领军人物担任合伙人。

（三）以金融创新贯彻国家战略，开创国内大型商业化母基金先河

前海股权投资基金（有限合伙）（简称"前海母基金"），是根据《国务院关于支持深圳前海深港现代服务业合作区开发开放有关政策的批复》中"支持设立前海股权投资母基金"的精神而设立的大型商业化股权投资母基金。经过积极筹备和向社会各方私募，前海母基金于 2015 年 12 月在深圳前海设立，最终募集总规模达到 285 亿元，其中，深圳市政府作为基石投资人出资 10 亿元。

前海母基金汇聚了国内最有实力和品牌影响力的优质出资人，其中包括地方政府、保险金融机构、知名企业及上市公司，以及拥有卓越成就的商界精英等。前海母基金开创性地提出子基金投资与项目直接投资相结合、收益率与流动性兼顾、不双重征费的创新商业模式，设立运作两年多来，前海母基金的商业模式荣获清科、投中最佳母基金、最佳有限合伙人等多项行业荣誉。

前海母基金解决了社会资本参与股权投资面临的若干主要问题，为社会资本支持实体经济开辟了新的渠道，为发展中国特色的大型商业化母基金提供了宝贵的市场实践经验。

（四）前海方舟实施基金群战略，成员基金逐步设立

2018 年，方舟提出打造以前海母基金为核心的基金群战略。2019 年 4 月，中原前海基金成立并开始投资；2020 年 5 月，方舟天使基金成立并开始投资；2020 年 10 月，电信 5G 基金成立并开始投资，基金由前海方舟、中电信、中网投联合发起；此外齐鲁基金、长三角一体化基金等一批基金正在筹设过程中，已设立及正在筹设基金规模 500 亿元；累计直接 / 间接投资企业超过 1500 家，累计上市 / 过会待发 65 家。

三　突出贡献

（一）对深圳经济社会发展的贡献

前海母基金积极引导所投资子基金在深圳注册落户，同时积极引导子基金重点关注深圳本地项目，并加大母基金本身对深圳项目的直接投资力度。截至 2020 年，前海母基金直接 / 间接在投资深圳企业 210 家，累计投资额 86.6 亿元。前海母基金在深圳直接及间接投资的重点项目包括：柔宇科技、中新赛克、百果园、中兴飞贷、翔丰华、奥比中光、迈瑞生物等。

前海母基金及其子基金不仅为深圳战略性新兴产业发展提供了资金支持，同时也发挥自身的资源和资本优势，构建母基金投资生态圈，整合优势资源，为一大批信息技术、互联网、生物医药、先进制造、新材料、新零售等领域内的高新技术企业提供了包括业务对接、市场拓展、规范内部管理、筹划资本运作等大量投后增值服务。

（二）对深圳金融业发展的贡献

前海母基金是目前国内规模最大的商业化募集母基金及领先的私募股权投资基金。前海母基金一方面通过投资深圳本地基金，支持深圳股权投资机构；另一

方面也积极引导全国优秀的投资机构落地深圳。前海母基金对促进深圳本地股权投资行业发展，吸引优秀人才和资金聚集，巩固深圳创投中心城市地位发挥了积极作用。

四 紧抓"双区"战略机遇期的发展展望

前海母基金未来将打造以大型母基金为核心、以专业化基金为延伸、以科技金融和服务为支撑的专业化资产管理品牌。

第四节 招商平安资产

一 基本情况介绍

深圳市招商平安资产管理有限责任公司（简称"招商平安资产"）是经深圳市人民政府批准设立，并经中国银保监会备案的具有金融机构不良资产批量收购处置业务资质的地方资产管理公司。公司成立于 2017 年 3 月 10 日，注册资本 30 亿元，招商局集团下属深圳市招融投资控股有限公司出资 51%，平安集团下属中国平安人寿保险股份有限公司出资 39%，深圳市投资控股有限公司出资 8%，中证信用增进股份有限公司出资 2%。公司主体信用评级为 AAA。

招商平安资产坚持以不良资产管理为基础，以大风险化解为导向，服务市场需求，创新盈利模式，用投资银行理念、基金化运作方式，投资管理另类资产，致力于成为国内最具特色的一流资产管理公司。公司成立以来，稳步发展了不良资产收购处置、资产证券化、资产重组、破产重整、债转股、基金管理等业务，截至 2020 年底，公司总资产 184.28 亿元，管理资产规模 515 亿元。公司积极参与区域金融风险化解，在深圳地区不良资产批量收购的规模持续保持领先地位。参与以"中国重工""中国铝业"为代表的央企上市公司第一单、第二单市场化债转股项目，产生较大的市场影响。创新开展"不良资产+"业务，参与全国首个创业板上市公司坚瑞沃能破产重整项目。

招商平安资产认真履行"发现资产新价值、激发经济新动能"的公司使命，持续践行"客户至上、团队合作、敬岗爱业、激情执着、真诚可靠"的核心价值观，努力实现"发现价值、共赢未来"。

二　发展脉络

2017 年 3 月 10 日，深圳市招商平安资产管理有限责任公司注册成立，注册资本 30 亿元。

图 9-4　招商平安资产公司揭牌仪式

图片来源：招商平安资产公司。

2017 年 7 月 25 日，招商平安资产成功开展首单业务"和萃不良资产 ABS 次级份额"，通过资产证券化方式参与化解银行存量不良风险。

2017 年 7 月 28 日，中国银监会正式发布《中国银监会办公厅关于公布广东省、深圳市地方资产管理公司名单的通知》，招商平安资产成为深圳市地方资产管理公司，获得参与区域内金融企业不良资产批量收购处置业务的资格。

2017 年 8 月 28 日，招商平安资产参与的"中国重工市场化债转股项目"成功落地。该项目是首个央企上市公司市场化债转股项目，是招商平安资产助力深化供给侧结构性改革，支持实体经济发展的重要实践。

2017 年 9 月 1 日，招商平安资产首个不良资产包业务"工行一号包"投放成功，标志着公司在金融不良资产批量收购业务上实现突破。

2018 年 4 月 28 日，公司获中诚信国际 AAA 级主体信用评级。这是对公司综合实力、盈利能力、发展前景的高度认可，有力地提升了公司市场形象，对于公司开展融资活动及发行资管产品具有重要作用。

2018 年 10 月 29 日，招商平安资产首个系统内产融结合项目——招商天津兴天云谷不良债权收购项目落地。

2018 年 11 月 26 日，招商平安资产与深圳市翰宇药业股份有限公司在深圳举行纾困方案签约仪式，招商平安资产首个上市公司纾困项目正式落地，这也是南山区首个民营企业纾困项目。

2019 年 2 月 20 日，招商平安资产第一期定向债务融资工具（简称"19 招商平安 PPN001"）成功发行，本次发行金额 10 亿元，期限为 2+1 年，发行利率 4.5%，发行利率创地方资产管理公司同类债券历史新低。

2019 年 8 月 2 日，招商平安资产设立的私募投资基金——深圳市招平密苑投资中心（有限合伙）成功引入建信信托－招平 1 号集合资金信托计划 4 亿元，圆满完成资金募集工作。

2020 年 4 月 29 日，招商平安资产参与的坚瑞沃能破产重整投融资项目成功投放，标志着公司参与主导的全国首个创业板上市公司破产重整项目正式落地。

2020 年 8 月 28 日，招商平安资产荣获 2019 年度中国地方 AMC "最具社会责任企业"奖和"最佳项目"奖。

2021 年 2 月 22 日，深圳市地方金融监督管理局发文同意招商平安资产参与个人不良贷款批量转让试点和单户对公不良贷款转让试点工作。

三　突出贡献

招商平安资产自成立以来，业务快速发展，截至 2020 年底，公司总资产达 184 亿元，管理资产规模 515 亿元。

公司持续聚焦不良资产主业，立足深圳市开展金融机构不良资产批量收购处置业务的契机，化解银行业金融风险。深圳地区累计收购不良资产包对应不良债权本金 92.65 亿元。按每年收购债权本金计，公司在深圳不良资产一级市场份额持续保持领先地位。

在 2019 年以"股＋债"结合的方式参与了南山区上市公司翰宇药业大股东纾困项目，帮助大股东化解股票质押风险，作为南山区第一单上市公司纾困项目，为区域内上市公司树立了信心。

创新不良资产处置思路，以不良资产收购为切入点，积极协调和协助困境上市公司推进破产重整，维护了地区经济社会稳定。参与了涉及深圳地区的坚瑞沃能等破产重整项目，发挥非标投行的专业能力，主动参与企业破产重整方案的制订，并通过债权转股权、收购企业低效资产、为企业注入发展资金等多种方式，帮助企业实现重组、重整和重生。通过实施破产重整，上市公司债务危机得以解除，债权人受偿率较清算状态大幅度提高，有效化解了金融机构的风险，稳定了地区的金融环境。上市公司避免了退市清算，几万名企业职工的工作岗位得以保留，数万中小股东的切身利益得到维护，减轻了地方政府负担，降低了对地方经济的冲击，达到了支持和保障实体经济发展的目的。

四　紧抓"双区"战略机遇期的发展展望

招商平安资产将紧抓"双区"战略机遇期，坚持以不良资产管理为基础，不断创新资产管理手段，积极盘活存量资产实现价值重构，努力做好"四个服务商"，为金融机构和实体企业提供全周期服务。

一是持续聚焦主业，化解区域金融风险。继续做好深圳银行业不良资产收购处置，扩大市场份额。积极参与大湾区不良资产收购，扩大业务和服务范围。创新不良资产处置手段，努力提升资产价值和自身竞争优势。

二是主动纾危解困，维护地方金融稳定。利用收购处置不良资产、推进资产重组等方式，以私募基金业风险化解为切入点，积极主动参与规范"7+3"类金融业态。以处理不良资产业务为基础，积极挖掘区域困境上市公司的破产重整业务机会，推动企业重组重整成功。

三是探索深港互联，实现不良业务跨境合作。以公司深圳本部和香港子公司为主体，充分利用现有的 QDLP、QDIE 等渠道，实现两地不良资产业务、资金的互联互通，为大湾区不良资产处置探索跨境模式。

第五节　基石资本

一　基本情况介绍

基石投资发展（深圳）有限公司（简称"基石资本"）是一家具有深厚历史底蕴的另类资产管理机构，拥有超过 19 年的投资管理经验，是中国最早的创业投资机构之一。基石资本长期致力于中国本土成长期企业的股权投资，聚焦于稳健增长的四大重点行业：科技技术、医疗健康、消费服务以及文化娱乐，先后培育和造就了一批行业领袖与细分领域的龙头。

基石资本秉承"集中投资、重点服务"的投资理念，铸就对成长型企业投资服务的核心能力。截至 2020 年 12 月，基石资本累计投资一级市场股权项目约170 家，成功退出 70 家（其中 IPO 上市退出 34 家），退出率及收益率均大幅超过行业平均水平。

基石资本管理的资产类型涵盖天使、VC、PE、M&A、PIPE、二级私募证券等，投资阶段覆盖企业整个生命周期，截至 2019 年底管理资产规模逾 500 亿元。基石资本出资人包括国家级和地方政府引导基金、大型保险集团、商业银行、市场化 FOF、上市公司、企业家和高净值人士，屡次荣登 Forbes、ChinaVenture、清科集团、证券时报社、中国股权投资基金协会等权威机构榜单。

二　发展脉络

基石资本早期团队为国内最早一批投行和券商直投从业人员，团队充分利用投行背景，重点关注 Pre-IPO 项目，投出多个百倍回报项目。

图 9-5　基石资本办公室

图片来源：基石资本。

在随后的数年，基石资本开始发行风险投资基金，形成了私募成长基金和私募风险基金并驾齐驱的业务格局，整体投资阶段适当前移，更加注重行业研究与产业认知，通过大比例投资，深度参与企业投后运营管理。将关注行业聚焦于技术、消费、医疗、文娱四大领域，集中精力，明确深耕方向。

目前已成立多只并购基金，先后完成爱卡汽车、全亿健康等独立并购项目，完成埃夫特对海外机器人项目的并购。基石资本秉承"集中投资、重点服务"的理念，历经多个经济周期，在科技、医疗、文化和消费等领域挖掘和培育了一批行业领袖与细分行业的龙头。在过往投资退出项目中，资本回报倍数（MOC）超百倍的项目包括山河智能、三六五网、嘉林药业等多个优秀项目。

三 突出贡献

基石资本自成立以来，在深圳累计投资额超过 40 亿元，所投项目包括世界医疗器械龙头迈瑞医疗，世界基因测序设备龙头华大智造，先进制造独角兽柔宇科技，AI 领军企业商汤科技、第四范式、思谋科技，文化传媒企业懒人听书、深潜运动健康等 37 家企业，平均单笔投资额近 1 亿元，有效支持了深圳优质科创企业的成长壮大。

2020 年 3 月，基石资本旗下上市公司聚隆科技在南山区设立全资子公司——深圳市聚隆景润科技有限公司，注册资本 3.5 亿元，是私募控股上市公司来深落户子公司的代表。

与此同时，基石资本还积极推动优秀企业落户深圳。在 2018 年中标深圳天使基金后，基石资本已成功为深圳引进落地星云科技、数篷科技、赋乐科技和瑞莱智慧等一大批优秀早期项目，扮演了"产—学—研"三螺旋中创新加速器的角色。

基石资本切实履行企业社会责任，恪守依法诚信纳税原则，近五个财年，基石资本及所管理基金在深共纳税 1.79 亿元，全力支持深圳社会经济发展。

四 紧抓"双区"战略机遇期的发展展望

未来，基石资本将致力于通过私募股权的优势和经验，助力深圳加速实现发展愿景。第一是凝聚创新资本活水，加速风投产业集聚。在深圳近 40 年的经济发展和转型升级过程中，科技创新是最重要的增长引擎。在即将到来的生命科学和 AI 时代，基石资本将继续扮演"创新资本提供家"的角色。第二是盘活域内存量创新资源，促进企业共享创新红利。对于深圳市内存量企业资源，基石中小企业基金的落地将进一步促进深圳企业共享创新红利，使深圳乃至大湾区内优秀科创企业有更多机会被发现并获得投资。第三是引入域外先进技术经验。如基石资本 2008 年协助山河智能完成了对美国三角鹰公司的收购，使山河智能在通用航空领域掌握了核心技术；2014~2016 年，基石资本协助华昌达并购恒立达、德梅柯、DMW 和 VALIANT-TMS 等一系列行业内领先企业；2017 年 6 月，基石资本帮助本土最大机器人本体制造企业埃夫特收购意大利 WFC 集团，全面引进世界领先汽车焊接自动化技术，并设计了有针对性的并购方案和并购后百日行动计划；2020 年，基石资本旗下控股上市公司聚隆科技直接在深圳设立全资子公司，在改革开放的最前沿开展科技研发、技术投资等业务，实现了企业属地和深圳的"双赢"。

第六节　同创伟业

一　基本情况介绍

深圳市同创伟业创业投资有限公司（简称"同创伟业"）成立于 2000 年 6 月 26 日，是中国第一批专业私募股权投资公司。2015 年 7 月 15 日，成功登陆新三板，是国内第三家挂牌新三板的知名创投机构。公司拥有近 20 年的投资管理经验以及双币基金管理能力，管理超 200 亿元人民币以及 4 亿美元的资产规模，陆续投资超 500 家企业，90 余家上市。

同创伟业以产业链投资为切入点，聚焦于新兴产业，专注于大健康、大科技、大信息、新能源、新材料、新工业等细分领域，并保持稳健投资策略，深度挖掘隐形冠军，支持创新创业，全力服务实体经济。

同创伟业致力于打造全生命周期投资管理平台，从以传统 PE 投资为主逐步延伸到 VC 及天使阶段的投资，并凭借自身优势布局新三板业务、并购业务、二级市场业务等，有效地搭建起了新兴产业与资本市场的桥梁。此外，同创伟业业务还覆盖美元基金，现已成为国内拥有双币基金管理能力的本土创投机构之一。

同创伟业秉承"专业、创新、合作、奋斗、正直、多维"的价值观，以"创业企业的同行者，伟大企业的引路人"为理念，致力于以开放的心态与创业者、企业家同进步、共成长，做企业的"超级合伙人"。

二 发展脉络

2000 年 6 月 26 日，同创伟业成立。

2004 年，随着中小板的开放，同创伟业所投资的达安基因实现 IPO，随后在 2005 年轴研科技也顺利实现了 IPO，同创伟业在深交所中小板开板前 50 家中占据两席。达安基因既是同创伟业首个 IPO 项目，也是本土创投首个上市案例。

2007 年 6 月 26 日，同创伟业率先发起成立中国第一家有限合伙制基金——深圳市南海成长创业投资合伙企业（有限合伙）。国内首家真正意义上的私募股权基金从此成立。

2009 年，同创伟业首推行业分工，搭建了大科技、大健康、大信息、大消费四个专业团队。

2010 年，同创伟业 8 家被投企业 IPO，平均回报为 11 倍，位列第 3（深创投、达晨、同创伟业），同时创业板首批 100 家占 5 家。

2011 年，同创伟业成立首只 VC 基金，投资阶段向前延伸，进入早期、早中期阶段。

2014 年，同创伟业首只美元基金完成首轮募集，成为第一批具有双币基金管理能力的本土品牌机构。

2015 年 7 月 15 日，同创伟业成功登陆新三板，成为国内第三家挂牌新三板的创投机构。

图 9-6　2019 年同创伟业美元基金投资人大会

图片来源：同创伟业。

2013~2016 年，同创伟业 18 家被投企业通过并购上市。

2017 年，同创伟业 10 家被投企业实现 IPO，位列国内 PE 机构 TOP4，同一年同创伟业首只夹层基金成立。

2018 年，同创伟业在行业分工基础上再次进行再专业化改革，即在大科技、大健康、TMT 三大行业组下，再划分 16 个研究小组，力求以研究进行产业覆盖，并以此打造更为科学、全面的产业图谱。

2019 年，同创伟业再次以 10 家 IPO 上市的数量位居本土创投机构前列，其中 5 家实现科创板上市。同年，美元二期基金成立，淡马锡、日本第一生命、瑞穗银行、韩国现代为基石投资人。

2020 年，同创伟业成立 20 周年，上市企业数量近 90 家，其中科创板上市数量总计达 10 家，排名位居创投前列。

三 突出贡献

（一）对深圳经济社会发展的贡献

截至 2020 年底，同创伟业在深圳投资项目数量 160 个，投资金额累计 42 亿元，帮助深圳的中小企业解决融资难的问题。此外，同创伟业从成立伊始，偏好投资由有科学技术含量的科研院所改制的企业，20 年来以科技创新为投资主线，不仅投资了深圳一批具备自主创新与进口替代的高新技术产业和战略性新兴产业，同时支持尖端前沿科技科研，助力以企业为主体、以市场为导向、产学研深度融合的技术创新体系的搭建，促进科技成果转化，助力深圳民营经济高质量发展。

（二）对深圳金融业发展的贡献

经过 20 年的发展，同创伟业成为具有较大影响力、充分代表深圳本土品牌形象的风投创投企业之一，同时也成为代表深圳金融行业的品牌机构之一。

2007 年，同创伟业率先发起成立中国第一家有限合伙制基金，为中国私募股权市场的改革做出了贡献。围绕粤港澳大湾区的市场需求，同创伟业重点投资了众多金融科技企业，支持深圳金融生态圈发展，推进金融机构创新、服务创新和产品创新。此外，同创伟业致力于推动资本市场高质量发展，与深交所保持良好的互动关系，为创业板注册制改革建言献策，并输送了 40 余家优质企业登陆创业板。

四 紧抓"双区"战略机遇期的发展展望

同创伟业将充分发挥自身优势，培育和输送"四新"初创企业，并促成其在多层次资本市场不断开放完善的框架下以及在科创板、创业板注册制改革红利的加持下进一步做大做强，成为深圳实现高质量发展的排头兵、探路者。

与此同时，同创伟业也将以走向国际为目标，争取成为具有国际影响力和竞争力的创业投资本土品牌，全面助推高端创新技术的快速发展。

第七节　松禾资本

一　发展脉络

1996 年，深港产学研创业投资有限公司（后更名为松禾创投）成立，为国内第一批民营人民币的创投机构。

2007 年，深圳市松禾资本管理有限公司正式成立；同年，松禾资本收购第一家上市公司——荣信股份（002123）。

2010 年，深圳市松禾成长关爱基金会在深圳民政局注册成立，此后一直致力于我国民族文化的传承保护以及乡村民族地区儿童青少年综合艺术素质的培育提升。

2016 年，松禾资本旗舰基金——松禾成长基金正式发布，规模 36 亿元。

2019 年，六家被投企业先后登陆上交所科创板，其中四家为首批挂牌企业，松禾资本与深创投并列首批挂牌科创板企业最多的创投机构。

二　突出贡献

（一）对深圳经济社会发展的贡献

作为扎根深圳的创业投资机构，松禾资本在发展中离不开深圳政府和产业的支持，自身主要的投资也集中在深圳范围，不但助力深圳产业发展，同时也为深圳的文化事业做出了相应的贡献。

近年来所投资的许多项目，都是深圳市委市政府重点关注和引进的领域。松禾是华大基因、柔宇科技、光启科学、德方纳米、摩方精密等深圳著名科技创新企业的天使投资人，并在企业后期的发展中不断加码，通过前期投资和投后服务解决科技中小企业早期缺资金、缺资源、缺市场的难题，带动产业链发展，助力深圳产业创新实力攀上新高度。

深圳市松禾成长关爱基金会的核心公益项目"飞越彩虹民族童声合唱团"已经覆盖 20 多个少数民族的 40 个童声 / 少年合唱团，直接受益人数过万。

2015 年起，基金会与深圳市委统战部、福田区委统战部（区民宗局）、教育局等联合组织并实施开展了系列助力民族同胞在深圳适应、融入和发展的活动和措施，开设了"民族团结 / 民族文化进校园、进社区"项目和活动。多年来，活动覆盖了深圳福田、龙华、南山、罗湖等区域三十多个社区和学校，为深圳带来了丰富多元的少数民族文化。

（二）对深圳金融业发展的贡献

作为深圳老牌创业投资机构，松禾资本在金融支持实体经济、发展绿色金融以及推动深圳金融改革发展等领域做出了突出贡献。

一方面，创业投资是最契合深圳高科技企业发展特征的融资方式，也是推动科技进步和产业转型升级的首要力量。松禾资本始终专注于投资硬科技创新，通过专业能力发掘优质科技创新项目，助力深圳产业发展。

另一方面，松禾资本始终坚持企业价值是经济价值和社会价值的统一体，贯彻 ESG 投资理念。在投资前发挥自身的专业能力，优化资源配置，尽可能地将资金投入有显著环境效益和社会效益的产业，助力建设美丽中国；在投资后通过利用股东的影响力在投后管理和投后服务的过程中引导被投企业履行社会责任，为生态环境和社会福祉做贡献，推动深圳绿色金融建设。

第十章　深圳其他机构的典型案例

近年来，深圳金融地位日益稳固，金融合作深入开展，这既得益于传统金融机构的持续发力，同时也得益于深圳涌现出一系列新的金融增长点，以及多个具有特色的金融基础设施和跨境创新平台，这其中既有金融法律创新的代表深圳国际仲裁院、征信机构的代表百行征信、跨境创新平台的代表前海金控，也有信托行业、消费金融、租赁行业和金融科技的代表华润信托、招联金融、国银金融租赁、联易融等机构，它们共同为深圳优质金融生态的营造贡献力量。

因此，本章主要以深圳国际仲裁院、百行征信、前海金控、华润信托、招联金融、国银金融租赁、联易融为代表，从基本情况、发展脉络、突出贡献和发展展望等角度对典型案例进行介绍，以此展现深圳特色金融基础设施建设、前海金融创新、信托行业、消费金融、金融租赁行业、供应链金融等最新成果和发展方向。

第一节　深圳国际仲裁院

一　基本情况介绍

深圳国际仲裁院（又名华南国际经济贸易仲裁委员会、深圳仲裁委员会，曾名中国国际经济贸易仲裁委员会华南分会、中国国际经济贸易仲裁委员会深圳分会，简称"深国仲"，英文简称"SCIA"）由广东省经济特区管理委员会和深圳市委市政府创立于 1983 年，是中国改革开放和经济特区建设的产物，是中国改革开放以来各省区市设立的第一家仲裁机构，也是粤港澳地区第一家仲裁机构。深国仲以"完善仲裁制度，提高仲裁公信力"为抓手，不断改革创新，努力建设全球一流的国际仲裁品牌，为国际商事争议解决"中国方案"提供"深圳实践"。

近 40 年来，深国仲积极推动中国仲裁的国际化、现代化和专业化：1984 年，在中国内地率先聘请境外仲裁员；1989 年，开创中国内地仲裁裁决依照联合国《承认及执行外国仲裁裁决公约》获得境外法院强制执行的先例；2012 年，在全球仲裁机构中率先探索法定机构管理机制，成为中国内地首个推行国际化法人治理机制的仲裁机构；2017 年，创建中国国际仲裁第一个海外庭审中心，并开创常设仲裁机构合并的先例；2019 年，率先探索国际仲裁"选择性复裁"制度。目前，深国仲仲裁员覆盖 77 个国家和地区，仲裁和调解当事人遍及全球 119 个国家和地区。特区国际仲裁已经成为国际化营商环境的重要组成部分。

二 发展脉络

中国仲裁在经济特区经历了四次"组织创新"。

（一）1983年：第一次"组织创新"

1982 年春，为了适应中国改革开放和经济特区建设的需要，在港澳工商界、法律界的倡议下，在有关部门的支持下，广东省特区管委会和深圳市政府开始筹建特区仲裁机构。

1983 年 4 月 19 日，经报国务院批准，深圳市政府正式设立特区仲裁机构——华南国际经济贸易仲裁委员会（深圳国际仲裁院），这是中国各省区市设立的第一家仲裁机构，也是粤港澳地区第一家仲裁机构。

根据第五届全国人大常委会的授权，广东省人大常委会于 1984 年 1 月制定《深圳经济特区涉外经济合同规定》，对深圳经济特区仲裁机构的调解和仲裁做出专章规定。这是中国地方立法首次对商事仲裁和调解做出专章规定，适用于全省各经济特区。

（二）1995年：第二次"组织创新"

1995 年，即《中华人民共和国仲裁法》实施当年，深圳作为全国试点城市之一，按照《仲裁法》的要求，组建了符合现代商事仲裁发展趋势的深圳仲裁委员会，丰富了特区商事争议解决体系，在国内新设仲裁机构中发挥了引领作用。

（三）2012年：第三次"组织创新"

2012 年 11 月，深圳经济特区在境内外率先针对特定仲裁机构进行专门立法，制定《深圳国际仲裁院管理规定（试行）》（市政府令第 245 号）（2019 年 4 月颁布了新修订的《深圳国际仲裁院管理规定》）。依照上述立法，深圳国际仲裁院创新国际仲裁治理模式，确立了以国际化、专业化的理事会为核心的法人治理机制。2020 年 8 月 26 日，在深圳经济特区建立 40 周年纪念活动日当天，深圳市第六届人民代表大会常务委员会第四十四次会议审议通过了《深圳国际仲裁院条例》（简称《条例》）。《条例》是国内首部以仲裁机构为特定对象的地方人大立法。《条例》的出台将进一步完善深圳国际仲裁院的法人治理结构，以特区法规的形式将特区国际仲裁的改革成果进一步法定化，增强特区国际仲裁的独立性和公信力，增强境内外当事人对特区法治和中国仲裁的信心，为深圳经济特区建设稳定公平透明、可预期的国际一流法治化营商环境提供有力的制度保障。

深圳经济特区对特定仲裁机构进行法定化管理的创新模式，在国际上产生了示范和引领效应，肯尼亚、印度等国纷纷效仿。

（四）2017年：第四次"组织创新"

2017年12月25日，经深圳市委市政府批准，华南国际经济贸易仲裁委员会（深圳国际仲裁院）与深圳仲裁委员会合并为深圳国际仲裁院（深圳仲裁委员会），开创常设仲裁机构合并之先例，为国际商事争议解决"中国方案"提供"深圳实践"，代表中国参与国际仲裁的竞争与合作。

图10-1　深圳国际仲裁院第二届理事会（部分）

图片来源：深圳国际仲裁院。

三　突出贡献

（一）对深圳经济社会发展的贡献

作为国际通行的纠纷解决方式，仲裁在尊重当事人意思自治便捷高效解决纠纷方面具有独特优势。多年来，深国仲通过优化资源配置，做大基础、做强实力、做优品牌，以建设全球一流国际仲裁机构为目标，积极参与全球竞争，打造国际仲裁的中国高地和中国仲裁的深圳主场，通过创新"展会调解＋仲裁""商会调解＋仲裁""香港调解＋深圳仲裁"以及资本市场"四位一体"争议解决机制等，解决了大量商事纠纷，有力地推动了市场化、法治化、国际化营商环境建设。

（二）对深圳金融业发展的贡献

1. 发挥仲裁优势，服务金融及资本市场主体

深国仲在解决金融纠纷方面具有独立性、公信力、专业性、灵活性、高效率和低成本六大优势。深国仲与广东省人民政府金融工作办公室、深圳市前海深港现代服务业合作区管理局合作，设立了专门的金融仲裁中心——华南国际经济贸易仲裁委员会自贸区金融仲裁中心，突出和强化金融及资本市场仲裁服务的特色。2019 年 2 月 21 日起，深国仲开始适用新版《仲裁规则》并推出《深圳国际仲裁院金融借款争议仲裁规则》（简称《金融仲裁规则》），《金融仲裁规则》在组庭、开庭、审理等程序设计上无不考虑当事人在节约时间和节省费用方面的需要。

图 10-2　深圳国际仲裁院庭审室

图片来源：深圳国际仲裁院。

2019年，受理金融资本市场案件4927宗，占总受案数的63%；涉及标的额483.3亿元，占总标的额的61%。2020年，受理金融资本市场案件4126宗，占总受案数的55.4%；涉及标的额330.52亿元，占总标的额的53.6%。深国仲在金融及资本市场领域为中外当事人提供以优质、高效、专业的仲裁为主的多元化争议解决服务。

2. 首创"四位一体"争议解决机制，化解金融及资本市场纠纷

为有效防范、和谐化解资本市场纠纷，为中小投资者维护其合法权益提供高效、便捷、低成本的纠纷解决方式，2013年，深国仲与中国证券监督管理委员会深圳监管局共同推动设立"深圳证券期货业纠纷调解中心"（简称"调解中心"），首创"专业调解＋商事仲裁＋行业自律＋行政监管"的四位一体争议解决机制。"四位一体"争议解决机制突破了传统的纠纷解决方式的局限，以调解为化解纠纷的主要手段，以仲裁为终局性约束力的支撑，以行业自律和行政监管促进市场导入和诚信约束，将四种不同机制的功能有机整合起来，又以中小投资者权益保护为中心，对中小投资者免收调解费用，化解了大量资本市场纠纷。

截至2020年12月31日，调解中心正式受理案件1034宗，已办结案件788宗，其中调解成功630宗，调解成功率约为80%，和解金额合计约31亿元。其中，申请依据和解协议做出仲裁裁决的案件414宗，转化率约为66%，涉及金额30亿元。深国仲与调解中心共同妥善化解了深圳一家上市公司控制权纠纷案件，被最高人民法院和中国证监会评为2018年度"证券期货纠纷多元化解十大典型案例"之一。

四 紧抓"双区"战略机遇期的发展展望

深国仲未来将助力建设粤港澳大湾区国际仲裁中心，健全国际法律服务和纠纷解决机制，牵头建设国际投资联合仲裁中心。以规则创新推动制度融合，进一

步加强与粤港澳大湾区仲裁机构组织的联系，整合国际专业资源，创新金融资本市场纠纷解决机制，为金融支持先行示范区建设提供法律保障。

第二节 百行征信

一 基本情况介绍

百行征信有限公司（简称"百行征信"）是在中国人民银行监管指导下，由中国互联网金融协会联合 8 家市场机构按照共商、共建、共享、共赢原则，共同发起组建的一家市场化征信机构。2018 年，百行征信获得我国第一张个人征信业务经营许可证，并落户深圳福田。2020 年 7 月，百行征信完成了企业征信业务经营备案，成为国内唯一拥有个人征信和企业征信双业务资质的市场化征信机构。

图 10-3 个人征信业务经营许可证

图片来源：百行征信。

按照中国人民银行构建"政府＋市场"双轮驱动中国征信市场发展模式的总体部署，百行征信坚持与国家金融信用信息基础数据库（中国人民银行征信中心）错位发展、功能互补，通过市场化手段共享采集金融信贷／替代数据，开发提供高质量征信产品服务。

作为一家从事个人征信、企业征信及相关产业链开发的信用信息产品与服务供应商，百行征信集市场属性与社会属性于一身，集资本驱动、技术驱动和智慧驱动于一体，力争成为全社会最具公信力、最具服务意识、最具服务效率的征信类科技金融公司，面向传统金融、普惠金融、小微金融、消费金融提供个性化、定制化的征信服务。公司致力于拓展更广的业务范围，更宽的覆盖面，更多、更准、更全、更快的入库信息，更丰富的产品线，更到位的个性化量身定制的服务，以及更有效的个人信用信息保护措施。

二　发展脉络

2018 年 1 月，获批取得个人征信业务经营许可。

2018 年 3 月，落户深圳，取得工商营业执照。

2018 年 5 月 23 日，百行征信在深圳正式揭牌成立。

2018 年 10 月，完成个人征信主体系统建设。

2018 年 12 月 7 日，百行征信作为深圳市 2018 年度投资推广优秀落户企业，参加深圳市 2018 年投资推广重大项目签约大会。

2019 年 1 月 1 日，首期三款产品（个人信用报告、特别关注名单、信息核验）实现上线验证，启动个人征信数据采集。

2019 年 5 月 5 日，百行征信个人信用报告正式对外提供服务。

2020 年 1 月，百行征信 App 上线并对外提供服务。

2020 年 7 月 6 日，与香港诺华诚信正式签署合作备忘录，双方根据粤港澳大湾区发展需要，在香港与内地相关法律法规框架内及相关政策支持下，深入开

图 10-4　百行征信有限公司 2018 年 5 月 23 日揭牌仪式

图片来源：百行征信。

展征信合作。

2020 年 7 月 13 日，完成企业征信业务经营备案，成为国内唯一一家拥有个人征信与企业征信双业务资质的市场化征信机构。

2020 年 11 月 2 日，"百行征信信用普惠服务"项目亮相第十四届深圳金博会"深圳金融业发展 40 年成果展"，打造"政务服务 + 信用服务"的创新模式。当日，中国人民银行深圳市中心支行公示完成对该项目的登记（深圳第一批金融科技创新监管试点应用），并向用户提供服务。

2020 年 12 月 30 日，为进一步落实解决"白户"人群真实的金融诉求，在中国人民银行的指导下，百行征信"白户"征信服务平台完成开发并正式上线测试，为机构提供身份核验、反欺诈、信用评估及贷后管理等覆盖"白户"信贷全生命周期的征信服务。

三 突出贡献

历经 2 年多的快速发展，百行征信建成了初具规模的个人征信数据库。作为金融基础设施，发挥了信息收集监测、信息分析反馈、风险预判预警、提供决策参考的专业平台作用，有力地支撑了深圳市信用体系建设、政务信用信息服务高地建设、国际金融中心建设。

截至 2020 年底，在数据库建设方面，公司已收录 1.63 亿自然人的信用信息，基本实现网络借贷人群全覆盖，有效推进覆盖全社会的征信系统建设，有力地配合了国家互联网金融专项整治工作。在产品开发方面，已面向市场推出个人征信、企业征信、政务信息等各类产品 20 款，形成了初具规模的百行征信产品序列，丰富高质量征信产品的有效供给，促进金融业健康发展。在政企合作方面，不断强化与深圳市各级政府之间的沟通与合作，推动与深圳市公共信用中心、福田区政数局等多个政府部门在政务数据共享、产品研发等方面的对接，积极参与地方信用平台建设。同时，百行征信正稳步推进在全国乃至全球具有领先地位的征信产业园、产业联盟建设，已与近千家金融机构建立合作，并吸引全球征信业金融科技精英人才，助推深圳市成为信用信息服务高地。

四 紧抓"双区"战略机遇期的发展展望

百行征信未来将紧抓"加强社会信用体系建设，率先构建统一的社会信用平台"重大机遇，投身到深圳及粤港澳大湾区的政务数据共享和信用体系建设当中，坚持以引领我国个人征信市场规范、健康发展，实现客观、公正、独立、高质量征信产品的有效供给为己任，求真务实、开拓探索，运用大数据、云计算、人工智能、区块链等金融科技，实施平台化发展战略，全面提升征信服务能力。同时加强数据资源整合和安全保护，提升社会数据资源价值，推动普惠金融业务发展，推动社会信用体系建设，促进社会诚信文明发展。

百行征信将牢牢把握征信行业发展趋势，整合上游数据源，搭建核心信用信息基础数据库，依托数据、产品和服务三大平台，通过与征信生态圈中的金融机构和各类业务伙伴的合作，贯彻执行公司的数据、产品、市场拓展、客户服务、企业征信五大战略，建成信贷、决策、服务和营销四类产品体系，全面服务B、C、G、S端等各类客户，构建专业开放、协作共享和高科技赋能的"5（战略）+4（产品）+3（平台）"的"一圈一链"，扎实稳妥地开展跨境征信业务合作，创新外部合作模式，与具有技术、信息和场景优势的头部机构建立牢固的伙伴关系，打造征信生态圈和征信产业联盟。

第三节　前海金控

一　基本情况介绍

前海金融控股有限公司（简称"前海金控"）成立于 2013 年底，是经深圳市前海开发建设领导小组决定成立、前海管理局局属的国有独资金融控股平台，目前注册资本 100.01 亿元。成立以来，前海金控充分发挥先行先试和深港合作的政策优势，积极推动国家金融创新政策落地，引导骨干金融企业在前海集聚发展，围绕人民币跨境流通、资本项目开放、深港金融合作等重点领域开展了大量探索。目前，前海金控参控股持牌金融机构 8 家、要素交易场所 2 家、类金融机构 15 家，初步形成覆盖证券、保险、期货、资产管理、创新金融等业务的综合金融服务体系。

二　突出贡献

（一）率先落实国家金融开放政策，推动深港金融合作取得重大突破

2016 年，与恒生银行共同发起设立国内首家港资控股公募基金公司——恒

图 10-5　前海金控办公大楼

图片来源：前海金控。

生前海基金管理有限公司。2017 年，前海金控与汇丰银行合作发起设立国内首家港资控股的全牌照证券公司——汇丰前海证券有限责任公司，与东亚银行等合作发起设立合资全牌照证券公司——东亚前海证券有限责任公司，是新时期深化内地与香港金融合作的重要成果，成为中国证券业对外开放的里程碑。前海金控与汇丰、东亚、恒生合资成立的金融机构正式落地，标志着深圳在全国率先全面落实 CEPA 框架下对港资开放政策。2018 年，联合港交所组建的前海联合交易中心正式开业，打造创新型大宗商品现货交易平台，探索建立大宗商品跨市场互联互通机制，提升中国内地对大宗商品交易的定价话语权。

（二）引导持牌金融机构落户前海，推动前海金融产业集聚

2016 年，牵头发起设立国内首家社会资本主导的再保险公司——前海再保险股份有限公司，为深圳建设国家保险创新发展试验区和前海再保险中心奠定坚实基础。2017 年，率先引进国内首批创新型保险机构——众惠财产相互保险社，进一步促进深圳保险业创新发展。联合厦门国贸并购世纪证券有限责任公司，推动世纪证券完成治理架构和业务架构重建，完成迁址前海。联合收购江苏文峰期

货并更名为前海期货有限公司，完成迁址前海，进一步丰富前海金融业态。参股招商仁和人寿保险，助力百年民族保险获批复牌。

（三）积极落实前海先行先试金融创新政策，助力人民币国际化

2014 年，完成首单跨境人民币银团贷款，实现了"前海概念"的跨境人民币银团贷款在香港银行间市场的首次亮相和定价，创新"以大带小"模式，带动更多香港中小型金融机构参与国内跨境金融业务和前海开发建设。2015 年，赴港发行首只"前海概念"境外人民币债券 10 亿元，吸引了 142 家投资机构超额 12 倍认购，为其他企业赴港发债发挥示范带头作用，探索离岸人民币回流新路径，巩固香港离岸人民币中心地位。2015 年，主导设计并推动全国首例公募 REITs 基金——鹏华前海万科 REITs 成功在深交所挂牌交易，是拓展前海开发建设投融资结构、建设国内多层次资本市场的重要探索。

（四）积极引导产业资本集聚，服务粤港澳大湾区和深圳社会主义先行示范区建设

2020 年，联合大型央企打造深圳市海洋产业基金集群，与中船投资等联合发起设立前海中船智慧海洋创新基金，推动有关涉海龙头企业、海洋科研院所等机构在深圳，尤其是前海落户，加速推进深圳海洋产业特别是智慧海洋产业的创新发展。参与发起深圳人民币国际投贷基金并获中国人民银行批准，探索资本项下人民币跨境流动新渠道。参与发起设立粤港澳大湾区共同家园发展基金，通过发挥境内外资源联动的优势，以产业和基础投资落实国家粤港澳大湾区战略。参与设立深圳市唯一的区域股权交易中心——深圳前海股权交易中心，打造服务中小微企业的金融基础设施平台和扶持中小微企业的地方政策落地实施平台。与深圳市地铁集团共同打造国内首个自贸区内的基金小镇——前海深港基金小镇，重点引进和培育创投基金、对冲基金、大型资管等机构，推动深港跨境财富管理中心建设。

（五）参与完善前海金融监管业态，推动前海建设"金融安全区"

受深圳证监局和前海管理局的委托，建设深圳私募基金信息服务平台，探索中央监管部门和地方政府协同监管新模式，致力于形成完整统一的私募基金全方位指标数据库，多次发现潜在金融风险隐患，为前海建设"金融安全区"发挥积极作用。参与组建国内唯一经证监会批准的资本市场增信服务专业机构——中证信用增进投资股份有限公司，填补国内资本市场信用增进机构空白，推动国内信用市场发展和多层次资本市场建设。牵头成立前海金融同业公会，发挥行业组织自律、服务、协调、沟通等积极作用，促进前海金融业健康稳定发展。

（六）推进自贸区合作，服务国内区域实体经济发展

充分践行前海"服务内地"战略使命，全力推进与兄弟自贸区合作，与西安高新区联合打造"西安前海港澳产业园"，并与武汉东湖高新区、青岛高新区、内蒙古和林格尔新区等签署战略合作协议，借势前海现代服务业产业体系特别是金融创新领域的动能，推进国内区域金融产业发展和推广前海经验。参与发起设立前海自贸创新投资基金，将重点投资于战略性新兴产业、现代服务业、产业园区和基础设施建设等优势产业，推动前海以及全国自贸区的产业升级发展。

（七）加强行业前沿研究，探索科技与金融行业融合发展

获批设立前海首个博士后创新实践基地，打造前海金融政策的创新中枢、研究平台和高层次人才"蓄水池"，成立以来形成了多项优秀研究成果。联合知名金融机构、高等院校成立前海金融科技实验室，打造金融创新业务发展的支撑平台、金融新技术新应用的研发平台、FinTech人才储备池、创新项目的孵化培育基地。与国家超级计算机广州中心合作设立前海超算分中心，致力于将人工智

能、大数据、云计算等信息技术和专业的投资理念相结合，促进前海蛇口自贸片区产业转型升级，推动智慧城市建设，支撑前海企业技术创新和业务发展。

（八）举办重大金融活动，搭建金融行业交流合作平台

通过承办中国深圳 FinTech（金融科技）全球峰会、前海合作论坛、中国寿险业十月前海峰会、巨灾与经济风险综合防范国际研讨会、绿色发展与综合灾害风险防范暨联合国减灾三十年回顾国际研讨会等一系列重大金融活动，邀请了众多国内外知名专家和权威人士为前海打造金融生态圈和加强金融创新提出新思路，共同探讨大湾区城市群金融业融合发展路径，为我国金融业发展建言献策。

三　紧抓"双区"战略机遇期的发展展望

未来，前海金控将继续践行前海"依托香港、服务内地、面向世界"的战略使命，围绕"深港合作"主题主线，以实体资产为基础，以金融资本为抓手，专注打造前海金融品牌，做强做优股权投资、资产管理和金融创新平台，努力发展成为价值卓越的创新型金融投资集团，助力前海发挥好金融双向开放的枢纽功能和辐射内地的先导作用。

第四节　华润信托

一　基本情况介绍

华润深国投信托有限公司（简称"华润信托"）是一家综合金融服务机构。公司前身是成立于 1982 年、有"信托行业常青树"之称的深圳国际信托投资有限公司。目前注册资本为 110 亿元。

华润信托在国内信托行业开创了多个第一，如发行第一个开放式证券投资信托、第一个限制性股票激励计划、第一个信用卡不良资产证券化信托、第一个防灾减灾慈善信托、第一个组合基金信托产品系列（托付宝 TOF）、第一只信托公司自主管理量化对冲基金等。

华润信托作为中国信托行业的头部机构之一，连续担任中国信托业协会理事会副会长单位，连续多年荣获"中国优秀信托公司""年度最佳信托公司""最具竞争力信托公司"等诸多荣誉。

华润信托秉承华润集团优秀的企业文化，以"引领商业进步，共创美好生活"为使命、发扬"诚实守信，业绩导向，以人为本，创新发展"的价值观和"务实、专业、协同、奉献"的创业精神。华润信托以"让资产更智慧"品牌口号为引领，始终坚持客户导向和持续创新，为客户提供优异的定制化和差异化金融解决方案。践行"平台化＋基金化"战略、以平台化（资管服务）为主、基金化（投资管理）为辅的发展战略，致力于成为国内领先的资产管理服务机构。

二 发展脉络

（一）公司发展历程

公司于 1982 年 8 月 24 日成立，原名为深圳市信托投资公司，注册资本5813 万元。1984 年 5 月 24 日，经中国人民银行批准更名为深圳国际信托投资总公司，注册资本 1 亿元，正式成为非银行金融机构，并同时取得经营外汇金融业务的资格。1991 年 3 月 21 日，经中国人民银行批准更名为深圳国际信托投资公司，注册资本 2.8 亿元，其中外汇资本金 1200 万美元。2002 年 2 月，经中国人民银行批准重新登记，领取了《信托机构法人许可证》，注册资本 20 亿元，其中外汇资本金 5000 万美元。公司同时更名为深圳国际信托投资有限责任公司。2005 年 3 月 14 日，深圳市人民政府国有资产监督管理委员会（简称"深圳市国资委"）变更登记为公司的控股股东。

图 10-6 华润深国投大厦

图片来源：华润深国投信托有限公司。

2006 年 10 月 17 日，华润股份有限公司（简称"华润股份"）与深圳市国资委等签订了《股权转让及增资协议》，股权变更登记完成后，华润股份有限公司持有公司 51% 股权，深圳市国资委持有公司 49% 股权，公司注册资本增加到 26.3 亿元。2008 年 10 月 23 日，经中国银行业监督管理委员会批准，公司变更名称及业务范围，换领新的金融许可证，公司更名为华润深国投信托有限公司。2016 年 6 月 7 日，公司以资本公积、盈余公积、未分配利润 33.70 亿元人民币转增注册资本，实收资本增至 60 亿元。2018 年 5 月 29 日，经中国银行业监督管理委员会深圳监管局核准，公司以未分配利润转增资本 50 亿元，增资后公司实收资本由 60 亿元增至 110 亿元，股东出资比例不变。2019 年 9 月 20 日，经中国银行保险监督管理委员会深圳监管局核准，深圳市国资委将所持公司49%的股权无偿划转至深圳市投资控股有限公司。目前，华润股份持有公司51%股权，深投控持有公司49%股权。2019年，华润信托实现净利润28.86亿元，取得营业收入30.74亿元，为委托人分配信托收益333.76亿元。

（二）创新性业务发展历程

华润信托作为第一家也是唯一一家深圳市属信托公司，在过去的38年中开展了多个行业内的创新性业务。

（1）与美国沃尔玛公司合资成立"深圳沃尔玛珠江百货有限公司"，成为全球商业巨鳄沃尔玛进入中国的引路人，开创了最早的商业地产股权投资基金模式，现在位于福田区农林路的深国投广场就是当年的成果之一。

（2）发行国内第一只开放式证券投资信托计划——深国投·赤子之心（中国）集合资金信托，后被业界广泛复制，并被称为"深圳模式"或"深国投模式"。

（3）发布第一个中国对冲基金指数——"晨星中国·华润信托中国对冲基金指数"（简称"MCRI"），成为国内首个反映阳光私募行业的基准业绩指数。

（4）率先开发第一个组合基金信托产品系列——"托付宝TOF"，依托强大的数据库及管理经验，开创了主动管理证券信托产品的全新模式。

（5）发行了市场首只央企ABN、债券通ABN和疫情防控ABN；成为首批获得非金融企业债券融资工具承销资格和受托管理人资格的信托公司。

（6）成为首批入围债务融资工具受托管理人业务的三家信托公司之一，在信托业内率先开展债券受托管理服务。

（7）获批1亿美元QDII投资额度，有利于进一步满足居民财富多元化配置的需求，为客户提供全球资产配置服务。

三　突出贡献

（一）对深圳经济社会发展的贡献

早期华润信托曾尝试开展多元化经营，涉及的领域包括房地产开发（包括住宅地产和商业地产）、投资电厂建设（如沙角电厂、汕尾电厂）、股权投资（如投资红塔集团、华宝集团、龙腾商场、华侨电子厂）等，为深圳经济社会发展做出了自己的贡献。华润信托经营范围逐渐聚焦于信托业务，业绩增长和行业地位取得跃升式进步，为客户带来了良好回报（2019 年分配信托收益333.76 亿元），有力地推动了深圳地区经济发展（2019 年缴纳的所得税超过 5亿元）。

（二）对深圳金融业发展的贡献

1984 年经中国人民银行批准，华润深国投信托正式成为非银行金融机构；1989 年 8 月 28 日，深国投证券营业部成为当时全市仅有的三家证券营业部之一；1991 年 10 月 29 日，华润深国投信托成为深圳物业集团股票总承销商，标志着公司证券业务的跨越式发展。

2004 年，发行中国第一只阳光私募产品——"深国投·赤子之心集合资金信托计划"，华润信托由此形成了扎实的证券服务能力，成为阳光私募的大本营。在早期阳光私募模式的基础上，华润信托专注资本市场，大力发展银行理财债券委外业务，形成了银行理财子公司综合服务方案。目前华润信托证券投资信托业务规模超 4500 亿元，在信托行业处于领先的位置。

四　紧抓"双区"战略机遇期的发展展望

未来华润信托将聚焦信托主业，重点发展结构金融业务、证券投资业务、财富管理业务、资产管理业务、资产证券化业务以及固有资金业务，持续深耕标品信托、服务信托等信托本源业务；继续专注于资产管理服务，践行"平台化＋基金化"战略，以平台化（资管服务）为主、基金化（投资管理）为辅，以平台孵化基金、以基金反哺平台，最终成为国内领先的资产管理服务机构。

第五节　招联金融

一　基本情况介绍

招联消费金融有限公司（简称"招联金融"）是经中国银保监会批准，2015年3月成立于深圳前海，由招商银行和中国联通两家世界500强公司累计斥资52亿元组建。中国联通董事长王晓初先生担任招联金融董事长，招商银行行长田惠宇先生担任招联金融副董事长。

招联金融始终坚持创新驱动发展战略，运用先进的金融科技手段，突破传统消费金融线下模式，首创了纯线上消费金融发展新模式，于同业中率先形成了消费金融的互联网解决方案，实现了面向全客群的全流程自动化。公司开业即推出了全线上、免担保的"好期贷""信用付"两大消费金融产品体系，以此嵌入购物、旅游、装修、医疗美容等各类消费场景中，业务覆盖全国。

招联金融作为一家科技创新型的金融企业，持续探索和引领金融与科技的深度融合应用。在践行普惠金融的使命过程中，招联金融运用先进科技手段，不断提升客户普惠服务体验与效率，在赋能公司业务稳健增长的同时，开展科技能力输出合作，积极助力金融业的数字化转型升级。

截至2020年末，招联金融累计发展注册用户超过1.22亿人，总资产1083.11亿元，较2019年末增长16.84%；营业收入128.16亿元，同比增长19.33%；净利润16.68亿元，同比增长13.78%；资产质量好于行业平均水平，实现了规模、效益、质量均衡发展；综合指标在28家开业的持牌消费金融公司中居第一。

招联金融以"普惠使命、创新驱动、核心能力、极致体验"为发展理念，致力于通过科技的力量，为广大客户提供普惠、高效、便捷的消费金融服务。成立之初就倡导以"简"为核心的企业文化，逐步形成了"做事简练、相处简单、产品简捷、流程简要"的价值理念，凝练推出了《简·约》的企业文化价值指引。以创新为基础、以简约为内核的企业文化，成为招联金融面向未来实现高质量可持续发展的重要组成部分。

二　发展脉络

（一）创新篇：率先打造纯线上新模式

创新是招联金融与生俱来的基因。招联金融初创时没有复制第一批试点的消费金融公司的线下模式，而是发挥金融科技优势，在同业中首创纯线上新模式，自主构建了以"云技术"为基础的消费金融系统，成为同业首家"去IOE"的消费金融公司。这不仅降低了设备和运维成本，而且积累了技术管理经验，为践行普惠使命提供了先发优势。

快速高效的纯线上模式离不开金融科技的加持。招联金融持续在大数据、云计算、人工智能等金融科技前沿领域探索，取得系列科技创新应用成果，保障了线上服务的极致体验与安全。"沃信用分""GPS渔网""智能图谱风控""基于AI视觉的智能风盾模型"先后荣获深圳市金融创新奖、金融科技专项奖等荣誉。2020年招联金融首批入选中国互金协会移动金融App备案名单。

（二）发展篇：不断提升核心竞争力

招联金融依托金融科技的领先优势，形成了IT驱动能力、产品创新能力、互联网风控能力、数字化运营能力、智慧双擎营运服务能力、智能化催收能力六大核心能力，实现金融与科技的深度融合。

招联金融通过"精准识别、精确匹配、精细运营、精致体验"驱动数字化经营,实现普惠客群在"方便可得、覆盖广泛、价格优惠"三方面的有机结合,在降本增效的同时为数千万客户带来普惠而又适度的消费金融服务。

招联金融持续加码科研投入。公司陆续携手中国科学院等行业领先研究机构,建设智慧金融联合实验室,深化前沿技术领域的研究合作与应用,重视和加强人才科研创新,进一步增强自身科研实力。

(三)公益篇:积极履行企业社会责任

成立以来,招联金融以履行企业社会责任为己任,持续在金融服务的宣传教育、扶贫资助、抗击疫情等领域开展公益活动,连续三年荣获深圳市银行业社会责任优秀案例(2018~2020年)。其中,公司与公安部查控中心合作,开展反欺诈公益直播活动广受社会好评;首创"消费金融创新实践"课程,连续在深圳大学开设学分选修课;累计在全国60多所高校开展金融知识进校园活动;分别赴广西百色、广东河源和汕尾等地积极开展精准扶贫公益等。

2020年新冠肺炎疫情发生后,招联金融推出多项抗疫创新举措,积极为抗疫贡献力量。公司紧急向湖北慈善总会捐款600万元,全力驰援抗疫一线;随后推出"抗疫时期减息关爱行动",针对受疫情影响较大的特定群体,开展利息减免、延期还款等专属暖心服务;同步面向500万奋斗者群体实施"微光计划",为其提供降息、提额、折扣等多重优惠福利,助力居民生活恢复和改善。

三 突出贡献

持续为深圳经济发展做出贡献。作为深圳市唯一一家消费金融公司,招联金融先后被认定为深圳市总部企业、前海经济贡献突出企业。在全国百强区榜首——南山区,招联金融2017~2019年连续三年进入纳税百强,2020年进入金融业突出贡献十强和纳税二十强,2019年进入深圳市纳税50强。

丰富深圳金融业态、助力消费升级。招联金融在消费金融领域的成功实践，不仅丰富了深圳的金融业态，还在推动深圳市金融创新和普惠金融发展、促进消费升级、稳定社会就业、构建国内大循环等方面做出积极贡献。

营造科创氛围、贡献双创经验。招联金融作为持牌消费金融公司创新创业的典范，进一步体现了深圳良好的金融科技创新氛围和营商环境，也为深圳双创发展积累了经验和案例。

四　紧抓"双区"战略机遇期的发展展望

招联金融将紧紧依托深圳良好的营商环境和科技创新氛围，努力发挥消费金融在服务消费者即时与潜在需求方面的优势，不断促进居民消费升级，帮助居民提升生活质量，进一步释放内需潜力。

第六节　国银租赁

一　基本情况介绍

国银金融租赁股份有限公司（简称"国银租赁"）设立于 1984 年 12 月 25 日，实际控制人为国家开发银行。业务范围包括融资租赁；转让和受让融资租赁资产；固定收益类证券投资；接受承租人的租赁保证金；吸收非银行股东三个月（含）以上定期存款；同业拆借；向金融机构借款；境外借款；租赁物变卖及处理；经济咨询；在境内保税地区设立项目公司开展融资租赁；为控股子公司、项目公司对外融资提供担保。

公司是中国银保监会监管的全国性非银行金融机构，是境内第一家上市的金融租赁公司及中国首批成立的租赁公司之一。租赁资产及业务合作伙伴遍及全球 40 余个国家和地区，享有较高国际信用评级。公司以市场化、专业化、多元化、国际化作为战略定位，坚持规模、质量、效益均衡发展的经营理念和稳健、专业、诚信、共赢的核心价值观，坚持依法合规经营，在资产规模、盈利能力和风控水平上保持领先水平。

二 发展脉络

1984 年，前身深圳金融租赁有限公司成立。

1994 年，获得中国人民银行批准经营金融业务。

2008 年，经中国银保监会批准，国家开发银行成为控股股东。公司更名为国银金融租赁有限公司，是当时中国注册资本最大的租赁公司。

2014 年，向波音、空客订购 130 架主流窄体飞机。获得穆迪、惠誉与中国主权相同的国际债信评级。

2015 年，完成股份制改造，更名为"国银金融租赁股份有限公司"。

2016 年，在香港联交所主板挂牌上市，是银保监会监管的第一家金融租赁上市公司，股票代码为 1606.HK。率先获得中国银保监会批准在境外设立航空专业子公司——国银航空金融租赁有限公司。

2018 年，新办公楼"国银金融中心大厦"落成入驻。

2019 年，成立普惠金融、新能源与装备、船舶三个事业部。

2020 年，在前海自贸区设立 2 家 SPV，用于开展飞机租赁业务。

三 突出贡献

（一）对深圳经济社会发展的贡献

1. 新能源公交租赁业务

2015 年以来，为响应国家关于支持新能源客车发展的号召，公司先后与深圳市东部公共交通有限公司、深圳巴士集团股份有限公司和深圳市西部公共汽车有限公司开展新能源大巴的租赁业务。截至 2020 年末，提供了累计 30.23 亿元的融资支持，涉及公交车辆共计 4451 台，大力支持深圳市节能减排与污染防治工作。

2. 中广核核电站项目

国银租赁与中广核集团展开了广泛的业务合作。2015~2017 年，国银租赁累计向中广核陆丰核电有限公司投放融资租赁款 30 亿元，支持广东陆丰核电站一期工程相关设备融资。国银租赁将继续支持国家战略产业、支持深圳本土优质企业发展，服务实体经济。

（二）对深圳金融业发展的贡献

1. 厂商租赁模式金融创新

国银租赁围绕国内工程机械及商用车重点厂商及一批中型制造商，通过整合产业链上下游的关键资源和优势，构建可靠的信用结构，创新发展了用于租赁产品终端零售的厂商租赁模式，依托厂商提供担保或回购类信用支持，通过制定和应用标准化条件，建立"源头统一授信、终端批量发放"的高效运行机制，国银租赁作为出租人为下游小微用户（承租人）直接提供金融服务。

经过多年的努力，国银租赁已先后与徐工集团、三一重工、北汽福田、比亚迪股份等厂商开展了授信合作，构建了持续稳定的战略合作关系，在

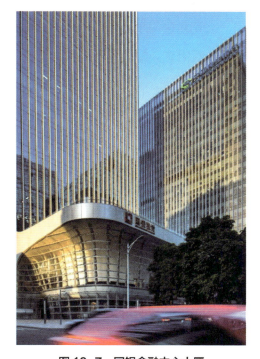

图 10-7　国银金融中心大厦

图片来源：国银金融租赁股份有限公司。

行业上游支持了民族工业和核心制造业销售配套融资，解决了厂商资金周转问题。

2. 在前海设立SPV，为公司飞机业务在前海自贸区落地做好准备

2020年，公司积极推动深圳飞机租赁产业发展，梳理对照各地优惠政策：一是参与《市商务局关于推动我市发展飞机租赁业务有关工作的请示》撰写工作，并向市政府送呈了《关于国银租赁参与深圳市飞机租赁产业建设的函》，获得市领导批示；二是参与前海关于金融业务扶持政策的修订工作，提供合理化建议；三是于2020年11月30日，在前海设立2家SPV，为公司飞机业务在前海自贸区落地做好准备。

四 紧抓"双区"战略机遇期的发展展望

公司将进一步做强融物特色，把自身发展融入国家发展战略中，主动对接制造强国新需求。继续提升航空、船舶、车辆与工程机械业务专业化能力，强化新能源与装备制造领域业务开发，践行绿色金融、服务实体经济。

一是充分发挥融资租赁业务属性优势，推动粤港澳大湾区和深圳中国特色社会主义先行示范区内基础设施领域补短板，助力供给侧结构性改革，在支持深圳地区建设过程中发挥独特作用。

二是加大普惠金融业务开发力度，助力湾区金融创新发展。公司将推进租赁业务数字化升级，发展小微普惠租赁业务，通过金融科技创新持续引领行业发展。

三是积极与政府部门、监管机构及金融同业沟通交流，研究制定具体措施，在支持前海发展航空及船舶租赁、航空及航运融资等高端服务业方面发挥独特作用。

第七节　联易融

一　基本情况介绍

联易融数字科技集团有限公司（简称"联易融"）是中国供应链金融科技解决方案提供商。联易融在腾讯等早期股东的支持下，由国际上具有资深金融、互联网背景的高级管理人员发起，2016 年 2 月成立于深圳。2021 年 4 月，联易融于港交所主板正式挂牌并开始交易，股票代码为 9959.HK，成为首家上市的中国供应链金融科技 SaaS 企业。

联易融致力于通过科技和创新来重新定义和改造供应链金融，成为全球领先的供应链金融科技解决方案提供商。作为腾讯 To B 战略生态圈的核心成员之一，联易融聚焦于 ABCD（AI、区块链、云计算、大数据）等先进技术在供应链生态中的应用，以线上化、场景化、数据化的方式提供创新供应链金融科技解决方案。其云原生解决方案，可优化供应链金融的支付周期、实现供应链金融全流程的数字化，提升整个供应链金融生态系统的透明度和联通性，支持实体经济。

通过定制化的解决方案和行业领先的科技，联易融为供应链金融生态圈的各方带来切实价值，并致力于向核心企业和金融机构提供世界领先的供应链金融科技解决方案，满足它们不断变化的业务和科技需求，同时为中小企业提供卓越的用户体验。

二　发展脉络

作为行业的先行者和重要企业，联易融具备革新创变的科技能力，大力拓展其针对供应链金融的云原生科技解决方案生态系统。2017 年，联易融在国内率先为供应链资产证券化设计了全面的数字化科技解决方案，并推出了首个基于区块链的应收账款多级流转平台，应用区块链技术提升供应链金融及交易的可追溯性和真实性；2019年，联易融于国内市场率先推出了基于区块链的跨境供应链金融科技解决方案。

图 10-8 联易融于 2021 年 4 月在港交所主板上市

图片来源：联易融数字科技集团有限公司。

围绕核心企业云、金融机构云、跨境云、蜂控云四个业务板块，联易融服务于供应链核心及链属企业，为其提供供应链金融服务；通过搭建平台及进行科技输出，为金融机构、政府等提供支持；帮助生态圈内的小微企业获得便捷、低成本的融资；为产业链创造增量价值，提升金融市场效率。

2018年10月，联易融获得超过2.2亿美元的C轮融资，成为供应链金融科技赛道的"独角兽"企业。在2019年12月的C1轮融资中，联易融引入战略投资方渣打银行，这也是中国供应链金融科技服务平台首次获得国际银行投资。

为了进一步加强对全国客户的服务能力，联易融先后在北京、广州、上海、香港、武汉成立分部。成立至今，联易融获得"2020胡润新金融50强"、"2019毕马威中国领先金融科技50企业"、"2018胡润大中华区独角兽指数榜——新晋独角兽企业"、香港科创挑战金奖、可信区块链推进计划三项认证、"工信部信通院副会长单位"等多项殊荣。2019 年 12 月，联易融获得国家级"高新技术企业"认证。2020 年 12 月，联易融成功申请新加坡数字银行牌照。2021 年 4 月，联易融成功登陆国际资本市场，于港交所主板挂牌上市。

联易融自成立以来，已获得众多知名投资者的支持。公司上市前股东包括腾讯、中信资本、正心谷、新加坡政府投资公司（GIC）、渣打银行、BAI 资本及招商局创投等国内外优秀大型企业和基金。作为联易融的重要战略合作伙伴，腾讯自联易融 2016 年成立后的 A 轮融资以来多次领投，上市后保持为公司第一大机构股东。

三 突出贡献

自 2016 年在深圳成立以来，联易融已服务 340 多家核心企业，其中包括 25% 以上的中国百强企业，并与超过 200 家金融机构合作。截至 2020 年 12 月 31 日，已累计帮助客户和合作伙伴处理逾 2800 亿元的供应链金融交易。

2017 年，联易融在国内率先为供应链资产证券化设计了全面的数字化科技解决方案，并推出了首个基于区块链的应收账款多级流转平台。截至目前，联易融已申请及注册 340 多项专利和版权，其科技能力已获得世界范围内的认可，包括获得 CMMI-DEV 1.3 版第三级评级，该证书代表了工程和软件开发中高质量以及最佳应用实践的国际基准。

联易融的科技解决方案包括约 642 项微服务和 647 个组件，能够快速并具有成本效益地满足核心企业和金融机构不断变化的需求。

在创新技术的引领带动下，联易融的业务一直保持高速增长，2018~2020 年的收入复合年增长率达到 64%。2020 年，公司收入及经调整净利润保持强劲增长，分别达到 10.3 亿元及 1.92 亿元。

四 紧抓"双区"战略机遇期的发展展望

联易融自成立起积极响应国家鼓励供应链金融创新、支持实体经济和发展普惠金融等政策号召，以实际行动践行科技赋能实体产业链发展，通过 AI、区块链、大数据、云计算等新兴技术，以线上化、场景化、数据化的方式提供创新供应链金融科技解决方案。联易融始终致力于通过科技和创新重新定义和改造供应链金融，坚持以科技为实体经济服务。未来将继续坚守初心，为客户及合作伙伴提供更高效、更可靠、更智能的供应链金融科技解决方案，为供应链金融新生态体系创造卓越价值。

第三部分

典型人物篇

第十一章　深圳党政机关代表性人物

深圳特区的金融建设中，不断涌现出大批迎难而上、勇于创新、具有"拓荒牛"精神的党政机关干部。从成立外汇调剂中心，到创办深圳证券交易所，再到推动完善中国资本市场的各项规章制度，先行试点各项法律法规，他们前赴后继，用自己的智慧与汗水，以及敢为天下先的勇气，为深圳资本市场、银行外汇市场的发展做出了重要贡献。

因此，本章主要以深圳金融拓荒与高科技转型阶段的深圳市委市政府领导以及促进金融市场与金融机构创新的党政机关干部为代表，从任职经历、重要事迹等方面彰显深圳学习型、服务型、创新型政府的特质，发扬深圳党政机关干部的改革精神和担当精神，坚定文化自信，汇聚精神力量。

第一节　深圳金融拓荒与金融体制机制创新代表性人物

一　李灏

李灏，1985 年任深圳市市长，1986 年至 1993 年任深圳市委书记（1986 年至 1990 年兼任深圳市市长），是深圳特区历史上任期最长的市

委书记，也是深圳市场经济体制框架的设计者。他积极调整经济结构，推进所有制改革，大力发展资本市场，推动要素市场发展，建立市场体系以及与之相适应的运行机制和政府管理架构，率先在深圳建立起社会主义市场经济体制的框架。

（一）建立政府新机构，打开深圳改革开放新局面

1985 年 9 月，深圳市市长李灏提出新设四个政府机构，包括成立外汇调剂中心、投资管理公司、监察局和规划委员会，为实现改革开放新突破、探索经济发展新路径提供了强大支撑。

成立外汇调剂中心。李灏倡导利用国际和港澳智力推动经济发展。当时实行外汇双轨制，存在黑市交易，进出口贸易和外向型经济的正常发展受到严重制约，因此深圳最紧迫的改革任务就是建立外汇交易机构并取缔黑市。为解决这些问题，李灏立即提出建立外汇调剂中心。1985 年 11 月，深圳市成立了中国第一家外汇调剂中心，委托中国人民银行深圳经济特区分行具体操作，外汇买卖双方可以按市场定价到外汇调剂中心进行调剂。这是外汇管制制度的重大突破，对于深圳发展进出口贸易和外向型经济来说至关重要。

成立深圳市投资管理公司。针对政府机关开办的企业存在管理松散、底数不清的现状，李灏提出成立深圳市投资管理公司，对 100 多家市属国有企业进行规范管理。1987 年 7 月，深圳市投资管理公司正式挂牌成立，这也是中国第一家国有资产管理机构。1989 年，深圳完成了全市国有企业清产核资，拉开了对国有资产进行监督管理的序幕，探索了以产权为纽带，实施政资分开、政企分开，加强国有资产管理的新路子。

成立监察局。李灏借鉴新加坡设立反贪局以及香港设立廉政公署的做法，在深圳成立了监察局，这在全国尚属首例。与检察院、反贪局不同，监察局的主要职责是"监察同级"，重点是监察市政府领导班子。不同于照搬国外模式，监察局重点监督三方面内容：一是监督执行党的路线、方针和政策的水平；二是监督民主集中制的落实情况；三是监督党政官员的操守，这也是监督重点。

成立规划委员会。特区建设初期还没有国土局，一切规划都依赖北京。李灏提出，深圳的规划要听取中央和省里的意见，但整体规划权适合由深圳掌握。从李灏开始，由市长担任特区规划委员会主任这项制度一直延续至今。1986 年 1 月，深圳市规划委员会成立，聘请 30 位中外规划设计权威人士担任规划委员会顾问，定期召开规划委员会工作会议，审议涉及土地开发和城市规划的重大事项，为深圳的城市规划建设指明了方向。

（二）调整经济结构，奠定深圳高质量发展基础

深圳成为经济特区后，经过几年的高速发展，经济急剧升温，逐渐超过了自身的承受能力，潜伏的基建规模偏大、投资结构不合理和财政收支失衡等问题也暴露出来。当时深圳的建设资金紧张，快速增长的基建规模导致市财政负担沉重，主要借助银行贷款进行基础设施建设，几年下来透支近 8 亿元。1986 年初，中央召开了全国经济特区工作会议，为深圳的发展指明了方向。会议提出，深圳是全国改革开放的试验田，主要作用是创造经验、先行先试，而不是创造更多产值，要求深圳把工作重点转向建立以工业为主的外向型经济上来。

在此背景下，面对深圳建立经济特区以来的第一次严峻考验，李灏对深圳的经济结构进行了深度调整。他认为这次调整势在必行，是在被动中寻找主动，而且是有序的调整和撤退。他还主张财政收支平衡，规避政府机构盲目为企业进行担保。1986 年，深圳市对 1500 多个基建项目进行了全面清理，大幅缩减基建规模，停建部分高层建筑。经过两年的调整，虽然深圳的经济增长速度在 1986 年有所下降，但从 1987 年起深圳很快摆脱了财政赤字的困扰，经济开始步入正轨，实现了稳步快速增长，并再未出现大幅波动。这次调整为深圳的长远发展打下了良好基础。

（三）推行股份制改革，探明混合所有制道路

为建立新型股份制企业，解决国有企业活力不足、积极性不高等问题，李灏

决心对深圳的国有企业进行股份制改造。1986 年 10 月，经反复调研、征求意见和修改，深圳市出台了《深圳经济特区国营企业股份化试点暂行规定》，对股东、股份、股票、股份有限公司的组织机构以及人事制度、税收和分配进行了全面规定，为深圳乃至全国的国有企业股份制改造提供了宝贵经验。1987 年 2 月，深圳市又颁布了《深圳市人民政府关于鼓励科技人员兴办民间科技企业的暂行规定》，这是我国最早允许私营企业成立的政府规定。从某种意义上讲，这是新中国最早的一部私营企业法规，是一项重大突破。其中最具意义的一条是明确规定现金、实物、商标、专利和技术等可以投资入股进行分红。第一，知识产权得到尊重和保护，为专利、技术等市场要素参与收益分配开辟了道路，大大调动了拥有人的积极性。第二，实现企业形式的多样化。不拘泥于企业的具体实现形式，只要有技术、专利等就满足设立企业的条件，而不论国有或民营。这一政策的出台，将科技人员的创业激情充分激发出来，为深圳高科技产业发展和创新能力的提高打下了制度基础，也为民营企业的快速发展并成为国民经济的主力军提供了广阔空间。

（四）建立证券交易所，大力发展资本市场

李灝认为，对国有企业进行股份制改造，必然会出现股权的流动，证券市场应运而生。1988 年，针对外资不能在深圳直接投资企业但能够购买股票的情况，李灝开始考虑在深圳建设证券市场。当年 11 月，深圳市政府成立了资本市场领导小组，并着手进行证券交易所的筹建工作。1990 年，股票柜台交易逐渐活跃，但交易秩序非常混乱，因此尽快建立证券交易所，规范股市、解决供需矛盾的需求十分迫切。在深圳上报的关于建立证券交易所的报告还没有得到批复的情况下，李灝勇于承担责任，决定先试行交易再补办手续。在此情况下，深圳证券交易所于 1990 年 12 月 1 日开始集中交易。

深圳证券交易所的成立，带动了证券、基金、银行等金融机构和金融业的发展，不仅引领了深圳高端要素市场和高端服务业的迅速发展，奠定了深圳在全国

资本市场体系中的重要位置，而且对深圳国有企业改革、高新技术产业发展，以及增加市民资本收入、提高生活水平起到了积极的推动作用。

二　李子彬

李子彬，现任中国中小企业协会会长，曾任国家发展和改革委员会副主任、党组成员，国务院西部地区开发领导小组办公室副主任，1994 年至 2000 年先后任深圳市委副书记、市长。

李子彬提出优化调整深圳经济结构，大力发展高新技术产业，搞活证券市场，为深圳经济迈入高质量发展道路奠定了坚实基础。他着力改善深圳的投资环境，改革政府审批制度，打造廉洁高效政府；加强基础设施建设，主持修订城市总体规划，为把深圳建成区域经济中心城市奠定了良好基础。

（一）调整经济结构，大力发展高新技术产业

1995 年 4 月，深圳市召开第二次党代会，市委市政府提出第二次创业，到 2010 年将深圳建成社会主义现代化国际性城市。1995 年，深圳正处于加工贸易向高新技术产业转型的关键期，作为经济特区，深圳能否继续发挥中国改革开放试验田的作用，在很大程度上取决于经济结构调整和产业升级的力度。作为市长，李子彬的每一步都备受关注。

李子彬认为高新技术产业是深圳的名片、未来和希望。1994 年，李子彬到深圳任职后，通过密集座谈和调研，利用 2 个月的时间对深圳的各个产业进行了一次深度摸底，提出将大力发展高新技术产业作为加快深圳经济结构调整和转型升级的方向，并推动制定高新技术产业发展规划，明确重点产业、重点产品和重点项目，为产业结构调整和企业发展指明了方向。为营造良好的企业发展环境和

法治环境，加强知识产权保护，李子彬推动深圳市政府着力构建七大体系，全面支持高新技术产业发展，包括产学研相结合的技术开发体系、技术来源体系、综合配套政策体系、资金投入体系、人才体系、法律法规体系和项目孵化平台。

在李子彬担任深圳市市长期间，深圳出台了支持高新技术产业发展的"旧22条"和"新22条"，颁布了9项以知识产权为核心并促进高新技术产业发展的法规规章，成立了高新技术创业基金和全国首家创业投资基金公司，建立了高新技术产业园区和虚拟大学园，推动建立570多个研究院，为高新技术产业发展提供了优越的市场环境和法治环境。

在此期间，深圳高新技术产品产值年均增长42.6%，其中拥有自主知识产权的产品比重由18.4%提高到近50%，在全国处于领先地位。在企业层面，更是涌现出华为、中兴、腾讯、长城、迈瑞、比亚迪等一大批拥有国际竞争力的龙头企业，高新技术产业也成为深圳的战略支柱产业和第一经济增长点，大大提高了深圳经济增长的质量和效益。

（二）激活证券市场，发挥资本市场支撑作用

李子彬指出，发展高新技术产业需要大量资金，但科技创新型企业在初创期营业收入及利润微薄，资信水平较差，风险较高，银行较难为这类企业提供贷款。换言之，初创期科创型企业获得资金的最优渠道是风险投资或股权投资。只有搞活证券市场，打通直接融资渠道，深圳优化经济结构、发展高新技术产业才具备良好的金融市场环境，这也是深圳进入二次创业阶段的一项重要举措。

据李子彬回忆，深圳"8·10"事件后，受多种因素综合影响，全国证券市场步入长达3年的低迷期，深圳更为严重，几乎到了"生死存亡"的关头。当时曾有人建议市政府出资10亿元直接支持证券市场。面对严峻的形势，李子彬没有采纳政府托市的做法，而是决定兴利除弊，依法办事，总结经验教训，勇于承担必要的风险，依靠完善市场体制机制的手段重新激活证券市场。经过调研，市政府发现，深圳证券市场的运作机制和交易清算制度存在缺陷，导致矛盾不断显

现，制约着市场的顺利运行。由此，李子彬带领市政府确定了方向——改革市场管理体制，重建交易清算体制。1995年9月，市政府出台12项整改措施，其中涉及交易和清算系统的就有8项，为深圳证券交易所全面行使市场组织和一线监管职能、提升运行效率奠定了体制基础。

事实证明，激活证券市场的决策为深圳资本市场的可持续发展铺平了道路。1996年6月，证券市场开始出现深强沪弱的态势，全国证券市场进入新一轮发展周期。就在此时，深市B股出现开户数剧增的异常情况，存在虚假开户的风险隐患。李子彬打消了证监会的顾虑，为深圳B股市场的规范整顿赢得了时间，同时也降低了对深圳A股市场可能造成的冲击。此后近半个月的时间里，李子彬带领时任深圳市副市长武捷思、庄心一等人，针对B股市场波动情况，采取了一系列有针对性的措施，以最低成本，自主、平稳、有序、迅速地处理了这起可能引发深圳证券市场危机的异常情况。

（三）打造廉洁高效政府，加强城市长远规划

整顿机关作风，改进服务态度。李子彬从完善公务员制度的角度寻求突破，建立竞争机制，打造高素质公务员队伍。1995年10月，市政府整顿机关作风的"22条"措施正式出台。该政策打破了公务员的"铁饭碗"，力度之大，在全国公务员队伍中引起了震动，对转变政府部门工作作风起到了明显作用。

率先改革审批制度，提高办事效率。为减少政府部门随意审批、违规审批和以权谋私等行为，李子彬带领深圳市政府进行了为期两年多的审批制度改革。其间，政府审批事项由原来的737项减少到310项，核准事项由原来的371项减少到321项，最终出台了《深圳市政府审批制度改革若干规定》，为全国探索转变政府职能开辟了一条新路。

实施土地使用权出让制度改革，遏制土地腐败。1998年2月，深圳市以政府令的形式发布了《深圳经济特区土地使用权招标、拍卖规定》，规定所有经营性土地一律采用公开招标或拍卖方式出让，中标人不得擅自更改土地用途、容积

率、覆盖率等规划要点。该项改革从源头上遏制了土地出让中的腐败现象，同时增加了政府收入，为城市建设提供了重要的资金来源。此外，李子彬还进行了工程招标改革，使招投标制度真正成为深圳各级政府工程建设的一项基本制度，有力地推动了廉洁高效政府建设。

立足国际，面向未来，加强城市整体规划。鉴于深圳前期的城市规划已滞后于城市经济规模和人口规模的发展，李子彬要求以战略眼光和国际视野对城市发展规划进行高起点全面修编，决定将规划面积从 150 平方千米覆盖到全市 2020 平方千米，并在 5 年间投资 521 亿元加强城市基础设施建设，这在当时全国各大城市中都很罕见。按照李子彬提出的基本要点，规划修编组经过现场勘查和研讨论证，共完成 28 个专题的研究报告，编绘出《深圳市城市总体规划》说明书、文本和图册共约 100 万字。凭借该规划，深圳市规划国土局于 1999 年荣获国际规划建设学界最高奖项"艾伯克隆比爵士奖"。

三 张鸿义

张鸿义，1986 年至 1995 年任深圳市副市长。从负责国有企业股份制改革到组建我国第一家地方性股份制商业银行，再到探索、培育深圳证券交易所及资本市场体系，张鸿义作为统筹、组织与协调者，为推动经济特区国企股份制改革、培育金融市场、创建资本市场付出了大量心血和智慧，为深圳快速起飞和建设全国性金融中心做出了重要贡献。

（一）筹备成立地方性商业银行

深圳成为经济特区后，在政策红利的推动下，经济得到快速发展，由此催生了更多的资金和金融服务需求，为深圳率先在金融领域进行改革开放提供了有利条件。1982 年 1 月，首家外资商业银行——南洋商业银行落户深圳，标志着深圳迈出了金融改革开放的第一步。张鸿义认为，外资银行的引入对深圳的金融改革开放起到了"鲇鱼效应"，有利于发挥外资银行独特作用，打破垄断，引入竞争，提升国有银行的活力和竞争力。

之后，时任深圳市委书记、市长李灏提出成立一家股份制商业银行为深圳建设提供金融服务的设想，张鸿义随即组织调研并提出方案，建议通过农村信用社改造的方式进行，既能解决农信社经营不善问题，也可为地方商业银行的组建赢得时间。1987 年 3 月，组建工作启动，但面临农信社改造是否会在全国推广以及股份制改造是否会导致私有化两个重大问题。中国人民银行考察组在深圳进行实地调研后认为，成立一家地方性商业银行能够支持深圳发展，并且改组深圳部分农村信用合作社是最优路径。随后，深圳发展银行获批成立，成为我国第一家地方性股份制商业银行，这为上海浦东发展银行和广东发展银行的设立提供了宝贵经验。

（二）积极推动国有企业股份制改革

1987 年 4 月，深圳市政府下发了《关于组建"深圳市投资管理公司"的通知》，由投资管理公司联合体改办推动及落实股份制改革的具体工作。这是加强深圳市国有企业管理的一次重要探索。作为分管金融工作的副市长，张鸿义认为，股份制改革在深圳率先起步有着深刻的原因。一是由当时所面临的形势和任务决定的。深圳经济特区在成立之初的几年里，基础还较为薄弱，在计划经济的框架下如何先行先试、内联外引、双向开放、打造样板是深圳面临的主要任务和挑战。二是深圳建设经济特区的现实基础和内在需求。在深圳进行内联外引的企业中，很多都属于实施股份制的合资企业，而深圳作为社会主义经济特区，本地企业作为吸引海内外企业的联络人，本身需保持国有经济的主体地位。因此，深圳承担着做强地方国有企业的艰巨任务。如何融入混合所有制成分，促进国有企业发展是深圳优先考虑的问题。

基于此，当时国有企业股份制改革的基本思路是实施政企分离以及所有权和经营权分离，即强调以产权为中心改造企业组织结构，实现政府所有者职能与社会管理职能分离以及企业资产管理职能与资产经营职能分离。通过股份制改革，促进深圳国有企业建立现代企业制度，加快发展步伐。

（三）参与探索资本市场建设

随着众多股份制企业的出现，以股票为中心的发行、交易、过户等需求随之产生，同时也伴随着市场波动较大、黑市交易抬头等现象，培育并筹建证券市场的时机日渐成熟。

1988 年 5 月，面对股份制改革的推进和证券交易的发生，时任市委书记兼市长李灏提出，要利用特区政策优势，创建资本市场。同年 11 月，市政府正式下文成立资本市场领导小组，张鸿义任组长，负责推动资本市场的研究和筹建。1988 年 11 月至 1989 年 8 月，在领导小组的指导下，专家组编制了深圳证券市场法律、交易所章程和运作办法，形成了蓝皮书。经过领导小组的反复核实，深圳市政府于 1989 年 11 月下达了批复，同意成立深圳证券交易所。

深圳证券市场的培育和建设并非一帆风顺，过程中遇到了严峻挑战。张鸿义带领资本市场领导小组积极应对，制定措施，"摸着石头过河"，为深圳证券市场的健康有序发展贡献了大量智慧。1990 年，深圳股票市场曾出现大幅价格波动，黑市交易有所抬头。同年 5 月 10~21 日，国家发改委、中国人民银行和国家外管局成立联合调查组，对深圳证券市场的乱象进行了深入调查并提出指导意见。深圳迅即启动了包括"筹建深交所和证券登记公司""征收印花税""实行涨停牌制度"等 10 项举措。经过清理和整顿，股市乱象有所减少。但分散交易、分散登记过户的问题尚未得到解决。1990 年 8 月，深圳证券登记公司成立，并于 11 月 26 日开始运作，实现了集中登记过户和集中托管，提高了效率，控制了风险，也为证券交易所顺利开业创造了条件。经过两年的筹划，1990 年 12 月 1 日，深圳证券交易所正式运作。经过四个半月的运行，1991 年 4 月 16 日中国人民银行正式批复同意深圳证券交易所开业。

在整顿了市场秩序，克服了股票价格持续大幅上涨的风险后，市场又面临一个下跌潮。自 1990 年 12 月 8 日起，股票大跌近 10 个月，缺乏风险意识的投资者信心尽失，争议四起。根据中国人民银行的指导意见，深圳又采取了放开股价、设立平准基金、下调印花税和增加股票发行量等一系列措施稳定市场，市场信心得到逐步恢复。

1992 年 8 月 10 日，百万人抢购认购表的 "8·10" 骚乱事件继续暴露了证券市场建设初期存在的体制机制不健全问题，进行加强监管的制度建设迫在眉睫。时任国务院副总理朱镕基认为，深圳的问题是改革过程中的事，但要认真研究，总结经验教训，改进工作。张鸿义及时传达了朱镕基副总理的指示精神，打消了市场顾虑。风波过后，深圳采取了一系列措施，有力地促进了证券市场的依法、合规及健康发展。例如，提高市场参与主体的风险意识和法律意识；坚决查处非法集资活动；争取符合条件的异地上市公司和证券公司进入深圳市场；探索推出 H 股等。

总体来看，张鸿义认为，股份制改革和证券市场建设是一项艰巨而复杂的挑战，同时也是计划经济向社会主义市场经济转变过程中的一块 "垫脚石"，是一场意义重大的攻坚战。而股份制改革和证券市场建设能够取得成功，则得益于改革开放的宏观政策。

四　武捷思

武捷思于 1992~1995 年任中国工商银行深圳市分行常务副行长、行长；1995~1998 年，任深圳市人民政府副市长。

（一）金融改革思想家和实干家

早在中国工商银行总行工作期间，武捷思就发表了金融体制改革相关文章，提出金融体制的理想模式应该建立在"两只手"的基础上，金融体制改革的主要内容是形成金融市场和推进专业银行企业化。在中国工商银行深圳市分行工作期间，武捷思推动了工行深圳分行全面加快创新发展，1993 年起，工行深圳分行相继推动了财务管理体制、资金管理体制、信贷管理体制、劳动人事管理体制、外汇业务管理体制五项改革，推行支行行长经营目标责任制、转授权经营制度、信贷资产业务集约化等一系列新举措，逐步实现由专业银行向商业银行、由粗放经营向集约经营的转变，在全市率先启用支付密码和电脑验印系统，实现对公结算通存通兑；在深圳同业最早推出缴费一本通；在全国率先推广"自助银行"和网点低柜服务；率先倡导和推行"一米线"服务等，赢得了客户认可和同业尊重，成为特区金融创新的一面旗帜。

（二）复苏深圳证券市场

武捷思任职深圳市副市长期间，主管金融、税收、财政、证券、银行及教育等事务，推出了一系列活跃、发展、规范深圳证券市场的措施。

深圳股市原有运作体制和交易清算制度随着市场的发展，矛盾不断显现，制约着市场的运行。为此，政府针对深圳证券市场运作体制的形成和运作现状组织调研，重点查找现行运作体制和交易清算制度的不足和缺陷。自 1995 年 9 月，在武捷思的推动下，深圳市政府出台深圳证券市场 12 项整改措施，改进和完善了证券市场组织架构、减少工作环节并提高了深圳证券市场的工作效率，为深交所全面行使市场组织和一线监管职能、充分提高运行效率、综合提供市场优质服务奠定了体制基础。

改革证券市场的决策为深圳资本市场的可持续发展开辟了新的赛道，"深市"更好地发挥了资本市场对深圳经济发展、产业结构调整以及高新技术产业发展的支撑作用，带动了全国证券市场的新一轮发展。

（三）重组粤海美名扬

2000 年 2 月，武捷思临危受命，担任粤海企业集团董事长兼总经理，全权负责化解粤海集团债务重组危机并打理重组后的广东控股。粤海债务结构非常复杂，牵涉面也较为广泛，参与重组的债务近 60 亿美元，涉及 200 多家银行、500 多家企业、1000 多位贸易债权人。2000 年 12 月，"粤海"成功实现债务重组，平均削债率 42.78%；重组后总资产约 483 亿港元，总负债约 339 亿港元，粤海集团 3 年后扭亏为盈，2004 年恢复派发股息。粤海重组被《国际金融评论》评为 2001 年度"亚洲最佳重组交易"，并被认为是亚洲有史以来最大、最复杂的债务重组。佳兆业、金立等公司的重组中，武捷思也曾贡献过力量。

五　庄心一

庄心一，1995~2002 年先后任深圳证券交易所总经理、党委书记，深圳市副市长。

任职深交所期间，庄心一对内改革管理体制、对外强化市场功能，从区域市场走向全国市场，在不到半年的时间中，带领深交所走出困境，成交量超过上交所。

任职副市长期间，庄心一鼓励发展金融产业，推动了深圳市创新投资集团有限公司成立，并鼓励其发展成为国内规模最大、投资能力最强的本土创投机构之一。在他的支持和鼓励下，深圳筹建大学城，大力发展高等教育，为深圳发展提供源源不断的动能。

（一）深交所跨越式发展

自 1995 年 10 月担任深交所总经理，庄心一大力推进深交所从区域性的交易市场发展成为全国性的交易市场。当时，企业发行股票需要按照国家给每个省市下达的额度进行，企业在此基础上进行选择。1996 年以前在上海挂牌的企业明显多于在深圳挂牌的企业。

在庄心一的领导下，深交所开始在全国主要中心城市设立客户服务部，公关拟上市的公司，吸引了很多原已选择在上海上市的企业在深交所上市。

深交所的成交量不断提升，并超过上交所。从股票交易量对比来看，1995 年，上交所为 3103 亿元，深交所仅为 932 亿元；1996 年 1~9 月，上交所为 4893.6 亿元，深交所为 5740 亿元，深圳超过了上海。

在庄心一的带领下，深交所实现从区域性市场向全国性市场的跃升。深交所的资料显示：1996 年以前，深圳证券市场基本是一个区域性市场，1995 年底，深圳地区交易量占深圳证券市场的 70.81%。1996 年，情况发生了根本性变化，深市本地投资者的比例突然缩小至不到 1/5，外地投资者比例突增至 80% 以上，同时 1996 年深交所的股票基金成交金额占全国市场的份额也由 1995 年的 26.11% 增至 58.08%。

也是在庄心一的带领下，深交所系统软硬件大幅升级，建立了全国统一证券账户，构建了全国性的登记清算网络，实现了资金结算与资金划拨的电子化、自动化，1996~1999 年深交所确立了全国性市场的地位。

（二）规范证券交易所行为

庄心一任深交所总经理后，严格内部管理，杜绝人为组织炒股、预测股价、透支、透露内幕信息等不合规行为，严格禁止在业务活动中牟取不正当收益等行为。

在庄心一的领导下，深交所自 1995 年 10 月起大力解决历史遗留的会员透支问题，透支量逐月下降，并及时制止了两起以盗窃密码为手段的证券盗卖案件，基本解决了这一长期阻碍市场发展的难题。

庄心一下大力气开展新业务、发展新市场，在 1996 年 9 月 5 日的深交所第四次会员大会上提出：深交所在未来两年将启动债券市场并大力推动其发展；在合法合规的前提下逐步扩大和搞活 B 股市场；努力吸引和争取一批业绩好、潜力足、规模大的公司来深交所挂牌上市；加强对上市公司业绩披露的管理；优化对上市公司的服务，建设一套安全系数较高的清算体系。

在庄心一的推动下，1996 年 9 月相继出台了方便会员券商的七项新措施以及《深圳证券市场证券商入市流程与服务标准》《深交所证券商入市服务内部流程与责任》等，为证券公司提供标准化服务。同时，深交所积极完善技术系统、交易系统：1996 年 10 月成立技术规划小组；1997 年升级、扩容结算系统，日撮合能力提高到 1000 万笔；1997 年 6 月证券经营机构的"红马甲"退出，深交所 A 股市场完全实现无形化交易模式；10 月，高速单向卫星行情、资讯广播网开始在全国试运行，深交所买卖盘、行情的广播传输速率提高了 10 倍。

（三）成立深圳首家创投机构

1997 年 10 月，庄心一从深交所调任国务院证券委员会办公室巡视员兼中国证监会培训中心主任，1998 年 10 月，调任深圳市副市长、党组成员，主管金融和教育等。在深圳近 4 年的副市长任期中，庄心一大力发展金融产业，为深圳成为全国金融中心奠定了基础。

为推动科研成果转化，1999 年深圳市政府出资 5 亿元，并引导企业资金 2 亿元，成立了深圳市第一家创业投资机构——深圳市创新投资集团有限公司。

作为国内最早一批创投机构之一，深创投主要投资于中小企业，高新技术产业方面的投资项目数量和金额都占 75% 以上，集中在节能环保、信息技术、生物医药、新能源、新材料、高端装备制造等战略性新兴产业。在投资标的中，初创期和成长期企业数量占投资项目总数的 82%，怡亚通、潍柴动力等知名企业都是深创投投资的成功案例。

目前，深创投已成为国内规模最大、投资能力最强的本土创投机构之一。截至 2021 年 1 月 31 日，深创投投资企业数量、投资企业上市数量均居国内创投行业第一位：已投资项目 1233 个，累计投资金额约 617 亿元，其中 180 家投资企业分别在全球 16 个资本市场上市，339 个项目已退出（含 IPO）。

六　宋海

宋海，1991 年 12 月至 2003 年 1 月先后任中国银行深圳市分行调研处负责人、研究员、深圳市人民政府副秘书长、深圳市副市长。从 1991 年底调任中国银行深圳市分行调研处负责人，宋海就把深圳特区当成了自己的安家之所，深深地扎根、奉献于深圳的改革开放和建设发展。

（一）推动划清政府与市场的边界

宋海充分认识到要发展经济，就要厘清改革中出现的"市场和市长"的权力地位的问题，在他的推动下深圳借鉴国外和香港地区经验，采取"小政府、大市场"的办法，充分给市场主体以自主权，努力营造良好的营商环境与政商关系。

宋海认为，政府不应插手企业具体事务，应该做好引导和服务工作，营造良好发展环境是工作重点。宋海指出，党政部门应该充分认识到政府如果插手太多、干预太多只会自寻烦恼，更多的精力要投到营造良好的环境上，如果企业在经营发展中遇到什么问题需要政府解决，政府要认真对待、积极帮助。营商环境好了，千千万万的创业者和大大小小的企业才能有活力，深圳才能有明天。

在深圳，不仅民企的发展不受政府干预，国企的具体经营政府也不插手。如今，包括高科技产业在内的各领域，都放心交由民企去做，收获的是一个个不断做大做强的企业、一个个世界知名的品牌、一批批科技含量领先世界的产品。

（二）重视人才引进、深化体制改革

宋海初到深圳时，银行柜台的办事人员都是中专生，只能处理日常业务，但不懂外语无法接待外资企业客户，员工的素质亟待提高，他把该问题反映给了银行领导。第二年银行就开始大量招录本科毕业生从事柜台服务，也正好服务于那一年开始出现的大量涉外业务。

凭借着一个个建议被采纳、执行，宋海得到了深圳市领导的重视，后来调入政府部门工作，先后负责旅游、外经贸、粮食等工作。在改革奋进的氛围里，宋海不断担起重任，开始以一名政府官员的身份继续在深圳"奋斗"。

宋海积极推动深圳市的体制机制改革，在担任副市长期间，推动了深圳政府部门采用大部制模式，例如贸发局承担的职能一般会包括与商业局、一轻局、二轻局、盐业公司、糖业公司、粮食公司、石油公司等十几个单位共治。由此，深圳通过体制改革大大提高了行政效率。

（三）推动创业板落地

2003 年 3 月 5 日，作为全国人大代表、广东省副省长和深圳市主管金融的原副市长，宋海领衔向十届全国人大一次会议提交了《关于尽快推出创业板市场的议案》，建议主要集中在两个方面：一是建议国家抓紧出台创业板市场相关法规，尽快推出创业板；二是建议采取分步实施方式，推进创业板市场建设。

同时，议案中还给出了具体的时间表：2003 年第二季度前，在保持现有证券市场法规、上市标准、发行审核程序和市场规则的前提下，将具有成长性及科技含量的中小企业流通股集中到深交所发行上市，作为一个单独板块进行监控、独立运作；第二，待国家推出创业板后，将此类企业整体划入创业板市场，作为创业板顺利启动和规范发展的一个基础平台。

宋海在领衔提交《关于尽快推出创业板市场的议案》时，列出了以下理由：第一，创业板市场是推动经济持续增长、扩大就业与再就业的重要力量；第二，尽快推出创业板市场，将进一步拓展金融与资本市场的深度和广度，有利于启动民间投资；第三，抓紧推出创业板市场，是推进国家创新体系建设、促进风险投资发展的重要环节；第四，尽快推出创业板市场，有利于吸引海外资本、技术和人才，促进我国经济保持良好发展势头。经过三年筹备，我国推出创业板的条件已经成熟，宋海在推动创业板的过程中发挥了重要的作用。

七　徐安良

2015 年 6~7 月，任深圳市政府副市长、秘书长、党组成员，市政府办公厅党组书记。2015 年 7 月至 2016 年 8 月，任深圳市政府副市长、党组成员。

（一）深圳全国保险创新发展试验区不断结硕果

徐安良在任期间，深圳保险业不断创新发展，全国保险创新发展试验区取得诸多突破。2015 年 5 月，《深圳市人民政府关于加快现代保险服务业创新发展的实施意见》发布，提出以推进深圳保险创新中心建设为导向，抓住前海蛇口自贸区先行先试契机，加快保险制度创新和对外开放，改善保险业发展环境，使现代保险服务业成为深圳完善金融体系的支柱力量、改善民生保障的有力支撑、创新社会管理的有效机制、促进经济转型升级的高效引擎和转变政府职能的重要抓手。2016 年 3 月，市金融办和前海管理局联合发布《关于加快前海再保险中心建设的试点意见》，针对再保险企业发展制定了一系列包括落户奖励、税收优惠等优惠措施，同月前海再保险获批筹建，并于当年 12 月开业。2016 年 5 月，华安保险正式获批接入中国人民银行企业、个人信用信息基础数据库系统，成为国内第二家全面对接央行征信系统的保险企业。2016 年 6 月，众惠财产相互保险社获中国保监会颁发首批相互保险牌照。

（二）推动深圳金融标准先行

在徐安良的推动下，2015 年 11 月，市金融办印发了《关于打造深圳金融标准构建深圳金融发展新优势的指导意见》，是全国发布的首个城市金融标准建设的政策文件，也是全市各区各部门发布的首个落实深圳标准建设的政策文件，为深圳金融标准化建设指明了方向，也为深圳乃至全国金融标准建设探索道路积累了经验。2016 年 12 月，由市金融办筹建的全国首个地方金融标准化委员会——深圳市金融标准化技术委员会正式揭牌成立。

（三）推动资本市场更好地服务实体经济

徐安良在任期间，努力发挥资本市场功能，推动经济转型升级。2015 年 4 月，市金融办会同深圳证监局，联合市发展改革委、经贸信息委、国资委、前海管理局、创投办等部门发布《关于利用资本市场促进深圳产业转型升级的指导意见》，旨在更好地利用资本市场功能，进一步巩固产业转型升级成效，加大对"大众创业、万众创新"的支持力度，重点对新兴产业企业进入资本市场、并购重组、国资国企转型升级、前海资源利用、市场机构创新、产学研资对接等阐明工作思路、明确具体意见，引导市场发展。

第二节　金融市场与金融机构创新代表性人物

一　袁庚

袁庚（1917~2016），曾任招商局集团常务副董事长，招商局蛇口工业区和招商银行、平安保险等企业创始人，百年招商局第二次辉煌的主要缔造者，

为中国改革开放事业做出了积极探索和突出贡献。袁庚同志主导的改革，形成了新的时间观念、竞争观念、市场观念、契约观念、绩效观念和职业道德观念，成为推动中国改革开放的重要典范。

（一）出任香港招商局第29代"掌门"

1978 年 6 月，交通部党组委派袁庚赴港参与招商局的领导工作。1978 年 10 月，袁庚起草《关于充分利用香港招商局问题的请示》，提出"立足港澳、背靠内地、面向海外……应当冲破束缚，放手大干，争取时间，加快速度……走出门去搞调查做买卖……多方设法吸引港澳及海外游资"。该请示经交通部党组讨论后，上报党中央和国务院并很快得到批准。1978 年 10 月，袁庚同志任招商局常务副董事长，全面主持招商局工作。直到 1993 年袁庚离任时，招商局在 14 年间总资产从 4800 万元增至 56 亿元，缔造了招商局历史上的第二次辉煌。

（二）创办中国第一个外向型工业园区

在改革开放历程中，招商局秉承袁庚提出的"立足港澳、背靠国内、面向海外、多种经营、买卖结合、工商结合"的经营方针，致力于发展工业。1979 年，招商局在袁庚的带领下，在深圳蛇口创办了中国第一个外向型工业园区——蛇口工业区。

当时，香港寸土寸金，袁庚为此进行了深入考察。为充分利用国内相对廉价的土地和劳动力，以及国际的资金、先进的技术和原料，提出在临近香港的广东沿海建立工业区。经实地勘察比较后，最终选定蛇口。1979 年 1 月 31 日，袁庚和交通部副部长彭德清向李先念、谷牧汇报在广东建立蛇口工业区的设想，当即得到批准，招商局蛇口工业区从此创立。蛇口工业区是具有中国特色经济特区的雏形，第一个打开国门，对外开放，它的问世预示了中国改革开放春天的到来。1980年3月，袁庚出任蛇口工业区建设指挥部总指挥。当时，在计划经济体制还占据主导地位的背景下，袁庚以"敢为天下先"的改革精神，带领蛇口工业区不断打破传统观念禁锢，积极创新、大胆实践，提出了一系列符合市场经济要求的新观念、新举措和新变革，使蛇口工业区能够摆脱行政干预，充分发挥市场机制作用，形成了独特的"蛇口模式"。

（三）推进系列制度改革，推动人才解放

打破平均主义，激发人才潜能。袁庚主张按经济规律办事，用市场化手段去管理经济。1979年，蛇口工业区在建设蛇口港顺岸码头工程中率先打破平均主义的奖励办法，实行超产奖励制度。由此拉开了蛇口全面改革，特别是分配制度改革的序幕。此后，1983年7月，在袁庚的推动下，蛇口工业区打破了"大锅饭"的分配制度，实行基本工资、岗位职务工资和浮动工资相结合的工资改革方案，基本奠定了与市场经济相适应的分配制度。

推进干部人事制度探索创新，促进人才流动。在改革开放初期，人才极度匮乏。1980年3月，袁庚向中央报告关于蛇口工业区面向全国公开招聘人才的事宜，并建议来应聘应考的专业人才，其所在单位在其本人自愿原则下应给予支持鼓励，不应加以阻拦。1981年8月，蛇口工业区在各重点大学及各地公开招聘人才，大批专业人才汇集蛇口，适应了工业区外向型经济发展的需要。同时，袁庚主张废除干部职务终身制，实行聘用制，受聘干部能上能下、能进能出、能官能民，职务随时可以调整变动。干部聘任制极大地激发了蛇口发展的活力，开了新中国人事制度改革的先河。此外，袁庚还主张把职工与企业之间从隶属的行政关系变成平等主体之间的合同契约关系。1983年，蛇口工业区率先在劳动用工上推行劳动合同制，成为中国用工制度领域的一项重大改革。

率先实行住房制度改革，推动人才解放。袁庚认为，只有使职工摆脱了对企

业的人身依附，自由择业才能得到保障。1981 年，蛇口工业区开始进行住房制度改革，实行职工住房商品化，迈出了全国住房制度改革的第一步。住房商品化解决了职工住房的良性循环问题，职工住房商品化的方式能够不断地推出新的住房来满足职工需要，使"住者有其屋"。

（四）打破思想禁锢，推动思想解放

袁庚认为市场经济就是时间和效率。1984 年，他冲破传统思想禁锢，提出"时间就是金钱，效率就是生命"，得到了邓小平的肯定，对僵化的守旧思想形成巨大冲击，并逐步成为人们的行为准则和一个时代的文化坐标。1992 年，袁庚又率先倡导"空谈误国、实干兴邦"，更新了人们的价值观念，在很大程度上引领了全国的思想大解放。

袁庚认为，在蛇口搞改革开放，核心问题是要实行社会主义的高度民主，而实现民主其中一个重要条件是职工要解放思想、实事求是，改变不切实际的惯性思维，打破制约发展的主观偏见。1985 年 4 月 24 日，蛇口工业区试行无记名民主选举产生当地最高管理机构——蛇口工业区管理委员会。这是新中国第一家由直接选举产生的管理机构，是中国管理体制的一项重大变革。袁庚倡导职工以各种形式参政议政，支持蛇口工业区群众自发组织多个协会与学会，将民意公开出来，形成压力传导，借助舆论来监督管理层工作。袁庚还鼓励新闻监督，提出在蛇口办报，除不能反对共产党、不搞人身攻击外，凡批评工业区领导人的文章，都可以不要审稿。得益于开明的媒体环境，《蛇口通讯》开了党报批评同级党委的先河。

（五）坚持模式创新，创办孵化企业

实施工程招标，破解工程建设顽疾。为克服工程建设中要价高、质量差、工期拖延的现象，1980 年蛇口工业区在全国最早实行工程招标并推广至基建工程项目。通过投标单位公平竞争，工程项目实现了质优、价平和建设速度快的成效。蛇口工业区的工程招标，在中国基建体制改革中起到了先锋和探路者的作用。

中外合资成立公司，助力港口建设。1981 年 4 月，袁庚向中央提议将赤湾建成一个深水港和石油后勤服务基地。1982 年 7 月，招商局以有别于全资开发蛇口工业区的模式，由六家中外企业合资成立中国南山开发股份有限公司，开发建设赤湾，袁庚任董事长兼总经理。该公司是中国改革开放以来第一家真正意义上的股份有限公司，仅用三年时间便在荒僻海滩上建成了初具规模的深水港区、石油后勤基地及配套措施，成为中国港口建设史上的首创之举。

引入竞争机制，成立招商银行。1986 年袁庚提出由蛇口工业区负责、不需要国家投资创建一个商业银行的设想。1986 年 5 月，蛇口工业区向中国人民银行提交了关于成立招商银行的申请报告并在三个月后得到批准。1987 年 4 月 8 日，在蛇口工业区内部结算中心的基础上，新中国第一家企业股份制商业银行——招商银行正式成立。

紧跟金融需求，成立平安保险公司。随着经济的快速增长，袁庚认为发展保险业已成为一种迫切需求，他致函国务院财经小组及中国人民银行有关领导详述成立保险公司的必要性，指出设立保险公司既能为蛇口工业区的发展提供保障，又能突破当时中国金融体制的计划限制，积极探索成立股份制保险公司的道路。这个设想经过多方沟通，最终取得广泛共识和认可。1988 年 5 月 27 日，新中国第一家由企业创办的商业保险机构——平安保险在蛇口开业。

二　王喜义

王喜义，1988~1997 年先后任中国人民银行深圳经济特区分行副行长、行长、党组书记，是深圳金融改革的领头人之一。

在王喜义的推动下，深圳大胆进行金融行业改革创新，探索建立了直接融

资的资本市场、外汇市场、人民币货币资金市场、保险市场和黄金饰品市场，领导创办了中国第一家证券公司、第一个外汇调剂中心、第一家财务公司，推动了住房抵押贷款、贷款证制度和经济档案制度的试点工作，为中国金融市场发展做出了有益探索。

王喜义参与了深交所的创建，参与了化解深圳股市"8·10"风波，在他的推动下，深圳率先将《巴塞尔协议》中防止金融风险的资本充足率指标引入监管领域。同时，深圳率先实现了ATM（自动取款机）联网，并推广到全国。这些尝试和探索都是开创性的。

（一）带领创办深圳首家证券公司

1962年大学毕业后，王喜义被分配到中国人民银行总行工作，主管全国的信贷资金。为落实邓小平同志"金融很重要，是现代经济的核心。金融搞活了，一着棋活，全盘皆活"的重要指示，王喜义1985年主动离开北京到深圳搞金融改革。

刚到深圳的王喜义就向总行写报告申请成立证券公司，但当时没有获批。后来，王喜义找到了总行刘鸿儒副行长，再次请求批准成立证券公司，中国的第一家证券公司得以批准成立，即特区证券公司。证券公司的建立在深圳发挥了重要的作用，当时深圳最早五家上市公司的股票，从股票发行到柜台交易再到过户登记，都是特区证券公司一身兼三职完成的，由于当时没有证券交易所，买卖股票都是在证券公司的柜台上完成的。

在王喜义的推动下，深圳加快成立了证券交易所。为解决清算的问题，1991年，王喜义在深圳筹划成立了证券清算公司，后并入北京成为全国证券清算公司。

（二）带领开办中国第一家外汇调剂中心、首家财务公司

在王喜义的推动下，深圳 1985 年开办了外汇调剂中心。当时深圳的外向型经济发展迅速，对外汇的交易需求巨大，但是合法途径的交易无法满足需求，有的企业私下交易外汇被查处。

为了规范外汇交易市场，时任深圳市委书记李灏找到了当时中国人民银行的罗显荣行长，请他建设正规的外汇市场。后由王喜义落实，他和同事"弄了几条办法，就报到市里，市里批了"。1985 年 12 月 12 日，深圳外汇调剂中心试运行，是全国第一家外汇调剂中心。此后，深圳的经验推广到了全国，并为上海外汇交易中心的建立提供了有益参考。

在王喜义的推动下，深圳建立了全国首家财务公司——招商财务公司，即招商银行的前身。深圳原检察长熊秉权担任蛇口工业区党委书记时有一个疑惑："蛇口这么多企业，那么多钱，可这些钱我们自己不能用，我还得再找你银行去贷款，有没有什么办法我们自己用一些？"王喜义当时建议"搞财务公司，资金在内部融通先用"。在熊秉权的要求下，王喜义帮忙办起了财务公司。

（三）试水住房抵押贷款，设置企业贷款证

1988 年前后，王喜义再次从北京返回深圳，又投身到了金融改革中。

20 世纪 80 年代末，深圳刚兴起商品房，但按照当时的工资水平，居民很难买得起房子。王喜义借鉴日本抵押贷款的经验，在深圳试点抵押贷款，在由建行试水并取得成功后推广到全国。在此推动下，我国顺利推进了住房的货币化改革，为房地产市场的平稳健康发展奠定了基础。

为解决贷款时银行之间信息不通的问题，在王喜义的推动下，使用"贷款证"来解决这一问题。贷款证由中国人民银行深圳经济特区分行颁发，需要贷款的企业都要到深圳分行来申领，企业到银行贷款都要出示贷款证，没有贷款证的企业各行不得受理其贷款业务。这样，各家银行对相互的贷款信息一目了然，由

此建立起一种透明的制度。在贷款证的基础上，国家建成了全国征信系统。

从 1985 年第一次到深圳到退休，王喜义带领深圳金融不断改革创新，他先后"拍板"或推动了 121 个公认的"全国第一"，助推深圳金融业在改革浪潮中不断前行。

三　王健

王健，1984 年从南开大学金融学系毕业后来到深圳，最初在中国人民银行深圳经济特区分行工作，后陆续进入农行深圳分行、中行深圳分行工作，是深圳发展银行创始人之一、深圳证券交易所第一任法人代表。

王健是中国证券市场的开拓者之一，他以证券市场为主阵地，大胆尝试、敢为天下先，推动了国企尤其是银行等进行股份制改革，走规范化公司治理之路，他和禹国刚被称为"股市双雄"。

王健对特区货币政策、金融机构业务管理规范等有深入的研究，出版了大量的专著，发表了大量的文章。他撰写或组织编写了《深圳证券投资手册》《证券交易手册》《世界证券市场重大事件》《货币政策及证券市场理论与实践文集》《深圳证券交易所》《台湾股市及证券交易所》《中国股票市场问题争鸣》《股票投资策略》《股票交易技巧》《深圳股市》等，发表的文章共计一百余篇，对证券市场和证券投资的理论和实务进行了深入的阐释。

（一）创建新中国第一家股份制商业银行——深圳发展银行

1986 年底，36 岁的王健参加了深圳市委、市政府局级干部公开招考，取得了金融业务考试第一名。当时，深圳市计划将经济特区的六家城市信用社整合成深圳发展银行，王健受命筹建深圳发展银行，并担任首任副行长（主持工作）和第一任法人代表。在王健的带领下，新中国第一家股份制商业银行诞生了。

王健在深圳发展银行进行了大刀阔斧的改革。在经营管理上尝试采用目标责任制，给各营业所更多的自主权，充分发挥各自能力。在人事方面，采取严格的考核制度，形成了能者上、庸者下的动态机制。

在王健推动的改革助力下，深圳发展银行逐渐走出发展困境，步入正常的发展轨道。后来，深圳发展银行还积极进行股份制改造，发行股票并上市，成为深圳乃至全国股市中的龙头企业。两年后，正当深圳发展银行步入正轨之时，王健选择了急流勇退，离开了深圳发展银行。

（二）筹建深交所

1989 年，正在试点股票市场的深圳出现了股价狂热、黑市交易猖獗、股价波动巨大的问题，不仅在当时引发了激烈的讨论，也引起了中央的高度重视。当时，深圳市委、市政府决定加快筹建深圳证券交易所，遏制无序的场外交易，建立规范化的场内交易场所。

由此，深交所开始紧锣密鼓地筹备，作为筹备组负责人之一的禹国刚邀请王健参加深交所筹建。从深圳发展银行离开的王健，本有意加入招商银行，禹国刚请时任深圳市主管金融的副市长、深圳证券市场领导小组组长张鸿义出面协调。1989 年 11 月 15 日，深圳市政府下达了《关于同意成立深圳证券交易所的批复》，王健任深圳证券交易所筹备小组组长，禹国刚任专家小组组长，就这样王健开始了深交所的创建工作。

王健为深交所的筹建四处奔波、谋划协调，在几近空白的基础上，为证券交易设计出了规范化的制度。在深交所筹备组的共同努力下，多项规则制度陆续出台，为深交所和深圳证券市场的发展建立起制度保障。

深交所的开业可谓一波三折，据王健回忆，深交所筹备组最初定的开业日期是 1990 年 5 月 13 日，后来改成了 8 月 18 日试业。当时，深圳和上海都在争取成立中国第一家证券交易所，11月，王健向时任深圳市委书记李灏汇报了开业准备工作，李灏当即决定12月1日开业。深圳证券交易所于1990年12月1日开业，成为改革开放后中国第一家证券交易所。

（三）股票市场大跌面前力主救市

深交所正式成立后，规范化的证券交易逐步取代了黑市交易，然而从1990年12月21日开始，股价开始大幅下跌，出现了发生"股灾"的迹象，这对当时资本市场的参与者和管理者都是严峻的考验。

1991年4月，在借鉴境外应对股票大幅下跌的成熟策略的基础上，王健和禹国刚开始推动救市。在1991年7月10日的深交所救市会议上，与会专家、领导就救市还是不救市展开了激烈的讨论，王健和禹国刚力主救市。后来，深圳市国投等几家企业共同出资2亿元，组成"调节基金"推动救市，使深圳股市成功避免了大幅下跌的灾难。

四　于学军

于学军毕业于中国人民大学，经济学博士。先后在内蒙古自治区计委、区党委工作7年，后调往中国人民银行深圳经济特区分行工作，历任中国人民银行深圳经济特区分行调查统计处处长、办公室主任和副行长，2003年9月至2007年10月任深圳银监局党委书记、局长，2014年4月任国有重点金融机构监事会主席。

作为一名学者型的监管官员，于学军长期从事金融监管工作，对宏观经济、金融理论有深入研究，以解决中国金融改革与发展过程中出现的关键问题为导向，不断在实践中分析新情况、探索新途径、解决新问题。

（一）提升银行业监管团队监管水平

于学军认为具备专业素质、专业知识和条件的监管人员是做好监管工作的必要条件。一流的监管单位要打造一批一流的监管人才，只有监管人员是一流的，监管局才是一流的。因此，在于学军的领导下，深圳银监局投入了大量资源培养监管人才，通过实践、锻炼和积极的交流、培训，争取使监管队伍的整体水平得到突破性的提升。

于学军认为，监管队伍和监管人才需要充分认识金融体制、机制和环境的不断改变，不断调动和发挥个人潜力和团队潜力。在监管实践中不断锻炼队伍，加快队伍进步步伐。在于学军的带领下，深圳银监局改变了以往"蜻蜓点水式"、主要进行单项合规性检查的状况，在专业水平方面大幅提升，逐步形成了以资产质量为中心、以风险控制为目的，重点检查贷款的五级分类、内控制度建设等的现场检查机制。这些风险防控的方式、方法在监督商业银行防控风险、加强内部管理、理顺经营理念、端正发展思想等方面发挥了作用，发挥了在商业银行之外设置防范风险屏障的重要作用。

（二）转变银行业监管方式

在于学军带领下，深圳银监局创造性地转变对银行业的监管方式，从合规性监管转向兼顾金融风险和合规性的监管模式。

于学军认为，要达到商业银行改进和管理水平提高、风控能力增强的目标，需要监管目标、方向与商业银行协调一致。深圳银监局在日常监管的基础上不断进行监管创新，开发了"五大工程"，即《深圳银监局监管工作规程》、《2003年度深圳市银行业金融机构监管报告》、《关于深圳银行业金融机构可持续发展的若干指导意见》、《深圳市商业银行风险评级办法》以及《2005—2009年深圳银行业发展与监管规划》，即五个规模庞大、体系完整的规范性文件或办法，并且使这"五大工程"与金融机构充分沟通，在监管机构与被监管机构之间形成一种公开透明、良性互动、协同发展的态势。

这五个文件，即"五大工程"，为深圳如何科学、规范、完善地完成地方监管工作，搭建了一个管理平台和架构思路。"五大工程"监管体系，不断指引和促进商业银行等金融机构合规经营、有效管理、长远发展。所有这些工作均具有意识超前、起步早、决策快、出台及时等特点。无论是对监管者自身规范监管行为，还是对商业银行等机构规范其经营行为，都起到了很好的作用。

《2003年度深圳市银行业金融机构监管报告》是深圳关于银行发展与监管的首个"白皮书"，对2003年深圳银行的发展状况和存在的问题进行了详细分析。

《深圳市商业银行风险评级办法》是深圳银监局的技术团队在对当前评级体系深入研究的基础上，制订出的符合深圳特点的风险评级方案。

《关于深圳银行业金融机构可持续发展的若干指导意见》为深圳银行业金融监管制定或规划了一个超前的监管目标、理念、框架等，增强了深圳银行业金融机构在国内的核心竞争力和生存力，为深圳创建区域性金融中心打下了坚实的基础。

（三）强调调研对银行业监管的重要性

深入开展调查研究是深圳银监局的工作特点之一，通过调查研究由表及里、由此及彼，对银行业发展的一些难点和热点问题进行深入细致的研究和分析，并形成高质量的调研报告。

于学军认为由于中国银行业专业化监管工作开展历史较短，经验不多，很多监管工作都是开创性的，并且一些监管要求、监管标准在逐渐提高，所以，提升对银行业机构本质规律性的认识、对金融风险的了解、对监管工作本身规律的掌握等较为关键，这就需要从调查研究入手开展工作，把调查研究作为重要的方法推行。

第十二章 深圳金融机构代表性人物

随着金融改革的深入和资本市场的不断完善，深圳商业银行、证券公司、保险公司、股权投资公司、金融科技公司等金融业态不断发展壮大，金融业综合经营也水到渠成。分析金融机构的代表性人物在机构发展关键时期对战略、制度、业务调整等的深刻洞察和英明决策，能够使我们窥见深圳金融生态发育和金融地位确立的全貌，激励后来者砥砺奋进。

基于此，本章选取招商银行、中国平安以及证券、创投、金融科技等领域的关键人物，通过深入剖析其关键决策和显著业绩，刻画深圳金融业顺应实体经济发展需求、拥抱新技术、服务中小微企业的生动实践。

第一节 招商银行和中国平安代表性人物

一 马蔚华

马蔚华，1949 年 6 月出生于辽宁锦州。1982 年吉林大学经济系本科毕业，1986 年获吉林大学经济学硕士学位，1999 年获西南财经大学经济学博士学位，美国南加州大学荣誉博士，高级经济师，曾先后任职于辽宁省委办公厅、中国人民银行及国家外汇管理局海南分局。1999 年 3 月至 2013 年 5 月，任招商银行行长。

执掌招商银行 10 多年间，马蔚华始终把"创新"贯穿于招行的发展之中，成功推动招行实现业务网络化、资本市场化、经营与管理国际化的三大变革，将其打造为国内最具品牌影响力的商业银行之一。他带领招行两次转型，走零售银行之路，并通过管理革命，提升招行风险管理能力，使其成为中国银行业改革的风向标。在他担任行长的 14 年间，招商银行实现了"三步走"的发展战略，努力推动两次转型、多次变革，已经成长为整个中国银行业改革的风向标。

（一）变革经营模式，引领创新潮流

21 世纪初，马蔚华率先倡导银行业务必须要以客户的需求为导向，招商银行因此提出"因您而变"的理念，且以金色向日葵作为自己的标志，暗喻"一心向着客户"的终极经营理念。"因您而变""因势而变"的经营理念，促使招商银行一直扮演着传统银行向现代银行转型的探索者、变革者角色。

马蔚华上任不久，经过深入细致的调查研究，带领招行制定并实施了"三步走"的发展战略。

一是调整经营模式，实施业务网络化，形成独特的经营特色。在传统的银行模式下，招商银行没有任何优势可言，业务、网点、客户规模及资金实力远不及国有银行，品牌、管理与效益更难以望国际先进银行项背。唯有互联网招行较早介入，1995 年，招行推出一卡通，具有相对优势。1999 年 9 月，招行宣布全面启动网上银行，以一卡通为基础，在全国率先启动由网上企业银行、网上个人银行、网上证券、网上商城和网上支付组成的网络银行服务系统，推出了"一网通"，并以此率先形成了中国零售银行的雏形。招行最早提出将零售银行作为重点发展的领域，马蔚华不仅做了这个决定，而且在信用卡、理财、财富管理和私人银行业务的发展上，倾注了巨大的资源，用实际行动来推动招商银行零售业务的发展。

二是资本市场化，建立有效的资本补充机制推动自身管理素质的提升。2002年，招行较早实现了A股上市，并于2006年在香港上市，创立了商业银行"先A股后H股"的新模式。招行也成为第一家没有引进国际大型战略投资者的H股上市银行。招行A股上市创造了三个国内之最：当时国内股本最大的上市银行、筹资额和流通盘最大的上市银行、国内第一家采用国际会计标准上市的公司。马蔚华认为，A股上市是脱胎换骨的过程，它使招行甩掉了历史包袱，全面提升了经营管理素质，得以"强身健体"，再添活力。而H股上市则是更上层楼的过程，它使招行的管理团队深刻认识了自身的优势以及与国际标杆银行的差距所在，明确了发展方向和量化目标，为真正步入国际化发展轨道确立了全新的起点。

三是向国际化迈进，借鉴国际先进银行经验，促使经营与管理进一步与国际接轨。2008年10月，招商银行纽约分行在获批一年后正式开业，这是1991年美国实行《加强外资银行监管法》以来，突破美国监管当局长期以来对中资银行的准入限制，获准在美国设立分支机构的首家中资银行。此举为我国银行进入美国市场打开局面，闯出一条路子。2008年9月，作为香港历史最为悠久的华资银行之一的永隆银行被招商银行并购，成为招行实现国际化的平台，通过增加"内外联动"业务比例，发挥香港作为最大离岸人民币市场的作用，重点突破跨境金融服务。2009年7月，招行伦敦办事处成立。

10年的国际化进程体现出招行锲而不舍的进取精神。在马蔚华看来，国际化不能简单地理解为"走出去"建机构，而管理、业务、产品、股权、人才等都属国际化的题中应有之义。而招行与国际先进银行的最大差距就在于管理。提升管理水平的关键在于拥有先进的理念。为此，在马蔚华的倡导下招行针对这一薄弱环节，总结了一系列管理理念并以多种形式向员工灌输。如果说基于银行服务业属性提出的"因您而变"的经营理念，体现的是招行自我定位和不断满足客户需要的目标追求和思想方法，那么对传统银行经营管理理念与模式具有颠覆意义的"十变",则是招行管理者在实现管理国际化过程中对新的经营管理观的理解和诠释。这"十变"是:变规模导向为价值导向,变账面利润为经济利润,变粗放营销为精准营销,变以大论优为以质论优,变控制风险为管理风险,变单一盈利为多元盈利,变被动定价为主动定价,变比例管理为资本管理,变部门银行为流程银行,变行政调节为利益调节。

(二)励精图治,积极推行经营战略转型

2004年,经过积淀、思索,马蔚华在行内不断强调要把零售业务作为未来发展的重中之重,继而系统提出经营战略调整的方向、目标与举措,招行开始了经营战略的第一次转型。

马蔚华带领招行走上零售银行转型之路,首先是落实发展零售银行的理念,和当时大多数银行"重大客户轻零售"不同的是,招行更注重发展零售业务,提高非利息收入比重。推出了针对高端客户的金葵花服务体系,提出制定国内第一张国际标准的信用卡,继而向银行理财、财富管理和私人银行拓展,经过多年发展,最终做到国内银行零售业务的龙头。零售银行不仅成了招行的"光环",同时招行还以零售业务为核心配套机构改革,在总行成立零售金融总部,管理大零售业务。在马蔚华的直接倡导下,经过不懈的努力,招行实现了零售业务从局部领先优势巩固并扩大为全面领先优势,从广度、跨度、深度三个维度构建高客户满意度、高客户忠诚度的服务体系。优质的高端客户和财富管理业务不断巩固着招行的"护城河"。其次是发展中小企业业务,马蔚华清醒地认识到,"商业银行长期以来所奉行的以大企业为主要服务对象、以批发贷款为主要资产形式、以存贷利差为主要盈利来源、以规模大小为主要评价标准的经营之路已越走越窄。要想发展,必须找到新路"。招行提出要在控制风险的前提下,大力发展与招行"门当户对"的中小企业,以此建立基础客户群,提高贷款定价水平,并确定了中小企业业务发展的重点区域,加大了对中小企业业务的考核力度,创新了一系列特色产品。后来还建立了国内第一家准法人银行的小企业信贷中心。对小企业

信贷的经营模式进行了有益探索，得到国务院和客户的肯定。在全行努力下，招行的中小企业业务发展迅速，占比领先国内同行。

马蔚华率先带领招行走出的零售银行转型之路备受赞誉，这也使招行实现了多年的业绩高速增长。

2008 年，金融危机席卷全球。以零售见长的招商银行面临困境。2009 年，招行出现上市以来首次利润负增长，成为当年上市商业银行中唯一盈利倒退的银行，基于上述背景以及自身的忧患意识，2009 年底马蔚华提出了"二次转型"战略，转型的主要目标是降低资本消耗、提高贷款定价、控制财务成本、增加价值客户、确保风险可控。马蔚华认为，由于受到资本约束，商业银行必须加强对资本的管理，令有限的资本在不同的业务条线和银行产品之间，以及在现在和未来之间有效地分配。2012 年，马蔚华确立了主攻中小企业和小微企业的"两小战略"，将养老金金融和小微贷款划归零售业务。通过构建挖掘零售存量客户和工厂流水线式的作业模式，当年招行的小微业务异军突起，小微贷款的增幅和增量均跃居同业第一。

招行的两次转型虽然背景不同、目标各异，但总的来看，不外乎是为了适应不同时期的竞争环境，寻找差异化的竞争优势和可持续发展的商业模式。在他看来，"二次转型"表面上是经营指标的转型，实质上是一场管理的革命，它是对招行风险管理能力、资本管理能力、成本管理能力的一次全面提升。马蔚华认为，大变革需要创新求变的新思维，要将转型进行到底，巩固和扩大招行的领先优势，必须彻底颠覆传统思维方式，特别是在管理上进行大变革，适应新形势，努力接受新事物、新知识，不断挑战自己。

二　田惠宇

田惠宇自 2013 年 5 月起至今担任招商银行党委书记、行长，2007 年 7 月至 2011 年 3 月，曾任中国建设银行深圳市分行主要负责人、行长。

田惠宇执掌招商银行以来，为招行擘画了"轻型银行"的转型方向和"一体两翼"的战略定位，带领招商银行调整资产和业务结构，强化零售银行品牌，打造批发银行特色优势，全面布局金融科技建设，在国内银行业中走出了一条特色鲜明、优势突出的差异化发展道路。出色的经营业绩也让招行受到资本市场的广泛认可，招商银行估值持续大幅领先同业。

（一）"轻型银行""一体两翼"战略的提出与实施

2013 年，田惠宇接任招商银行行长。经过两次转型，招商银行初步确立了在零售业务领域的口碑和领先优势。结合外部形势和自身条件，田惠宇提出了"轻型银行"的战略方向和"一体两翼"的战略定位。从内涵上描述轻型银行战略，主要体现在"轻资产、轻运营、轻管理、轻文化"四个方面，轻资产是"轻型银行"的直接体现，旨在构建资本消耗少、风险权重低、风险可控的业务体系。轻运营是实现轻资产的必要手段，核心就是通过批量获客、精准营销、高效服务以及深度经营等，探索构建集约化、内涵式、成本节约型业务发展模式。轻管理，就是删繁就简、注重实效，按照扁平化、集约化、专业化的思路，借助科技手段，打造高效的组织架构和管理流程，祛除大企业病。轻文化的出发点，就是从文化上做到身轻如燕，让招商银行的有生力量都尽可能地作用于市场、服务于客户。

明确了轻型银行战略方向以后，业务定位肯定也要有所侧重。考虑到招行的自身禀赋与市场环境之后，田惠宇明确了"一体两翼"的战略定位。这是个形象的比喻，"一体"指的是零售金融，"两翼"分别是公司金融和同业金融。一体两翼共有七项重点业务，分别包括零售金融的财富管理、小微金融和消费金融，公司金融的交易银行和投资银行，同业金融的资产管理和金融市场。这七种业务有的是招行的优势业务，有的是未来商业银行的发展方向，但都有一个共同点，都属于轻资本占用业务，符合"轻型银行"的方向。

明确战略以后的关键是执行战略。在田惠宇带领下，招行的管理层和全体员工体现出了强大的执行力。调整资产和业务结构，加大零售投入，将信贷等资源向零售倾斜，提升零售业务占比；批发则进行大规模的客户结构调整，坚决清退高风险和"亚健康"客户，聚焦战略客户，重建一批可以与招行共成长的核心客户群体。为配合业务结构的调整，招行进行了全面的体制改革，聚焦集约化、扁平化、专业化。

经过持续的战略转型，招行逐渐形成了自己的特色和优势。从 2013 年到 2019 年，零售贷款余额占比从 36.42% 提升至 52.61%，零售营收占比从 42.65% 提升至 53.66%，零售税前利润占比从 33.88% 提升至 56.7%，零售贡献占据半壁江山。零售市场领先地位更加突出，零售 AUM（管理客户总资产）从 2.8 万亿元增长至 8 万亿元，相当于在表外再造了一个招行。零售的财富管理、私人银行、信用卡在市场上都是处于头部位置。批发业务也逐渐形成了新的特色和优势，资管规模行业第二、托管规模行业第二、票据业务行业第二，投行叙做了 360 私有化、万达私有化、格力混改等一批具有市场影响力的项目，股权投资了宁德时代、寒武纪等新动能企业，奠定了市场地位，逐渐有好的项目主动找上门来。随着"一体两翼"战略的实施，零售业务成为市场公认的第一，批发业务也在很多细分领域形成了"单打冠军"，特色鲜明。更重要的是，"一体两翼"形成了相互循环、相互促进的飞轮效应。依托于强大的零售财富管理能力，投资银行的资产组织和资产管理的产品创设能力得以充分加强，同时批发资产组织和产品创设能力也为零售理财收益率提升提供了支撑，"财富管理 – 投资银行 – 资产管理"形成了一条价值循环链，这本身就是一个强大的生态。

（二）转型下半场：探索数字化的3.0模式

田惠宇认为，面对瞬息万变的互联网时代和百年未有之大变局，寻求银行未来增长的潜力和动能，还是要回归第一性原理，把目光聚焦到客户和科技上。首先是客户，这是商业逻辑的根本出发点，无论外部环境如何风云变幻，商业银行作为服务业的本质属性不会变。其次是科技，纵观人类发展的历史，在推动经济增长的众多要素中，其他要素都存在投入产出边际递减的规律，增长曲线到一定程度是平着走甚至是向下走的，科技是唯一可能颠覆投入产出模型、实现增长曲线持续向上走的力量。因此从 2017 年起，田惠宇在内部提出"轻型银行"转型进入下半场的思路，要以"客户＋科技"为主线，全力探索数字化时代的经营模式，开始向商业模式取胜阶段转型。

在转型的下半场，招行零售业务重点是解决亿级客户的获取和经营问题。招行把"招商银行 App"和"掌上生活 App"两大零售 App 作为客户经营的主要阵地，把月活跃用户数（MAU）作为零售数字化转型的北极星指标，牵引零售业务从银行卡时代向 App 时代跃迁。批发业务是以行业专业化经营为抓手，助力构建体系化、投商行一体化的服务能力。同时，打通批发和零售界限，共同服务于客户以及客户的员工、客户的 C 端用户，与客户共同进入一个强韧、交互、复杂的商业生态中。田惠宇把金融科技形容为转型下半场打造 3.0 模式的"核动力"，为此招行在同业中首个设立"FinTech 项目基金"，2019 年又把科技投入占营收的比例写进公司章程。

探索新的商业模式需要新的经营理念和方法论。为此，田惠宇将互联网企业的经营理念与传统商业银行经营理念相结合，提出将"开放与融合"作为方法论。开放，是为了寻求服务机会，要走进客户生活圈、企业经营圈，寻找融入数字化时代金融服务的新入口。融合，是为了提升服务能力，要给客户提供生态化的服务，内部必须更加协作，业务和业务之间要更加有效地配合起来，互相循环、互相促进。

截至 2021 年上半年，"招商银行"App 用户达到 1.58 亿户，"掌上生活"App 用户达到 1.17 亿户，两个 App 合计 MAU 达 1.05 亿户，在业内持续领先，借记卡数字化获客占比约 20%，信用卡数字化获客占比约 60%。客户的绝大部分交易都在线上，比如理财投资销售约 80% 是通过"招商银行"App 完成的；有专门的"风铃系统"去监测客户体验，不断地提升客户体验；智能风控平台"天秤系统"30 毫秒即可对疑似欺诈交易做出拦截判断，将非持卡人伪冒及盗用金额比例降至千万分之五。

（三）战略转型背后的文化蝶变

从招行开启轻型银行转型伊始，田惠宇对推动招行文化的变革就从未停歇过。

2013 年，上任不久，田惠宇就提出"六简四正"：出差调研轻车简从、文件会议精练简短、管理方式简捷有效、办事程序化繁为简、人际关系简单纯粹、评价规则简明一致；持身要正直、为人要正派、办事要正规、所得要正当。田惠宇在管理中向来追求"大道至简"，"六简四正"在招行内部被认为是轻文化的逻辑起点和根基。

在这一管理思想的指导下，招行在 2018 年推出了跨条线、跨层级合作的小团队创新机制，建立内部员工创意发声平台——蛋壳。在蛋壳上，员工可以自由发声，匿名发帖，永不删帖。随着时间的推移，蛋壳在推动招行文化迭代方面的作用越来越大。蛋壳的诞生使各单位的心态由"封闭拒绝"走向"开放包容"。蛋壳的诞生也改变了招行内部传统的逐级汇报的议事规则和沟通方式，基层员工的声音能够很快地被管理层倾听，蛋壳所象征的"开放""包容"精神，越来越深入人心，在潜移默化中影响着招行人的行为方式。经过 3 年的运作，蛋壳已经进化成为管理变革和新型文化的孵化平台。

2019 年，招行发布了广受好评的"清风公约"，将其作为践行轻文化的具体准则。经过几年文化建设的实践、总结、提炼，田惠宇在 2020 年工作会上提出要打造"开放、融合、平视、包容"的轻文化，为招行未来的文化建设指明了方向。

田惠宇说："在这个充满变化的时代，招行最大的敌人是自己，最大的竞争对手是我们所处的时代。"他告诫全行："当前阶段，全行要时刻保有忧患意识，保持对行业、对规律、对规则、对客户，特别是对员工的敬畏之心。保持忧患意识最根本的一条，就是要对外部环境和我们自身能力的差距保持警醒。"

三 马明哲

1988年创办中国平安集团，任董事长、首席执行官。

马明哲继承"蛇口精神"，创立了中国第一家股份制、地方性保险公司——平安保险，他推行以"外资""外体""外脑"为主的"三外"国际化战略，用"国际化标准"提升平安的核心竞争力，使其发展成为全球市值第一大保险集团和全球领先的科技型综合金融集团。在马明哲的带领下，平安从1988年成立之初的13人，年营收418万元，裂变到2017年末的170万员工及代理

人，年营收近10000亿元，总资产逾6万亿元。在2017年度《财富》全球500强的榜单上，平安名列第39位，蝉联中国保险第一名。

（一）重启旧业，引入竞争

20世纪80年代中后期，马明哲以其敏锐的市场眼光，准确把握时代先机，倡议、发起成立平安保险公司，拉开了中国保险市场多元化竞争的序幕。

1986年，马明哲向时任招商局集团副董事长、蛇口工业区创办人袁庚建议，由招商局牵头组建一家新的股份制保险公司。他当时给袁庚的理由有两个：一是"百年招商，重启旧业"；二是"引入竞争，改善环境"。改革开放初期，蛇口作为出口加工区，正吸引大量外资企业入驻，但中国只有一家保险公司，没有选择，投资环境亟待改善。袁庚听完，立即表态："重启旧业，引入竞争，改善投

资环境。非常好，我支持！"

经过两年的筹备，1988 年 3 月 21 日，平安保险正式获得中国人民银行批准成立，5 月 27 日在深圳蛇口正式开业。这家公司带有明显的蛇口"改革"气息，是中国第一家股份制、地方性保险公司。马明哲作为第一代蛇口人的创业之路由此开启。

创立后不久，平安成功引入摩根士丹利和高盛高价入股，二者成为平安的重要股东。外资的引进，从机制和体制上使平安高度重视公司治理，注重经营管理行为的长期化。

发展至今，作为一家集团整体上市的企业，平安股权分散且全流通，根据平安的董事会决议，股东无论大小，需要秉持"三不"原则，即不干涉具体业务经营，不派员参与平安经营管理，不与平安发生关联交易。这样就形成了公司股东会、董事会、监事会和管理层各司其职，不缺位、不越位、不错位的良好公司治理结构。多年来，多家中外投行评价道："体制机制的优势，确保了平安管理团队的稳定性、公司战略的延续性、经营的稳健性、用人的灵活性，以及在很高的国际标准下公司持续的进取精神和创新活力。"

（二）开放创新，砥砺前行

马明哲认为，平安能够发展到今天，关键得益于平安与时俱进的战略和开放包容的文化。30 年来，马明哲领导平安从保险开始，一路前行，几乎跨越了所有金融领域。今天的平安集团直接管辖着超过 20 个在行业内都很有影响力的各类子公司。对马明哲而言，每个业务子公司的设立，都是一个开放创新、艰苦创业的过程。

秉承着强烈的事业心、学习心、聚才心和创新精神，马明哲领导平安走上了一条"没有最远，只有更远"的路。

20 世纪 90 年代中期，平安开始实行以吸引"外资""外体""外脑"的"三外"为主的国际化战略，即引进海外战略投资者、吸纳海外良才、学习借鉴国际化的公司治理结构。马明哲希望通过借鉴外资保险企业用上百年时间树立的"国际化标准"以增强平安的核心竞争力。

事实证明，平安"三外"战略成效显著，不仅给平安带来了国际化视野和全新的管理理念，同时推动了整个行业的进步。在"三外"的帮助下，平安引进了现代保险精算体制，编写了中国第一份生命表；率先引入了现代企业会计制度，建立了符合国际标准及实践典范、符合中国国情及法规的公司治理结构、经营管理体制及机制，也为中国金融保险业培养了一批具有国际视野和实战能力的本土人才。

在马明哲和国际化、专业化管理团队的带领下，平安分别于 2004 年、2007年在香港交易所和上海证券交易所上市。目前平安市值排名全球金融机构前 10位、保险集团第一位。上市以来，公司总资产、净利润复合增长率近 30%，连续 16 年获得"中国最受尊敬企业"称号，公司治理多次获亚洲权威机构授予的"亚洲卓越大奖"。

（三）综合金融，全球标杆

20 世纪 90 年代末，马明哲领导平安正式启动"综合金融"战略，经过近 20年的探索与实践，克服诸多困难与挑战，终于成功创建了独有的"平安模式"，成为全球金融企业学习的榜样。

近 20 年来，平安不断地探索和建立综合金融集团管理架构运作模式。通过做强保险主业，深耕代理人队伍，为综合金融发展构建基本服务基础；通过个金会、团金会等管理机制，为客户提供"一站式"服务；通过建立全球领先的后援营运管理中心，形成金融中后台管理的统一、集中及高效运作；通过矩阵式管理架构设计，实现高效管理及多业务协同；通过互联网科技创新，实现渠道及产品服务协同。

正是有了马明哲的坚持和不懈努力，中国平安才成为国际上独一无二的综合金融集团。截至 2017 年底，平安拥有逾 4.4 亿用户，1.6 亿金融客户，客均产品2.36 个，在市场上遥遥领先。近期，平安"综合金融"模式入选哈佛大学商学院的研究案例，成功完成了从"学生"到"老师"的华丽转身。

（四）"金融+科技"，双轮驱动

2018 年，在平安迎来 30 岁生日之际，马明哲说："三十年河东三十年河西，平安要向科技驱动转型，新的三十年刚刚开始。"2017 年，平安集团总市值突破 10000 亿元。市场对平安的认识不再是金融集团，更是对平安在科技创新方面的综合实力的充分肯定。也正是这一年，平安正式启动新一轮的战略转型，从综合金融转变为"综合金融＋科技创新"双轮驱动。

20 世纪 90 年代末，平安推出了中国首个"一站式"综合理财服务网站"PA18.com"，可谓互联网金融最早的探索。近 20 年来，平安在科技创新领域组建了 22000 人的研发团队，累计投入 500 多亿元用于科技研发。先后建立了中国首个金融后援数据中心，推出中国最大的在线资产管理平台"陆金所"、中国最大的移动健康医疗服务平台"平安好医生"，搭建了中国首个开放式金融科技服务平台"金融壹账通"、首创寿险代理人移动展业平台"MIT"、首创智能查勘调配系统"510"等，在远程服务、灾备管理、综合金融后援集中共享服务和快赔快付等方面一直处于国际领先地位。

面对日新月异的科技变革浪潮，平安勇立潮头，在生物识别、大数据、区块链、人工智能、云计算等技术领域大胆投入、快速进步，包括人脸识别等多项技术世界领先，并且已经广泛应用于金融、医疗、健康、生活、城市服务等丰富场景中，成为新科技时代金融及医疗科技的领头羊。

四　岳鹰

岳鹰，2015 年 10 月起至今担任招商银行深圳分行行长。从事银行工作 30 余年，具有扎实的金融理论功底和丰富的管理实践经验。在他的带领下，招商银行深圳分行贯彻总行"轻型银

行""一体两翼"战略,坚持规模、质量、效益协调发展,业务规模和经营效益等均处于本地同业和招行系统前列,打造了资产管理、投资银行、跨境金融、交易银行、财富管理、私人银行、家族信托等业务优势,成为本地一家特色明显、优势突出的大行、强行。

(一)立足深圳,积极融入粤港澳大湾区和社会主义先行示范区建设

岳鹰到任深圳分行之时,正值深圳市进入产业转型升级加速期,再加上毗邻香港这一国际金融中心,蕴含着大量新动能产业和跨境业务机会。于是,他审时度势,提出了"回归深圳,做实境内外联动"的经营战略,要求集中全行资源,服务于本地客户,支持深圳产业转型升级。2017年以来,随着粤港澳大湾区从学术概念转变为实际行动,他顺势而为,将经营战略迭代为"立足大湾区,做实境内外联动",引领分行继续服务于湾区发展建设。2019年,他再一次提出深圳分行要把握深圳"双区"驱动的历史机遇,深度参与深圳经济发展,为"双区"建设贡献招行力量。

在明确自身经营战略的同时,深圳分行还苦练内功,持续推动组织管理变革,打造服务于深圳市及粤港澳大湾区建设的组织能力。2016年初,深圳分行参照国际先进银行的运作模式,实施组织变革,从传统的"分行－一级支行－网点"三级架构变为"事业部－网点"二级架构,压缩管理层级、缩短信息传导半径,提高内部运行效率;先后成立了八个专业客户经营部门,集中精兵强将,配置专门资源,专门服务本地国企、政府机构、金融机构以及新动能企业。在组织架构调整优化的基础上,2019年,深圳分行开启二次管理变革,通过对标国内外优秀企业,引入优秀的管理经验和科学的管理方法,进一步提升分行整体的运行效率和管理水平。

5年多来,在做深做透本地客户的战略指引下,在先进的组织体制和管理能力的带动下,深圳分行服务本地实体经济的能力也显著提升。建立了全流程的地方专项债发行服务体系,累计协助市、区政府发行地方政府专项债超过800亿

元，占全市专项债发行量的近 90%；先后参与并推动人才安居集团、鲲鹏基金、重大产业发展基金、丝路基金、南山汇通基金等重点项目落地，累计为深圳市近百个重大项目提供超千亿元授信支持；积极支持市属国企综合改革工作，为地铁集团收购万科、深资本战略入股中集集团等重大国企混改项目提供金融服务；为本地新动能企业提供股债权相结合的全生命周期金融服务，累计发放贷款近 300 亿元，近三年共协助本地 64 家企业实现 IPO，市场占比达 54%。

在服务于深圳市"双区"建设的同时，深圳分行自身的市场竞争力也得到了明显提升。截至 2020 年末，深圳分行服务的零售客户超 1200 万户，是 2015 年的 1.6 倍；服务的公司客户近 23 万户，是 2015 年的 2.6 倍，占深圳市企业数量的 11%，与 82% 的本地上市公司建立了合作关系；人民币自营存款日均余额排名本地同业第二；人民币信贷余额排名招行系统第一；管理零售客户总资产在本地同业中遥遥领先。

（二）线上与线下相结合，努力打造最佳客户体验银行

深圳分行引入六西格玛等管理工具，对各项客户服务流程进行记录、统计、分析，提出优化和改进措施。在岳鹰的指导下，深圳分行还建立了客户体验管理系统，实现了对客户服务信息的收集、分析、评价的全流程管理，真正把服务工作从无形转化为有形。

近年来，招行银行深圳分行在保证原关内区域网点辐射力度不变的基础上，加大在宝安、龙华、龙岗等区域的网点布局力度，原关外地区网点数量较 5 年前增长 45%。与此同时，深圳分行持续加大网点改造力度，打造业务办理智能化、装修风格极简且温暖的服务环境，先后推出了全国首家咖啡银行、B 站主题网点等创新支行，以此提升到访客户的服务体验。

进入数字化时代，招商银行深圳分行积极贯彻总行提出的打造"金融科技银行"战略，将科技融入客户服务的方方面面。与地铁集团合作实现刷银行卡"闪付"过闸，与深高速合作实现高速公路无感支付通行；业内首创"流水 e"交易

流水线上打印系统；上线招行系统内首个线上融资产品——退税快贷；开发"信贷流程可视化系统"，该项目荣获中国质量协会颁发的"创新成果"和"优质服务项目"两个奖项。

为了紧贴市场变化和客户需求痛点，深圳分行成立了产品管理及创新委员会，提高产品创新的质量与效益。近年来，深圳分行落地了多项具有市场影响力的项目，分行的"投商行一体化业务模式"也获得2017年度深圳市金融创新奖优秀奖；在系统内率先开发线上党费缴纳系统，被总行借鉴并推广至全国；建立了撮合业务平台，在深入了解客户需求的基础上，通过内外部资源共享，多途径满足客户的综合化投融资需求。

（三）积极履行商业银行社会责任

一直以来，招商银行深圳分行都将服务深圳本地"两小"企业作为自身重要使命，设立了普惠金融服务中心，建立起400人的小微企业专职客户经理队伍；对小微贷款进行全面限价，降低小微企业融资成本。深圳分行将票据作为支持"两小"企业发展的利器，上线"在线贴现"，并与中国人民银行深圳中心支行"微票通"再贴现产品结合，开发"小微企业在线一票通"，解了小微企业"小票难贴"的燃眉之急，该项目还获得了"2018年度深圳金融创新奖"一等奖。截至2020年末，分行普惠型小微企业信贷余额864亿元，在深圳同业排名第二，小微企业贷款占比全市最高。

2020年，面对疫情，深圳分行迅速响应，依托招商银行App，为客户提供"零接触"式远程开户、移动支付、移动代发、移动理财、移动融资等金融服务，以及征信授权、财税管理、在线问诊、疫情查询等非金融服务，确保客户服务"不打烊"；设立疫情防控专项信贷额度，开通授信审批绿色通道，以最快的速度满足疫情防控企业融资需求，并发出深圳地区首笔人行抗疫专项再贴现贷款，承销发行全国首批疫情防控专项债。

在国内疫情得到有效控制后，深圳分行将工作重点转向支持企业复工复产上，通过贷款展期、利率下调、分期还款等方式，缓解企业短期资金紧张的局面，累计为客户办理超过 100 亿元延期还款业务；结合政府贷款贴息政策，推出"无还本年审贷"、抗疫专项个人经营贷、抗疫专属"优企贷"等产品，为企业引入金融活水。岳鹰行长还亲自开展线上公益讲座，为"两小"企业应对疫情冲击、破解融资困局提供意见和建议。在服务客户的同时，深圳分行广泛调研企业客户受疫情影响情况，向市政府提交了支持"两小"企业和供应链企业发展的研究报告。

在企业管理服务方面，深圳分行开始"摸着石头过河"，先后成立企业财务顾问团队，推出"企业经营管理"主题讲座，形成了一套涵盖投融资服务、管理培训、管理咨询、数字化转型等内容的企业赋能体系，并先后为百余名企业家进行授课，取得了较好的社会反响。

第二节　创投类金融机构代表性人物

一　靳海涛

靳海涛，出生于 1954 年 2 月，2004~2015 年任深圳创新投资集团有限公司董事长，曾任上市公司赛格集团有限公司总经理，拥有近 30 年的企业管理、投融资和资本市场运作经验。

从参与赛格系的经营规范与资本运作，到临危受命加入深创投开启积极探索和快速扩张，靳海涛先是将一家濒临破产的企业变为一家拥有 6 家上市公司的大型企业集团，主持了多家公司的并购、重组、上市甚至清盘，形成了被广泛推广的"赛格经验"，而后掌舵深创投，实施以管理外部基金为主的战略，首创政府引导创投基金，带领深创投在全国范围内铺开网络并快速扩张，成为行业发展风潮的引领者。随

后，深创投投资的一大批创新型企业成长为各行业龙头，深创投的崛起也带动了一大批本土创投机构的兴起。

（一）参与运作赛格系，初涉风险投资业务

1993年，靳海涛进入深圳赛格集团，出任副总经理，开始参与赛格集团的资本运作，通过包装优质资产上市、合并重组、转让、收购等一系列整合手段，将300多家公司精简为30多家，其中5家子公司经过整合后登陆资本市场，形成了规模庞大的"赛格系"，创造了中国最早和最成功的资本运作案例。此后，靳海涛凭借在赛格集团的成功经验，又主导了多个项目的资本运作。1996年，以整合优质资产后的深赛格为基底，先后实现B股上市和A股在深圳证券交易所挂牌。1997年，通过分立重组改制，推动赛格中康在深圳证券交易所上市。在发生亚洲金融危机的不利环境下，顺利操盘深赛格增发B股、高配（10配8）A股，募集到了充足的营运资金。

上述资本运作和项目管理经验为他后来从事创业投资行业并带领深创投快速发展打下了坚实的基础。2001年，靳海涛出任全球策略风险投资基金驻中国特别代表，正式步入风险投资领域。

（二）掌舵深创投，确立募资与投资思路

2004年7月，靳海涛出任深创投董事长，开始了深创投的启航时代。彼时，作为中国本土规模最大的创业投资公司，深创投的发展却面临着严峻挑战。首先是逾期债务高企。当时深创投的注册资本为16亿元，而逾期债权却高达18亿元。其次是项目退出渠道不畅。2001年到2004年，虽然中小板已经开启，但股票全流通依然没有实现，深创投面临着退出难的发展困境。最后是盈利模式不可持续。当时，深创投主要依赖短期投资和委托理财投资获取收益，这与创业投资坚持长期投资的理念并不相符，又因为遭遇股市大幅震荡，短期投资无法顺利回收，而长期项目投资资金也因退出不畅而产生沉淀，深创

投的发展举步维艰。

对此，靳海涛结合世界各国资本市场的特点，明确提出了深创投的募资与投资思路。募资方面，他提出一边收回短期投资回笼资金，一边撬动财务杠杆利用贷款进行投资的路径。投资方面，他提出在深圳和全国范围内寻找优质项目，并以外部基金为主，寻找能在海外资本市场退出的项目。在股权分置改革之前，按照这一思路，深创投几乎所有的项目都在海外市场顺利上市，缓解了募资难和退出难的双重困境，初步打通了投资业务的前后端，为深创投的快速发展打开了局面。

（三）从"稳中求进"到"加速扩张"，深创投迎来发展春天

2005 年，股权分置改革到来，股票进入全流通时代，进一步拓宽了募投项目的退出渠道。同年 11 月，国务院颁布《创业投资企业管理暂行办法》，倡导政府资金参股创投基金，丰富了募资来源。靳海涛认为中国创投行业的春天即将到来，于是顺势进行了战略调整，包括前移投资，加快投资步伐，率先布局政府引导基金并提升投后服务能力。在这一战略的引领下，自 2006 年起深创投连续多年稳居创投行业第一，投资的一大批创新型企业迅速成长为各行业的龙头企业。其中，一家柔性显示技术企业 3 年即进入独角兽俱乐部，5 年内投资增值超过 500 倍，得到了中央领导的关注。

受益于靳海涛对创业企业商业模式的准确把握和自身丰富的阅历，深创投的资金投入产出效率表现得十分抢眼，并成为当之无愧的退出之王。2010 年，深创投在境内外证券交易所 IPO 上市多达 26 家，创造了世界纪录。

（四）立足深圳放眼全国，设立国内首个政府引导基金

2005 年，受《创业投资企业管理暂行办法》的启发，靳海涛提出成立政府引导基金的想法，目标是与全国各地政府合作设立政府引导创投基金，并投资于当地高科技、高成长企业。经过不懈努力，2007 年 1 月，在与多地政府探讨设

立政府引导基金的可行性和运作模式的基础上，深创投与苏州市政府合作成立了第一只地方政府产业引导基金——苏州国发创新资本，开了中国政府引导基金的先河。其后深创投陆续与多地政府合作设立政府引导基金，由深创投负责基金管理，投资当地的优势产业，这极大地促进了各地的经济发展，深创投也进一步扩充了自身的投资网络和基金管理规模。截至 2020 年 6 月底，深创投参与的政府引导创投（子）基金数量已达 119 只，总规模达 490 亿元，形成了全国性的引导基金网络。而引导基金网络的成功搭建，又进一步促进了各地间的产业融合，依托深创投这一平台，各地各类优质企业实现了资源共享、产业链接和异地拓展，促进了企业的成长壮大。

（五）领航前海母基金，助力创业创新发展

在欧美，母基金是私募股权投资行业最主要的资金来源。靳海涛认为，私募股权母基金的充分发展对我国经济去杠杆、推进经济结构转型升级、支持创新创业具有举足轻重的作用，并坚信国内私募股权母基金也即将迎来快速发展的黄金时期，但在当时中国缺乏市场化母基金，迫切需要通过发展市场化母基金以解决创投市场缺乏合格投资者的问题。于是，在 2015 年 7 月，靳海涛离开深创投，同沈南鹏、熊晓鸽、厉伟、倪正东共同发起设立了规模为 285 亿元的前海母基金，并成为首席执行合伙人，而深创投则以唯一机构合伙人的身份成为该基金的联合合伙人。前海母基金的设立，对拓宽基金募资渠道、丰富金融投资产品、激发创新创业活力、促进经济转型升级等具有重要作用。

2020 年 8 月，在深圳私募基金业协会成立大会暨前海财富论坛上，靳海涛再次提出大力发展母基金，他指出，私募行业发展目前仍然存在社会资本参与度不够的"募资难"问题，母基金可通过双层分散实现极低风险条件下的中高收益，应提高社会各方对创业投资和母基金本质的认识，大力推动母基金建设。

二　倪泽望

倪泽望，1963 年生，博士，高级工程师，曾任深圳华为技术有限公司副总工程师、深圳泰康信工业有限公司总经理。1997 年进入深圳市机关工作，先后担任罗湖区科技局副局长、局长、副区长、常务副区长、区长、区委书记等职。2015年 7 月至今，担任深圳市创新投资集团有限公司党委书记、董事长。

（一）以创新和质量破解罗湖区发展困境

罗湖区曾创造了全国闻名的"深圳速度"和多个有影响力的"中国第一"。在率先完成城市化进程后，罗湖最先遭遇"四个难以为继"的困局。倪泽望担任罗湖区委书记后，率领新一届区委坚持创新开路，质量至上，努力让创新成为罗湖发展的强大动力，让质量成为罗湖的核心特征。

以差距为动力，坚持细节创新。倪泽望将深圳的创新精神融入工作的每个环节和每个细节。他带领干部梳理了罗湖区的基本情况，组织制定包括城市空间规划、城市品牌策划、干部奖励机制等多项工作制度和工作方案，同时要求各部门勤于思考，向相应业务领域的标杆看齐，寻找与国内外先进水平的差距，挖掘创新点并作为工作任务。

以质量为导向，打造质量先行区和国际消费中心。倪泽望认为，虽然当时罗湖区初步聚集了国际消费中心的各项要素，但尚处于"种子"状态，要使之成为参天大树，核心是要围绕这些共同特征，用更高的质量标准进行规范。在微观上，质量不仅要体现在经济领域，还要渗透到社会建设、城市管理、文化建设、党的建设和政府服务等各个方面。倪泽望还将打造国际消费中心战略与城市更新战略有机结合起来。21 世纪初，面对罗湖区产业空间缺乏、连续多年固定资产投资负增长的局面，他一方面继续坚持内需拉动，确保罗湖经济增长的质量，促进万元 GDP 建设用地、水耗、电耗继续下降，另一方面以产业规划带动城市空间更新，以高端空间换取高端产业的快速增长，并成立多个专项工作小组，加快罗湖主要产业片区改造，以此推进国际消费中心建设。

在倪泽望的带领下，罗湖区实现了更新和再造，在经济成就与居民幸福感、城市发展与生态保护、城市硬实力与软实力三方面实现了协调发展。

（二）推动深创投打造创投行业生态平台

2015 年 7 月倪泽望成为深创投的第三代"掌舵人"。在倪泽望看来，创投行业平台化转型是应对各种挑战的最佳策略。他指出，创业投资行业的合作多于竞争，实施资源整合、搭建开放型生态平台，有助于为被投企业提供全方位服务，有助于提高整个行业的资本运作效率，更有助于生态圈内各类企业的互利共赢和高质量发展。在他的带领下，深创投积极打造国内创投生态平台，促进创投行业良性发展。2016 年，在成功管理政府引导创投子基金的基础上，深创投开始管理大型政府母基金和商业化母基金，全面负责总规模 1000 亿元的深圳市政府引导母基金的管理工作。2019 年 12 月，目标规模 100 亿元的深创投 S 基金（Secondary Fund，PE 二级市场基金）宣告成立。在 S 基金的建设上，深创投再次成为行业风向标。这也标志着以政府引导基金为引领者的深圳创投风投生态体系基本建成。此外，倪泽望还带领深创投建设了一批全国性专业化创投基金，诸如新材料大基金、健康产业基金、军民融合基金等，这些专业化基金将满足各专业优秀创业企业的发展需求，并将在产业链对接中形成聚集效应。而针对创业企业各个阶段的融资需求，深创投布局了天使基金、创投基金、并购基金等，能够在创业企业发展的各个阶段给予企业必要的支持和帮助。

围绕深创投利用政府引导基金建立的生态优势，2017 年倪泽望带领深创投发起设立不动产基金，组建了具有丰富经验的专业团队。该基金主要从事持有型不动产投资和 REITs 基金业务，经过 4 年的打造，已在物流仓储、数据中心、产业园区、租赁住房等不动产投资领域深度布局，并推出了一系列交易所 REITs 创新产品，深度推动了国家基础设施公募 REITs 试点进程，已发展成为综合涵盖产业不动产投资以及 REITs 基金在内的各类不动产金融运作领域的全国领先不动产基金管理机构。

倪泽望在深创投大力推进母基金、S 基金、专业投资基金和不动产基金建设，目标是让深创投成为创业企业的服务中心、创投资金的聚集中心、创投行业的知识中心、创投人才的培训中心、创投项目的信息分享和交易达成中心，让创投行业的所有参与方都能实现合作共赢。

（三）引领深创投大力拓展海外业务

在打造创业投资生态平台的同时，倪泽望也意识到当前国内传统创投机构与外资创投机构的差距，主要是在海外市场拓展上。倪泽望认为，在全球技术创新更加一体化的趋势下，创投机构需要有开放的心态，与外界建立连接，甚至需要跨界融合，通过投资为中国带来或者引进更多符合国家战略的先进技术。2017年，倪泽望在深创投组建了国际业务团队，与微软（中国）、美国最大的风险投资公司之一 KPCB、深业集团等国内外知名机构强强联手，全面开启国际化战略。深创投开始在全球范围内投资尖端科技领域的优秀企业，通过参与国际竞争与合作，提高自身的投资能力和企业服务水平。目前，他带领深创投成立了中美基金、中韩基金等多只国际化基金，投资网络从覆盖全国逐步升级到遍布全球。此后，深创投除了延续原有的共建基金、跟随投资的境外基金模式外，还陆续对多个国际项目进行直投，其中已投英国项目 Oxford Nanopore Technologies 为体外诊断领域的全球独角兽企业之一，曾多次荣登《麻省理工科技评论》"全球 50 家最聪明公司"榜单。倪泽望一直将国际化战略视为深创投顺应当前宏观经济环境和行业发展趋势的重要策略。他认为作为现阶段为数不多的具备"走出去"条件和能力的本土创投机构，深创投必须主动承担历史使命，助力深圳建设中国特色社会主义先行示范区。

在倪泽望的带领下，深创投已成为中国创投行业被投企业 IPO 总数和科创板上市数量最多的"双料冠军"。截至 2021 年 3 月底，深创投被投企业数量、被投企业上市数量均居国内创投行业第一位。其中，已投资项目 1253 个，累计投资金额约 634 亿元，其中 183 家被投企业分别在全球 16 个资本市场上市，353 个项目已退出（含 IPO）。但在倪泽望眼中，相比公司能赚多少钱，他更看重深创投带来的社会意义：第一，成为引领产业发展的重要引擎，促进国内战略性新兴产业的布局和发展，推动我国科技创新企业的快速成长；第二，通过 22 年的摸索、实践，形成了一套本土创投成熟、完备的打法。

第三节　其他金融机构代表性人物

一　何如

何如，出生于 1963 年 10 月，高级会计师，曾任中国电子器件工业深圳公司总经理，深圳发展银行副董事长、行长、党委副书记等职务。2005 年，何如加入国信证券股份有限公司担任党委书记、董事长，现兼任鹏华基金管理有限公司董事长。何如大胆探索、积极创新和求真务实的作风，为国信证券的发展铺平了道路，也为国内券商行业的发展做出了积极贡献。

（一）推动市场化改革，破除发展障碍

2001 年至 2005 年，中国证券市场步入漫长熊市，先后有 30 余家证券公司被关闭、托管或重组。2004 年，国信证券也发生了有史以来第一次亏损，高达 2 亿元，整体排名在 100 多家券商中靠后。担任国信证券党委书记、董事长后，何如

进行了大刀阔斧的改革，目标是把国信证券打造成为一个人才聚集、机制灵活和受人尊敬的新型企业。面对国信证券的困境，何如坚守国信证券多年积淀下来的市场精神，提出尊重市场、按照市场规律确定规则、依靠市场业绩说话的发展思路。为此，何如首先在薪酬激励机制和人才引进领域进行了重磅改革，包括推出保荐代表人保底年薪制、对投资银行业务实行独立核算、调整营业部考核指标、对关键岗位实施充分保障与有效激励相结合的政策，以期取得突破，超越市场。

经过实施一系列市场化政策，国信证券在短时间内便走出低谷，并取得了十分亮眼的成绩和超常规发展，一举成为中小板的领跑者，为国内券商改革蹚出了一条新路。2005 年底，国信证券保荐代表人较年初增加了 20~33 人，跻身行业第二位，多名业务骨干获得"IPO 最佳保荐代表人"等奖项；将业务部门扩展至全国，迅速扩大市场份额，改变了只有北京、上海、深圳三个业务部门的现状；在日均交易量同比下降 19% 的情况下，证券经纪业务市场占有率却逆势上升了24%，至 3.22%，业内排名也由 2004 年的第 7 名上升至 2005 年的第 5 名。

（二）实施连番收购，提升市场地位

自 2004 年 8 月开始，全国开始了证券公司的综合治理工作，一批高风险和严重违规的证券公司被处置，这给创新型券商带来了收购或托管问题券商的良机。

2005 年 1 月 31 日，何如到任一周后，国信证券在与招商证券、世纪证券等的争夺中胜出，用 2000 万元在不到 10 天的时间内闪电收购了在市场上拥有 8家通道的大鹏证券投行业务。当时，大鹏投行已有 6 个 IPO 项目，其中包括过会的横店东磁和云南盐化 2 个项目。次年 IPO 重启后，大鹏投行业务带来的 4个主承销项目相继上市，为国信证券实现净收入 4922 万元。除丰厚的项目收益外，国信证券还在收购中吸纳了专业人才。在整体接收的大鹏投行员工中，有 5名保荐代表人，另有 9 名员工通过了保荐代表人胜任能力考试。此后，国信证券又引进了多支投资团队，明显丰富了原来较为薄弱的西南和江浙片区的项目资源。在收购大鹏投行业务后，何如带领国信证券利用行业整合的机会于 2005

年底托管了民安证券，国信证券由此新增 17 家营业部和 42 亿元托管市值（按 2005 年底市值计算），实现了经纪业务的低成本扩张。2006 年，民安证券翻牌营业部共计实现税前利润 4636 万元，当年收回全部投资。借助收购和托管，国信证券营业部总数上升至 44 家，并通过优化网点布局进一步提升了自身的市场地位。

（三）推行机制创新，增强发展动力

何如在国信证券任职期间，也是国信证券效益大幅提高、净利润持续增长、行业地位快速提升的时期，这归功于何如一直秉承创新理念，并将机制创新作为国信证券发展的原动力。

积极促进营销战略和商业模式的转变。营销战略方面，国信证券通过银证通、价格优惠、非现场开户等营销方式争取客户资源，改变了较为单一的营销模式，实现了低成本扩张。商业模式方面，推动从以高风险博取收益的模式向风险可控的模式转变。何如认为券商应致力于拓展发展空间，一方面主动激发市场需求，推出更多产品，构建多元化经营模式，另一方面构建以中间业务为核心的全新商业模式，形成差异化竞争优势，提高资本金获取低风险可靠收益的能力。

带领团队迎接挑战，探索推进服务产品化，为扩展市场积蓄能量。面对证监会全面叫停银证通业务的重大市场转折，何如带领经纪业务团队率先进行业务创新，推出了证券行业第一个将服务产品化的产品——"金色阳光"，实现了为不同客户群体量身定制个性化产品的业务目标，并荣获 2006 年度深圳市金融创新奖，为国信证券的发展提供了持续的推动力。国信的业务也由此迅速扩展，进入品牌营销与服务营销并重的新发展时期。同时，该项创新也奠定了金色系产品在行业中的地位和影响力，至今仍是同业难以撼动的，为同业后续推出各自的品牌化服务产品提供了成功案例。

在何如的领导下，国信证券还实施了交易系统的升级，包括率先采用电脑辅助经纪交易系统，率先采用证券交易电话委托系统，前瞻性地应用集中交易系统等。其中，集中交易系统项目创造了国内大中型券商同类工程中开发最快、实施最快、成本最低等多项纪录，使国信的系统容量、处理能力和交易速度均达到行业领先水平，为国信证券经纪业务的超速发展和风险控制，提供了更为坚实的技术支持。继网上交易系统的普及，国信又紧跟移动互联网，引领证券科技业务潮流，推出"金太阳"手机证券系统，为非现场交易进行科技赋能，仅用 3 年时间就已拥有 236 万个注册用户。

（四）紧跟发展趋势，业务多点开花

2006 年，何如狠抓股改业务和承销业务。在 IPO 重启后，国信证券先后取得第一家 IPO 项目、第一家定向增发项目、第一家实现预披露制度和第一家可转债项目的四项第一，并在 2006 年、2008 年、2009 年排名股票发行家数行业第一。2010 年排名股票发行家数行业第二，却是当年发行家数、承销金额双双进入行业前十的两家券商之一。2007 年国信证券在中小企业板取得突破，实现 IPO 项目 18 个，位列市场第一，这也使国信证券在 2009 年创业板开启后迅速在中小项目资源上占据优势。证券经纪业务方面，面对 2008 年证券业再次坠入低谷的形势，国信证券以排名第 22 位的营业部数量取得了业内排名第三的市场份额，创造了令业内叹为观止的"国信现象"。

与此同时，何如带领国信证券在直接投资、股指期货、香港业务等多领域提前谋划并顺利开展。何如还领导国信大力推进逆周期业务布局，积极发展固定收益、财富管理等与二级市场负相关或相关性低的逆周期业务，不断开拓新的利润增长点。

二　李南青

李南青，是我国恢复高考以来首批大学生，大学毕业后，先后在高校、科研

机构、党政机关任职任教，也是我国改革开放以来首批高级职称获得者；20世纪90年代初赴深圳经济特区投身金融业，在股份制商业银行总行、分行和大型金融机构履职历练；2014年，参与微众银行筹建工作，现任微众银行党委书记、行长。

作为一名我国商业银行从无到有、从小到大，不断改革、不断壮大的参与者和见证者，特别是经历了传统商业银行从基层到总部的经营管理的锤炼，李南青以独特和敏锐的视角对金融发展走势及传统金融进行深入的思考，对未来如何构建面向小微企业和长尾客群的金融服务新模式和新业态形成了独特见解。

2014年，原中国银监会按照党中央、国务院深化金融改革的决策部署，启动了民营银行设立试点工作，李南青以高度的使命感及远见卓识，积极参与了全国首家民营银行、互联网银行——微众银行的筹建工作，并在微众银行开业六年多的时间里，作为党委书记、行长与经营领导班子一道，带领微众银行员工坚守普惠金融定位，运用最新科技成果和手段，积极探索服务小微企业和普通大众的新模式、新方法，在提升金融服务的覆盖率、可得性、满意度和增强人民群众金融获得感方面迈出了坚实而具有首创意义的一大步。

（一）以创新促发展，不忘初心、砥砺前行

微众银行成立之初，即面临不小的"难题"：一方面，民营银行肩负深化金融改革，探索差异化、特色化经营，以一种全新的模式和运营方式开展金融服务的历史使命，完全无先例可循；另一方面，微众银行作为一家科技型银行，拥有一支具有浓厚高科技属性的员工队伍，如何塑造一种崭新的经营模式和企业文化，成为这家"不一样"的银行面临的难题和挑战。没有物理网点，却要服务数以亿计的客户群体；没有雄厚的资金实力，却要满足大量的长尾客户的融资和金

融服务需求……而经营一家商业银行，实质上就是经营风险，如何定位和如何创造适应这种特殊需求的商业模式，成为微众银行首先要解决的问题。李南青和经营领导班子通过深入的市场调研和反复论证，明确提出了"让金融普惠大众"的使命和"科技、普惠、连接"的愿景，这一使命和愿景与"以人民为中心"的党和国家的发展思想，以及与日新月异的高科技发展成果深刻影响和改变社会经济生活的发展趋势高度契合，为银行稳健经营和可持续发展指明了正确的方向。

（二）以科技降成本，创新引领、赋能发展

长尾客群，特别是小微企业，"融资难""融资贵"的关键痛点和症结在哪儿？如何破解？李南青和他的团队在长期的业务实践中，对此进行了反复思考、研究、验证和总结，思路逐渐清晰：风险成本、获客成本与服务成本的"三高"是传统银行扩大对长尾客群信贷服务供给的最大桎梏，破题的关键在于科技，以科技降成本、向科技要效益是制胜法宝。

在这一思路指引下，微众银行持续加大金融科技投入，并在人工智能、区块链、云计算和大数据等领域开展攻关，历年来获取专利技术名列全球银行业前列，多项关键核心技术的研发和应用也走在行业前列。例如，微众银行搭建的国内首个拥有完全自主产权的分布式银行系统架构，可支撑亿量级客户和高并发交易，并使客均 IT 运维成本降低至同业 1/10 以下；微众银行研发的联邦学习人工智能算法（FATE）已成为相关国际组织的主导标准；区块链平台"FISCO BCOS"则成为国家级区块链服务网络（BSN）中首个国产联盟链底层平台……伴随着微众银行从创立到如今的每一步过程，不仅成为微众银行业务发展的重要基石，同时也成为微众银行疾速前行的强大引擎。

（三）以数据控风险，坚守底线、高质量发展

作为一名历经多次经济周期、具有丰富银行管理经验的领导者，李南青始终认为，经营银行就是经营风险，必须将风险管理作为立行之本。然而作为一家

互联网银行，微众银行具有无实体网点、全线上展业、不依赖抵质押物增信等特点，仅仅依靠传统银行风控模式显然难以有效防范风险。对此，李南青敏锐地指出，面向未来的互联网银行，应当以数据为基本要素，以前沿科技手段为依托，构建全面风险管理能力。以此为指导，微众银行在自身的经营实践中，持续探索构建适应纯线上金融业务特点、具有互联网银行特色的全面风险管理体系。

经过六年多的持续检验、试错，逐步积累经验，重点攻关和突破，微众银行依托大数据、人工智能等先进技术，引入数十种内外部数据源，建立起覆盖贷前、贷中、贷后全流程，超过 600 个风控模型、10 万个参数的智能风控体系。依托该风控体系，通过深入挖掘风险数据，进行风险监测与报告、风险计量模型、贷后预警、反欺诈与黑名单识别等不同领域的风险管理工作，牢牢筑起互联网银行风控总堤坝。此外，微众银行开创性地建立起风险经理制度，与产品经理、技术经理组成信贷项目"铁三角"，即任何一个项目都自动接入前台业务经理、中台风险经理、后台 IT 工程师三部分，共同完成尽调、立项和上线、经营全过程，确保了风控决策的快速响应和有效落实。

（四）以发展惠民生，低调公益、回馈社会

在悉心经营、推动微众银行稳健发展的同时，李南青和他的团队始终将社会责任铭记于心，带领微众银行积极为社会贡献力量。例如，在助力银行业数字化转型方面，2019 年，微众银行将主要技术成果在国内外全面开源，从开源技术的受益者转变为贡献者，并积极为若干行业及其主管部门提供基础设施、协助创造科技生态和建立行业标准，为银行业加速数字化转型贡献己力。再如，在助力脱贫攻坚方面，微众银行通过联合贷款模式定向为贫困县政府贡献税收，助力当地扶贫开发工作，变"输血"为"造血"，成功打造了一种高效、普适、可持续的金融扶贫新模式，累计为 42 个贫困县贡献超过 14 亿元税收。又如，在践行科技向善、弥合数字鸿沟方面，2016 年，微众银行率先在业内组建了一支手语服务团队，为有听障和有语言障碍的客户提供公平、便捷、贴心的金融服务。2019

年，"微众银行 APP"4.0 版本发布，该版本支持信息无障碍化服务；2020 年，微众银行首创实现了配合语音提示对准的无障碍人脸识别和身份证识别，攻克了视障群体无法独立完成银行开户的难题，目前已累计帮助超过 1 万名听障、视障和有语言障碍人士获得便捷的数字银行服务……作为全国首家民营银行和互联网银行，微众银行不仅在发展规模、经营业绩、资产质量等方面走在了民营银行、互联网银行的前列，而且在履行社会责任、实现国家金融发展战略方面成为标杆。

三 李光安

李光安，深圳农村商业银行董事长。

深圳农商行是从农联社发展而来的，是一家有 60 多年历史的"老店"。

早在 20 世纪 80 年代，深圳原农村地区的工业化就已经开始，及至 90 年代，农业产值比重逐渐萎缩，农业金融需求逐渐减弱，因此，农信社时期已完成从服务"三农"到服务非农经济的转变。农信社时期，基于资源状况和风控能力，主要经营活动在原农村地区（现在也称"社区"），无论是人缘、地缘，农信社都有优势，社区居民对其的认同感非常之高，由此形成了长期的业务关系。深圳农商行成立之后，业务重点依然在原"关外"的社区居民和中小微企业，业务重心依然落在零售银行上，即以中小微企业和社区居民为主要服务对象，做好零售业务，这是一种错位经营，也发挥了最大优势。

在发展的过程中，深圳农商行确定了"社区零售""科技兴行""跨区域经营"三大策略。

其中，"社区零售"是历史形成的，是历史的选择。农商行八成以上网点在原"关外"的社区，不可能抛弃社区再去另外的地方设点；农商行的客户，甚至股东，大部分来自社区，对农商行来说这是一种天然的选择。那么，是不是社区就没得做了呢？不是！传统的社区，它本身也在升级，有了现代企业的雏形，同时它的基础与一二十年前已截然不同，很多资产是几十亿元在运作；另外，它也面临新的机遇，除了社区股份公司，还有很多新的企业出现，这是国家支持"双创"的结果，也是农商行业务发展潜力所在。

现代金融离不开科技力量支撑，"科技兴行"是对深圳农商行发展的现实要求。实践证明，但凡科技手段应用得早，业务也一定发展得快。这方面，农商行是尝到了甜头的。深圳农商行第一代核心系统上线是1998年，第二代核心系统上线是2010年。每一次新系统上线，都给客户提供了更便利的服务、更丰富的产品，也为风险管控提供了有力的武器。举个简单的例子。第一代系统上线，当时农商行全部网点的日交易量加起来是2万笔，它的处理能力是日交易量20万笔。不到3年日交易就突破原来的上限，系统的迭代升级是大势所趋。第二代系统上线，高峰时期虽然日交易量多达900多万笔，但依然从容自如，得心应手。

至于跨区域经营，对于李光安来说，一个现实的考虑就是可能农商行在深圳的发展空间受到挤压，面临的压力会越来越大，有必要进行适当的腾挪。恰好这个时候，深圳进行产业梯次转移，给了农商行一个机会，可以跟着企业"走出去"，为它们提供金融支持，得到共同发展。

自改制之后，深圳农商行的发展可以用稳健两个字来概括。2005~2015年，深圳农商行的总资产增长了3倍，净资产增长逾5倍，年均净资产回报率达20%以上。在这10年中，股东每年从农商行获得丰厚的分红，股本规模从当年的1股扩大为4.24股，但是，深圳农商行从没有向股东增资，没有向社会融资，也没有通过发债扩大规模，完全靠利润留存转化的资本自我积累来实现。

李光安在接受采访时曾表示，深圳农商行发展的经验主要有三条。

一是始终坚持质量优先、稳健经营。深圳农商行的发展可谓不紧也不慢，管理层提出的"合规经营，稳健发展"经营理念和"质量优先、适度规模、专注服务、保证效益"的发展观，被实践证明是适合农商行发展，也是符合股东长远利益的。

二是坚持深耕社区和中小微企业，做小微企业和社区居民的零售业务。深圳农商行是草根银行，个人客户达 70% 以上，在获得自身稳健发展的同时，也为国家"大众创业、万众创新"的战略做出了直接贡献。

三是现代企业制度的建立，使深圳农商行完成了从传统农村信用合作社向现代商业银行的转变。改制后，股东会选举产生了董事会、监事会，董事会任命了经营班子，企业法人治理的边界逐渐清晰，董事会负责制订战略规划，负责银行发展方向重大决策的把握，经营班子负责执行，把董事会的要求、目标分解下来，推动落实。改制后，农商行决策民主、流程规范，权力受到制衡、风险得到控制。

第四部分

继往开来篇

第十三章　深圳金融业改革开放再出发的总体方向

2019 年，在世界百年未有之大变局的催化下，在粤港澳大湾区和先行示范区的"双区"战略驱动下，在深圳金融业历史经验和产业基础的支撑下，深圳踏上了打造国际金融标杆城市的新征程，这既与 40 年前深圳改革开放与建设经济特区一脉相承，又吹响了在更高起点、更高层次、更高目标上全面深化改革、全面扩大开放的新时代号角。为了更好地贯彻党中央赋予深圳的新时代使命，必须明确深圳金融业改革开放再出发的总体方向，充分把握深圳金融业的重大发展机遇。

因此，本章将立足于新发展阶段，从战略性和全局性角度思考深圳金融业的发展问题，从"顶层设计＋摸着石头过河"的基本原则、促发展与防风险并重的发展理念、服务实体经济的重要功能等角度思考深圳金融业的重点发展领域，从而助力深圳"三阶段"目标的实现。

第一节　深圳金融业的重大发展机遇

一　世界百年未有之大变局下的发展机遇

2018 年 6 月，习近平总书记在中央外事工作会议上提出："当前，我国处于近代以来最好的发展时期，世界处于百年未有之大变局，两者同步交织、相互激荡。"这是习近平总书记近年来对国际形势的一个重要论断，也为深圳未来的发展提供了战略指引。正是在这一重要论断的基础上，2019 年，《粤港澳大湾区发展规划纲要》与《关于支持深圳建设中国特色社会主义先行示范区的意见》（简称《先行示范区意见》）两大国家战略相继发布，既充分彰显出党中央在世界百年未有之大变局中转危为机的高瞻远瞩，又彰显出党中央对于破解改革深水区难题的坚强意志和决心。

由此可见，无论是党中央给予深圳的定位，还是深圳所承载的重大使命，都说明深圳"双区"战略的意义绝不亚于我国其他任何国家战略。深圳"双区"建设不单纯是关乎一个城市发展的问题，更是关乎国家发展大局和港澳长期繁荣稳定的大事，是向全世界展现大国改革开放形象和磅礴伟力的窗口。正如习近平总书记在深圳经济特区建立四十周年庆祝大会中指出的，中央和国家有关部门要准确把握党中央战略意图，全力支持深圳等经济特区改革发展工作。在党中央的坚强领导和支持下，在中央和国家各部委的政策合力下，深圳必将创造崭新的伟大实践，努力朝着竞争力、创新力、影响力卓著的全球标杆城市的宏伟目标前进。

伴随着世界政治经济格局的变化，全球金融格局也在发生巨变。为了应对疫情对经济的冲击，全球目前普遍采用宽松性的货币政策，为市场注入了巨大的流动性。而中国经济由于在疫情中表现出足够的韧性，对金融市场形成了强有力的支撑，有利于提升中国金融市场的国际吸引力。深圳可以充分利用全球流动性充足的机会，在资本流动的过程中加强与国际金融市场和标准的对接，加快进行金融国际化建设。

二 "先行示范"下的发展机遇

《先行示范区意见》在"先行先试"方面给予了深圳重大的政策支持，这既包括赋予深圳一系列政策突破的权限，例如（1）可以根据授权对法律、行政法规、地方性法规做变通规定；（2）在中央改革顶层设计和战略部署下，支持深圳实施综合授权改革试点；（3）广东省要积极创造条件，全力做好各项支持工作，深圳要落实主体责任，等等；也包括在金融领域明确了重点突破的领域，例如研究完善创业板发行上市、再融资和并购重组制度，创造条件推动注册制改革；支持在深圳开展数字货币研究与移动支付等创新应用；促进与港澳金融市场互联互通和金融（基金）产品互认，在推进人民币国际化上先行先试，探索创新跨境金融监管；试点深化外汇管理改革、探索知识产权证券化、探索设立国际海洋开发银行、建设综合性国家科学中心，等等，为将深圳打造成为全球创新资本形成中心、全球可持续金融中心、全球金融科技中心创造了有利的政策环境。

2020 年 5 月 14 日，中国人民银行、银保监会、证监会、国家外汇局联合发布《关于金融支持粤港澳大湾区建设的意见》，这是继《粤港澳大湾区发展规划纲要》后对大湾区金融发展提纲挈领的方向指引。未来深圳可积极争取各部委针对《先行示范区意见》制定纲领性的金融发展指引，为深圳金融业的融合发展、创新发展、国际化发展创造有利条件。

2020 年 10 月 11 日，中共中央办公厅、国务院办公厅印发《深圳建设中国特色社会主义先行示范区综合改革试点实施方案（2020 — 2025 年）》，以清单批量授权方式赋予深圳在重要领域和关键环节改革方面更多自主权。因此，《先行示范区意见》的重要意义不仅在于其明确指出发展领域，更重要的是赋予了深圳更加广阔的改革、创新、突破空间，具有极其丰富的新时代内涵。深圳应当充分利用先行示范的政策红利，既积极争取全国已落地金融政策的复制推广，又尝试突破历史思维惯性，积极向中央申请新的金融政策试点。

三　"五位一体"定位下的发展机遇

《先行示范区意见》充分考虑了新时代的发展要求以及社会主要矛盾的转变，提出高质量发展高地、法治城市示范、城市文明典范、民生幸福标杆、可持续发展先锋的五个战略定位,明确了在经济建设、政治建设、文化建设、社会建设和生态文明建设等方面全面开展先行先试和打造国际标杆城市的目标。一方面,"五位一体"的发展离不开金融的支撑。目前,深圳已经初步建立起"基础研究＋技术攻关＋成果产业化＋科技金融＋人才支撑"的全过程创新生态链。未来还将进一步探索创新链、产业链融合发展的体制机制。这既为深圳充分发挥金融在新发展模式中的关键性作用提供了抓手,又为深圳金融质量效益的提升创造了载体。另一方面,"五位一体"的发展为金融业的发展构建了优质的外部生态,进而有利于实现金融与经济、金融与社会、金融与环境的相辅相成。

四 承载历史经验下的发展机遇

深圳改革开放40年实现了历史性跨越,创造了世界发展史上的一个奇迹,其关键在于坚持改革开放的路线不动摇,充分发挥社会主义市场经济的活力和生命力以及深圳毗邻香港的区位优势。新时代下,无论是对外开放、社会主义市场经济还是港深融合,都将迈入更高层次的发展阶段,为深圳历史经验的传承和更加精彩的演绎带来新机遇。

(一)对外开放迎来新机遇

坚持改革开放的中国特色社会主义道路是深圳四十年发展的基本经验之一,正如习总书记所强调的,过去40年中国经济发展是在开放条件下取得的,未来中国经济实现高质量发展也必须在更加开放的条件下进行。中国开放的大门不会关闭,只会越开越大。要站在历史正确的一边,坚定不移全面扩大开放。尤其是在全球大国竞争格局日趋复杂、经济下行压力加大和各种不确定性因素叠加的背景下,必须以前所未有的力度突破关键领域的开放制度,以前所未有的强度创造更大范围的开放格局,以前所未有的速度推动重大举措的落地实施。

长期以来，深圳作为对外开放的前沿阵地，作为改革开放后党和人民一手缔造的崭新城市，必将在对外开放的新形势下受益。深圳也只有在改革开放再出发的过程中贯彻"排头兵、先行地、实验区"的使命，才能实现国际化水平和影响力的提升。

（二）社会主义市场经济迎来新机遇

坚持社会主义市场经济体制是深圳过去 40 年保持创新与活力的源泉。相比于计划经济，社会主义市场经济既能够优化金融资源和生产资料的配置，又能够激发员工的积极性和创造力，进而极大地促进经济的发展和市场的繁荣。2020 年 3 月 30 日，中共中央、国务院发布《关于构建更加完善的要素市场化配置体制机制的意见》，明确提出加快推进资本要素市场化配置，包括完善股票市场基础制度、加快发展债券市场、增加有效金融服务供给、主动有序扩大金融业对外开放等，再次从顶层设计的角度明确了优化社会主义市场经济的重要性。

深圳作为践行社会主义市场经济的典范，已经形成了较为成熟的市场经济运行体系。在此基础上，深圳可以充分利用创业板注册制改革、金融市场互联互通、人民币国际化等市场化发展契机，推动社会主义市场经济建设取得更大成就，为广大高科技企业和创新型企业的发展营造更优质的市场环境。

（三）港深融合发展迎来新机遇

历史经验表明，深圳金融业的快速发展离不开毗邻香港这一国际金融中心的优势。香港在长期发展过程中形成的与国际接轨的市场基础和制度基础为深圳金融业的国际化路径提供了重要参照，为深圳开展国际金融合作提供了重要平台。尽管当前香港在发展过程中面临诸多困境，但香港金融业的国际化根基依然牢固，港深金融融合发展的诉求依然强烈，香港金融业依然是深圳学习和借鉴的范例。因此，站在深圳金融业进一步腾飞的起点之上，以及香港金融业化危为机的转折点之上，深港金融融合发展可能比过去任何一个时期都更具紧迫性和必要性。

在"双区"战略的制定过程中，充分强调了深圳未来的发展除了完成先行示范的使命外，还需要实现与港澳在经济、产业方面的合作、互补，更好地贯彻"一国两制"和保持港澳长期繁荣稳定的方针。与此同时，"双区"战略也考虑了将深圳作为先行示范区来加强"一国两制"方针的关键举措，包括推进在深圳工作生活的港澳居民享有市民待遇等举措，使港澳居民在深圳的教育、医疗、养老等方面更加便利化，等等。由此可见，深港金融融合发展必将迎来更大机遇。

第二节　深圳金融业发展的主要思路

一　坚持"顶层设计+摸着石头过河"的基本原则

习近平总书记在深圳经济特区建立四十周年庆祝大会上强调，坚持"顶层设计＋摸着石头过河"相结合，为深圳金融业发展提供了根本遵循。

（一）顶层设计

顶层设计是保障改革系统性、总体性、协调性的基础。只有进行顶层设计，才能系统性地推动更高起点、更高层次、更高目标的改革，才能着眼于推动对创新发展产生重大影响的改革，才能以更大的视野和格局看待改革开放中出现的问题。只有进行顶层设计，才能总体性地规划由点到面、五位一体的改革，才能使党中央赋予深圳综合授权改革试点的自主权发挥最大效能。只有进行顶层设计，才能协调性地推动"四个全面"战略布局，充分发挥改革政策之间、产业之间、区域之间的协同效应。

深圳在金融业改革开放再出发与先行先试的过程中，必然涉及大量重大举措的实施，而金融业属于中央事权高度集中的行业，其创新发展需要中央各部委全力支持与相互配合。传统的由下而上的、未经统筹的、分散的申报与推行方式，既难以在中央各部委和地方政府之间形成改革合力，也影响金融创新发展的效率。因此，一方面，必须在顶层设计的统筹下，强化先行示范区建设的战略意义，促使中央各部委以更大力度推动先行示范区与国际市场接轨以及重大工程的落地。另一方面，有必要通过顶层立法的形式推动改革落地，为改革开放保驾护航。2020 年 4 月 17 日，为应对国际复杂形势，破解国内改革深水区难点，海南自由贸易港在国家层面被赋予顶层立法权限。因此，可以尝试借鉴海南自由贸易港的顶层立法制度，积极争取全国人大或全国人大授权国务院就先行示范区制定专门的法律，为深圳建设中国特色社会主义先行示范区提供原则性、基础性的法治保障。

（二）"摸着石头过河"

在顶层设计的基础上，必须继续坚持"摸着石头过河"的方式，不断在实践中检验深圳改革开放的理论。只有敢于"摸着石头过河"，善于"摸着石头过河"，才能实现稳定与创新发展的有机平衡。深圳在先行先试的过程中，可能涉及大量并无先例的创新性举措，"摸着石头过河"这种渐进式的实践方式，既有利于坚持改革开放的基本方向，深化重要领域和关键环节的改革，保证一揽子试点政策取得实效，又能够有效规避改革开放过程中的重大失误，降低先行先试面临的政治、经济和社会风险。

在深圳综合改革试点的 40 条首批授权事项中，涉及支持在资本市场建设上先行先试、推出深市股指期货、开展创新企业境内发行股票或存托凭证（CDR）试点、优化私募基金市场准入环境、优化创业投资企业市场准入和发展环境、完善金融支持科技创新的体制机制、开展本外币合一跨境资金池业务试点、先行先试地方政府债券发行机制等众多金融相关改革事项，这是"摸着石头过河"的重要尝试。未来深圳需要继续发挥综合改革试点的政策优势，推出更多具有重大改革创新价值的一揽子举措。

二 坚持"创新、先行、开放、标杆"的发展定位

（一）中国金融创新城市

在 40 余年的发展中，深圳金融业积累了丰富的创新经验和创新实践，形成了基本完善的金融组织体系和独有的金融创新体制机制，在我国金融业改革发展历程中创造了超百项"中国第一"。深圳的创新是全要素、全方位的创新，伴随着理念创新、观念创新、体制创新、金融创新等，是制度创新引领下的技术创新，而深圳的城市特质决定适合在这里探索各种金融创新。

具体而言，深圳需要以金融业发展"十四五"规划的重点任务为依托，着力将深圳打造成为全球金融创新中心、全球创新资本形成中心、全球金融科技中心、全球可持续金融中心。同时，注重短期规划与中长期目标的有效衔接，加快完善包含原生品、衍生品、结构化产品在内的多层次金融市场体系，加快构建包含清算、评级、征信在内的多元化金融基础设施。

1. 加快筹建重大金融基础设施，提高深圳配置全球资源的能力

目前，深圳仅拥有深交所这一全国性的金融市场，在征信、评级、清算系统等金融基础设施建设方面存在明显短板，严重制约了深圳金融资源的集聚能力。深圳需要积极争取重大金融基础设施工程在区域内落地，尤其是搭建构建人民币金融资产配置中心和风险管理中心所需的金融基础设施。同时，需要完善深圳多层次金融市场体系，从发展股票、债券、保险、基金等传统金融产品向金融衍生品、大宗商品、碳金融、知识产权证券化等领域延伸。

2. 推动建设全球创新资本形成中心

推进深交所建设优质创新资本中心和世界一流交易所，大力建设国际风投创投中心和国际财富管理中心，巩固提升创新资本形成优势和资源优化配置功能，构建全面高效的创新创业金融服务体系。

3. 大力推进金融科技中心建设

充分发挥深圳科技研发领先、应用场景丰富等优势，打造国际一流金融科技创新生态圈，把深圳建设成为全球金融科技产品开发、企业培育、推广应用高地，打造金融创新和高质量发展"新引擎"。

4. 布局打造可持续金融中心

依托深圳国家可持续发展议程创新示范区建设，大力开展可持续金融实践，积极探索运用金融手段解决环境、社会领域可持续发展问题，为全球可持续金融发展贡献深圳力量、提供深圳经验。

（二）中国金融先行城市

深圳作为先行示范区，金融业应在突破港深融合发展体制机制障碍方面先行先试，加强与港澳金融市场和金融制度的协同，尤其是充分借鉴香港的成熟市场体制和运行机制，提升深港融合的深度和广度，在监管、货币、财税制度等领域实现协同突破。

1. 促进与港澳金融市场互联互通

对于深港金融市场之间已经开通的"股票通""债券通""基金通"等互联互通模式，需要进一步补齐各模式的短板，探索将更丰富的交易产品纳入互联互通范围，探索"北向通"与"南向通"模式均衡发展，探索互联互通基础设施的完善等，加快港澳保险服务中心建设，推动"跨境理财通"业务试点，并逐步由原生产品的互联互通向商品期货、期权等金融衍生品等领域的互联互通拓展。

与此同时，深港澳金融市场互联互通的深化离不开跨境资金流动的便利化举措，因此，可以充分发挥香港作为人民币离岸中心的功能，利用其全球领先的财富管理能力，先行先试推进人民币国际化和外汇制度改革，拓宽跨境人民币融通渠道。

2. 加快探索与港澳制度协同发展

对于深港澳在各类体制机制方面存在的差异，需要加快探索三地在监管、货币、财税制度等方面从分散到统一的实施路径，突破制约深港澳深度融合和高效融合的体制机制障碍。在坚持服从国家发展大局的定位下，对三地的重大制度差异采用求同、从简、择优等原则，充分发挥三地的经济金融优势和制度优势，实现金融资源共享和优势互补。

在监管协同方面，构建更为顺畅的联席会议机制，加强深港澳三地政府部门在金融监管信息共享、金融创新及金融风险防控等方面的交流合作。在货币协同方面，充分利用中央对深圳开展数字货币研究和移动支付创新工作的政策支持，探索数字货币在深港澳货币协同方面的应用场景，推动三地货币协同和人民币国际化的进程。在财税制度协同方面，尝试依托深港科技创新合作区这一平台，试点全球最具竞争力的统一财税制度，并适时在更大范围推广。

3. 助力粤港澳大湾区建设

粤港澳大湾区建设是国家重大发展战略，而深圳作为大湾区建设的重要引擎，必须积极作为、深入推进粤港澳大湾区建设，加强与湾区内各城市的金融合作，以更大的勇气和决心实现大湾区各类要素互联互通体制机制的大破大立，提升市场一体化水平。

（三）中国金融开放城市

在金融开放方面，深圳需要加快与国际主流规则接轨，加快推动人民币国际化试点，广泛参与国际一流城市的竞争，在竞争中求发展、谋改革，在金融市场、金融生态、金融制度等方面全面实现国际化发展。

1. 打造以人民币国际化为核心的金融市场

在当前全面推行人民币国际化存在诸多风险和困难的情形下，可以通过区域性的人民币国际化试点来完成破局。深圳拥有深厚的产业基础和较为开放的金融市场，是推动人民币国际化合适的试验区。一方面，需要进一步推进跨境资本流动的创新发展，拓宽跨境资金流通渠道。另一方面，需要推出更多优质的人民币投资品种，同时推动更多投资标的纳入互联互通范围，提高人民币贸易和投资结算规模，打造人民币全球资产配置中心。

2. 打造跨国金融机构集聚的金融业态

跨国金融机构集聚对于一个地区的国际化发展具有至关重要的作用。首先，需要合理划分深圳金融功能区，加快建设世界一流的现代金融服务区，提升深圳承载跨国金融机构集聚的能力。其次，需要针对跨国公司区域总部功能的发挥制定更多便利化举措，为提高跨国金融机构的资金使用自由度创造条件，加大对跨国金融机构知识产权的保护力度。最后，需要加大对跨国金融机构落户深圳的奖励支持力度，针对跨国金融人才制定相应的住房、医疗、教育、税收等优惠政策。

3. 打造与国际主流规则高度接轨的金融制度

第一，以创业板发行注册制改革为契机，推动资本市场发行规则与国际接轨。同时，加强与注册制相关的配套制度安排，使注册制的制度设计充分对接国际标准。第二，尝试在深圳试点与国际接轨的金融法律体系，包括金融法律仲裁模式、投资者保护、债券违约处置等，使深圳金融案件的处理符合国际法律规范。第三，尝试构建与国际接轨的债券评级体系，着力完善评级技术与数据体系，打造具有国际公信力的评级标准，助力深圳本土企业通过"走出去"实现国际化融资。第四，尝试在金融科技、绿色金融、金融发行承销服务等方面与国际接轨，增强深圳在国际行业标准树立中的话语权，提升深圳投行、律师事务所、会计师事务所等金融服务类机构的国际竞争力。

（四）卓越的全球金融标杆城市

建设国际金融中心城市是深圳打造全球标杆城市的重要内容。卓越的全球金融标杆城市可以从以下角度理解。一是金融服务实体经济的标杆。习近平总书记指出，金融是现代经济的核心。深圳应探索各种金融服务实体经济的新技术、新模式、新途径，形成可复制推广的经验。二是金融和科技相结合的标杆。一方面金融为科技创新服务，另一方面利用科技手段为金融赋能。三是金融向上向善的标杆。引导金融资源投向经济、环境、社会效应俱佳的领域，利用金融手段促进联合国可持续发展目标的实现。四是金融风险防范的标杆。以法治为保障，充分利用监管科技，形成满足现代金融高效运行需求的金融监管体系，守住不发生系统性区域性金融风险底线。

三 坚持改革创新与风险防范并重的发展理念

深圳在改革创新的过程中，必须重视金融创新引发的金融风险，牢牢守住不发生系统性、区域性风险的底线，一方面，通过完善法律体系促进地方金融风险的防范和处置，另一方面，通过更加有效的金融监管，提升金融风险预警的能力，更加科学地甄别金融创新产品的价值，从而更好地实现金融创新与金融风险防范的有机平衡。

（一）以地方层面立法守住不发生系统性、区域性金融风险底线

当前国内最为突出的金融风险依然是地方金融风险，而地方金融风险防控亟须重大理论和现实突破。其中，加快地方金融立法是化解地方金融风险的关键。相比于河北、四川、天津、上海等已完成地方金融监管条例立法工作的省市，深圳亟待加快地方金融监督管理条例、特区处置非法集资条例的立法工作进度。在借鉴其他地区成熟的金融立法成果的基础上，结合自身的发展特征，不断寻求地方立法的突破，为地方金融风险的防范和处置提供坚实保障。

（二）以监管科技为抓手，提升风险识别与预警能力

首先，需要加大深圳金融监管"三大平台"的应用范围和场景，进一步完善消费者权益保护平台，切实维护金融消费者的合法权益。其次，打造区块链跨境贸易融资平台，推动大湾区人流、物流、信息流和资金流的畅通融合。最后，需

要利用监管沙盒探索跨境监管合作，推动面向粤港澳大湾区金融市场互联互通的金融创新。

第三节　深圳提升金融业服务能力的关键举措

一　明确金融行业的社会责任

金融行业除了要不断提高自身经济效益，还承担着对国家、政府、社会、环境等各类主体的责任，因此，深圳金融行业的发展必须兼顾促进经济、社会、环境的稳定和健康发展的使命担当。

（一）深圳金融业应履行服务实体经济的责任

金融业天然具有国家和政府赋予的重大社会责任。首先，深圳金融行业可以通过直接或间接的手段满足发展实体经济的资金需求，并助推经济发展转型升级。同时，金融行业也可以通过各类金融服务和金融工具支持国家战略的贯彻落实，推动国家重点项目的建设。

其次，深圳金融行业有责任大力发展普惠金融业务，为中小微企业、低收入人群提供金融服务，使金融能够惠及更多群体，进而缓解人民日益增长的金融服务需求与金融供给不平衡不充分的现实矛盾，全方位构建相适应的金融体系和社会保障体系。

最后，深圳金融行业具有提高社会保障水平的责任。一方面，在支持国家重点扶持的行业、地区和企业的发展上，金融行业需要给予大力的资金支持。尤其是在新冠肺炎疫情等重大事件影响下，金融行业应当承担起为中小企业纾困、为受灾害的地区提供资金或物资援助的责任。另一方面，金融行业应当助力国家精准扶贫和乡村振兴等战略，创新金融扶贫模式，有力地保障社会民生，帮助贫困地区以产业带动当地经济建设，助力全面建成小康社会。

（二）深圳金融行业应履行保持社会稳定的责任

深圳金融行业需要对社会承担起防范金融风险的责任。在保障资金安全方面，金融机构管理着大量源自社会公众或是国家机构的资金，因此，金融机构具有控制资金运营风险、加强资金风险管理的责任。在规范股票市场运行方面，金融机构有责任对客户的投资行为进行有效监控，避免操纵市场、进行内幕交易等违法违规行为的产生。在打击非法集资方面，金融机构有义务以身作则，严格遵守国家各项法律法规，同时积极配合国家和地方有关部门打击经济犯罪活动，为相关部门获取与金融犯罪有关的证据、实施有针对性的措施提供支持。

（三）深圳金融行业应履行对环境的责任

金融行业需要坚持低碳、环保、节能的经营理念，持续发挥自身促进资源配置效率的基础功能作用，帮助环保企业融资，协助环保企业改善内部治理结构，推动企业从追求高速度、高耗能的粗放增长模式向创新引领的高质量发展模式转变。

二 提升金融服务"双循环"效能

金融是现代经济的核心，也是国民经济的支柱产业之一。金融业的良性发展，既可能对一个行业的发展产生决定性的作用，也可能关系到整个经济体系能否平稳运行，关系到社会能否保持长期稳定。尤其是在目前国内外经济贸易环境异常严峻的背景下，需要进一步明确深圳金融行业的社会责任，创造性地探索"金融+双循环"，使金融能够更好地服务于"六稳""六保"工作，能够更好地服务于构建"形成以国内大循环为主体、国内国际双循环相互促进的新发展格局"。

（一）以"金融+"战略支持实体经济"内循环"

在"金融＋制造"方面，聚焦提升金融服务制造业全产业链和全生命周期能力，聚焦解决民营经济和中小微企业"融资难、融资贵、融资繁"等问题，扩大金融服务的可得性和普惠性，助力中小微企业更便利地接入国内资金融通的"内循环"。

在"金融＋产业"方面，以注册制改革为核心，强化"投资效应"对产业升级的引导作用，利用资本市场促进高新技术产业的科技研发和成果转让，以金融价格信号优化产业生产要素的配置方向，以金融市场工具突破产业生产要素的配置约束。

在"金融＋科技"方面，构建多元化的科技金融生态系统和"基础研究＋技术攻关＋成果转化＋科技金融"全过程创新生态链，深入推进科技金融创新实践，着力培育以政府政策为主导、以科技创新基金为支持的科技金融服务体系，积极打造科技金融综合服务平台与科技成果对接资本市场平台。

在"金融＋供应链"方面，加快区块链、大数据、云计算、人工智能等新兴技术助力供应链金融产品和服务体系建设，持续推进供应链金融公共服务平台发展与基金设立工作，打造供应链金融集聚示范基地。

在"金融＋文化"方面，探索文化金融发展的体制机制与产品创新，创设文化金融合作试验区，全面构建以文化产业投融资平台为依托的产业文化新高地。

在"金融＋海洋"方面，探索设立国际海洋开发银行，推动适应粤港澳海洋经济发展需求的金融资源有序竞合、协同发展，打造引领泛珠、辐射东南亚、服务于"一带一路"的海洋金融枢纽。

（二）以金融开放助力中国"内循环"与全球"外循环"良性互动

加大金融开放是助力中国"内循环"与全球"外循环"良性互动的法宝。在开放的过程中，必须充分利用国际经验和金融资源，提升境内企业的投融资能力，以及深圳金融行业的资产定价、资金融通、风险管理等核心能力，进而优化"内循环"中的资源配置。同时，需要进一步构建与更多国际金融中心城市的对话机制，全方位深化在金融市场、机构、人才等领域的合作，加快与国际金融市场和标准对接，推动率先构建具有中国特色、符合国际惯例的金融运行规则和制度体系。

第十四章　深圳金融业改革开放再出发的实施路径

经过 40 年的发展，深圳金融业取得了举世瞩目的突出成绩，在促进实体经济发展和科技创新等方面发挥着关键性的作用。然而，相比于国际金融标杆城市，深圳金融业无论是在金融风险防范能力、金融发展生态环境建设还是金融国际化程度等方面，都有待进一步发展。

因此，在改革开放再出发的过程中，必须探索更高层次的立法保障和更高水平的监管赋能，有效处理金融稳定与金融创新的关系；通过打造国际一流的金融营商环境，利用深圳创新优势、科技优势、环境优势，在特色金融市场实现错位和抢位发展，逐步缩小与国际金融标杆城市的差距。

基于此，本章主要围绕深圳金融在稳定、发展、创新方面的主要目标，重点从构建深圳金融运行安全区，完善深圳金融发展生态，加强深圳金融发展的保障机制建设，推动深圳实现更大范围、更高层次的创新等角度，探索深圳金融业高质量发展的具体路径。

第一节　深圳金融运行安全区建设

为了降低金融发展创新过程中的风险，保持经济金融的平稳健康运行，必须构建更加完备的地方金融监管体制机制，全面提升金融法治、社会信用和居民金融素养，高质量建成更加符合金融创新和可持续发展要求的金融运行安全区。

一 完善金融监管体制机制

金融监管在促进金融创新发展与保持金融稳定方面扮演着"双重"角色，发挥着关键性的作用。因此，有必要进一步明确金融监管（尤其是地方金融监管）的定位与作用，正确处理金融监管与金融稳定发展创新的关系。深圳可以抓住"双区"驱动的重大历史机遇，率先在完善地方金融监管体系方面先行先试，力争在全国形成示范。

（一）强化地方金融监管职能

建议中央层面加快进行关于地方金融监管地位作用的顶层机制设计，加强对地方金融监管局的监管职能授权，在地方协调机制上明确地方金融监督管理局的牵头地位。

建议在立足目前地方金融监督管理事权"7+4"格局的基础上，基于历史逻辑和现实需求，坚持在法治化和制度化的轨道上统合地方金融监管权力，将分散在不同部门的监管事权整合到地方金融监督管理局，形成以地方金融监督管理局为核心、多部门密切配合的地方金融监管格局。

随着科学技术的快速发展，金融机构业态日趋多样化，跨地域展业、混业经营等情况屡见不鲜。而地方金融监管能力相对薄弱和监管资源紧缺的状况并未得到显著改善，地方金融监管面临的压力进一步增大。因此，地方监管机构有必要通过加强与中央监管派出机构、其他省市地方金融监管机构以及同级政府不同部门的协调合作，充实监管资源，利用监管科技，创新监管方式，发挥其他监管协作者的作用，革新地方金融监管体系。丰富地方金融监管资源的前提之一是进一步提升地方金融监管机构的定位和监管职能。

（二）强化监管队伍

针对当前地方金融监管人员不足、职责不清的现状，建议根据实际管理人口、金融业规模、监管职能和任务，参照中央监管部门省级派出机构的处室设置，完善地方金融监管组织体系。一是以发展和监管分离为原则，对处室结构进行优化，厘清各处室权责，探索审批和监管相分离；二是适当扩充编制，向一线监管倾斜，探索一个处室对应一个细分金融行业的监管模式，提高专业化监管水平；三是设立地方金融监管执法大队，加强对地方金融机构的现场监管和违规处罚，做实地方金融监管执法权；四是探索市区地方金融垂直监管，明确市区金融监管机构的行政隶属、业务指导关系，充实区（县）级监管力量，为地方金融监管提供强大的组织保障。

（三）探索建立金融伦理体系

建议对金融伦理进行系统梳理，加强金融从业者的金融伦理教育，将外在规则约束转化为内在价值观、职业态度和行为准则；鼓励金融机构建设以金融伦理为基础的企业文化，实现金融机构的发展目标和消费者目标的统一；充分发挥社会对金融伦理的监督功能，鼓励公众举报伦理失范行为，并给予惩戒，引导金融机构和金融从业人员遵守金融伦理准则。

（四）探索跨境监管协同新模式

一是积极争取中央赋予深圳更大的金融话语权和决策权，建立深港澳金融合作平等对话机制。通过在深设立中国人民银行南方总部或提升中国人民银行深圳市中心支行监管层级、联合港澳设立大湾区金融发展协调办公室，赋予大湾区金融管理部门一定额度内管理资金跨境自由流动、核准金融机构在大湾区开展跨境业务创新的权限，推进大湾区金融合作及跨境金融监管协调。就不涉及政策重大变化、属于大湾区日常监管协调的事务与港澳金融监管部门直接沟通。涉及政策层面的问题，由派出机构负责向上级反映并评估相关影响。同时，与国务院金融稳定发展委员会建立纵向沟通机制，保障中央在宏观、中观和微观等多个维度上获取充分的信息及数据，对大湾区的跨境监管合作给予政策指导。

二是构建更为顺畅的联席会议机制。必须充分利用好深港澳金融合作季度联席会议机制，切实加强与港澳的互动交流。按照粤港澳大湾区总体工作框架，三地政府金融工作部门、金融监管部门可以通过联席会议机制，重点从金融监管信息共享、监管合作交流方式及金融风险防控等方面开展定期沟通，促进协调合作，共同构建粤港澳大湾区金融生态圈。

三是依托区域跨境平台试点统一监管标准。以前海蛇口自贸片区和深港科技创新合作区为平台，在风险可控的前提下，适当调整对自贸区业务的监管要求，逐步推进深港澳对同类机构、同类产品、同类服务的金融监管标准趋于统一。与此同时，以深港科技创新合作区为平台，尝试使用统一的法律体系等制度体系，实现跨境监管协同，并根据实际运行效果，合理确定跨境监管在深圳乃至粤港澳大湾区内的推广模式。

四是强化信用信息和基础信息共享机制。积极推动有关部门加强三地工商、税务、海关等公共数据信息共享，完善区域金融业综合统计体系、风险监测和预警体系，分步骤推进大湾区金融监管基础信息数据互换和系统互联。

（五）探索科技监管

一是开展金融创新监管试点（监管沙箱）。在监管沙箱实行的过程中，首先需要明确什么样的企业、什么样的创新具有开展沙箱测试的资格。通常而言，进入沙箱测试的项目应当符合金融服务实体经济、防风险、促改革三大基本职能，符合提升区域经济一体化水平和金融整体竞争力的基本特征，符合国家发展大局。除此以外，由于先行示范区的建设涉及大量跨境金融融合项目，可以进一步针对具有迫切需求的重点项目进行沙箱测试，提升跨境监管沙箱的影响力。

二是打造监管科技示范区。对金融科技及创新项目实施包容性监管，是支持其发展壮大的必要保障。深圳需要积极争取中央部委支持，打造金融监管科技示范区，力争成为全国金融监管环境最优的城市。同时，积极开展证券、保险、地方金融（7+4）、合规科技等领域的试点。

二　夯实风险处置法律基础

1. 加快地方金融监管立法

我国目前地方金融监管权力主要来自国务院和各部委的规范性文件，存在权力来源缺乏法律支撑、权责不明确等问题。建议加快地方金融监管立法，适时修订完善融资担保、交易场所等地方金融组织监管办法，加强市场准入管理，实施穿透式监管。遵循金融的发展规律，依法保护扩大服务范围、降低交易成本、提升融资效率的金融创新，严厉打击以金融创新为名掩盖金融风险、规避金融监管、进行制度套利的金融违规行为。引导金融机构建立健全金融消费权益保护相关机制，落实金融消费权益保护主体责任。建立深圳市金融纠纷调解机制，探索在线调解模式。提升金融审判的专业化水平，争取国家支持设立金融法院，推动形成统一完善的金融法治体系。

2. 探索在先行示范区设立金融法院

深圳法院体系目前"案多人少"，一定程度上影响了办案的质量和效率。在深圳设立金融法院，既是顺应金融审判专业化的大趋势，也可以缓解现有法院的审判压力，同时发挥专业审判对金融市场的指引规制作用，更好地规范金融创新，防范金融风险。深圳已在前海设立金融法庭，负责审理深圳市辖区内除基层法院管辖范围之外的第一审民商事金融案件、不服基层法院审理的第一审民商事金融案件的上诉案件。建议将其升级为金融法院，专门审理深圳辖区金融民商事案件和涉金融行政案件，为深圳金融业稳定健康发展保驾护航。同时，依托金融法院探索粤港澳大湾区金融司法领域的衔接和合作，完善中国特色金融司法体系。

三 防范化解重大金融风险

有序开展互联网金融风险防控，推动行业风险逐步出清。保持打击非法集资的高压态势，有效遏制和震慑非法金融犯罪行为。率先探索私募机构行业管理与地方管理的有效协调监管机制，着力化解消除行业发展风险。加强风险排查监测，有序处置债券违约风险、上市公司股权质押风险、地方新兴金融与投资公司风险等地方重大金融风险，防范道德风险和逃废债等行为。促进地方资管公司向不良资产收购处置专营化方向发展，加快推进互联网金融和地方不良资产处置。制定完善突发性金融风险应急处置机制，强化危机预防。

四 强化投资者教育与保护

加强社会信用体系建设宣传，营造诚信社会环境。完善社会信用奖惩联动机制，建立红黑名单制度，加大对金融失信行为的曝光和惩戒力度。建立健全信息平台运营管理机制，吸引各类金融机构和信息信用中介组织参与平台建设，有效开展基于信用的金融产品和服务创新。深入开展居民素养提升工程，加大投资经验、投资技能、投资观念、投资风险、维权保护等投资知识宣传普及力度，引导投资者树立理性投资意识，养成良好投资习惯，提高风险防范意识和自我保护能力。

第二节　深圳金融发展生态与保障机制建设

一 金融发展的生态建设

（一）高水平建设金融集聚区

目前，深圳的金融资源较为分散，金融机构在区域内各自经营，资源不能得到有效整合与优化配置，导致金融规模扩大、金融结构优化、金融效率提升等方面存在一定的限制，尚未能形成与纽约华尔街、伦敦金融城、香港中环和上海陆家嘴相匹敌的金融功能区。深圳需加强合理的金融功能区划分与建设，整合现有的金融资源，实现强强联合、优势互补，进一步促进金融产业的发展。

具体而言，深圳需要加快推进香蜜湖新金融中心建设，高规格打造金融服务、财富管理、金融文化要素集聚基地，高水平建设国际金融中心，加速推动全球银行、证券、保险、基金等持牌机构及总部机构高度集聚，构建业态丰富、创新活跃、空间集聚、功能完善的现代金融产业体系。推进前海深港国际金融城建设，借鉴伦敦金融城、迪拜国际金融中心等经验，探索建立与国际接轨的治理模式和支持政策体系，大力引进国际金融机构，逐步形成多层次、多功能的金融市场和完备的金融服务产业链条。高水平规划建设红岭新兴金融产业带，固化传统金融资源，吸引资产管理、商贸物流金融、金融科技等创新金融机构集聚发展，形成传统金融和创新金融优势互补格局。建设黄金金融核心区，引导黄金专营机构及团队集聚发展，支持金融机构创新发展黄金金融产品与服务，积极探索黄金资产证券化，打造黄金金融科技成果应用展示专区和深圳黄金回购区域品牌。在南山、盐田、宝安、龙华、龙岗、坪山、光明等区域规划建设若干特色金融功能区，围绕重点产业、重点领域的金融需求，发展消费金融、科技金融、海洋金融、产业金融、文化金融等业态，形成各有侧重、突出特色、互补发展的格局，提升物理空间承载力。

（二）优化金融配套政策和产业

为进一步优化营商环境，提升集聚金融资源的能力，一方面，深圳需要优化金融扶持政策体系，学习借鉴纽约、伦敦、香港、新加坡、迪拜等国际金融中心城市的成功经验，适时修订和补充金融业发展促进政策。优化政策措施，支持跨境金融、绿色金融、金融科技等新兴金融业态发展。不断优化金融扶持政策体系，建立健全风险补偿、风险共担、创新奖励等机制，大力支持各类金融机构创新金融工具和服务，加快业务转型发展，持续加强金融对实体经济发展和转型升级的支持作用。构建金融机构"走出去"发展服务平台和政策体系，大力支持深圳各类金融机构和金融市场在国内珠三角、长三角、中西部及境外"一带一路"等地区设立分支机构，加强总部与分支机构之间的业务往来，加强资本和人才跨区域流动，提升经营规模和市场竞争力。

另一方面，需要积极完善金融配套产业，加快构建与金融开放创新发展相适应的专业服务和中介服务体系。支持会计、审计、法律、信用评级、资产评估、投资咨询、资信服务等专业服务机构发展，鼓励专业服务机构加大对新兴金融领域的服务支持。加强与世界知名财经媒体的战略合作，加大深圳金融宣传推广力度。高水平举办金融发展论坛，不断提高深圳金融业在国内乃至全球金融业界的知名度。推进与国际金融中心建设相匹配的高端金融智库体系建设，提高金融智库国际影响力。加强行业协会等自律组织建设，完善自律组织的治理结构，提升行业自律管理水平和服务产业发展能力。

（三）加大力度引进国际金融机构和组织

一方面，促进金融机构总部发展，进一步提升数量和规模。支持符合条件的银行、证券、保险、基金等各类金融机构以新设法人机构、分支机构、专营机构等方式在深圳及粤港澳大湾区拓展业务。积极推动商业银行在深圳发起设立不设外资持股比例上限的金融资产投资公司和理财公司。支持符合条件的外资机构在深圳依法合规获取支付业务许可证。鼓励外资在深圳投资入股本地法人金融机构，重点引入具有重大金融基础设施功能的国际知名企业在深落地，并注重对已有金融机构的发展支持。同时，积极引导中小型金融机构通过上市、并购等方式补充资本金，提高规模效应。

另一方面，全面实施准入前国民待遇加负面清单管理制度，落实竞争中性原则。按照国际通行的标准，在前海减少"负面清单"项目，扩展金融机构的业务范围，并将前海经验快速复制到先行示范区和大湾区的建设中。深圳在引入境外金融机构时，要把外资和内资放在公平竞争的平台上，既不能给予境外金融机构"超国民待遇"，也不能给予内资机构超额的优惠措施，促进国内外企业的公平竞争和良性竞争。

（四）完善金融基础设施建设

由于我国现有大部分金融基础设施位于上海和北京，深圳一方面需要推动重大金融基础设施项目落地，另一方面需要依托"双区"之利，加强与香港金融基础设施的互联互通。

1. 加强支付清算体系建设

探索推进银行支付清算体系与证券支付清算体系的互联互通，实现多种货币的兑换和以不同货币计价的证券交易高效运行。同时，探索扩大区块链在支付清算领域中的应用，在大湾区和先行示范区尝试构建基于区块链技术的支付结算体系，通过区块链技术促进大湾区金融基础设施一体化进程。

2. 加强评级体系建设

在加强评级体系建设的过程中，短期内深圳应当把握中国评级市场开放的契机，加强与国际三大评级机构的合作，利用本土机构的资源优势和国际评级机构的技术优势以及公信力，实现境内评级机构与国际三大评级机构的融合发展。在融合发展的过程中，应当改变过去单纯的参入股合作形式，是在评级技术、评级资源、评级人才方面全面开展合作，加快实现国内评级体系与国际主流规则接轨。

从中长期来看，为了提升深圳评级机构的国际公信力，降低对国际三大评级机构的依赖，必须在合作的过程中不断改进自身的评级能力，持续积累全球评级资源，并从中国自身特点出发，不断创造新型信用评级工具，构建更加合理的信用评级体系。

除此以外，深圳可以探索成立深圳市评级机构协会，统筹银行系统、证券系统的评级监管资源，共享相关信息，构建高标准监管体系，促进评级质量的提升。

3. 加强新型基础设施建设

利用新技术前瞻布局新型金融基础设施。一方面，深圳可探索建立新型的交易基础设施，大力发展租赁资产、知识产权、文化艺术品、应收账款、碳排放权、大数据、数字资产等交易，促进资产的价格发现，便利新兴企业融资，实现资源的优化配置。另一方面，全国目前缺乏统一的针对地方"7+4"金融机构的登记、托管、交易、结算和监管系统，深圳可利用新技术率先完善此类金融基础设施，然后在全国复制推广。

4. 加强金融基础设施互联互通

目前，深港已建成多币种资金清算渠道和支票联合结算机制，可探索与香港进一步合作，实现深圳和香港金融基础设施的互联互通，让先行示范区乃至粤港澳大湾区的企业和居民能与香港的企业和居民便利地使用彼此的金融基础设施。同时，继续研究推动 CIPS 等境内金融市场基础设施建设与境外金融市场基础设施的互联互通，更有力地支撑先行示范区跨境贸易发展。

二 金融发展的保障机制建设

（一）金融发展的顶层立法保障

实施国家大湾区和先行示范区战略，不仅需要更加开放的金融市场和金融服务业，更需要与国际接轨、适合"双区"驱动发展的系列顶层法律制度安排。

1. 组建先行示范区顶层立法的中央协调机构

为了及时研究并解决先行示范区建设事业推进过程中遇到的各项问题，并获得更多的政策支持和制度保障，建议积极争取由中央主要领导亲自谋划部署先行示范区的顶层法律制度建设，在中央层面成立深圳建设先行示范区专职议事协调机构，明确人员组成和内设机构，负责先行示范区建设各项工作的统筹推进、决策执行、综合协调和监督检查等。

2. 由全国人大牵头组建先行示范区顶层立法实施机构

为保障"先行示范区法"立法工作的顺利开展，建议由全国人大牵头推进先行示范区的立法实施工作，既充分体现中央在立法工作中的权威性，又对特区立法过程中涉及的根本性问题进行规制。在立法权限方面，由全国人大授权先行示范区所在地方人大，根据改革创新和发展的实际需要进行立法调整。同时，就"先行示范区法"实施过程中出现的新情况和新问题，及时向党中央、全国人大和国务院报告。

（二）金融发展的人才保障

人才是金融业核心资产，也是金融业高质量发展的第一资源，更是先行示范区创新发展的内在动力。无论是"双区"驱动的高定位，还是金融业的多元化、科技化和国际化的发展趋势，都催生了对专业化人才、复合型人才、国际型人才的巨大需求，深圳金融人才的供需矛盾也日益凸显。《关于支持深圳建设中国特色社会主义先行示范区的意见》多次对深圳人才的培养和集聚提出了明确要求。

因此，深圳需要深入实施"百千万金融人才培养工程"，加大国际化、专业化金融人才培养力度，充分发挥金融人才在金融改革发展中的智力支撑作用。定期发布和更新深圳金融领域急需紧缺人才目录，加大高层次和急需紧缺金融人才支持力度，面向全球知名金融机构、国际性金融组织、全球一流大学及研究机构，引进和培养一批高层次金融人才。鼓励金融行业用人单位全球引智，通过兼职、顾问等方式加大柔性引才力度。支持金融机构与高等院校合作，通过建立金融特色学科、专业资格认证和联合培养专业人才等方式，开展金融人才培养工作和金融创新研究工作。培养及建设若干个与国际金融市场接轨、具有较高培训能级的金融人才国际化培训载体，设计开发适应深圳国际金融创新中心建设需求的海外培训项目。成立粤港澳金融人才发展联盟，鼓励港澳籍金融专业人才依法依规为区内企业和居民提供专业服务。创新人才服务机制，妥善解决金融人才发展面临的住房、医疗、教育等现实问题。

（三）金融发展的税收保障

不管是企业，还是个人，深圳金融业整体税负相对其他金融发达国家和地区都较高，不利于吸引金融资源和参与国际竞争。短期来看，深圳可考虑根据金融行业特征扩大抵扣范围，降低金融业税负。中期来看，深圳可借鉴其他全球性金融中心的经验，针对核心金融业务、辅助金融业务和出口金融业务制定有竞争力的税收体系；长期来看，可探索建立与国际主流规则高度接轨的税收政策体系，以全球最具竞争力的税收政策集聚金融资源。

第三节　深圳金融创新的模式与路径选择

一　多层次资本市场建设

股票市场、债券市场和衍生品市场是深圳资本市场的重要组成部分。在金融市场国际化提升的过程中，必须加快各类资本市场建设，为吸引国际资本的流入创造市场基础。

在股票市场建设方面，深圳需要充分把握注册制改革的契机，推动发行规则和相关配套规则全面与国际规则接轨，助力深圳企业尤其是创新型企业实现更高效融资。在债券市场建设方面，深圳首先需要进一步扩大交易所债券市场的规模，实现与国际主流市场的互联互通；其次，需要注重交易所市场与银行间市场的均衡发展，弥补银行间市场的短板；最后，需要注重境内债券发行与境外债券发行并重，鼓励深圳企业加快"走出去"步伐，实现国际化融资。在衍生品市场方面，深圳需要在现有沪深300ETF期权的基础上，着力推出一批符合深圳发展需要的衍生产品，完善衍生品产品体系，为企业和投资者更好地实现风险管理提供工具。

（一）股票市场注册制

目前，中国资本市场已经开始全面推行"注册制"改革，这意味着发行理念已经实现重要转变，弱化了对企业赢利能力的要求，更多地强调企业的未来发展潜力。"注册制"改革符合中国经济高质量发展的要求，能够更好地体现"大市场、小政府"的理念，有利于进一步提升市场优胜劣汰和资源配置的功能。然而，"注册制"改革不仅涉及发行制度的转变，更重要的是需要进行一系列发行配套制度的完善，包括如何实现更加全面、准确和差异化的信息披露，如何构建更加法治化的投资者保护机制，进一步完善退市和转板制度等。

（二）债券市场国际化

债券市场国际化一方面需要鼓励企业"走出去"实现债券融资，另一方面需要探索提升本土债券市场的国际化程度。在"走出去"的过程中，既需要充分对接国际债券发行和交易规则，增强债券评级的国际公信力，也需要通过政府激励手段和税收工具提高本土企业境外发债的意愿。在本土债券市场实现国际化提升的过程中，需要丰富债券投资群体，尤其是吸引国际资本参与本土债券市场；通过"注册制"机制设计发行更多符合发展需要和风险防范需要的债券产品，加大债券市场的广度，同时，通过法治化和市场化手段，公平高效地处理违约债券处置等问题。为了提升市场的流动性，建议升级改革做市商制度，增强券商的做市意愿，并通过调整估值体系，为券商的报价提供更加科学的基准，提高报价的准确性。

（三）衍生品市场多元化

探索在深圳设立综合性期货交易所，尤其是发展碳金融期货、深市股票股指期货等产品方面先行先试。在沪深 300ETF 期权的基础上，探索推出深证 100ETF 期权、创业板 ETF 期权和中小板 ETF 期权等产品，进一步丰富期权投资标的。

二 外汇制度改革与人民币国际化

（一）外汇制度改革试点

"开放型经济新体制加快构建，粤港澳市场互联互通水平进一步提升，各类资源要素流动更加便捷高效"，是粤港澳大湾区的发展目标之一，而深圳作为粤港澳大湾区对外开放的窗口，对于经常项目下和资本项目下的跨境资本流动需求强烈，亟须通过深化外汇管理体制改革，在风险可控的前提下，提高跨境投融资和交易的便利性，促进先行示范区乃至粤港澳大湾区范围内的跨境经济活动的开展，为提升深圳金融市场开放水平创造基础性的条件。

具体而言，深圳需要以金融市场双向开放为重点，有序推动不可兑换项目的开放，提高已可兑换项目的便利化水平。基于自由贸易账户（FTA），研究开展本外币一体化账户功能试点，探索自贸试验区内资金便利化流动和兑换。开展证券期货经营机构跨境业务试点，支持符合条件的财务公司、证券经营机构等非银行金融机构依规按需申请结售汇和外汇衍生品业务，探索允许非银行金融机构开立可收付客户外币的一级代客账户，支持外币代客业务的发展。完善外商投资股权投资（QFLP）和合格境内投资者境外投资（QDIE）试点管理办法，探索私募股权投资基金跨境投资管理改革。争取国家外汇管理局支持前海符合条件的企业开展经营性租赁业务收取外币租金试点。

（二）人民币国际化先行先试

世界金融标杆城市的发展经验表明，金融市场国际化必须以强有力的货币为基础，因此，在先行示范区建立试点人民币国际化，并充分发挥与香港离岸人民币市场的协同作用，是深圳对标国际标杆城市的重要条件，也是在人民币全面国际化存在国际阻力背景下完成破局的重要手段。

具体而言，深圳需要进一步提高跨境人民币结算业务的市场认知度，扩大人民币在跨境投融资中的使用范围，促进跨境人民币业务发展。在风险可控的前提下，进一步简化优质企业跨境人民币业务办理流程，实施更加便利的跨境金融服务措施。创新面向国际的人民币金融产品，支持深圳人民币国际投贷基金在境外设立子公司开展人民币国际投贷业务，鼓励企业以跨境人民币开展境外直接投资，探索深港居民个人以跨境人民币投资对方银行理财产品，探索拓宽境外人民币回流渠道。加强跨境债券推广，吸引"一带一路"沿线国家到深交所发行主权熊猫债。积极向财政部申请授权发行以人民币计价的境外地方政府债券和绿色市政债。

三 数字货币研究与移动支付创新应用

在开展数字货币研究与移动支付创新应用方面，深圳具有明显的政策优势和创新环境优势，数字化技术领先，应用场景丰富，能够为数字货币的研发和运营工作提供有力支撑。

具体而言，深圳需要在中国人民银行数字货币研究所深圳下属机构的基础上成立金融科技创新平台，开展数字货币研究与移动支付等创新应用，加快突破与数字货币钱包相关的移动支付和终端安全等关键技术，前瞻布局国家下一代重要金融基础设施。支持开展数字人民币内部封闭试点测试，不断丰富数字货币应用场景，建设法定数字货币试验区。积极参与中国人民银行数字货币向东南亚推广，推动构建中国－东南亚数字货币联盟。积极支持推进中国人民银行贸易金融区块链平台建设，深化与中国香港、新加坡合作，逐步扩展到东盟和欧洲国家，助力人民币结算国际化。

四 推动港深金融深层次合作

（一）打造港深金融机构合作平台

目前，不管是深圳金融机构在港开展业务，还是香港金融机构在深开展业务，多是"各自为政"，相互之间的合作力度不足。因此，深圳金融机构与香港金融机构在诸多方面可以进行优势互补，取长补短，共同发展。深圳金融机构对中国内地的巨大市场较为熟悉，在相关项目挖掘、尽职调查、信息获取等方面具有优势。而香港金融机构国际化程度较高，在世界资本市场上获取资金的成本较低，同时，香港金融机构对国际通行规则较为熟悉，在国际金融市场上具有竞争力。可以在先行示范区和大湾区的建设过程中，探索建立"深港金融机构联盟"，促进深港金融机构之间的沟通合作，辅助国际资本有序进入中国内地，帮助深圳金融机构高效"走出去"。

（二）加快加深与港澳金融市场的互联互通

深圳充分把握毗邻香港的优势，积极推动与港澳金融业的互联互通，并且已经在股票市场、债券市场、基金市场、保险市场、理财市场实现了初步联通，为深圳提升金融市场的国际竞争力奠定了基础。但与此同时，现有的互联互通模式都存在一定的缺陷，且互联互通产品尚未实现商品、衍生品的全方位覆盖，因此，如何打造更全面、更深入、更优质的互联互通模式是未来金融市场国际化能力提升的重点发力方向。

（1）深港通的创新发展。在现有部分股票互联互通的基础上，建议积极推进深港通可投资标的扩容，探索将深交所上市的更多股票、债券、基金、指数型产品等纳入互联互通范围，有序推进"债券通"的"南向通"上线运行，实现深港两地交易所产品的全面联通。

（2）债券通的创新发展。建议利用前海蛇口自贸片区优势，进一步推动深交所在前海设立粤港澳大湾区债券平台，推动固定收益跨境业务创新，助力人民币国际化发展与"一带一路"建设；进一步推进"直接入市"方案，允许经备案的境外机构投资者直接开户并投资交易所债券市场。

（3）基金通的创新发展。目前深港基金通以点对点的产品销售为主，尚未形成规模效应，导致无论是产品类型还是发行成本，在香港销售的境内基金都不具有明显优势。因此，必须通过丰富基金产品和服务类型，实现基金产品通向基金市场通的转变。同时，两地应该为基金通范围内的产品销售和购买创造便利，增强基金产品的市场竞争力。

（4）保险通的创新发展。支持深圳率先试点探索建立港澳保险大湾区服务中心，支持港澳保险公司通过在深圳开立人民币账户，为大湾区内已购买香港、澳门跨境医疗、重疾等保障型保险产品的保险客户提供便利化续保、保全、理赔等服务。依托跨境保险服务平台，为车险等产品的跨境赔付创造更加便利化的服务。

（5）理财通的创新发展。探索在流入和流出两类渠道上扩大双向投资范围。流入方向，建议在向港澳客户提供银行自营理财产品的基础上，同时开放港澳居民通过"理财通"认购银行代销的各类理财产品。流出方向，建议允许境内合格个人投资者汇出资金购买港澳银行发行或代销的债券、基金、结构性产品、资产管理计划、信托计划、保险等金融产品。

（三）提升金融市场互联互通的广度和深度

一方面，深圳需要提升金融市场互联互通的广度，加强与纽约、伦敦、东京、新加坡等境外发达市场的互联互通，充分集聚全球的金融资源，同时吸引更多投资者参与本土市场，扩大自身的国际知名度。除此以外，深圳还可以加强与"一带一路"沿线城市的金融市场合作，从而更好地利用国际金融市场为深圳实体经济服务。

另一方面，深圳需要拓展金融市场互联互通的深度，重点在互联互通产品的丰富程度上进行拓展，包括在现货商品、期权、跨境绿色金融资产交易等新兴领域加强与其他市场的合作。

五　特色金融市场建设

（一）打造国际创新资本中心的路径

2020年4月27日，中央全面深化改革委员会第十三次会议审议通过《创业板改革并试点注册制总体实施方案》，意味着深圳建设先行示范区的一项重磅改革项目落地。而创业板改革释放出的巨大改革红利，将成为创新驱动型新经济的发展动能，并为下一步全市场注册制改革探索路径。创业板注册制改革，制定了更加多元包容的发行上市条件，能够更好地支持不同成长阶段和不同类型的创新创业企业在创业板上市，大幅提升创业板市场的包容性。这为实体经济的发展，特别是针对创新发展、自主研发等提供了多渠道的资本补充。深交所也确定将更好地服务高新技术企业、成长型创新创业企业，保障创业板注册制高质量运行，努力形成体现高质量发展要求的上市公司群体，全力建设优质的创新资本中心和世界一流的交易所。

提升深圳全球性金融中心地位，需要支持深交所以注册制改革为契机加强资本市场创新，助推形成领先的创新支持市场体系、创新资本生态圈、市场监管与风控体系、市场基础设施与制度体系，有效地发挥多层次资本市场平台作用和资源配置功能，增强利用创新资本解决发展不平衡不充分问题的能力，探索直接上市等制度创新，全力打造国际领先创新资本形成中心，建设世界一流证券交易所。鼓励境外企业直接在深交所挂牌或通过存托凭证在深交所挂牌，支持深交所和境外证券交易所互联互通，支持深交所建设大湾区债券平台，扩大直接融资。依托深交所加快建设知识产权和科技成果产权交易中心，发挥中国（南方）知识产权运营中心、中国（深圳）知识产权保护中心、国家版权创新发展基地、国家海外知识产权纠纷应对指导中心地方分中心、知识产权法庭等优势，完善知识产权金融体系。营造与国际接轨的VC/PE税收和营商环境，建立健全养老金、保险资金、企业年金、慈善基金会、政府引导基金等长期资本形成的政策体系，鼓励和引导私募股权投资基金、创业投资基金、私募证券投资基金、天使基金等有序发展。依托区域性股权市场（深圳股交）加快建立和发展私募股权二级市场，丰富投资机构退出渠道，加快建设国际风投创投中心城市。

（二）打造金融科技中心的路径

1. 明确金融科技发展模式

建议利用深圳产业基础、科技创新等优势条件，营造良好金融科技生态，激活金融科技创新动力，集聚一批金融科技创新项目，培育一批金融科技龙头企业，大力支持金融机构利用金融科技拓展市场、创新产品和提供优质服务，把深圳建设成为金融科技产品开发、企业培育、推广应用高地，发挥金融科技在现代金融体系建设中的重要作用。持续完善金融科技产业孵化机制，推动建设深港澳金融科技产业联盟，构建良好的金融科技发展生态体系。此外，发挥金融科技企业的技术优势，建设法定数字货币应用高地，推动金融科技产品和能力输出，建立金融科技伦理体系，形成数据要素使用和流转规范，打造金融科技国际样板。

2. 构建完善的金融科技政策体系

一是进一步深化科技投入方式改革，创新金融科技服务模式，使各政府部门金融科技支持政策形成合力，保障金融科技健康发展。继续开展金融科技专项奖评选，鼓励企业大力开展金融科技创新研究。二是设立融资担保风险补偿基金，建立科技项目后续融资全链条、全覆盖的金融科技计划，全面撬动各类社会资本支持科技型企业发展壮大。同时，加大对金融科技股权投资的支持力度，构建良好的金融科技创业创新环境。三是根据国家投贷联动试点政策安排，支持商业银行开展差异化经营探索，允许部分符合条件的银行在业务隔离、风险可控的前提下，开展股权投资业务探索。四是依托深港科技创新合作区，尝试推行跨境监管沙盒试点政策，用最优惠的财税政策吸引深港两地金融科技企业向区域内集聚。

3. 优化金融科技发展基础环境

一是构建风险投资、银行、证券市场多层次融资平台。加快推进深圳市创业创新金融服务平台推广应用，鼓励银行业金融机构充分利用平台，针对科技型企业不同阶段的融资需求创新金融产品和服务，提高金融产品和市场需求的契合度。二是完善科创企业信用评价体系。扶持一批在深圳的民间征信机构；鼓励有条件的征信机构利用大数据、区块链技术，提升专业分析评价能力，通过设计指标体系、建立数据模型、市场主体评价等多种方法和手段，构建基础的企业信用评价体系。建立企业信用评价体系与深圳市创业创新金融服务平台的对接机制，强化信用评价在科技型企业投融资中的应用实效。

4. 优化金融科技的空间布局

一是加快推进金融科技产业集群发展。通过新建金融科技产业园区，或加速整合利用已有的产业园区，充分汇聚金融科技企业的人力、资本、技术、信息等资源，形成创新合力，推动初创金融科技企业的孵化和培育，为金融科技企业的快速落地和发展创造条件，为科技与其他领域的融合发展提供示范。二是进一步优化深圳金融科技功能区划分，充分发挥福田区、罗湖区、南山区及前海蛇口自贸片区的各自优势，形成金融科技多个平台齐头并进、优势互补的局面。

5. 加强科技治理和合规科技的运用

由于金融科技的应用可能具有负面效应，必须将金融科技发展置于恰当的科技治理体系之内。针对不断变异、层出不穷的互联网等金融乱象，监管机构必须进行法律规范调整与组织变革，完善科技规范、数据规范和组织规范等科技治理体系，进一步提升科技治理水平，加强金融风险防范能力。同时，也要支持金融机构加强行业自律，鼓励和支持企业应用合规科技，提升合规水平、强化风险管理。此外，要重视金融科技发展过程中相伴随的伦理道德问题，继续推动组建金融科技伦理委员会，以配合科技治理和合规科技运用，针对金融科技发展的长期性、基础性、根本性问题进行讨论，让金融科技在深圳这片热土上笃行致远，持续发展。

6. 持续完善金融科技发展生态

一是加快制定金融科技标准和评价体系。一方面，联合权威机构，推出自主的金融科技评估体系，定期发布金融科技排行榜、白皮书等行业报告。另一方面，支持金融科技企业、行业协会、高校与国际组织合作，共同开展金融科技标准化工作，探索制定金融科技行业和技术的国家标准和国际标准。二是研究发起设立金融科技产业投资基金，完善金融科技产业孵化机制，重点支持底层技术研发型金融科技企业做大做强。三是设立深港澳金融科技协会、深港澳金融科技产业联盟等组织，深化深港澳合作交流，为金融科技产业的良性、可持续发展提供保障。

（三）打造可持续金融中心的路径

1. 协调统一绿色评估认证体系

打造绿色金融的关键环节是认证标准。形成大湾区统一，甚至与国际标准接轨的绿色认证体系，发展绿色金融就能起到事半功倍的效果。具体来看，可以在国内新修订的绿色产业指导目录基础上，加快与 ISO 等国际组织对接，并深入研究形成量化指标体系。同时，大湾区内有实力的金融机构、科研院校与政府部门可联合培育具有公信力、技术水平高、客观公正的第三方中介机构，共同开展绿色项目认证和评级，建设产融对接项目库。

2. 建立绿色发展项目、技术与企业库，支持绿色数字金融联盟建设

一方面，鼓励支持创业投资基金、私募股权投资基金设立绿色发展基金、投资绿色企业。支持绿色企业通过发债、上市等方式进行融资。另一方面，借助社投盟、国际公益学院等第三方机构力量，推进相关学科建设，形成政商学界合力，加快推进社会影响力金融发展。对标可持续金融国际标准与规则，高水平规划建立与社会和环境正向外部效应相关的金融服务标准体系，在全国率先探索可持续金融支持高质量发展的有益经验。推动绿色金融条例立法和纳入国家绿色金改区，推动影响力投资、ESG 投资试点，推广可持续金融理念。

3. 加快推进社会影响力金融发展

率先探索运用金融手段解决社会问题，打造社会影响力金融生态圈。高规格

定期举办全球社会影响力投资峰会、公益金融高端对话，支持中国社会企业与社会投资论坛、中国责任投资论坛等社会影响力领域的全国性会议在深圳举办，有效传播普及影响力投资理念。鼓励慈善信托、公益创投、公益性小微金融、社会企业投融资等社会影响力金融业态创新发展，积极推动社会影响力债券、基金、交易所等创新项目率先在深圳试点。鼓励深圳金融机构和企业加入"联合国全球契约""联合国责任投资原则""赤道银行"等可持续金融标准体系，引导上市公司主动披露环境、社会和公司治理（ESG）信息，大力践行可持续发展理念。

附录　深圳金融大事记

1979 年

1979 年 5 月 5 日，广东省委拟出《关于试办深圳、珠海、汕头出口特区的初步设想》。

1980 年

1980 年 8 月，全国人大常委会颁布了《广东省经济特区条例》，深圳经济特区成立。

同年，中国银行深圳支行成为深圳首家开办外币光票托收业务及推出银行保函业务的银行。

1981 年

1981 年 5 月 3 日，中国银行深圳支行经中国银行、国家外汇管理局等联合批准改为中国银行深圳市分行，对外挂分行和外汇管理分局两块牌子，局级建制。在这一年，中行深圳分行作为在深圳同业最早开办外汇业务的专业银行，在当时具有独家经营外汇业务的资格。同年，中行深圳分行为中电工贸公司开出国内第一份信用证和开立国内第一个保证金账户。

1981 年 7 月 19 日，中共中央、国务院下发批转《广东、福建两省和经济特区工作会议纪要》的通知（中发〔1981〕27 号文）。

1981 年 12 月 14 日，中国农业银行总行批复同意农业银行深圳市支行升格为深圳市分行。

1982 年

1982 年 1 月，为配合国家对外开放政策，引入竞争机制，经中国人民银行和深圳经济特区政府批准，香港民安保险有限公司出资 100 万港元在深圳设立分公司，并于 1 月 9 日正式开业。这是改革开放后第一家进入国内保险市场的"境外"保险公司，也是继中国人民保险公司后第二家在深圳开业的保险公司。此时，民安保险的业务范围限于三资企业和港、澳、台胞及华侨的保险业务，保费收入较少。

1982 年 1 月 9 日，新中国成立后引进的第一家境外银行——南洋商业银行深圳分行开业，揭开了中国金融业对外开放的序幕。同年，南洋商业银行深圳分行为我国首个商品住宅项目——深圳东湖丽苑的购房者发放了第一笔楼宇按揭贷款。此外，南洋商业银行等港资银行开始尝试为国营企业办理外币放款、咨询、资信调查等业务，以及代理深圳居民的港币存款业务等。

1982 年 2 月 3 日，深圳市政府向广东省政府呈送《关于引进外资银行的请示报告》。

1982 年 4 月 9 日，广东省行转发《关于中国农业银行深圳市支行升格为分行的批复》，成立中国农业银行宝安县支行，归中国农业银行深圳市分行领导，中国农业银行深圳市分行开始筹备。

1982 年 7 月 2 日，中国建设银行广东省分行批准深圳市分支机构从支行升格为市分行（副厅级）。

1982 年，中行深圳分行成为深圳首家开立外币账户业务的银行。

1983 年

1983 年 3 月 1 日，日本拓银国际有限公司深圳代表处设立，该代表处是日本北海道拓殖银行的附属机构，这是外国银行在我国经济特区设置的第一家代表机构。

1983 年 6 月 13 日，深圳首次提出发行股票，深圳市政府批准三和有限公司成立。三和公司是由深圳特区发展公司、深圳市粮油仪器进出口公司、深圳市食品饮料工业公司、中航技深圳工贸中心联合设立，中国人民银行深圳经济特区分行、中行深圳分行为该公司股权证、债券发行的法定代理人。

1983 年 7 月 1 日，建行深圳分行率先试办现金出纳业务，以改变"在建行不能提取现金"的局面。

1983 年 7 月，农行深圳分行在松岗营业所试点代理中国银行办理个人港币储蓄业务，逐步确立外币业务与本币业务一同发展的经营思路。同年，农行深圳分行开始探索劳动用工制度改革，实行新增员工劳动合同制，以此为开端，尝试打破"铁饭碗"和"大锅饭"。

1983 年，中行深圳分行成为深圳首家为特区最初重点项目之一——蛇口工业区建设提供 6000 万港元开发贷款的银行。

1984 年

1984 年 2 月 9 日，中国人民保险公司深圳支公司改为中国人民保险公司深圳市分公司。2 个月后，启用"中国人民保险公司深圳市分公司"印鉴。5 月 7 日，经国务院批复，中国人民保险公司深圳市分公司从中国人民银行深圳市分行划分出来，为市局级经济实体。至此，人保深圳市分公司正式成为特区保险业独立经营主体。同年 7 月，根据《关于分设人民银行、工商银行有关问题的通知》（市政府〔1984〕第 86 号文）的精神，人保深圳市分公司从中国人民银行中分设出来，成为经济实体。1984 年 8 月，中国人民保险总公司为适应深圳经济特区发展的需要，经调查研究，决定将深圳市分公司作为先走一步的试点，进行管理体制改革，赋予深圳市分公司独立法人资格，拥有经营管理的自主权。与此同时，人保深圳市分公司开始实行干部聘用制、员工合同制，录用职工实行社会公开招聘和辞退违纪职工制，这项改革被以后设立的保险公司广泛采用。

1984 年 6 月 23 日，建行深圳宝安支行西乡分理处率先在全国建行办理了个人储蓄业务。9 月，中国建设银行深圳市分行在四海设立四海办事处，主要为南海油田后勤服务基地提供配套服务。

1984 年 7 月 16 日，国务院批复《关于改革深圳市银行体制的试点意见》，国务院赋予深圳金融特殊政策：一是将中国人民银行深圳经济特区分行定位为省级分行，统管深圳的银行、证券、保险等金融机构，直接对总行负责；二是对深圳实行信贷资金"切块"管理（中国人民银行总行不调走深圳各行资金，留归深圳使用，除此之外，总行每年还切一块资金归中国人民银行深圳经济特区分行统一调配使用）；三是赋予中国人民银行深圳经济特区分行利率调整权；四是赋予中国人民银行深圳经济特区分行存款准备金的调节权；五是赋予中国人民银行深圳经济特区分行对金融分支机构的审批权。与此同时，中国人民银行深圳经济特区分行在信贷资金管理上进行如下改革：废除"金融井田"，打破专业银行界限；打破资金界限；组织银团贷款；取消信用放款，实行担保或抵押贷款；开展按揭贷款；开辟离岸金融业务。

1984 年 8 月，工行深圳分行经国家外管局和中国工商银行总行批准，率先在国内开办外币储蓄业务。12 月，经中国人民银行和国家外管局批准，外汇经营范围扩大到对公存款、贷款业务，从而打破了中国银行在外汇业务方面的垄断地位。此后，农行和建行也获准办理外汇结算业务。这是深圳金融业改革创新的第一步，加快了深圳金融业改革的步伐，为全国金融业改革提供了重要的经验和依据。同年 12 月，工行深圳分行提出了"四个转变"的创新目标，即由"内向型"向"外向型"转变；由"单一经营人民币"向"既经营人民币又经营外汇等多种业务"转变；由"落后的手工操作"向"先进的电脑化操作"转变；由"传统的管理体制"向"科学的管理体制"转变。此外，在这一年，工行深圳分行根据特区建设的需要，在取得上级行同意的前提下，尝试发放开发性贷款。

1984 年 12 月 5 日，中国农业银行广东省分行转发总行对省行《关于深圳经济特区信用社体制改革问题请示报告的批复》，同意将深圳经济特区内的六家信用社（不含宝安县）归并到中国农业银行深圳市分行，保留其积累和股份分红的集体性质。同年，农行深圳分行首次推行分配制度改革，倡导按劳分配。

1984 年，全国商业信贷工作会议决定，在深圳、珠海、汕头经济特区和海南行政区试行特殊的信贷政策：一是放宽贷款条件，只要符合政策，有经济效益，还款有保证，不论自筹资金多少，都可以获得贷款；二是不论国营、集体、个体经营的各种商业、服务业，还是外商独资和中外合资的商业、服务业，以及商业、粮食部门外引内联的来料加工、补偿贸易等，都可以给予贷款。

1984 年，蛇口工业区成立全国第一家企业内部结算中心（后于 1985 年成立蛇口财务公司，一定程度上解决了工业区内企业的资金管理需求）。

1985 年

1985 年 1 月 1 日，农行深圳分行开始自营外币存款和外汇贷款业务。此外，农业银行开始逐步实施信息化管理。在这一年的 6 月 1 日，农行深圳分行在同业中第一家实现活期储蓄作业电脑化。

1985 年 1 月 14 日，建行深圳分行办理建行系统第一笔施工企业港币存款，标志着建行长期只办理对公本币业务、不办理对公外币业务历史的结束。同年 4 月，中国建设银行深圳市分行四海办事处借鉴香港银行的经验，在国内银行中首次推出了"职工购房抵押贷款"业务，为南油公司的 85 名技术人员，办理了 80 万元的住房按揭贷款，解决了南海石油深圳开发服务总公司 85 名职工购置住房的资金困难，成为国内银行第一家开办楼宇按揭贷款业务的银行。

1985 年 3 月 12 日，中国人民保险公司深圳市分公司正式承办兴建中的广东大亚湾核电站的各项保险业务，总保险金额达 30 多亿美元，保险期至 1991 年。这是全国保险事业史上金额最高、责任最大、种类最多的一个项目。

1985 年，工行深圳分行开始尝试劳动组合机制的改革，首先在人民路储蓄所试行"单人操作"，不久，逐步在各储蓄所推开。

1985 年，中国人民保险公司深圳市分公司在全国率先实行干部聘用制、员工合同制，打破"铁饭碗"，工资、奖金同个人的业绩和贡献相联系，体现按劳取酬、多劳多得、奖勤罚懒的分配制度；改革传统的承保方式，实行相对灵活、随行就市的展业措施，不分国内外业务，不分币种，统一条款、统一费率、统一保单；实行独立核算，费用包干，利润不上缴，在当地纳税，自行提留赔款准备金和总准备金。

1985 年，深圳开发科技股份有限公司第一次实行"技术入股"，成为中国首家"引智入股"的高科技企业。以这种"花钱买脑袋"的方式来合资，在当时的中国是一种大胆的创新。

1985 年 9 月，中国人民银行深圳经济特区分行、国家外汇管理局深圳分局向国家外汇管理局联合提交《关于在深圳经济特区建立留成外汇调剂中心的请示报告》，公开办理企业间的外汇交易，外汇调剂实行"管两头，放中间"，即只管外汇来源和用途，放开调剂价格，只要外汇符合条例规定，用途正当，买卖双方可自由议价成交。

1985 年 11 月 9 日，深圳市政府颁布《深圳经济特区外汇调剂办法》。深圳经济特区外汇调剂中心挂牌成立，这是全国首家外汇调剂中心。

随着 1985 年 4 月《中华人民共和国经济特区外资银行、中外合资银行管理条例》的颁布，深圳引进外资银行步伐不断加快，仅 1986 年至 1988 年三年间，就有 10 家来自世界各地的外资银行在深圳设立了分行。

1986 年

1986 年 3 月，农行深圳分行全面开办外汇业务，这一事件成为农行深圳分行从专业银行转变为商业银行的重要标志。5 月 5 日，中国农业银行深圳市分行向中国人民银行深圳经济特区分行报送《关于特区信用社归并市农业银行的报告》，信用社改为农行网点，人员、业务也并入农行。

1986 年 4 月 4 日，深圳市政府颁布《深圳市外汇缴留和外汇管理体制改革办法》。

1986 年 7 月 25 日，中国银行深圳市分行、香港东亚银行、日本野村证券有限公司、美国太平洋海外投资有限公司和日本住友银行 5 家金融机构签订协议，在深圳成立全国第一家中外合资的跨国性的非银行金融企业——中国国际财务有限公司。协议规定该公司注册资本为 1400 万美元，合资各方各占 20%。12 月 27 日，中国国际财务有限公司正式成立。

1986 年 7 月，中国人民银行总行颁布《关于深圳经济特区信贷资金管理实施办法》，规定深圳经济特区的信贷资金实行计划单列，除向中国人民银行总行缴纳存款准备金外，其余全部自留。

1986 年 8 月 6 日，建行深圳分行外汇业务正式"开业"，开了系统内办理外汇业务的先河。

1986 年 10 月 15 日，深圳市政府颁布并实施《深圳经济特区国营企业股份化试点暂行规定》。

1986 年，中行深圳分行在全国范围内率先推出同城通存通兑业务、储蓄多功能柜台单人操作、电脑联机代发薪业务。

1986 年，工行深圳分行与爱华电子有限公司联合开发出储蓄业务微型计算机应用。

1986 年，东方汇理银行深圳分行、标准渣打银行深圳分行、东京银行深圳分行、三和银行深圳分行相继开业。

1987 年

1987 年 1 月 5 日，经深圳市政府批准，成立深圳市信用银行，它是农村信用社从农业银行分离出来的区域性、股份制的金融机构。

1987 年 3 月 3 日，深圳市政府颁布《深圳经济特区国营企业股份化试点登记注册暂行办法》，并开始实施。

1987 年 3 月 20 日，中国人民银行批复同意设立中国农业银行深圳信托投资公司。

1987 年 4 月 8 日，我国第一家由企业集团创办的自主经营、独立核算、自负盈亏的银行——招商银行在深圳蛇口开业，开启了企业创办商业银行的改革探索历程。

1987 年 5 月 10 日，深圳发展银行以自由认购的形式首次向社会公开发售人民币普通股。

1987 年 7 月 2 日，农行深圳分行率先推出支行行长竞聘制，破除"领导干部终身制",搬掉"铁交椅"。1987年10月4日,根据中国人民银行总行《关于在深圳筹建一家商业银行问题的批复》,将原属于中国农业银行深圳市分行管理的特区内六家农村信用社的业务、资金、人员等并入新筹建的深圳发展银行。

1987年7月,广东国际信托投资公司参股深圳科技工业园开发高新技术产业,实行科技、工业、金融三位一体的试验,在我国尚属首次。

1987年8月7日,大亚湾核电站正式开工建设。这是经国务院批准的我国大陆第一座按照"借贷建设、售电还贷、合资经营"的模式,引进国外资金、技术和管理经验建设的百万千瓦级大型商用核电站。中行深圳分行为其建设筹集基建贷款,也是大亚湾核电站项目在国内的唯一融资合作银行。此后,中行深圳分行与盐田国际、深圳航空、中兴通讯、华为技术、深圳能源、富士康、比亚迪、康佳集团这些大型骨干企业逐步开展业务上的紧密合作。

1987年9月,经中国人民银行总行批准,深圳特区证券公司成立。这是全国第一家证券公司,属非银行金融机构,是独立核算、自负盈亏的经济实体。

1987年12月28日,我国第一家由国家、企业、私人三方合股的区域性、股份制商业银行——深圳发展银行开业。这是中国历史上第一家向社会公众公开发行股票的商业银行,是中国金融体制改革的重大突破。

1988 年

1988年3月1日,深圳市政府决定,市属赛格集团、城市建设开发集团、物资总公司、石化总公司等6家大型国营企业实行股份制,这些企业将设国家股、企业股、社会股、职工私人股等。

1988年3月1日,中国人民保险公司深圳市分公司出资100万元作为注册资本金成立中国人寿保险股份有限公司深圳市分公司,由中国人民保险公司深圳市分公司代管,并和分公司人寿部实行两块牌子一套人马,对外开展业务,这是深圳市首家专业性寿险公司。当年实现保险业务收入1388.57万元(含家庭财产保险和家庭财产还本险)。

1988年3月21日,工行深圳分行信托投资公司与招商局蛇口工业区下属蛇口社会保险公司发起创办平安保险公司。平安保险公司的诞生，改变了人保独家经营、一统天下的局面，把竞争机制引入保险行业，促进了我国保险事业的发展。大部分参股投资企业取得了较好的经济效益。深圳保险业改革办法的实施，直接体现在保险业务上，1987 年实现保险业务收入 7800 万元，比 1980 年增长278 倍。

1988 年 4 月 11 日，深圳发展银行发行的股票在深圳正式挂牌上市，该行成为国内第一家股票上市的银行。此后，深圳万科企业股份公司、深圳市金田实业股份有限公司、蛇口安达运输股份有限公司、深圳原野实业股份有限公司相继发行股票，并在特区证券公司、深圳市国投证券部和深圳市中行证券部上柜交易，构成了深圳证券市场的雏形。

1988 年 5 月，中国银行深圳市分行顺利完成 ATM 项目投产工作，并发行全国第一张 ATM 鹏程卡，标志着国内首家 ATM 联机网络已经形成。

1988 年 5 月 27 日，由招商局蛇口工业区下属的社会保险公司与中国工商银行深圳信托投资公司合办的保险公司——平安保险公司在蛇口开业，这是全国第一家由企业与专业金融机构合办的保险公司。这家股份制保险公司的出现，打破了人保多年来一家垄断保险市场的局面，其股份制的经营体制也开了中国保险业的先河。在这一年，平安保险公司在干部聘用的基础上实施了目标管理和岗位责任制，实行竞争上岗，同时领导干部定期轮换，并进行离任审计，构建了"能者上、庸者下、平者让"的公平竞争用人机制。这项在 20 世纪 80 年代中后期国有独资和国有股份制保险公司进行的人事制度改革，对全国保险界起到了示范作用。次年，平安以工会名义成立员工风险基金，鼓励广大员工持有部分股权。

1988 年 6 月 9 日，经中国人民银行总行批准，外资银行被允许在深圳设立外资银行分行及中外合资银行经营人民币业务。

1988 年 10 月，工行深圳分行购置 IBM4381 大型计算机，依靠分行科技力量完成安装、调试的全部工作，实现了从手工操作到电脑化操作的历史性转变。大型计算机的开发应用，不仅加快了业务处理的速度，还为新业务的开展提供了必要条件，使代发工资、代收水电费等代理业务迅速发展，特别是将电脑终端设到各证券商网点，对代理上市公司发行股票的收款和代理证券二级市场的股票买卖款交割起到重要作用。

1988年12月28日，深圳万科企业股份有限公司开始向国内外公开发行股票2800万股，每股人民币1元。万科的前身是深圳国营现代企业公司，经市政府批准进行股份化改造，这是广东省工商企业按"国际规范"发行股票的第一家企业。

1988年末，农行深圳分行运用S系列电脑主机上线储蓄系统，实现了储蓄业务通存通兑。

1989年

1989年4月，农行深圳分行推出"权限管理、双轨制约"等六个信贷管理办法，试行信贷资产风险管理系列改革，开启了中国银行业信贷资产风险科学管理的新阶段。5月，农行深圳分行领导干部任职首次实行任期制，每届三年。

1989年，招商银行第一次增资扩股，吸收了6家企业，其中交通企业占股95%。5月，招商银行正式推出离岸业务，成为新中国首家开办离岸业务的试点银行，这为中资银行拓展外向型业务积累了许多宝贵的经验。

1989年9月，建行深圳分行开办保管箱业务，一举填补了国内银行保管箱业务的空白。

1989年10月，中国人民银行总行同意筹建交通银行深圳支行，深圳市参股3500万元，并由投资管理公司和社会劳动保险、科技、教育基金会集资。

1989年12月1日，蛇口工业区首家企业股票"安达股票"500万股上市发行。

1990年

1990年3月，中国交通银行深圳市分行挂牌成立。同年9月25日，〔1990〕深人银复字第090号关于交通银行深圳支行申请升格的函复，同意交通银行深圳支行升格为交通银行深圳市分行。

1990年，经中国人民保险总公司批准，中国人民保险公司深圳市分公司正式实行经济计划单列，深圳业务经营计划管理从广东省公司划分出来，直接隶属于总公司。

1990 年 7 月 6 日，专门从事现钞、金银珠宝和有价证券武装装甲车转递运输业务的深圳市保安服务公司贵重物品运输部开业，成为国内首家武装押运机构。

1990 年 8 月 8 日，农行深圳分行信托投资公司证券部正式开业。农行深圳分行通过信托投资公司购入公司股票，一度成为部分上市和公众公司的主要股东。

1990 年，工行深圳分行推出了自动柜员机，即 ATM。先进设备的应用，科技的进步，促进了分行各项业务的发展。

1990 年 8 月 16 日，新中国首家证券登记专业机构——深圳证券登记有限公司正式组建成立。这也是新中国首家实行股份制的证券登记专业机构。该公司的成立，为深圳证券交易所的设立与经营奠定了基础。

1990 年 9 月 28 日，由 16 家日资和中资银行组成的国际银团向深圳赛格日立彩色显示器件有限公司贷款 8200 万美元，贷款签字仪式在深圳举行。

1990 年 12 月 1 日，中国第一家证券交易所——深圳证券交易所开业。企业实施股份制及证券市场试点，有利于建立自我发展和自我约束的经营机制，弥补了财政缺口和满足了大中型重点建设工程对资金的需求，缓解了银行贷款的压力，满足了社会对金融资产多样化的需求，促进了经济发展，促进了经济体制改革的深化。

1990 年，《深圳经济特区股份有限公司条例》颁布。

1990 年底，深圳共有股份制试点企业 200 多家，其中公开发行股票并上市的股份公司有 5 家，分别是深圳发展银行（1987 年 5 月）、深圳金田实业（1988 年 2 月）、万科企业有限公司（1988 年 12 月）、深圳蛇口安达运输（1989 年 12 月）与深圳原野实业（1990 年 3 月），也就是俗称的"深圳老五股"。

1991 年

1991 年 1 月 18 日，中国有色金属深圳联合公司发行 800 万美元商业票据全部售罄，被认为是"中国金融改革的一项新突破"。国家外汇管理局批复"有色深联"财务公司证券部扩大业务范围，允许发行和代理发行外币有价证券等，有色深联成为中国第一家经营外币有价证券的单位。

1991年1月29日，深圳万科地产在深圳证券交易所正式挂牌交易，成为全国首家上市地产公司。万科的上市不仅为资金密集型的房地产行业找到了一条资金渠道，而且开辟了一条房地产企业发展的新路径。

1991年3月22日，中国人民银行批复交通银行，同意交通银行深圳支行正式开业并改称分行（《关于交通银行深圳支行正式开业并改称分行批复》银复〔1991〕136号）。

1991年4月1日，中国人民银行深圳经济特区分行在全国率先推出贷款证制度。该制度探索出了一条"活而不乱、管而不死"的金融管理新路，是"金融管理跃上新台阶的标志"。

1991年5月15日，中国第一个股票市场管理条例《深圳市股票发行和交易管理暂行办法》实施。

1991年5月，建行深圳分行成功进行我国首宗抵押贷款房产公开拍卖，宣告国内以拍卖抵押房产清偿银行贷款新历程的开始。

1991年6月10日，中国首家期货交易所——深圳有色金属期货交易所正式成立。同年9月28日，深圳有色金属期货交易所推出我国第一个商品期货标准合约——特级铝期货合约，这标志着中国期货市场的正式建立。

1991年7月3日，经中国人民银行批准，深圳证券交易所开业。

1991年8月8日，招商证券的前身招商银行证券业务部在深圳开业。

1991年1月5日，首家全新模式集体股份制企业深圳家乐实业股份有限公司诞生。

1991年8月，平安以证券业务部名义开始经营证券。

1991年9月11日，由中国人民保险公司深圳分公司、深圳市社会劳动保险公司、平安保险公司、香港民安保险有限公司深圳分公司联合发起的深圳保险学会在深圳银湖旅游中心正式成立。这是全国第一个由商业保险和社会保险等多家公司共同组建的保险业群众性学术团体。

1991 年，在递交给深圳体制改革办公室的送审材料中，出现了中国第一份律师证券业务法律文书——《深圳康佳股份有限公司股票上市法律意见书》。这是 1986 年中央决定实行股份制改造和证券市场在深圳试点以来，中国内地律师第一次介入证券业务。这份当时"师出无名"的意见书，在 1992 年 9 月 23 日得到政策"正名"。深圳体改办和深圳司法局联合发布《关于律师参与股份制改革若干问题的通知》，要求国有企业申请上市，必须出具法律意见书。至此，法律意见书成为公司上市申请必备的第 14 份材料。

1991 年 10 月，人保深分承保了新落成的深圳国际机场的财产、责任等保险项目。

1991 年 10 月，深圳南山区基金管理公司发起设立南山风险基金。

1991 年 12 月 5 日，中国人民银行、深圳市人民政府发布《深圳市人民币特种股票管理暂行办法》，B 股监管办法出炉。

1991 年，中行深圳分行成为全国首家推出电脑联机代理证券股票买卖业务的银行。

1991 年底，深圳市采用预先发放股票认购表的方式，为 11 家上市公司发行新股。工行深圳分行被市政府优先委托使用 IBM4381 计算机为上市公司进行新股认购表查重以及认购表的抽签工作。

1992 年

1992 年 2 月，第一只 B 股在深圳证券交易所上市。B 股的发行不仅开辟了一条利用证券市场吸引外资的渠道，而且促进了上市公司转换经营机制，与国际惯例接轨，有利于提高国内证券业的经营水平。

1992 年 2 月，人保深分与美国锦绣中华有限公司签订了劳工保险合同，这是该公司首次把业务扩展到国外企业财产，也是首次单张保单保险费突破人民币百万元，实收保费 1.299 亿美元。

1992 年 3 月，经上级部门批准，深圳市政府发布施行《深圳市股份有限公司暂行规定》，标志着我国资本市场第一部具有法律效力的文件正式实施。该规定在我国股份制发展历程中具有开拓性的意义，为后来颁布的《公司法》提供了大量的经验。

1992 年 6 月 4 日，国务院正式批准平安保险公司更名为中国平安保险公司，并同意其办理法定保险和国营企业、三资企业的保险业务以及各种外币保险和国际再保险业务，并依托其股份制的优势和灵活的经营措施，不断扩充业务，迅猛发展，服务区域从蛇口拓展到深圳，继而走向了全国，从而成为全国三大保险公司之一。逐步形成以保险业为主，融证券、信托、投资和海外业务于一体的多元的集团架构。同年，平安员工风险基金成立职工合股基金公司。

1992 年，农行深圳分行借鉴《巴塞尔协议》试行资产风险管理，正式推出以"权限管理、体制制约、风险度量"为主要内容的信贷资产风险管理办法，确立了贷审分离制度。1992 年 7 月，农行深圳分行开始发行信用卡。8 月，全国第一套证券电话自动委托交易系统由农行深圳分行推出。

8 月 9 日至 10 日，深圳发生百万人争购股票抽签表引起骚乱的事件，即"8·10"事件。这次事件是深圳股票市场发育不成熟、运作不规范的表现。

1992 年 8 月 10 日，按中国人民银行统一安排，农行深圳分行代理发行新股认购抽签表，此次代理成为中国股票发行历史上的标志性事件。

1992 年 8 月 27 日，中国首套条形码收款机系统在深圳面市。

1992 年 10 月，深圳千秋业保险顾问公司成立，这是中国第一家保险中介机构。

1992 年 10 月 8 日，我国第一家专门从事投资基金管理的专业性机构——深圳投资基金管理公司成立，开了中国基金投资管理的先河。

1992 年 11 月 24 日，中国人民银行正式批复，同意成立中国交通银行独资组建的中国太平洋保险公司深圳分公司。经过 13 个月的紧张筹备，深圳市的保险市场形成三足鼎立的局面，竞争日趋激烈。中国太平洋保险公司深圳分公司于

1992 年 12 月 28 日在富临大酒店举行开业庆典，正式开业。

1992 年，深圳宝安企业（集团）股份有限公司 1992 年认购权证发行并上市。

1992 年，中行深圳分行在全国范围内率先开办电话银行业务。同年，人民币储蓄存款跃居深圳第一位。

1993 年

1993 年 1 月，建行深圳分行成功独家代理发行 3 亿元的蓝天基金，开了国内代理基金发行业务的先河。

1993 年 1 月 12 日，由新欣软件公司和中国农业银行深圳市分行共同开发的中国首套证券电话委托自动交易系统通过鉴定。

1993 年 1 月 19 日，新中国历史上第一个按照国际管理方式运作的基金——天骥基金一次性公开募集成功。

为加强深圳市证券市场的宏观管理，1993 年 3 月 5 日，中共深圳市委、深圳市人民政府决定成立深圳市证券管理委员会，对深圳市证券市场进行宏观管理，对市委、市政府负责，并接受国家证券管理部门的领导。深圳市证券管理委员会下设深圳市证券管理办公室，负责深圳市证券管理办公室的日常工作，按市属局级事业单位管理，于 1993 年 4 月 1 日正式挂牌办公。

1993 年 3 月 28 日，经中国人民银行总行、深圳市经济贸易发展局批准，深圳市成立了第一家典当行——"中安典当"。

1993 年 3 月 29 日，深圳证券交易所正式与路透社的 IND 网络联通，为全世界传送深圳 A 股、B 股及债券等的实时报价。

1993 年 4 月 19 日至 26 日，深圳市一届人大五次会议通过《深圳经济特区股份有限公司条例》和《深圳经济特区有限责任公司条例》，这是我国第一批问世的公司法。两法分别于 10 月 1 日和 7 月 1 日起施行。

1993 年 4 月，深圳平安人寿保险公司成立，并于第二年 7 月签发深圳市第一份个人寿险保单，这是中国大陆民族保险业的第一份个人寿险保单，推动了深圳市人身保险险种结构的变化和营销体制的改革。

1993 年 5 月，工行深圳分行经市政府批准正式开办房地产信贷业务。同年，为了适应各项业务发展的需要，工行深圳分行更换了 IBM4381 计算机，引进全市当时最先进、容量最大的 ES-9000 大型计算机，并投入使用。利用先进的设备，组织科技攻关力量研究开发新业务工具。在实现"四个转变"的基础上，工行深圳分行于 1993 年又开启了向商业银行转轨的创新之路，根据商业银行效益性、安全性、流动性的经营原则和自主经营、自担风险、自负盈亏、自我约束的经营宗旨，在深化管理体制改革、转换经营机制、创新业务品种、增创经济效益等各方面进行了卓有成效的探索创新。

1993 年 6 月，全国第一家试行资金公开买卖的融资中心在深圳正式成立。

1993 年 8 月 20 日，渣打证券有限公司、法国里昂证券有限公司、高城证券有限公司、新鸿基投资服务有限公司和柏毅证券有限公司的代表，首次以深交所 B 股特别席位经销商的身份，进入深交所交易大厅直接为客户买卖股票。

1993 年 9 月 3 日，首家中外合资银行——华商银行在深圳开业。

1993 年，永亨银行深圳分行、大华银行深圳分行前身——新加坡华联银行深圳分行、大众银行（香港）有限公司深圳分行前身——亚洲商业银行深圳分行成立。

1992 年邓小平同志南方谈话后，深圳迎来了引进外资银行的又一高峰，仅 1993 年就引进了以中小港资银行为主的 7 家外资银行。到 1993 年末，共有 8 个国家和地区的外资银行在深圳设立 22 家营业性机构，资产总额达 36 亿美元，机构数量和资产总额居国内各城市第一。

1994 年

1994 年 1 月，农行深圳分行引进 25 台 ATM 开始试运行，此后不断升级换代，陆续实现了 24 小时对外营业、存取一体、取存循环、跨行存取、无卡取现等功能。

1994 年 2 月 7 日，深圳民太安保险公估有限公司成立，是国内首家全国性保险公估公司。民太安创立于我国保险业市场化发展早期，和保险业在合作竞争的冲突中融合，逐步冲击保险业产销一体化、经营一条龙的体制，成为中国保险公估业发展的先行者。1992 年至 1994 年，包括民太安在内，共 13 家保险中介机构相继成立，保险市场中不可缺少的中介机构的出现，既促进了保险业的发展又在全国起到了示范作用。

1994 年 3 月 1 日，中国农业银行深圳市分行制定《信贷资产风险管理实施细则》，规定了"三分离"、"六要素"和"四性"等信贷管理核心内容。10 月，农行深圳分行推出"本外币活期一本通"储蓄存折，可以在一本存折上办理人民币及多种外币活期存款，并在全市实现通存通兑。同时，在上线 S 系列主机之后，农行深圳分行又开始策划引进 IBM 大型机，将储蓄业务成功切换到 IBM ES/9000 大型电脑主机，使为客户提供更加复杂的服务成为可能。

1994 年 3 月，工行深圳分行开发了支付密码结算付款系统。4 月，工行深圳分行获准开办离岸金融业务，成为继招商银行之后中国第二家开办离岸金融业务的银行。为了进一步打开香港、澳门市场，工行深圳分行于 1994 年、1995 年分别在香港、澳门注册成立了茂中公司和茂华公司。

1994 年 5 月 13 日，深圳证券业协会成立，以强化证券行业自律。

1994 年 5 月 28 日，深圳外汇经纪中心成立，这是中国首家专门从事外汇买卖及相关金融服务的外汇经纪机构。并于同年 10 月率先设立了外汇同业拆借市场。

1994 年 7 月 8 日，中国平安在深圳银湖宾馆召开"半年工作总结表彰暨寿险体制改革实施动员大会"。这次会议成为公司寿险业发展的里程碑。会上发布了中国寿险业第一个个人营销体制章程，还挑选了 12 名业务骨干并庄重地任命他们为深圳寿险公司的营业部经理。同年，经过艰辛的谈判，美国摩根投资银行和高盛有限合伙集团以超过每股净资产 6 倍的价格取得中国平安 13.7％的股份，拉开了中国平安资本国际化的序幕，中国平安成为中国第一家有外资参股的金融企业，开启了中国金融业引进外资的模式。此后，平安转入快车道，迎来了其业务高速发展和规模急剧扩张的黄金阶段。

1994 年 8 月 2 日，中行深圳分行在全国率先推出"定期一本通"存款业务。

1994 年，招商银行第二次增资扩股中，股东增至 98 家，交通企业仍占股75.6%。加之当时国务院提出"适度加大公路、交通等基础设施的投资力度，以交通投资促进国民经济持续、稳定发展"的产业政策，在招商银行对公业务中，对交通系统企业的贷款占全行整体贷款的 70% 以上。9 月，招商银行召开第一次电脑工作会议，确定了统一管理、统一需求、统一规划、统一系统的"四个统一"指导思想。

1994 年 9 月 22 日，深圳国际信托投资公司发行 1.5 亿亚洲美元债券承销协议签字仪式在香港举行，这是深圳市首次向境外发行债券。

1994 年 10 月 5 日，为加快深圳分行的运作，招商银行决定成立深圳管理部，代行深圳分行的各项职能，与总行在人、财、物和资金等方面的权责做明确划分。

1994 年 11 月 24 日，深圳华为技术有限公司与招商银行签订买方信贷协议。深圳在全国率先尝试买方信贷这一金融资本与产业资本相结合的新形式。

1994 年 12 月 29 日，为解决中小科技企业融资难问题而设立的专业金融服务机构深圳市高新技术产业投资服务有限公司（深圳市高新投集团有限公司的前身）成立。

1994 年，中国人寿保险股份有限公司深圳分公司率先试点寿险个人代理人制度，是深圳首家探索寿险市场化个人营销模式的人寿保险公司。在当时中国居民商业保险意识相对薄弱的大环境下，保险代理人制度的探索实施，对提高和增强整个社会的保险意识起到了极大的促进作用，为我国寿险事业的蓬勃发展奠定了基础。

1995 年

1995 年 1 月 8 日，深圳证券交易所和深圳证券登记有限公司委托中国经济开发信托投资公司，联合全国 12 家财政证券公司组建深圳证券市场财政系统国债保管库举行签字仪式及新闻发布会。该库的成立，创建了全国首支专业国债实物券调运队——深交所实物券调运队。

1995 年 5 月，深圳金融电子结算中心率先建立小额批量处理系统，并于 1996 年在全国率先开通"缴费自选一本（户）通"代收付批量结算业务。这一业务，由市民自主选择银行，一个账户通缴水、电、气等公共事业服务费用，极大地方便了人们的日常生活。

1995 年 5 月，为了大力发展代收（付）费业务，工行深圳分行成立了业务发展部，负责对公存款和与代收费单位联系，积极发展代收（付）费项目。从 1995 年至 1997 年，代收（付）费累计达到 229.2 亿元，平均每年代收（付）费 76.4 亿元。

1995 年 6 月 22 日，我国首家城市合作商业银行——深圳城市合作商业银行在深圳成立。它整合了当时 16 家城市信用社，为深圳金融业注入了竞争压力和市场活力。

1995 年 7 月 3 日，招商银行正式在深圳地区推出"储蓄一卡通"业务（简称"一卡通"）。"一卡通"是集多币种、多储种、多功能服务于一身的电子货币卡，将 CIF（Customer Information File，即客户号）先进理念引入中国市场，一举取代传统存折，掀起了中国储蓄服务方式的一场革命，是我国金融服务的一项新突破，引领银行业从存折时代迈入银行卡时代。资料显示，截至 1998 年 4 月中旬，"一卡通"面向社会发卡 200 多万张，吸收储蓄存款 110 亿元，招商银行的个人业务得到了"飞跃式"发展。

1995 年 9 月 18 日，建行深圳分行在深圳市第一家发行消费卡（"速办事"储蓄卡）。

1995 年 12 月 18 日，全国首家专业从事金融电子化结算业务的金融机构——深圳市金融电子结算中心成立。该中心的成立为我国支付清算事业做出了表率，立下了汗马功劳。

1995 年，中行深圳分行在全国范围内率先推出集 9 种货币于一折的活期一本通。此外，中行深圳分行成为深圳首家推出 EDC 直接购货、转账取代 POS 机业务、个人外汇实盘买卖业务的银行。

1995年，工行深圳分行开发牡丹灵通（万能）卡，一卡可以容纳99个账户，具有存款、取款、转账、结算、查询、消费等功能。

1996年

1996年初，中国人民银行深圳经济特区分行根据深圳保险市场发展的需要，指导督促各保险公司加强行业自律，帮助筹建市保险同业公会，并于当年9月2日签订《深圳市保险机构制止不正当竞争公约》。在强化政府监管的同时，深圳市保险业的行业自律组织发挥了积极作用。成立于1994年的深圳市保险同业公会，以及1996年7月设立的秘书处作为同业公会的常设办事机构，按照"自律、协调、服务"的原则，与政府监管有机结合，在规范市场行为，协调业务发展中的各类矛盾，接受客户的投诉与监督等方面做了大量工作。

1996年2月，工行深圳分行在全国率先推出由自动柜员机、存折补登机、多媒体查询电脑、"电话银行"组成的自助银行，无须营业人员24小时服务；参与开发工商银行全国储蓄异地通兑网络系统，实现了16个城市储蓄大联网。1996年8月，工行深圳分行又推出电脑验印通存通兑系统，实现了对公结算在系统内的即时到账。

1996年3月，农行深圳分行推出"缴费一本通"，一本存折可以缴纳水电费、煤气费、电视费、电话费等费用。4月，成立代收（付）费中心。在这一年，农行深圳分行整体从专业银行向商业银行转轨，先后实施了"一脱"（1996年10月18日，深圳农村信用合作联社与中国农业银行深圳市分行脱离行政隶属关系）、"一分"（1996年12月31日，农业政策性金融业务从农行深圳分行分离）、"一剥"（2000年向长城资产管理公司剥离不良资产），开始成为真正意义上的市场主体。也是在这一时期，农行深圳分行率先开展资产负债比例管理，注重发展中间业务，推行资金集约化经营、存款稳定度管理。制定了"以市场需求为导向"的经营方针，在系统内首家向总行提出参照现代商业银行模式经营，"自主经营、自担风险、自负盈亏、自我约束"。

1996年4月9日，中国平安收购中国工商银行珠江三角洲金融信托联合公司，并更名为"平安信托投资公司"。同年，平安将职工合股基金改制为新豪时投资发展有限公司。7月，平安证券有限责任公司正式成立，总部设在深圳，注册资本金为10亿元人民币。由此，平安终于实现了保险以外的金融业务的突破，开始规划综合金融集团的梦想。

1996年4月11日，深圳14家金融机构负责人正式签署《深圳国内金融机构关于制止存款业务中不正当竞争行为的公约》，倡导和谐竞争、共赢竞争。

1996年5月，国务院正式批复深圳市信用社全部从农行系统脱钩，市联社就此成为独立法人。深圳市农村信用社即为深圳市农商银行的前身。1996年10月18日，深圳农村信用合作联社与农行深圳分行脱离行政隶属关系。12月24日，农行深圳分行持有的深圳农村信用合作联社6000万股股权一次性转让给深圳市松岗农村信用合作社等18家信用社。

1996年8月8日，中国平安保险公司与中国农业银行代理保险签字仪式举行，这是国内股份制保险业务和银行首次合作。

1995年6月30日，《中华人民共和国保险法》颁布实施，保险业开始实施产险、寿险分业经营。8月22日，中国人民保险公司深圳分公司实行重大改革，一分为二，改组为中保财产保险深圳分公司和中保人寿保险深圳分公司。秉持"深化改革，转换机制，强化管理"的经营理念，为推动寿险市场个人业务快速发展发挥了重要作用。

1996年8月23日，中国建设银行深圳市分行在全国国有商业银行中率先完成分业管理试点工作，由该行前信托公司改制而成的分行第二营业部正式开业。自1989年至1996年，建行深圳分行曾连续八年人民币一般性存款年末余额在全市金融系统排名第一，并创下"八连冠"的辉煌业绩。

1996年9月15日，深圳市在全国率先推出行政性收费由银行代理的新举措。

1996年10月7日，中国人民银行总行同意华安财产保险股份有限公司开业，并核准其章程，注册资本金3亿元。1996年10月18日，华安财产保险股份有限公司创立暨第一届股东大会在深圳观澜湖骏豪酒店举行。华安保险作为一家区域性、专业性的财产保险公司，营业区域覆盖广东、广西、海南、湖南、福建五省（区）。至此，深圳保险业的主体数量增加到 7 家，保险市场也发生了重大变化。到 1996 年底，华安保险总保费收入 5400 万元，承保金额 97 亿元，业务笔数 1999 笔；截至 1997 年 6 月 30 日，华安保险保费收入突破 1 亿元。

1996 年，中行深圳分行开始探索个人金融业务的长远发展，率先在全国推出了第一个个人理财中心。发行中行深圳分行第一张长城国际信用卡。

1997 年

1997 年 1 月 3 日，《深圳市保险机构风险监管试行办法》出台。

1997 年 1 月 28 日，建行深圳分行推出全国第一台自动存款机 CDM，同时推出全国第一个全功能自助银行。

对保险业具有监督管理职能的人民银行深圳经济特区分行在 1997 年 1 月和 5 月对财产保险和人身保险制定《深圳市保险机构风险监管试行办法》，探讨对保险公司偿付能力监管的途径。

1997 年 1 月，"深银联"自动柜员机网络与香港"银通"联网，中国农业银行深圳市分行作为首批银行加入。上半年，中国农业银行深圳市分行推出 ATM 机 24 小时对外营业，实现与"深银联"及"港银联"联网运作。下半年，实现 ATM 卡（储蓄卡）在特约商户 POS 上消费功能。9 月 24 日，农行深圳分行推出全国首家网上证券资金清算系统（金牛理财系统），实现了银证资金划转的电子化，并先后上线"银证转账""银券通"系统。

1997 年初，工行深圳分行开发了先进的企业银行系统（EBS），实现了银行远程查账、转账、金融信息查询等多种服务。到 1997 年底，工行深圳分行存款余额达到 30.2 亿元，贷款余额 29.5 亿元，楼宇按揭总面积为 88.5 万平方米，支持发展商发展楼盘 106 个，四年半时间累计发放按揭贷款 24.7 亿元，累计实现利润 5150 万元，平均每年创造利润 1144 万元。此外，工行深圳分行大力扩展证券代理市场，到 1997 年，在市内 138 家证券营业机构设置了电脑终端，并为 30 个券商网点上门收单，代理股民股票交易款交割业务已发展到 168 个点，占全市券商网点的 52%。1997 年清算业务发展到 19 个城市和本地 101 个券商网点，全年日平均存款余额达 179.2 亿元，最高第二季度日平均余额达 240 多亿元。

1997 年，中行深圳分行成为深圳首家开办远期结售汇业务的银行，并在全国范围内率先开办具有投资产品特征的外汇保本投资存款业务、个人支票电话银行保付业务。同年，中行深圳分行开始与中兴通讯建立合作关系，涉及授信、国际结算等业务领域。目前，中行深圳分行已成为中兴通讯最重要的战略合作伙伴之一。

1997 年 2 月 24 日，深圳市第一个在港上市的 H 股——深圳高速公路正式向境外推介；3 月 9 日全球发行，募集 17.63 亿元；12 日在港上市交易，为中国第二只在港上市股票。

1997 年 3 月 7 日，"深业控股"上市国际推介会在伦敦举行；21 日在香港正式发售，26 日招股获超 300 倍认购，上市集资额 5.32 亿港元。深业控股是深圳市第一家于境外上市的企业。

1997 年 4 月 10 日，宁波银行股份有限公司成立，该银行是一家国有股本、外资股本和民营股本分布合理的中外合资银行。

1997 年 6 月，深圳市对证券、期货市场管理体制进行改革，将深圳市期货管理办公室并入市证管办，市证管办增设期货管理处，履行深圳期货市场监管职能。

1997 年 10 月 29 日，我国第一家专业化的金融押钞公司——深圳市威豹金融押运股份有限公司成立。

1997 年 12 月 3 日，香港与中国人民银行深圳经济特区分行达成协议，设立联合结算机制，港元支票的交换和兑现时间缩短至 2 天。

1997 年 12 月 30 日，中国太平洋保险公司深圳分公司、人保深圳分公司与深圳电视台签订协议，共同开办我国第一个电视保险专栏节目《保险 20 分》，此专栏节目于 1998 年 1 月开播，每周一期，每期 20 分钟，历时一年，宣传保险知识，促进保险业健康发展，在社会上产生了良好的影响。

1997 年，汇丰银行深圳分行、东亚银行深圳分行成为深圳首批获得开展人民币业务资格的外资银行。

1998 年

1998 年 3 月，经中国证监会批准，国内首批两家规范的基金管理公司之一的南方基金管理有限公司在深圳成立。

1998 年 3 月 23 日，第一批获得中国证监会批准发行的封闭式证券投资基金——开元证券投资基金在深圳证券交易所公开上网发行，3 月 27 日成功设立，并于 4 月 7 日上市。

1998 年 3 月 26 日，华安保险参与承保的美国摩托罗拉公司设计制造的"铱星"发射成功，这是华安保险首次进入卫星发射保险服务领域。

1998 年，深圳在全国率先投入运行具有世界先进水平的同城全额实时支付系统，率先实现了资金实时到账，深圳支付水平实现了质的飞跃，资金周转速度大大提高，基本实现资金零在途。

1998 年 8 月，深圳被批准为第二个允许外资银行经营人民币业务的试点城市。

1998 年 8 月，农行深圳分行在同业中率先推出二手楼按揭贷款业务。个人二手房按揭贷款余额迅速突破 4 亿元。

1998 年 9 月，建行深圳分行升格为建行系统一级分行。12 月 9 日，与广深铁路股份有限公司签署了职工住房公积金金融业务委托书，这是深圳市银行界首次涉足住房公积金金融业务领域。

1998 年 9 月，中国人民银行深圳经济特区分行对深圳证券经营机构的监管职能划转至深圳证管办。1999 年 6 月，中国证监会设立"中国证券监督管理委员会深圳证券监管办公室"，深圳证管办由地方政府的职能部门转为中国证监会的派出机构，职能发生重要变化，不再负责政策制定、市场发展和行使审批权，专事对深圳辖区资本市场的一线监管。11 月，深圳市政府正式将深圳市的证券期货监管机构划归中国证监会。

1998 年 11 月 16 日，太保深圳分公司与建行深圳分行正式签订"汽车消费贷款履约保证保险协议"。此协议的正式签订，标志着得到保险公司保证的深圳个人购车贷款业务的大面积推广。

1998 年 11 月 6 日，第一家由中国证监会批准增资改制的证券公司——国通证券有限责任公司举行揭牌仪式。

1998 年，深圳市农村信用社成为全国农信系统第一家发行银行卡的农村信用社。

1998 年，全国唯一一家外资金融机构同业公会在深圳成立，由深圳市各外资金融机构及代表处自愿联合组成，履行自律、维权、协调和服务等职能。

1999 年

1999 年 2 月 1 日，中国农业银行深圳市分行在农行系统内率先推出电脑验印系统，客户印鉴核验方式实现"电脑验印"替代"人工折角"。3 月，农行深圳分行推行全员劳动合同制，彻底打破"铁饭碗"。4 月 13 日，农行深圳分行召开全员劳动合同制动员大会，建立起新型的劳动用工制度。1999 年 6 月 26 日，农行深圳分行推出留学人员专项贷款。7 月 7 日，农行深圳分行在同业中首家推出"金牛理财"套餐服务，将汽车消费贷款、出国留学贷款等一系列消费新产品整合推向市场。

1999 年 7 月 1 日，"中国证券监督管理委员会深圳证券监管办公室"正式挂牌。

1999 年 8 月 26 日，深圳市第一家创业投资机构"深圳市创新科技投资有限公司"（深圳市创新投资集团有限公司的前身）宣告成立。

1999 年 9 月，美国国际集团（AIG）在深圳、佛山经营寿险和财产险业务获得了中国保险监督管理委员会的批准。

1999 年 11 月 9 日，深圳金融租赁公司（国银金融租赁有限公司的前身）成立。

1999 年，三菱东京银行深圳分行获批开展人民币业务。同年，恒生银行深圳代表处升格为分行。

1999 年是我国供应链金融的开端。深圳发展银行率先在业内推出新型票据买入业务，为优质的中小企业提供融资服务。

1999 年，中国保险集团公司撤销，中保财产保险有限公司恢复中国人民保险公司名称，中保人寿保险公司更名为中国人寿保险公司。中国人民保险公司深圳市分公司和中国人寿保险公司深圳市分公司相继挂牌。

1999 年，在深圳市政府二届 150 次常务会议上，深圳市中小企业信用担保中心被赋予"缓解中小企业融资难"的时代使命，开启了深圳市中小企业信用担保体系的建设征程。12 月 28 日，深圳市中小企业信用担保中心（深圳担保集团有限公司的前身）挂牌成立。

1999 年，深圳市农村信用社成为全国农信系统第一个开办外汇业务的农村信用社。

1999 年，国家开发银行深圳市分行挂牌成立。

1999 年，深圳高新投出资 438.6 万元，占股 51%，投资大族激光。为了探索创业投资的中国式路径，高新投在参股之初即确立"阶段性控股、保持企业发展独立性"的投资原则，承诺未来适时退出股权并获取投资收益。通过这笔投资，高新投在国内首创并实施"投保联动"业务模式，开创了"股权＋债权"的融资模式。这一创新，不仅是中国本土风投机构在国内资本市场退出的第一个成功案例，也创造了彼时中国创业投资单笔项目增值 777 倍的纪录。

1999 年，美国国际集团（AIG）下属的友邦保险有限公司（AIA）深圳分公司和美亚保险公司（AIU）深圳分公司正式开业，真正的外资保险公司进入深圳保险市场。

2000 年

2000 年 3 月 16 日，招商银行深圳管理部在深圳高交会展览中心多功能厅举办"移动电话银行服务"推介会，推出国内第一个"手机银行"业务。截至 2000 年底，深圳管理部开通"手机银行"客户达 2 万多户。招行"手机银行"具备账户查询、多功能资金转账、自助缴费、证券服务、外汇实盘买卖、理财秘书、招商银行信息查询、账户设置、账户管理等功能。

2000 年 4 月，农行深圳分行成立全国第一家提供现场"一条龙"联合贷款服务的金融超市。9 月，在同业中首家推出散盘楼宇按揭业务。这一年，中国农业银行深圳市分行和深圳市中科智担保投资股份有限公司就个人综合授信业务签订协议，开了我国银行业综合授信业务由企业提供全面担保的先河。同年，深圳市成立民营企业信用互助会，成为国内首家委托专业担保公司经营管理的信用互助社。

2000 年 7 月 1 日，《深圳市政府投资项目管理条例》正式实施，这是我国第一部政府投资项目管理的专门法规。

2000 年 7 月 13 日，华泰财产保险股份有限公司深圳分公司成立。

2000 年 9 月 19 日，中国再保险公司深圳分公司的成立，标志着一个比较完整和相对成熟的深圳保险市场正式形成。

2000 年 10 月 11 日，深圳市颁布《深圳市创业资本投资高新技术产业暂行规定》，该规定属全国第一部地方政府颁布的创业投资规章，有力地推动了深圳创业投资事业的健康发展。

2000 年 10 月 13 日，全国首家股份制技术产权交易所——深圳国际高新技术产权交易所开盘，全国人大常委会副委员长成思危为其摇铃开盘。当天进场挂牌交易的项目 90 个，成交金额 12 亿元。

从 1993 年至 2000 年的 8 年间，深圳全市各保险公司实现保费收入 196.3 亿元，其中财产险 110.2 亿元，人身险 86.1 亿元，赔付额 107 亿元。深圳的保险业从 1980 年的 1 家保险机构发展到 2000 年的 12 家中外保险公司，保费收入从 1980 年的 28.7 万元，增长到 2000 年的 40.81 亿元，20 年累计赔款 112 亿元；从业人员从 1980 年的 4 人到 2000 年的 6000 余人（含近 4000 名寿险营销人员）。深圳已成为全国保险业最发达的地区之一。2000 年深圳保险深度为 2.45%，保险密度 1008 元，在全国大中城市均为前列，接近新加坡和中国香港特别行政区的发展水平。

2000 年，招商证券在业内创新推出了牛卡、牛网、E 号通、24 小时交易委托等产品和服务，并率先推出银证通、网上交易与服务等业务模式。

1991~2000年的十年间，是深圳资本市场形成并不断发育成熟的阶段，深圳上市公司数量迅速增加至76家。上市公司总资产达2210亿元。到2000年末，在深圳市注册的证券公司共10家，深圳本地和异地证券公司所属的深圳证券营业部达202家，深圳成为证券营业网点最多的城市之一，202家证券营业部共有从业人员4600余人。

2001 年

2001年1月8日，华安保险营业总部开业，标志着华安从高度集中的单一制管理模式转变为"总、分、支"三级管理模式。

2001年2月15日，中国证监会下发《关于同意华鑫证券有限责任公司开业的批复》（证监机构〔2001〕34号）核准公司开业。公司于同年3月6日正式成立。

2001年，中行深圳分行成为深圳首家开办个人外汇理财业务，以及全国首家推出代理B股证券资金清算业务的银行。

2001年，国家开发银行深圳市分行与深圳市政府签署第一轮《金融合作协议》。

2001年3月，农行深圳分行电话银行业务系统新增金穗全球通话费卡充值服务、银券通业务、人工在线服务。3月16日，中国农业银行深圳市分行与国信证券公司共同研发的"银券通"系统正式上线。同年，农行深圳分行开始建设个人优质客户关系管理系统（PCRM），搭建客户识别、分配、管理、营销等基础功能。

2001年6月，建行深圳分行在全国系统内首创个人委托贷款业务。

2001年12月18日，深圳正式发布《深圳个人信用征信及信用评级管理办法》，自2002年1月1日起实施。这是我国首次出现个人信用立法，也是我国首部地方征信法规，深圳成为全国第一个为个人信用立法的城市。它的出台，促进了深圳征信业的发展，推动了深圳的社会信用体系建设，也对我国其他各省区市的社会信用体系建设起到了模范带头作用。

2002 年

2002 年 1 月 8 日，《深圳市利用外国政府贷款管理办法》经市政府常务会议讨论通过，并通过第五期市政府公报对外公布实施。该办法规定：经市、区人民政府授权的市、区财政局，市属事业单位和在深圳市登记注册的工商企业都可以申请外国政府贷款。

2002 年 1 月 17 日，深圳农行开始代理西联汇款业务，利用全球速汇网络开展个人外汇实时汇款业务。4 月，农行深圳分行推广总行版个人网上银行。7 月 5 日，开办乡镇企业厂房贷款业务。

2002 年 2 月，平安信托经中国人民银行批准重新注册登记，成为全国第一批获准重新登记的信托投资公司之一，更成为平安在保险业以外的金融投资运作平台。

2002 年 3 月 28 日，招商银行向社会公开发行了 15 亿 A 股，实际募集资金 107.69 亿元，资本充足率迅速上升到 17.6%，创下了当时国内总股本最大、筹资额和流通盘最大的上市银行和国内第一家采用国际会计标准上市的公司三个之最。同年，招商银行推出的 U-BANK3.0 中加入了网上国内信用证功能，标志着供应链金融服务开始迈入电子化时代。

2002 年 4 月 1 日，交通银行深圳市分行获批办理投资项下外汇资本金结汇业务。

2002 年 6 月 22 日，深港港币支票双向结算业务正式开通。该业务的开通，大大缩短了资金的在途时间，为深圳乃至珠江三角洲地区的港币支票提供了安全、稳定、高效的结算渠道。

2002 年 6 月 21 日，中国出口信用保险公司深圳营业管理部正式揭牌成立，这标志着我国唯一政策性保险机构中国出口信用保险公司正式在深圳特区开展出口信用保险业务，深圳市广大外贸出口企业开展国际贸易出口业务从此有了国家出口信用保险的"保驾护航"。

2002 年 7 月 8 日，在深圳首个经营全面外汇业务的外资银行——汇丰银行深圳分行正式开业。2002 年 10 月 8 日，汇丰集团认购中国平安增发的 2.467 亿股外资股份，成为公司当时的第二大股东。

2002 年 7 月 18 日，华安保险第六次股东大会暨第二届第二次董事会在深圳召开，产生第一届董事会，以北京特华为首的一批民营企业入主华安，华安保险成为中国第一家民营控股的保险公司。同年 10 月，华安保险一次性支付深圳美视电力公司机损险及机损项下险赔款 3382 万元，这也是华安保险成立六年来履行的最大一笔保险赔付。

2002 年 9 月 16 日，国内首个大型投资企业集团——深圳市创新投资集团正式成立。

2002 年 11 月 18 日，美国信诺保险集团获中国保监会批准在深圳筹建合资寿险公司，这是第一个获准在中国筹建中外合资寿险公司的外资保险公司。

2002 年 11 月 19 日，出台《深圳市企业信用征信和评估管理办法》，规范企业信用征信和评估活动。

2002 年 12 月 12 日，由深圳金融电子结算中心运行的深圳外币实时支付系统开通，并与港元即时支付系统联网，从而使两地的资金结算实现即时到账。

2002 年，中银深圳成为深圳首家推出联名信用卡——长城万科联名信用卡的银行。同年，中银深圳响应中国儿童少年基金会的号召，开展"零钱慈善"的爱心工程。该活动坚持超过六年时间，为贫穷地区的儿童募得款项数万元。

2002 年，鹏元征信正式取得深圳市人民政府批准从事个人信用征信及评级业务。这是中国最早的由地方政府颁发给企业市场化自主运营的"个人征信业务"的牌照，为深圳市个人信用征信发展，提供了法律依据和保障，使深圳很快建立起个人信用征信系统，为金融机构和社会各界提供多种个人信用产品，并迅速发展成为全国性的信用征信机构。次年，鹏元的信用征信系统正式对外开放，该系统是全国首家能在全国范围内，为全社会提供企业和个人信用查询服务的综合征信系统。

2002 年 12 月 30 日，建行深圳分行发放全国首笔个人信用贷款。

2003 年

2003 年 2 月，颁布《深圳经济特区创业投资条例》。

2003 年 2 月 14 日，中国平安发布公告宣布，中国平安保险股份有限公司更名为中国平安保险（集团）股份有限公司。中国平安成为国内继光大集团、中信集团后第三家金融控股集团，意味着平安正式完成分业重组。

2003 年 3 月 1 日，发布《深圳市支持金融业发展若干规定》，设立深圳金融发展专项资金和金融创新奖，成立市金融资产管理办公室，当年更名为深圳市人民政府金融发展服务办公室。

2003 年 4 月 21 日，农行深圳分行新一代综合应用处理系统（ABIS）在深圳分行上线，实现了全行对公、储蓄、银行卡、贷款、外汇、中间业务、自助银行等所有银行业务功能的一体化服务。同年 6 月至 2005 年 5 月，中国农业银行深圳市分行推行人事改革。11 月 4 日，中国农业银行深圳市分行举行"一柜通"ISO9000 质量管理体系颁证大会，在全国金融业柜台服务中首家通过"ISO9000 质量管理体系"认证。这一年，农行深圳分行还在同业中、系统内率先推出 ATM 跨行转账功能。

2003 年 5 月，中银深圳全面启动"中银理财"服务体系，并根据市场与客户需求"与时俱进"，不断推出实用的投资理财新品。更推出"惠民金融"民生服务品牌，涵盖社保、医疗、教育、助农、缴费、IC 卡消费等与居民日常生活相关的产品和服务。中银深圳是全市唯一一家集金融社保卡、住房公积金卡、市民健康卡三项发卡资格于一身的商业银行，从医疗健康到住房金融服务，全面服务老百姓的日常生活，着力打造更便捷、高效的民生金融产品和综合服务体系。此外，在这一年，中银深圳成为中行系统内首家叙做代理集合信托计划资金收付业务、货币互存业务的银行，以及全国首家推出"个人抵押授信额度"业务、深圳首家推出个人外汇期权业务的银行。同年，中行深圳分行与深圳一达通公司合作开发出国内第一个开展进出口资金监管系统，为中小企业开展进出口贸易提供融资服务。该模式的创新之举在于一达通凭借自身对企业经营状况的了解，对货物数据及物流数据的掌握，为金融机构开展物流金融服务提供了强有力的保障。借助该系统，中小企业可以享受通关、物流、外汇、退税、金融等所有与进出口相关的"一站式"服务。

2003年6月，深圳证监局向证监会上报《关于改革证券经营机构客户交易结算资金存管模式的建议》，在全国证券监管系统中首次提出了改革证券经营机构客户交易结算资金存管模式的设想。该设想的提出和后续实施，有效地保护了广大投资者的利益，极大地助推了证券行业提升内部管理水平，提高规范运作意识和风险管理能力。

2003年6月，华安保险正式开展人身险业务。7月22日，华安保险与中国农业银行联手推出"华安'安居乐游'银行卡综合保险"，在国内率先发行以银行卡为媒介的新型银保产品。

2003年7月19日，中国人民保险公司更名为中国人保控股公司，并发起设立中国人民财产保险股份有限公司和中国人保资产管理有限公司。

2003年9月，深圳市首个获准成立的中外合资寿险公司招商信诺人寿保险公司开业。

2003年10月15日，中国银行业监督管理委员会深圳监管局正式成立，开始全面对外履行监管职责。

2003年10月，平安财产保险公司在业界首推企业针对国内贸易应收账款的短期信用保险业务，承担客户未收到应收账款而造成的损失。有了这种保险，企业不仅可以将应收账款的坏账风险转移，还可以从侧面了解自身客户的偿付能力。如若需要，企业还可以将保险赔偿的收益权转让，即时换取融资。这样，保险业已经完成对供应链金融的全流程覆盖。

2003年12月30日，中共深圳市委三届八次全体（扩大）会议召开。会议提出把深圳建设成为重要的区域性国际化城市，努力建设"五个城市"（高科技城市、现代物流枢纽城市、区域性金融中心城市、美丽的海滨旅游城市、高品位的文化－生态城市）。

2003 年 12 月，中国平安保险（集团）股份有限公司联手汇丰酝酿收购福建亚洲银行。2004 年，该交易完成时，福建亚洲银行即更名为"平安银行"，成为国内第一家以保险品牌命名的银行。

2003 年，工行深圳分行与供应链服务公司怡亚通合作，怡亚通将与企业的购销合同抵押给银行，融资后再帮企业完成采购业务，直到企业回款后再将所欠贷款还给银行。

2004 年

2004 年 1 月 30 日，TCL 集团在深圳证券交易所成功整体上市，这是国内公司股票发行上市的重大创新。

2004 年 2 月，华润深国投信托有限公司与赵丹阳合作发行的国内第一只开放式证券投资信托计划——深国投·赤子之心（中国）集合资金信托，开启了"阳光私募基金"模式。此后，各家信托公司跟进推广相似模式，并得到了市场的认可，"深国投·赤子之心"也被认为是国内首只阳光私募产品。

2004 年 3 月 29 日，坐落于深圳市金融中心的香港永隆银行深圳分行正式开业，成为 CEPA 框架下香港银行首家内地分行。次年，深圳分行首家同城支行——南山支行开业（后更名为前海支行），服务区域更加广泛。两年后，深圳分行获准经营人民币业务，服务范畴更加全面。

2004 年，CEPA 框架下进入深圳的港资银行——上海商业银行深圳分行开业。同年，东亚银行深圳分行成为第一家进驻深圳福田中心区的外资银行。东亚银行深圳罗湖支行成为继 CEPA 协议签署之后首家获准在深圳成立的外资银行支行。

2004 年 4 月，中国农业银行深圳市分行开通现金管理平台业务，实现对公客户资金的实时归集和下划。5 月，农行深圳分行上线第一台存取款一体柜员机（CDS），可实现存款、取款、转账、查询等功能。

2004 年 5 月 17 日，经国务院批准，中国证监会批复，同意深圳证券交易所在主板市场内设立中小企业板块，并核准中小企业板块实施方案。依据该方案，中小企业板块的总体设计，可概括为"两个不变"和"四个独立"。即在现行法律法规不变、发行上市标准不变的前提下，在深圳证券交易所主板市场中设立一个运行独立、监察独立、代码独立、指数独立的板块。

2004年5月27日，深圳证券交易所"中小企业板块启动仪式"在五洲宾馆隆重举行，意味着分步推进中国创业板市场建设的工作全面展开。

2004年5月，中国出口信用保险公司深圳营业管理部调整更名为中国出口信用保险公司深圳分公司，并正式挂牌运营。此次机构调整更名，既是适应我国外经贸发展的客观需要，也是适应公司战略发展的需要，标志着中国出口信用保险公司从组建布局阶段转向全面发展阶段，将有助于进一步加大出口信用保险对深圳外贸出口业务的支持。

2004年6月24日，中国平安以集团名义在香港整体上市，发行面值为人民币1元的H股，发行总股份为1387892000股，发行定价为10.33港元，集资净额约为143.37亿港元，成为2004年度香港最大宗的首次公开招股计划。公司股票名称"中国平安"，股票代码2318。

2004年6月25日，深圳市金融发展决策咨询委员会正式成立并举行第一次会议，深圳证券交易所举行中小企业板块上市仪式，首批8只股票上市交易。

2004年6月29日，《深圳市人民政府关于加强发展资本市场工作的意见》出台，巩固深圳资本市场服务全国的地位并强化功能，加快建立多层次的资本市场体系，大力发展资本市场中介服务机构，完善资本市场创新机制，加强深港资本市场合作与交流。

2004年7月23日，华安保险正式对外发售"华安金龙收益联动型家庭财产保险"，这是全国首个"利率联动"的家庭财产保险。金龙理财型家庭财产保险是一款集保障、储蓄和投资功能于一体的新型家庭财产保险，具有投保轻松、保障突出、收益保证、变现方便、操作公正等特点，在为被保险人提供保险保障的同时，还能使投保人获得一定的投资回报。自上市以来，这一产品获得广大客户的欢迎，市场反响强烈。

2004年8月，中行深圳分行邀请香港中文大学相关人员为该行理财人员进行国际标准 CFP 专业教育，并直接在香港参加国际标准 CFP 资格认证考试。次年，三十位中银理财经理成功通过全球认可的 CFP 标准资格考试，成为中国内地首批真正具有国际标准 CFP 资格的财务策划师。

2004 年 11 月，招商银行率先推出了国内第一个面向个人财富管理的金融产品——财富账户。

2004 年 11 月 19 日，首届中国保险公估年会在深圳召开，会议以"生存、发展、规范、合作"为主题，132 名代表参加了此次会议。会议由中国保险行业协会中介工作委员会主办，民太安保险公估公司承办。

2004 年 11 月 19 日，深圳市正式出台《关于推动深圳保险业创新发展若干意见》，这是全国首个重点扶持保险业发展的指导意见。

2004 年 12 月 1 日，国内企业年金市场的首家专业机构——平安养老保险股份有限公司正式开业，被誉为中国保险史上的一个重要里程碑。公司注册资本为 3 亿元人民币。

2004 年以来，交通银行深圳市分行获批开展境内居民个人购汇业务、远期结售汇业务、对客户人民币与外币掉期业务、对客户人民币对外汇期权业务等，成为结售汇业务品种齐全、服务范围广泛的外汇指定银行。

2005 年

2005 年 3 月，招商银行推出第一张白金信用卡，大力拓展金葵花高端客户群和金卡中端客户群。同年，招商银行的"一次转型"全面启动，被普遍认为是其建立零售业务优势的重要战略节点。

2005 年 4 月 26 日至 6 月 10 日，华安保险湖北、宁波、陕西、河南、江西、云南、山西、安徽、重庆、天津、山东、辽宁十二家分公司陆续开业，开了中国金融史上机构发展速度先河，至此，华安保险全国性金融机构的战略布局基本形成。

2005 年 5 月，汇丰银行以每股 13.2 港元收购摩根、高盛持有的平安股权，摩根、高盛只保留少量股权。

2005 年 6 月，平安健康保险股份有限公司获准开业，成为国内第二家专业健康保险公司，注册资本为 5 亿元人民币。

2005 年 7 月，中国农业银行深圳市分行在同业中率先推出"总行－总部"信贷管理模式，农行深圳分行作为农总行的贷款操作平台和业务操作主办银行，统一向企业总部发放贷款，成为农行深圳分行代表性的创新产品之一。

2005 年 8 月 2 日，平安养老保险股份有限公司同时获得企业年金基金管理机构的受托人和投资管理人两项资格，可以正式对外开展业务。

2005 年 8 月，华商银行正式成为中国工商银行（亚洲）有限公司（"工银亚洲"）的全资控股机构，企业性质由中外合资银行变更为外商独资银行。

2005 年，深银监复〔2005〕187 号同意交通银行深圳市分行更名为交通银行股份有限公司深圳市分行，简称"交行深圳分行"。

2005 年，星展银行深圳分行正式开展零售业务。同年，深圳市第一家外资法人银行华商银行揭幕。

2005 年，中行深圳分行成为深圳首家开办个人纸黄金业务、黄金远期和黄金租赁业务的银行，并成为深圳首家推出远起息个人外汇理财业务——"春夏秋冬"，及全国首家推出"房贷理财账户"业务的银行。

2005 年，深圳发展银行与中国对外贸易运输（集团）总公司、中国物资物流储运总公司和中国远洋物流有限公司签署总对总合作协议，开展物流监管与货押授信等业务的全方位合作，面向供应链共同客户共建"金融－物流"异业合作平台。

2005 年，深圳市金融科技协会成立，原名为深圳市金融信息服务协会，是以金融机构为主，联合有关金融科技企业组成的地方性、专业性、非营利性，服务金融创新的技术性社会组织，协会是深圳市 5A 级社会组织，同时也是全国最具特色、最活跃的金融 CIO 社群。

2005 年 12 月 10 日，深圳市农村商业银行正式挂牌开业，成为继北京、上海之后国内第三个副省级以上城市成立的农村商业银行。深圳市农村商业银行也是全国第一家实行"自费改革"和"溢价发行"的农村商业银行。

2005年12月26日，深圳市信用担保同业公会成立。

2005年末，中国工商银行深圳市分行成立了产品创新委员会，全面统筹和推进产品创新工作。

2006年

2006年1月11日，农行深圳分行金钥匙VIP俱乐部成立，推出高端增值服务，成为私人银行前身。

2006年1月14日，6家新落户金融机构共获深圳市政府奖励金2400万元，另外13家金融机构获深圳市首届金融创新奖，共获奖金410万元。

2006年1月4日，深圳市政府发布2006年1号文件《关于加快深圳金融业改革创新发展的若干意见》，首次明确了"区域性金融中心"的具体内涵，即将深圳建成"产业金融中心"、"金融创新中心"、"金融信息中心"和"金融配套服务中心"。

2006年1月24日，大鹏证券被深圳市中级人民法院判令破产偿债。

2006年3月6日，香港银行人民币业务范围扩大，香港银行正式开办可在广东省境内消费使用的个人人民币支票业务。

2006年3月24日，深交所推出首只ETF（交易型开放式指数基金）——易方达深证100ETF。

2006年4月5日，建行深圳分行与深圳市政府签署《金融合作协议》。根据协议，建行深圳分行将向深圳市交通、能源、物流、教育、卫生、文化、环保等基础产业和城市基础设施项目提供人民币800亿元的金融支持，向中小企业和特色产业提供人民币200亿元的信贷支持。自2006年，建行深圳分行税前利润、一般性存款、各项贷款等主要指标跃居四大行第一后，十余年来在激烈的市场竞争中，一直牢牢占据深圳银行业的领先地位。

2006年5月1日，交行深圳分行票据影像业务成功上线，成为深圳市第一家利用人行影像系统进行票据集中处理的商业银行。同年，交行深圳分行首家沃德财富服务中心正式对外营业，到当年年底新增客户 7624 户，完成总计划的 123%，沃德财富成为深圳个人高端客户服务的重要品牌。此外，这一年上线的"交银自助通"，产品服务内容集查询、转账、汇款、缴费、充值等银行"非现金"业务于一身，业务范围涵盖通信、交通、教育、保险、物业、票务、公共事业收费等多个行业和领域。

2006 年 5 月，"平安金融培训学院"建立，使平安成为公认的行业主要人才培养及供应基地。

2006 年 6 月，中国保监会核准包括华安保险在内的第二批 12 家主体从事"交强险"业务。

2006 年 7 月 28 日，中国平安保险（集团）出资 49 亿元人民币，收购深圳市商业银行 89.24% 的股权，成为第一大股东。

2006 年 9 月 22 日，招商银行在香港联交所发行了 24.2 亿份 H 股，募集资金 188 亿港元，成为第一家没有依靠国家注资和剥离不良资产，而是以自身高素质全面达到境外上市标准而实现境外上市的内地银行。同时，作为股权分置改革后第一家以"A+H"形式在香港上市的内地企业，招行开启了从 A 股到 H 股的新模式，在公开发售和国际配售方面分别实现 265 倍、50 倍超额认购，居香港历年大型中资企业之首，创出历史新高，路演下单率高达 97%。

2006 年 9 月 28 日，安信证券股份有限公司开业，成为中国证券投资者保护基金公司控股的首家证券公司。

2006 年 10 月 17 日，深圳国际信托投资公司引入战略投资者，华润股份有限公司出资 17.4 亿元人民币，持股 51%，成为第一大股东。

2006 年 11 月 30 日，中国工商银行、中国银行在深首发银联标准公务卡，深圳市在国内率先开展公务支出银行卡结算改革，由深圳市政府主办的深圳金融业中小企业融资洽谈会在会展中心开幕。

2006 年 12 月 10 日，第 2 届深圳"金融创新奖"隆重颁奖。

2006 年 12 月 15 日，平安养老保险股份有限公司获批重组，在全国设立 35

个分公司、127 个中心支公司。

2006 年 12 月 18 日，全国支票影像交换系统在深圳成功试运行。

2006 年，人保深分盐田支公司成功中标深圳市学生人身伤害校园方责任保险，夺得了深圳市全部 1376 所大、中、小学和幼儿园共 102.6 万注册学生的人身伤害校园方责任保险独家承保权。

2006 年，印度银行深圳代表处升格为深圳分行。

2007 年

2007 年 1 月 1 日，2007 年 1 号文《关于加快我市高端服务业发展的若干意见》发布，提出创新金融业发展模式、路径、机制，打造新型金融机构集聚区和金融产品创新中心，全力支持发展多层次资本市场，强化深交所主板市场的融资功能，扩大中小板规模，推动创业板市场建设，探索建立柜台交易市场。设立货币经纪公司，完善黄金备份交易中心；发展产业风险投资基金，壮大证券投资基金，引导规范私募基金、对冲基金发展风险。试办住房信托基金、汽车金融和证券融资公司；拓展资产证券化、离岸金融、外币商业票据、中间业务等金融新业务和新产品，继续拓宽衍生产品交易范围。鼓励多种形式的风险创业投资，畅通非上市股份制企业产权流通渠道，鼓励担保公司扩大业务领域，丰富担保品种。规划建设金融配套服务基地，创造条件吸引国内外金融机构设立地区总部以及后台业务中心、产品研发中心、客户服务中心、数据备份中心。鼓励组建综合性金融控股集团。支持保险业组织创新、保险产品服务创新和管理创新，加快建设全国保险创新发展试验区。

2007 年 1 月 22 日，中国农业银行深圳市分行召开一级支行营销体系整合动员大会，推行第一次网点转型。

2007 年 2 月 5 日，华安保险客户服务部正式成立，华安保险建立起统一的总、分公司客户服务平台，由总公司实行垂直管理，进行统一指挥、统一调度。

2007 年 3 月 1 日，中国平安保险集团首次公开发行 A 股股票在上海证券交易所挂牌上市，创下有史以来全球最大保险公司 IPO 和中国 A 股市场第二大

IPO 的纪录，其约 1.1 万亿元冻结资金量也居 A 股市场有史以来第二位。公司股票名称"中国平安"，股票代码 601318。

2007 年 3 月 8 日，深圳市金融业"十一五"规划正式对外公布。

2007 年 4 月 7 日，建行深圳分行成功中标深圳市房屋专用基金专户银行项目，成为唯一的专户银行。6 月 19 日，深圳市房屋公用设施专用基金专户银行服务协议签约仪式在五洲宾馆举行，中国建设银行成为深圳市百万业主"房屋养老金"的唯一专户银行。

2007 年，永亨银行（中国）有限公司在深圳开业。同年，东亚银行、汇丰银行、友利银行深圳分行转制为法人分行，华一银行深圳分行开业。这一年 2月，日本瑞穗实业银行深圳分行与深圳市贸易工业局签订业务合作备忘录。

2007 年 5 月 10 日，深圳发展银行在业内率先推出了针对中小出口企业的应收账款"池融资"产品，试图解决出口企业在延期付款项下的融资需求。融资企业将日常累计的应收账款、商业汇票、出口退税证明等聚集起来后转让给深发展银行，无须提供担保和抵押即可获取贷款，堪称扶持中小企业的业务典范。

2007 年 7 月 19 日，宁波银行股份有限公司成为国内首家在深圳证券交易所挂牌上市的城市商业银行。

2007 年 8 月 28 日，中国平安集团控股的深圳市商业银行吸收合并平安银行，并正式更名为深圳平安银行。这标志着深圳平安银行从深圳本地银行转变为总部设在深圳的跨区域经营的银行，也标志着中国平安集团在金融业综合经营的道路上迈出了重要一步。

2007 年 9 月 14 日，深圳市政府与中国出口信用保险公司签署《利用政策性信用保险推进深圳外经贸发展合作备忘录》。协议的签署，标志着深圳市政府和中国出口信用保险公司的合作进入新的阶段，有助于深圳市政府实施产业导向政策，共同为企业构建海外风险保障平台和融资平台，扶持出口企业做大做强，全力支持深圳服务外包发展和高新技术产品出口。

2007 年 11 月 8 日，招商银行获准在美国设立纽约分行，中国金融机构在全球最大金融市场——美国市场上取得了历史性的突破。

2007 年 11 月 19 日，深圳证券交易所营运中心、深圳市金融产业后台服务基地、人行深圳市中心支行大厦、深圳市金融服务技术创新基地分别在福田、龙岗、罗湖、南山奠基、揭牌。

2007 年 11 月 21 日，由深圳市政府、国家开发银行联合举办的"2007 年深圳市中小企业集合债券"发行仪式在五洲宾馆隆重举行。这是国内首只由中小企业捆绑发行的债券。

2007 年 12 月，中国人民银行深圳市中心支行人民币发行基金中银香港代保管库在香港中银大厦 70 楼正式启用。

2007 年 12 月 17 日，深圳同城人民币支票交换实现全截留，深圳人民币支票交换完全实现电子化处理。

2007 年 12 月 28 日，中国人寿保险（海外）股份有限公司将总部由北京迁至深圳。

2007 年，通过《深圳市金融产业布局规划》及《深圳市金融产业服务基地规划》，深圳将承接香港国际金融中心的部分前、后台职能，为香港的金融机构提供新发展空间，巩固和提升深圳区域性金融中心地位。

2007 年，中行深圳分行成为深圳中资商业银行内首家推出贷款风险参与业务、全国首家叙做商品衍生品交易业务的银行。

2008 年

2008 年 4 月 1 日，《深圳经济特区金融发展促进条例》发布，这是全国首个地方金融立法。

2008 年 5 月 19 日，招商银行正式推出 U-BANK6.0，整合了多项已有的电子供应链金融服务，并创新推出了网上保理、在线应收应付账款管理系统，形成了完整的"电子供应链金融平台"。

2008 年 5 月 29 日，国银金融租赁公司在深揭牌。

2008 年 7 月，南方基金公司获批在香港设立资产管理合资公司——南方东英资产管理有限公司，成为内地唯一一家获批在香港设立分公司的基金公司。

2008年7月30日，中共深圳市委、市政府为解决民企"融资难"问题再出实招。建行深圳分行与市民营企业互保金管委会在五洲宾馆举行互保金贷款签约仪式。承诺在未来5年提供150亿元贷款支持深圳市重点民营企业发展。首批20家企业在仪式上签订了合作意向书，获得共计12.3亿元的贷款支持。

2008年7月30日，建行深圳分行承诺五年内提供150亿元民营企业互保金贷款，支持深圳市重点民营企业发展。

2008年8月25日，深圳市政府召开中小企业融资政策及产品推介会，进一步缓解部分中小企业融资难问题。全市44家银行10家担保机构到场服务，300余家面临融资难问题的企业到会，享受面对面融资服务。

2008年8月，华安保险推出"福满堂"家财险，成为近十几年来国内第一款承保地震风险责任的财产保险产品。

2008年9月5日，国内首家信用评级协会——深圳市信用评级协会成立。

2008年9月30日，招商银行斥资193亿港元收购香港永隆银行53.12%的股权。

2008年10月8日，招商银行纽约分行正式开业。这是自1991年美国实行《加强外资银行监管法》以来，中资银行获准在美开设的第一家分支机构。

2008年11月20日，宁波银行深圳分行成立。

2008年11月，中外合资的"银行系"基金公司——民生加银基金落户深圳。

2008年，建设深圳保险创新发展试验区，经中国保监会同意，深圳在不改变保险营销员与保险公司现有代理关系的前提下，先行先试保险营销员参与本市基本社会保险；同时探索商业车险定价机制改革。

2008年12月，招商银行获得中国银监会颁发的小企业信贷中心金融许可证，成为国内首家拥有小企业信贷业务专营资格的金融机构。

2008年，中信银行国际（中国）有限公司前身——中信嘉华银行（中国）有限公司在深圳开业。同年，大新银行（中国）有限公司、恒生银行（中国）有限公司在深圳开业。

2009 年

2009 年初，发布《深圳市支持金融业发展若干规定实施细则》（深府〔2009〕6 号）。

2009 年 1 月 12 日，在深圳市工商局、深圳市消费者委员会和深圳保监局的指导下，"深圳市保护保险消费者权益运作机制"全面启动，深圳市保险同业公会的"保险消费者权益服务总站"揭牌仪式顺利举行（2012 年更名为深圳市保险消费者权益服务中心，实行独立法人运作），此举标志着深圳保险业在保护保险消费者权益方面迈出了重要的实质性步伐，当上了全国的排头兵。

2009 年 2 月 16 日，由中国平安集团旗下的平安信托与全球第三大货币经纪公司利顺金融集团合资设立的"平安利顺国际货币经纪有限责任公司"总部落户深圳并开业。

2009 年 2 月 20 日，广深铁路公司与中国工商银行深圳市分行联合推出"广深铁路牡丹金融 IC 卡"，首次实现金融支付与铁路乘车的无缝对接。2 月 25 日开始，旅客乘广深城际列车无须排队购票，直接刷银行卡便可进站乘车，深圳成为国内最早实现这一重要金融创新的城市。

2009 年 2 月 28 日，深圳市中小企业信用再担保中心成立。

2009 年 2 月，农行深圳分行住房金融与个人信贷部（二级部）正式成立，负责个人贷款各个环节的业务运作和管理。7 月，农行深圳分行推出"超级手机银行"。9 月 19 日，农行深圳分行推出城市化村镇物业贷款。2 月 11 日，农行深圳分行研发的金库信息管理系统正式上线投产，在农行系统内率先构建现金、贵金属、凭证"一站式"集中配送作业模式。

2009 年 3 月 10 日，建行深圳分行"村镇业务部"正式挂牌成立，开了国内城市村镇银行的先河。

2009 年 3 月 31 日，证监会发布创业板上市办法，自 5 月 1 日起实施，1100 家深圳企业候选创业板"种子队"，百家企业进入改制上市程序。

2009 年 5 月 27 日，江苏银行深圳分行揭牌开业。11 月，实现外币贷款零的突破。11 月 30 日，储蓄存款余额突破亿元大关。

2009 年 5 月，《深圳市综合配套改革总体方案》获国务院批复，对深圳金融改革创新提出九大方向，深圳将建立金融改革综合试验区。

2009 年 6 月 5 日，创业板股票上市规则由深交所正式发布，7 月 1 日起施行。

2009 年 6 月 18 日，香港按揭证券公司与深圳金融电子结算中心合资设立深圳经纬盈富担保有限公司，该公司的设立标志着深港两地金融合作进一步深化。

2009 年 6 月 19 日，日本兴亚财产保险（中国）有限责任公司正式落户深圳，这是深圳首家外资财产保险公司总部。

2009 年 6 月，中国平安保险（集团）股份有限公司及其控股子公司中国平安人寿保险有限公司分别与新桥投资和深圳发展银行签署协议，购买和认购深圳发展银行的股份。交易完成后，中国平安保险（集团）股份有限公司将持有深圳发展银行不超过 30% 的股权，成为其第一大股东。

2009 年 6 月，深圳市政府发布《深圳市小企业金融服务体系建设工作方案》，从监管体系创新、政策扶持、环境体系建设、业务体系创新指导、鼓励发展多种形式专业小企业金融服务机构等方面解决中小企业融资难问题。

2009 年 7 月 6 日，交行深圳分行成为深圳市跨境人民币结算业务试点的首发银行之一。

2009 年 7 月 7 日，"深圳市跨境贸易人民币结算试点"正式启动。中国人民银行深圳中心支行率先创造性地设计并实践境外人民币业务清算机制，成功将境内支付系统应用推广到境外，一举突破资金跨境清算主要依赖 SWIFT 等系统的局面，推动了我国支付体系国际化。

2009 年 7 月 7~9 日，财政部代理发行 2009 年深圳市政府债券，发行面值 24 亿元，期限 3 年，票面年利率为 1.79%。

2009 年 7 月 21 日，在中国人民银行深圳市中心支行的推动下，深圳威豹押运公司开始执行人民币现钞跨境调运任务，为香港地区人民币现钞供应提供了强有力的保障。

2009 年 7 月，我国跨境贸易人民币结算业务在全国四个城市展开试点。华商银行凭借其与母行工银亚洲跨越深港两地的独特优势，成为深圳第一批跨境贸易人民币结算业务试点商业银行，也是深圳市唯一一家参与试点的外资商业银行。10 月，华商银行与工银亚洲完成了首笔金额为 500 万元人民币的跨境人民币账户融资业务，这是跨境贸易人民币结算业务启动以来，深圳地区发生的第一笔跨境人民币账户融资业务。

2009 年 9 月 16 日，中国出口信用保险公司深圳分公司联合工行深圳分行为中兴通讯出口东南亚国际业务办理了人民币出口保理业务，这是国内跨境人民币结算项下的首笔贸易融资业务，也是中国出口信用保险公司出口信用保险项下第一个人民币保险业务。

2009 年 10 月 28 日，电子商业汇票系统在深圳成功上线运行，招商银行签发了全国首张电子商业承兑汇票和首张银行承兑汇票。

2009 年 12 月 4 日，深圳出台《深圳市小额贷款公司试点管理暂行办法》，对解决中小企业融资难问题、促进企业发展具有重要意义。

2009 年底，在深交所上市的公司共 830 家，市价总值 5.93 万亿元，上市公司在深圳市场累计募集资金超过 7500 亿元，市场交易量比 1991 年的 36 亿元增加了 18.94 亿元；全国近 60 家证券投资基金公司中有近 17 家在深圳注册设立，一大批在主板、中小板上市的公司，既实现了快速发展同时也是资产质量优异、行业前沿的"领头羊"，更是现代企业制度的"先行者"。

2010 年

2010 年 2 月 5 日，经中国银监会批准，华商银行开始经营对中国境内公民的人民币业务，3 月获得全面人民币业务牌照。

2010 年 2 月 9 日，《深莞惠金融合作备忘录》在东莞市签署。

2010 年 2 月 10 日，建行深圳分行升格为省级分行管理。3 月，建行深圳分行以第一名的成绩成功中标深圳市住房公积金归集银行。

2010年3月28日，中国保险监督管理委员会和深圳市人民政府签署关于深圳保险创新发展试验区建设的合作备忘录。

2010年4月19日，农行深圳分行在同业中较早推出城市更新贷款办法。5月30日，中国农业银行总行集中作业平台在农行深圳分行试点投产，在农行系统内率先推出前后台分离新型作业模式。8月，在全辖112个网点上线。9月3日，农行深圳分行代理标准保费首次突破20亿元大关，实现中间业务收入4124万元，同业第一。11月10日，农行私人银行部深圳分部开业，成为农行系统内第一批私人银行服务机构。

2010年4月23日，深圳首个股权投资基金集聚园落户南山区。

2010年5月，在深圳市登记注册的小额贷款公司作为共同发起人，成立了深圳市小额贷款行业协会。

2010年6月，新桥投资完成向中国平安转让股份，深发展完成向中国平安定向增发，中国平安持有深发展将近30%的股份，成为该行第一大股东。

2010年7月9日，深圳供电局分别与中国人民银行深圳市中心支行、深圳市国税局、深圳市地税局签订《深圳市单位和个人涉电违法行为纳入银行税务征信系统合作协议》。

2010年7月，出台《关于促进股权投资基金业发展的若干规定》。

2010年8月26日，《前海深港现代服务业合作区总体发展规划》获国务院批复，提出研究探讨深入推进深港金融合作，研究适当降低香港金融机构和金融业务准入门槛，支持金融改革创新项目在前海先行先试。营造良好的金融生态环境，吸引各类金融机构在前海集聚发展。增强金融辐射服务能力，努力将前海建设成为国家对外开放的试验示范窗口。

2010年9月30日，深圳排放权交易所成立。

2010年12月10日，中国银行个人金融产品研发中心落户深圳。

2010年，花旗银行（中国）有限公司在深圳的第一家"智能银行"网点正式开业。

2010 年，中行深圳分行成为深圳首家推出自助换取外币业务的银行，并联合"支付宝"推出全国首张网购信用卡。

2010 年，怡亚通正式推出国内首个互联网＋线下供应链相结合的"N+1+N"供应链金融平台——宇商金融。该平台凭借自身掌握的信息优势，从多方引入资金提供金融服务，为我国物流行业开展供应链金融业务提供了指引和方向。

2011 年

2011 年 3 月 22 日，伦敦金融城发布"全球金融中心城市竞争力"排名第九期评价结果，在全球 75 个国际性金融中心城市中，深圳排名第九位。

2011 年 3 月 31 日，中国人民银行批准深圳中支为中银香港开立人民币托管账户并调低中银香港人民币清算账户存款利率。

2011 年 4 月 7 日，深圳前海金融资产交易所在五洲宾馆揭牌。

2011 年 4 月 28 日，农行深圳分行推出农行卡与社保卡连通业务。5 月，农行深圳分行在同业中率先与支付宝合作快捷支付业务，也是同业中首家与支付宝、财付通等全国前七大支付平台直接合作的银行。

2011 年 5 月 10 日，清华大学深圳研究生院委托深圳排放权交易所购买自愿减排额度，成为深圳首宗碳排放权交易。

2011 年 5 月 26 日，深圳银盛电子支付科技有限公司、深圳财付通科技有限公司、深圳市快付通金融网络科技服务有限公司以及深圳市壹卡会科技服务有限公司成为深圳首批获得《支付业务许可证》的 4 家企业。2011 年全年，深圳共有 9 家企业获得《支付业务许可证》，这标志着深圳第三方支付行业进入高速发展时期。

2011 年 6 月，中国平安以平安银行股权及部分现金认购深发展定向增发股份，使深发展成为平安的控股子公司。

2011 年 10 月 20 日，深圳市成为地方政府自行发债试点城市之一，可以在国务院批准的发债规模限额内，自行组织发行本市政府债券。

2011 年 11 月 8 日，中国人民银行深圳市中心支行与中国银行间市场交易商协会、深圳市政府共同签署了《借助银行间市场助推深圳市经济发展合作备忘录》，为广大中小企业发行区域集优债提供了便利，深圳成为全国第五家签署该协议的城市。

2011 年 12 月 16 日，2011 中国（深圳）国际金融博览会开幕。

2011 年，建行深圳分行国际业务部创新的出口双保通业务于 2011 年被全球知名财经杂志 *Trade Finance* 评为 Deal of the Year 2011（全球最佳贸易融资案例之一）。

2011 年，中国平安创办陆金所，致力于成为中国乃至全球领先的综合性线上财富管理与个人借款科技平台。截至 2019 年末，陆金所控股注册用户数 4402 万，管理贷款余额 4622.43 亿元。

2011 年，中行深圳分行作为唯一金融企业参与大运会城市志愿者建设，积极开展大运金融便民服务。

2011 年，深圳第一家台资银行——华南商业银行深圳分行开业。同年，企业银行（中国）有限公司、三井住友银行（中国）有限公司深圳分行开业。

2011 年，交通银行总行研究决定，调整交行深圳分行的管理级别为省分行级。

2012 年

2012 年 1 月 9 日，获中国银监会批准，股东工银亚洲向华商银行增资 15 亿元人民币。增资后，华商银行注册资本金为 31.5 亿元人民币，成为自外资银行人民币增资试点启动以来广东地区完成人民币增资的首家外资银行。

2012 年 1 月 11 日，2011 年度"深圳市金融创新奖"颁奖仪式暨 2012 年度深圳金融系统新春联谊会举行，24 个金融创新项目获奖。

2012 年 2 月 8 日，前海人寿完成工商登记并领取营业执照，成为首家注册在深圳前海蛇口自贸片区的全国性金融保险机构。3 月 30 日，前海人寿举行开业挂牌仪式。

2012 年 2 月 29 日,《深圳市金融业发展"十二五"规划》正式对外发布。

2012 年 3 月 15 日，根据"七不准"禁止性规定和"四公开"原则，国内银行同业公会组织深圳市 37 家国内银行共同签署《深圳银行业规范经营承诺书》，强化规范经营的自觉性和自律性。

2012 年 3 月 22 日，农行深圳分行上线农总行研发的手机银行客户端（iPhone1.0 版）。9 月 29 日，农行深圳分行中标深圳市财政国库集中支付代理银行资格，加强了在财政金融领域的服务能力。11 月 12 日，农行深圳分行正式发行金融 IC 借记卡。12 月 5 日，正式发行金穗 QQ 联名 IC 贷记卡。同年，农行深圳分行实施网点分级管理，网点按照营业净收入划分为 6 个星级。

2012 年 4 月 12 日，深圳市政府常务会议原则通过《关于加强和改善金融服务支持实体经济发展的若干意见》，在国家金融政策的要求和总体框架下，对深圳金融支持实体经济发展的经验和做法进行了总结梳理，并在此基础上进行了政策创新，从 8 个方面提出金融支持实体经济发展的 24 项举措。2012 年 5 月 30 日，《深圳市人民政府关于加强和改善金融服务支持实体经济发展的若干意见》发布。

2012 年 4 月，深圳市印发了《深圳市促进知识产权质押融资若干措施》，明确由深圳市场监督管理局（知识产权局）牵头，从机制建设、价值评估、融资平台等 8 个方面助推知识产权质押融资工作，探索建立公平可信的知识产权价值评估体系。

2012 年 5 月 15 日，前海股权交易中心举行揭牌签约仪式。

2012 年 6 月 8 日，深圳市科技金融服务中心正式挂牌。中心负责开展科技金融对接的日常工作，建立企业信息库，打造科技企业和资本对接的"舞台"，促进企业和银行、创投、引导基金对接。同时，中心还负责创新科技投入方式，放大政府资金，吸引社会资金源源不断投入科技创新。

2012 年 6 月 26 日，深圳市获 2012 年广东省"金融稳定奖"。

2012 年 6 月 27 日，国务院批复《国务院关于支持深圳前海深港现代服务业合作区开发开放有关政策的批复》发布，深圳前海实行比经济特区更加特殊的先行先试政策，政策涉及金融、财税、法制、人才、教育医疗以及电信六个方面 22 条具体措施，支持前海在金融改革创新方面先行先试，建设我国金融业对外开放试验示范窗口，并给予前海 8 个方面的先行先试金融政策：允许前海探索拓宽境外人民币资金回流渠道，配合支持香港人民币离岸业务发展，构建跨境人民币业务创新试验区；支持设立在前海的银行机构发放境外项目人民币贷款，在《内地与香港关于建立更紧密经贸关系的安排》（CEPA）框架下，积极研究香港银行机构对设立在前海的企业或项目发放人民币贷款；支持在前海注册、符合条件的企业和金融机构在国务院批准的额度范围内在香港发行人民币债券，用于支持前海开发建设；支持设立前海股权投资母基金；支持包括香港在内的外资股权投资基金在前海创新发展，积极探索外资股权投资企业在资本金结汇、投资、基金管理等方面的新模式；进一步推进前海金融市场扩大对香港开放，支持在CEPA 框架下适当降低香港金融企业在前海设立机构和开展金融业务的准入条件；根据国家总体部署和规范发展要求，支持前海试点设立各类有利于增强市场功能的创新型金融机构，探索推动新型要素交易平台建设，支持前海开展以服务实体经济为重点的金融体制机制改革和业务模式创新；支持香港金融机构和其他境内外金融机构在前海设立国际性或全国性管理总部、业务运营总部，加快提高金融国际化水平，促进前海金融业和总部经济集聚发展。

2012 年 7 月，深发展吸收合并原平安银行，正式更名为平安银行，标志着中国平安综合金融集团旗下银行板块业务发展驶入快车道。至此，深发展这个伴随人们走过 25 个春秋的名字成为历史。一个全新的平安银行诞生，它不仅是中国金融业历史上前所未有的大规模银行收购事件，同时也是中国银行发展史无前例的银行整合事件。中国平安也在收购深发展以及对两家银行进行整合的过程中，再一次展现了其高超的资本运作能力。

2012 年 10 月 30 日，深圳市出台《深圳经济特区碳排放管理若干规定》。

2012 年 10 月，深圳前海第一家商业保理公司——亚洲保理（深圳）有限公司成立。

2012 年 10 月，建行深圳分行发放当地首笔住房公积金贷款。同月，中国建设银行深圳产品创新实验室启动，为创新工作搭建了平台，使其流程化、制度化得到了保证。

2012 年 11 月 2 日，《关于促进科技和金融结合的若干措施》发布。

2012 年 11 月 6 日，华商银行联手国内知名券商中信证券和兴业国际信托研发的银证合作类理财产品——"共盈理财 1 号"成功发售，该产品为深圳外资银行首笔银证合作类理财产品。

2012 年 11 月 12 日，中国出口信用保险公司深圳分公司承保中资企业承建南亚港口项目，为项目解决融资 3.49 亿美元，为中资企业海外投资提供了海外投资保险。该项目是中国出口信用保险公司承保的第一个海外港口项目，在带动我国装备出口及劳务输出的同时，也带动了当地的经济发展及提供了近 2000 个就业岗位。

2012 年 11 月 26 日，深圳市金融办会同深圳市经贸信委、深圳市市场监管局、前海管理局正式发布《关于本市开展外商投资股权投资企业试点工作的暂行办法》。

2012 年 12 月 2~3 日，由中国期货业协会和深圳市政府联合主办的第八届"中国国际期货大会"在深圳举行。

2012 年 12 月 14 日，2012 中国（深圳）国际金融博览会暨金融技术设备展览会在深圳开幕。

2012 年 12 月 27 日，中国人民银行同意中国人民银行深圳市中心支行发布实施《前海跨境人民币贷款管理暂行办法》。

2012 年，中国人民银行深圳经济特区分行试点前海跨境人民币贷款政策。交行深圳分行成为首批试点前海跨境人民币贷款的银行之一，并于 2013 年初，为客户深圳前海卓越汇康投资有限公司和深圳深国投商用置业有限公司办理首笔前海跨境贷款提款。

2012 年，中行深圳分行在深圳市"志愿者之城"建设战略合作信息平台签约仪式上，推出联合深圳市义工联独家发行的深圳志愿者（义工）电子卡，该卡加载刷卡捐赠功能，开了中行深圳分行银行卡发展史上"金融与公益事业"相结合的先河。同年，中行深圳分行独家与深圳团市委、义工联合作推出加载金融功能的义工卡，为全市义工提供保险、深圳通、医疗便民等服务。

2013 年

2013 年 1 月，交行深圳分行作为第一批前海企业跨境贷款签约行，同时也是双向人民币贷款首批签约行，参加了深圳市政府举办的"前海跨境人民币贷款项目签约仪式"，成为第一批双向跨境人民币贷款的合作银行。同年，交通银行与深圳前海金融资产交易所、中国进出口银行深圳分行签署全面战略合作协议。

2013 年 1 月，中信银行与腾讯集团及旗下非金融支付公司财付通举行签约仪式，双方约定开展全面战略合作，除了传统的资金结算业务以外，双方将在电子产品、网络授信与融资、理财业务、资源共享等多个方面开展合作。同年，中信银行与腾讯拍拍网合作推出针对拍拍网入驻小商户、小店主的线贷款产品，在业内首先实现了个人贷款的在线申请、在线审批、在线放款、在线还款、随借随还及贷后数据跑批风险预警，全流程均为系统化作业，无人工干预。客户全流程只需通过中信银行网银进行在线操作，无须亲赴现场网点进行业务申请、资料提供及合同签订。此业务为全国第一个全程"不落地"的在线个人贷款业务。

2013 年 2 月 2 日，"2012 年度深圳市金融创新奖"在市民中心颁奖，全市金融行业的 24 个项目共获得市政府 1160 万元重奖，另有 15 个项目被评为优秀奖。

2013 年 2 月 4 日，颁布实施《深圳市支持金融业发展若干规定实施细则补充规定》。

2013 年 2 月 7 日，华安保险开出"科技型中小企业贷款履约保证保险"业务第一单，开启华安信用保证险差异化战略的新篇章。3 月 13 日，中国农业银行－华安保险"助学保捷贷"业务在北京正式启动，由此开启农行与华安国家助学贷款全面合作的新模式。4 月 1 日，华安保险下属资产管理公司——华安财保资产管理有限责任公司（筹）创立大会暨 2013 年第一次股东会、一届一次董事会、一届一次监事会在京召开。

2013 年 4 月 3 日，《关于进一步加强和规范小额贷款公司试点准入和审核工作指引（试行）》，进一步提高准入门槛，规范了审核审批程序。

2013 年 5 月 9 日，深圳市召开改革工作会议，公布《深圳市全面深化改革总体方案（2013—2015 年）》，提出制订前海金融创新发展总体方案，创新跨境人民币和境外股权投资业务，在创新型金融机构和新型金融要素交易平台建设等方面先行先试。

2013 年 5 月，国家外管局批复同意深圳开展跨国公司跨境外汇资金池试点。首批 3 家试点企业为华为控股、中兴通讯和中集集团。

2013 年 5 月 30 日，前海股权交易中心在深圳开业，首批挂牌企业 1200 家，业务品种达 9 类 25 项，战略合作机构 71 家，成为国内人气最旺、最具吸引力的 OTC 市场（场外交易市场）。

2013 年 6 月 18 日，深圳能源集团在深圳市碳排放权交易试点启动仪式上，分别与中石油和汉能控股成功进行碳排放权交易，成为国内碳市场首单交易。

2013 年 6 月 21 日，《深圳市交易场所监督管理暂行办法》发布。

2013 年 6 月 29 日，第十五届中国风险投资论坛在深圳开幕。

2013 年 7 月，农行深圳分行在同业中首家推出无须跳转手机银行的微信银行，运用双渠道安全认证和云加密随机图形密码键盘等技术，首创为企业提供结算服务，实现个人账户查询、转账汇款、投资理财、行云卡转账等多种功能。8 月，农行深圳分行自主研发的自助设备"超级柜台"零售业务试点上线。11 月，农行深圳分行完成网络版支付密码创新研发，新型支控手段在农行系统内和同业中均为首创。

2013 年 8 月 6 日，《深圳市交易场所设立申请工作指引》《深圳市交易场所项目专家论证制度》发布。

2013 年 8 月 29 日，前海金融改革创新政策咨询座谈会在北京举行。

2013 年 8 月，中国人民银行深圳市中心支行按照技术方案顺利建设完成深圳中支金融城域网小型微型金融机构接入平台，为深圳市小微型金融机构接入深圳金融城域网提供了安全、可靠、便利的通信平台。

2013 年 9 月 16 日，招商银行正式推出"智慧供应链金融平台"，致力于为客户提供智能化的供应链管理手段和融资工具，打造更专业化与个性化的金融服务平台。该平台除了能够大幅度降低小企业融资门槛，还能够利用大数据人工智能技术自动识别风险，实现在线自动化"秒批"贷款申请。

2013 年 11 月，国家外管局同意深圳开展小额"外保内贷"试点。对于年度签约金额在 5000 万元以内，贷款余额不超过企业净资产的"外保内贷"，不再进行额度限制和事前审批，由银行事后备案。

2013 年 11 月 28 日，第七届中国（深圳）国际金融博览会在会展中心举行。

2013 年 12 月 2 日，建行前海分行揭牌成立，成为经银监会批准的入驻前海的首家国有商业银行。这一年，建行深圳分行单位结算账户总量、基本账户总量赶超同业，成为当地对公"最大账户行"。

2013 年，出台《关于促进小额贷款公司稳健发展的若干意见》《深圳市小额贷款公司试点监督管理工作指引》，拓宽了小额贷款公司融资渠道和经营范围，健全了小额贷款公司监管政策体系。

2013 年，中行深圳分行首创 VTM(Virtual Teller Machine) 远程银行服务，填补了"面对面"的银行服务和自助银行服务间的空缺。

2014 年

2014 年 1 月 6 日，《深圳市人民政府关于充分发挥市场决定性作用全面深化金融改革创新的若干意见》发布。

2014 年 1 月 16 日，深圳市发布《关于推进前海湾保税港区开展融资租赁业务的试点意见》，从市场准入、海关政策、跨境融资政策三方面提出 8 条试点意见。

2014 年 1 月，建行深圳分行系统内首家智慧型网点在深圳开业。同年，由建行深圳分行与深圳市科技创新委员会联合发起的 Z2Z 科技银行联盟正式成立，建行深圳分行正式进入"国家高新技术企业服务元年"。此外，建行深圳分行推出全市首家"智慧银行"，向金融消费者全面展示未来银行物理网点的发展趋势。

2014 年 2 月 12 日，华安保险取得由国家版权局颁发的《计算机软件著作权登记证书》（登记号 2014SR015967），车险零配件核价系统正式拥有自主知识产权。

2014 年 3 月 15 日，《深圳市人民政府关于支持互联网金融创新发展的指导意见》发布。

2014 年 4 月 10 日，前海人寿在深圳竞得 A001-0198 号宗地（后建成"前海人寿深圳幸福之家养老院"），标志着前海人寿正式布局医疗养老产业。在这一年年末，前海人寿总资产超过 560 亿元，正式迈入中型金融业企业行列（《金融业企业划型标准规定》规定，资产总额在 400 亿元及以上的保险业金融机构为中型企业），实现了规模、质量、效益协调发展，迅速在前海扎稳根基。

2014 年 5 月 12 日，中广核风电附加碳收益中期票据在银行间债券市场成功发行，这是国内首个金融与碳资产相结合的碳债券，实现了国内碳交易市场发展及跨要素市场债券品种创新的双赢。

2014 年 5 月 21 日，中信证券"中信启航专项资产管理计划"获得证监会批复，在深圳证券交易所综合协议交易平台挂牌转让，成为国内首个交易所场内的房地产投资基金产品（REITs）。

2014 年 6 月 1 日，作为全国巨灾保险首批试点地区之一，深圳市巨灾保险正式进入实施阶段。人保深分与深圳市民政局签订《深圳市巨灾救助保险协议书》，于 2014 年 6 月 1 日起正式实施，协议期一年。这标志着全国首个巨灾保险合同落地生效。

2014 年 6 月 6 日，前海金融专业咨询委员会成立。

2014 年 6 月 25 日，招商银行正式发布针对"电商和物流行业的在线供应链金融解决方案"，打造出集"电商＋物流＋金融"于一体的服务平台。

2014 年 7 月 22 日，深圳市政府和国家外管局签署会议纪要，同意在前海开展 QDIE 试点，先期批准 10 亿美元额度，用于境内合格投资者开展境外创新投资，包括股权投资、实业投资等。

2014 年 7 月 23 日，受深圳市委书记王荣委托，市长许勤主持召开前海开发建设领导小组工作会议。

2014 年 7 月，农行深圳分行在系统内首批试点推广"数据网贷"供应链融资产品。

2014 年 7 月，深圳前海大数金融服务有限公司成立。大数金融是国内领先的信贷科技解决方案提供商，大金额无担保小微贷款技术引领者，国家级高新技术企业。大数金融以"为小微企业融资难提供解决方案"为使命，通过向银行业金融机构输出团队首创的第三代小微贷款技术，提升其小微金融业务的渗透率与普及率，并帮助银行自建小微信贷的数字风控能力与全流程运营体系。

2014 年，交行深圳分行先行先试完成了前海首个飞机融资租赁项目，也是国内首单利用跨境人民币贷款完成的飞机租赁业务。同年 8 月，交行深圳分行和香港分行作为跨境贷款的发放行和境内监管行，参加了前海管理局举办的前海湾保税港区首批 SPV 飞机租赁项目的现场签约仪式。该项目采用融资租赁标准的"321"形态，不仅是前海首个飞机融资租赁项目，更是国内首个利用跨境人民币贷款完成的飞机租赁业务。

2014 年 8 月末，平安银行与海尔集团合作推出"采购自由贷"业务，帮助海尔认定的经销商通过橙 e 平台申请融资，且无须任何抵押担保。通过将橙 e 平台与海尔集团的 B2B 电商平台打通，海尔集团将其下游 26000 多家经销商与海尔的交易信息传到橙 e 平台，帮助其更深入地了解融资方，并快速做出决策，催生出互联网平台与金融结合的经典商业模式。同年 10 月 16 日，平安银行深圳分行发布了"商超供应商发票贷"，面向天虹、沃尔玛等近 60 家商超百货的数万家供应商提供基于发票的贷款。客户只要在网上上传发票数据，经过审核后即可在网银上自助提款。

2014 年 10 月 14 日，中国首个物流产业基金——深圳物流产业共赢基金宣告成立。

2014 年 11 月 6~8 日，第八届中国（深圳）国际金融博览会在会展中心举行。

2014 年 12 月 5 日，第十届中国（深圳）国际期货大会开幕。

2014 年 12 月 8 日，《深圳市人民政府办公厅转发市金融办关于开展合格境内投资者境外投资试点工作的暂行办法》发布，QDIE 政策落地。

2014 年 12 月 12 日，微众银行获得金融许可证，成为国内首家开业的互联网民营银行。

2014 年，深圳落实中编办对各省下发的《关于完善中央与地方金融管理体制的意见》，明确了深圳有关监管单位在维护地方金融稳定、协助"一行三会"化解地方金融风险的职能，囊括规范股权众筹融资的目标。

2014 年，中行深圳分行自主研发推出 CTM（Cheque Teller Machine）对公自助银行服务，满足公司金融客户的自助票据结算业务需求，在深圳同业中尚属首创。中标深圳市社保卡合作银行服务项目，成为深圳市唯一一家集金融社保卡、住房公积金卡和市民健康卡三项发卡资格于一身的商业银行。同年，中行深圳分行中标成为深圳碳排放权交易所唯一的外汇业务合作银行。

2014 年，中国平安创办平安好医生，目前已于香港联交所主板上市。平安好医生致力于打造全球最大的医疗健康生态系统，用科技让人类更健康。截至2019 年末，平安好医生营业收入达 50.65 亿元，累计为 3.15 亿用户提供健康管理服务，全年线上日均咨询量 72.9 万。

2015 年

2015 年 1 月 15 日，建行深圳分行办理首笔跨境双向人民币资金池业务。4月，小微企业创新产品"云快贷"面世，在传统授信基础上为小微企业开辟了一条办贷高速公路，建行深圳分行小微企业贷款走上了一条快速高质量发展的大道。12月，智慧柜员机（STM）在分行网点全面上线，之后在全建行系统推广。

2015 年 1 月 15 日，深圳金融资产及大宗商品交易中心有限责任公司正式宣布开业。

2015年1月20日，华商银行第一期金额为10.11亿元人民币的信贷资产证券化信托资产支持证券正式成立，为内地外资银行首笔出表型资产证券化产品。7月30日，华商银行成为首批获得大额存单发行资格的外资行，大额存单发行资格的获得，丰富了华商银行主动负债管理工具，拓宽了华商银行的融资渠道。9月1日，华商银行第一期大额存单正式发行，标志着华商银行成为中国内地发行大额存单的第一家外资银行。10月26日，华商银行2015年第一期信贷资产证券化产品如期完成剩余档次本息的兑付，标志着华商银行首单信贷资产证券化产品成功发行及圆满结束。

2015年1月，为了规范发展征信市场、服务实体经济，央行印发《关于做好个人征信业务准备工作的通知》，八家民营征信机构成为央行首批获准开展个人征信业务的机构，其中来自深圳的有腾讯征信、前海征信、鹏元征信等。

2015年1月，交行深圳分行成为深圳市中小企业服务署的首家合作银行。6月起，交行深圳分行所有网点均可办理直接投资外汇登记业务。7月，交行深圳分行在深圳市率先开展跨境人民币资产转让业务，与交行香港分行成功办理首笔票据项下跨境人民币资产转让业务；创新开展了福费廷项下跨境人民币资产转让业务，并实现了业务规模的突破。8月，交行深圳分行在系统内率先上线交通银行新一代信息系统。

2015年3月3日，招联金融获得银监会颁发的金融业务许可证，3月6日在深圳前海注册成立，3月18日开始试运营。招联金融是我国第一家在CEPA框架下设立的消费金融公司，也是银监会宣布扩大消费金融公司试点范围后首家获批筹建的消费金融公司。同日，"好期贷"产品上线运营。此后不到半年，招联金融第一期上云工程顺利完成，业务系统整体上云、核心系统去IOE、公司机房跨省搬迁三件事成功同步实施。

2015年3月6日，CEPA框架下消费金融公司——招联消费金融有限公司正式开业。

2015年3月17日，台湾玉山银行获中国银监会核准于深圳前海筹设玉山银行（中国）有限公司，资本额人民币20亿元。5月11日，台湾玉山银行正式进驻前海，成为前海首家港澳台资法人银行，也是深圳首家台资法人银行。

2015年3月23日，"全球金融中心指数"（GFCI）在韩国釜山发布，深圳名列全球第22位，排名上升三位。

2015年4月1日，深圳市金融办会同深圳证监局，联合深圳市发展改革委、经贸信息委、国资委、前海管理局、创投办等部门发布《关于利用资本市场促进深圳产业转型升级的指导意见》，旨在更好地利用资本市场功能，进一步深化产业转型升级成效，加大对"大众创业、万众创新"的支持力度。

2015年4月22日，《深圳市人民政府关于加快现代保险服务业创新发展的实施意见》发布。

2015年5月5日，华安保险接入央行征信系统获得批复，成为国内第三家对接央行征信系统的保险企业。10月19日，华安保险与支付宝联合推出"扶老人险"，受社会热议，上线4天投保人数突破5万人。

2015年5月25日，农总行决定中国农业银行深圳市分行为正省级分行。10月8日，中国农业银行总行跨境人民币业务处理中心落户农业银行深圳前海分行。11月12日，中国农业银行深圳市分行在全国首家实现二手房交易结算资金在线托管服务，为房产交易双方提供7×24小时在线注册与签约、买方线上存入托管资金、系统自动释放资金以及账户管理、进度查询等服务，实现了二手房首期款托管业务的集群批量获客、离行快捷操作。

2015年6月8日，中国首只投资REITs项目的公募基金——鹏华前海万科REITs正式获批并完成注册。

2015年6月29日，平安银行正式发布物联网金融品牌业务，利用时下最先进的物联网技术对质押的动产实行无死角、全天候监管。这一品牌的发布是平安银行总结其多年以来的业务实操经验，以及在汽车、白酒、钢铁等行业的探索实践后的成果。

2015 年 7 月 7 日，扫易付科技（中国）有限公司在深圳举办品牌发布会，发布国内首款便携式离线支付器。

2015 年 7 月 15 日，国内首家高管控股公募基金——金信基金管理有限公司运营。

2015 年 7 月 19 日，深圳市成立金融人才协会。

2015 年 7 月 24 日，恒生银行与深圳市前海金融控股有限公司在前海筹建内地首家合资基金管理公司。2016 年 9 月 8 日，恒生前海基金管理有限公司在深圳前海开业。这是内地首家在《内地与香港关于建立更紧密经贸关系的安排》（CEPA）框架下成立的港资控股合资基金管理公司。

2015 年 7 月 28 日，深圳市互联网金融协会成立。

2015 年 9 月，深圳市商业保理协会成立。

2015 年 10 月，金蝶互联网金融公司正式注册成立。次年，金蝶征信成为深圳市 5 家获中国人民银行备案的企业征信机构之一，旗下蝶金小贷获广州市金融局批复开业，成为互联网小贷持牌机构。

2015 年 11 月 4 日，深圳市金融办印发《关于打造深圳金融标准构建深圳金融发展新优势的指导意见》，是全国发布的首个城市金融标准建设的政策文件，也是全市各区各部门中发布的首个落实深圳标准建设的政策文件，为深圳金融标准化建设指明了方向，也将为深圳乃至全国金融标准建设探索道路积累经验。

2015 年 11 月 5 日，第九届中国（深圳）国际金融博览会在深圳会展中心开幕，深圳金博会前海自贸区展台举行"保险创客大学支持共建共享"签约仪式，国内首个保险创客大学将在前海设立。

2015 年 11 月 29 日，清华五道口前海金融论坛在深圳举行。

2015 年，经国家外汇管理局批准，前海作为全国首批试点地区之一，率先启动外债宏观审慎管理试点。

2015 年，中行深圳分行在中国（广东）自由贸易试验区挂牌成立首日，率先尝试自贸区多项金融创新产品，为多家企业成功叙作首批业务。

2016 年

2016 年 1 月，农业银行前海分行上线 CIPS 延时清算系统，实现延时服务至 23：00，是同业中首家实现 CIPS 延时服务的银行。7 月，农行深圳分行在全国率先推出二手房在线融资系统。10 月，农行深圳分行成为农总行"网捷贷"首批试点行之一。

2016 年 2 月 25 日，中信银行深圳分行与深圳市国税局正式签署《境外旅客购物离境退税代理服务协议》。中信银行深圳分行将首先在深圳国际机场设立离境退税代理服务点，为境外旅客离境退税业务提供专门服务。同年，中信银行与深圳市住房公积金管理中心联合推出"公积金缴存人网络信用消费贷款"业务，该业务于 2016 年 5 月上线，是中信银行在深圳地区首创并落地，结合大数据技术和互联网金融技术，与公积金中心实现系统对接和数据直连，运用多年的信贷审批和贷后管理经验为全市公积金缴存人提供的网络融资综合服务。该业务利用缴存职工的公积金缴存、提取数据，通过网络信贷业务平台向缴存职工发放用于消费的个人信用贷款，借款人持续缴存公积金且达到一定期限，无迟缴、缓缴、断缴等不良记录即可通过贷款资质审核。

2016 年 3 月 18 日，怡亚通发布了新一代宇商供应链金融服务平台，并与微众银行、新大陆、长城证券等机构合作，在升级物流金融的同时引入多种金融服务，将服务触角延伸到上下游客户，实现 O2O 供应链金融的"全面贯通"。

2016 年 3 月，深圳市金融办和前海管理局联合发布了《关于加快前海再保险中心建设的试点意见》，针对再保险企业发展制定一系列优惠措施。

2016 年 4 月，交行深圳分行成功获批与中集集团的跨境双向人民币资金池业务。11 月，交行深圳分行获得深圳市本级非税收入征管改革代理银行资格。

2016 年 4 月，建行深圳分行开始发力组织扶贫工作，截至 2016 年底，已审批扶贫专项资金使用 5 笔，合计金额达 61.82 万元，另向帮扶贫困村捐赠 30 万元资金。这一年，建行深圳分行在业内首推移动微银行，以车为载体，以电子化移动智慧服务方式为主，开启微银行移动服务新模式。

2016年5月1日，全国首张金融业"营改增"增值税电子普通发票在深圳开具，标志着深圳全面推开营改增试点改革实施工作。

2016年5月，华安保险正式获批接入中国人民银行企业、个人信用信息基础数据库系统，成为国内第二家全面对接央行征信系统的保险企业。至2016年，华安保险累计服务投保客户2920.06万名，累计保障金额74.13万亿元，累计支付赔款258.87亿元。这一年，华安保险年度原保费收入（含税）首次成功突破100亿元。

2016年6月，众惠财产相互保险社获中国保监会颁发首批相互保险牌照，相互保险这一保险组织形式在我国落地。

2016年6月6日，深圳证券交易所新一代拥有完全自主知识产权的证券交易系统上线。

2016年7月29日，《深圳市非法集资案件举报奖励办法（试行）》发布。

2016年8月，深圳证监局与前海管理局签署《私募基金监管合作备忘录》，探索私募领域协同监管的新模式、新机制。

2016年8月，为促进内地与香港资本市场共同发展，中国证券监督管理委员会、香港证券及期货事务监察委员会决定原则批准深圳证券交易所、香港联合交易所有限公司（香港联合交易所）、中国证券登记结算有限责任公司、香港中央结算有限公司建立深港股票市场交易互联互通机制，深港通正式开通。

2016年8月16日，中国证监会主席刘士余与香港证监会主席唐家成在京签署联合公告，原则批准深圳证券交易所、香港联合交易所有限公司、中国证券登记结算有限责任公司、香港中央结算有限公司建立深港股票市场交易互联互通机制。标志着深港通实施准备工作正式启动。

2016年9月，国内首家港资控股公募基金公司——恒生前海基金管理有限公司在前海开业。

2016年9月30日，工行深圳前海分行与跨境电商平台有棵树公司、物流通关企业保宏公司联合完成了深圳市首笔跨境电商直购进口业务，前海分行成为深圳首家接入海关统一版跨境电商系统的金融支付机构，再一次引领互联网金融业务的创新发展。10月12日，随着财智卡发卡、U盾发放、证书下载、结算账户申请表等资料打印各环节顺利完成，工行深圳分行首个对公基本账户在红围支行营业部对公智能终端成功开立，标志着分行对公智能化项目结出硕果。11月，工行深圳分行获得深港通项下港股通跨境资金结算与换汇业务资格，成为首批获得此项资格的商业银行。

2016年9月30日，深交所发布与深港通相关的八大业务规则，包括：《深港通业务实施办法》《港股通投资者适当性管理指引》《港股通交易风险揭示书必备条款》《港股通委托协议必备条款》《关于深港通业务中上市公司信息披露及相关事项的通知》《香港结算参与网络投票实施指引》，以及修订后的《股东大会网络投票实施细则》和《交易规则》。

2016年10月12日，在第二届深圳国际创客周活动上，前海创投基金转让平台成功开启首笔基金转让交易，标志着改变创投行业传统转让方式的"前海创投基金转让平台"正式启航。

2016年11月3日，《深圳市金融业发展"十三五"规划》发布。

2016年11月5~7日，第十届中国（深圳）国际金融博览会在深圳会展中心举行。

2016年11月11日，深圳市政府与阿里巴巴、蚂蚁金服签署战略合作框架协议。在广东省委副书记、深圳市委书记马兴瑞，市长许勤和阿里巴巴集团董事局主席马云共同见证下，深圳阿里中心启用。

2016年12月1日，深圳市前海管理局与英国金丝雀码头集团、北京鑫根投资集团签署战略合作框架协议。深圳市市长许勤，市领导张虎、田夫、艾学峰见证签约。

2016年12月5日，深港通继沪港通之后开通，这是中国资本市场对外开放的又一次新尝试。

2016 年 12 月 11 日，前海深港金融人才合作联盟成立。

2016 年 12 月 20 日，首届"中国深圳 FinTech(金融科技) 峰会"举办，平安集团、招商银行、微众银行、大成基金等 40 多家知名金融机构，共同成立全国首个中国（深圳）FinTech 数字货币联盟及中国（深圳）FinTech 研究院，通过市场化、国际化、创新性的联盟组织和研究院机制，探索推进中国数字货币的科技研发和市场运用。

2016 年 12 月，前海再保险股份有限公司开业，这是全国首家由社会资本发起设立的再保险公司。

2016 年，中行深圳分行协助深圳能源集团控股的妈湾电力有限公司和境外投资者英国石油公司 BP 完成国内首单跨境碳资产回购交易业务，成为全国试点碳市场启动三年以来最大的单笔碳交易。同年，中行深圳分行跨境人民币业务量突破 2500 亿元，国结量超过 1000 亿美元，两项业务市场份额继续稳居同业第一。

2016 年，鹏元征信基于在征信行业的多年深耕积累，开始正式从面向 B 端的传统金融机构客户转型，扩大产品覆盖的市场领域，推出了天下信用 App，面向全体社会大众 C 端客户提供征信产品服务，专业提供个人报告查询、企业报告查询、诚信生态服务产品。同时，采用 PC 和移动终端 App 两大平台，围绕企业和个人征信的主要产品和客户群体特征，设计多个实际运用场景，覆盖 B 端和 C 端客户的征信使用全场景。

2016 年，深交所启动创新创业跨境投融资服务平台（V-Next）建设，以促进跨境资本形成为目标，以信息披露和展示为手段，以线上线下投融资对接平台为载体，探索形成支持创业创新的跨境投融资生态圈。

2017 年

2017 年 1 月 20 日，由中国金融期货交易所、上海证券交易所、深圳证券交易所、中巴投资有限责任公司、巴基斯坦哈比银行组成的联合体与巴基斯坦证券交易所股权出售委员会在卡拉奇举行巴基斯坦证券交易所股权收购协议签署仪式。其中，中方三家交易所将持股 30%。

2017 年 2 月 24 日，上海黄金交易所深圳运营中心正式动工，年内启动法人机构的注册。

2017 年 3 月 10 日，深圳市招商平安资产管理有限责任公司成立。

2017 年 3 月，深交所推出首只在中国和欧洲两地同步发布行情的中国绿色债券指数——"中财－国证绿色债券指数"，为境内外投资者投资中国绿色债券提供了可供参考的共同标尺和投资工具。

2017 年 4 月 6 日，深圳私募基金信息服务平台在前海上线。

2017 年 4 月 7 日，香港交易所在内地筹备的大宗商品现货交易中心"前海联合交易中心"（QME）正式注册成立。

2017 年 4 月，经保险监督管理部门批准，深圳市投资控股有限公司成为国任保险控制类股东，持股比例 41%，国任保险成为深圳市属国资控制的唯一财产保险公司。

2017 年 6 月 1 日，国家外汇管理局授权深圳成为全国首个也是唯一一个自主审核管理银行不良资产跨境转让业务的城市。

2017 年 6 月 7 日，2017 年中国科技金融高峰论坛暨首届中国科技金融联盟工作交流会在深圳举行。

2017 年 6 月 9 日，国内首只金融科技指数——香蜜湖金融科技指数在深交所上市。

2017 年 6 月 13 日，深圳市互联网金融协会党委成立，成为全国首个互联网金融行业协会党委。

2017 年 6 月 22 日，《深圳市推进普惠金融发展实施方案（2016—2020 年）》发布。

2017 年 6 月 27 日，深圳经济特区金融学会绿色金融专业委员会正式成立，深圳成为全国首个成立绿色金融委员会的城市。

2017 年 6 月 28 日，福田法院"巨鲸"智平台（即类案全流程在线办理平台）正式上线。该平台是福田法院推出的首个信息化办案平台，以信用卡纠纷为切入点，根据信用卡纠纷等类型化案件的办理特点，以提升司法质效为目的，在全国率先初步实现了金融类案件从立案、审判到执行全流程在线办理，为满足辖区金融司法需求、服务金融产业发展提供了更加有力的保障。

2017年6月，汇丰前海证券有限责任公司和东亚前海证券有限责任公司同时获得中国证监会批准筹建。汇丰前海证券是内地首家港资控股证券公司，由香港上海汇丰银行有限公司与前海金融控股有限公司共同发起成立，双方占股比例分别为汇丰银行51%、前海金控49%。东亚前海证券由东亚银行有限公司、前海金控及另外两家内地公司共同发起设立，其中东亚银行为第一大股东，持股比例为49%。

2017年6月，招联金融与中国科学院深圳先进技术研究院合作建立智慧金融联合实验室。这是国内首家由消费金融机构牵头发起成立的智慧实验室。旨在围绕人工智能、大数据、区块链、反欺诈机器学习等领域进行深入挖掘，融合招联金融实践案例，探索利用先进技术制定反欺诈策略，实现对欺诈行为的精准防控和智能拦截，转化应用消费金融创新技术成果。2017年底，招联金融首笔外资银团贷款成功交割并首次提款，贷款总额度11.5亿元。这是国内消费金融公司斩获的首笔外资银行银团贷款，也是境内首个完全由外资银行参与的银团贷款；进一步为招联金融开辟了多渠道融资途径，丰富了公司资金来源结构，也为与外资银行进一步广泛深入合作奠定了基础，提升了招联金融在国内外市场上的知名度和品牌形象。

2017年7月4日，中国农业银行深圳市分行在同业中和农行系统内首家设立普惠金融事业部。7月16日，中国农业银行深圳市分行上线综合收银台特色业务系统。12月29日，中国农业银行深圳市分行成功办理首单家族信托业务，为农行与中信信托公司开展的第一笔家族信托合作。

2017年7月25日，广东省委常委、深圳市委书记王伟中主持召开市委常委会议，传达贯彻全国金融工作会议精神，全力以赴做好深圳金融发展稳定工作。

2017年7月30日，深圳市代市长、市政府党组书记陈如桂主持召开市政府党组（扩大）会议，传达贯彻全国金融工作会议精神。

2017 年 8 月 22 日，全球金融科技实验室——中小银行联合创新基地揭牌仪式在深圳举行，江苏银行、赣州银行、苏州银行、尧都银行、大连银行等十家银行首批入驻。

2017 年 9 月 25 日，《深圳市扶持金融业发展若干措施》发布。

2017 年 10 月 12 日，《深圳市金融创新奖和金融科技专项奖评选办法》印发，年度奖项总名额增加 1/3，总金额增至 1950 万元；在全国率先设立金融科技专项奖，总奖金 600 万元，重点奖励区块链、大数据、人工智能等新技术的金融应用；每年安排单独 6 个名额，奖励深港金融创新合作优秀项目，并将申报主体拓展至香港机构。

2017 年 11 月 3 日，建行深圳分行与 11 家企事业单位举行住房租赁战略合作签约仪式，推出 5000 余套长租房源，并发布国内首款个人住房租赁贷款产品按居贷，正式进军深圳住房租赁市场。2017 年末，建行深圳分行普惠金融贷款余额 452.10 亿元，比年初新增 208.18 亿元，促进建行成为四大行中唯一达到定向降准"二档"标准的银行。

2017 年 12 月 3 日，首届全球公益金融论坛暨 2017 社会影响力投资峰会在深圳举行。峰会上，深圳国际公益学院联合 77 家企业、基金会、研究院、媒体，共同发布《全球社会影响力投资共识》（"香蜜湖共识"）。

2017 年 12 月 6 日，中国自贸区内首个集银行、保险、证券、基金及新金融等多种金融业态于一体的行业组织——深圳市前海金融同业公会成立。

2017 年 12 月 7 日，内地首家在 CEPA 框架下获得证监会批准设立的港资控股多牌照证券公司汇丰前海证券、东亚前海证券正式开业。

2017 年 12 月 11 日，深圳首发轨道交通地方政府专项债券。

2017 年 12 月 13 日，在巴黎举办的"金融中心：调动资本推进气候行动"会议上，深圳同多伦多、日内瓦、苏黎世、法兰克福一起宣布加入"全球金融中心城市绿色金融联盟"。

2017年12月，深圳市金融办自主开发建设"深圳市金融风险监测预警系统"和"深圳市地方金融监管信息系统"上线试运行。

2017年12月19日，为进一步化解深圳市辖区内企业"融资难"、"融资贵"和"融资繁"问题，市金融办会同市发改委、科创委、经信委、市场监管委、国税局、地税局、人民银行深圳市中心支行、深圳银监局等多个政府部门和中央驻深金融监管机构，共同搭建了"深圳市创业创新金融服务平台"，尝试从供给侧有效引导境内外金融资源支持企业发展。

2017年12月26日，深圳金融法庭在前海合作区挂牌成立。

2017年起，深圳高新投开始募集民营资本，发起设立深圳市人才创新创业二号基金，规模10亿元。次年11月，深圳高新投和光明区引导基金投资管理有限公司又共同发起成立高新投正轩光明人才创业投资基金，高新投怡化融钧股权投资基金、高新投正轩天使创业投资基金，3只基金募资规模超过13亿元。此外，物联网产业基金、成都基金、厦门基金等多只基金也在紧密推进，总规模超过80亿元的"高新投基金谱系"建设进入快车道。

2017年，招行新建了分布式交易平台，提升互联网账户以及交易的并发规模，目前总体核心账务平台峰值处理能力已达到3.2万笔/秒，应对"双11"支付高峰已绰绰有余；初步构建了混合云架构，采用轻量级微服务框架，33%的应用已经迁移到云计算架构，数据湖容量达到3.5PB，构建了通用机器学习的算法库，消息处理峰值达到590万笔/秒，具备了秒级响应营销和风控的智能化支持能力。

2017年，平安正式确立了未来十年深化"金融+科技"、探索"金融+生态"的战略规划。以人工智能、区块链、云、大数据和安全五大核心技术为基础，深度聚焦金融科技与医疗科技两大领域，帮助核心金融业务提升效率，降低成本，改善体验，强化风控，不断提升竞争力。同时，通过输出创新科技与服务，搭建生态圈与平台，促进科技成果转化为价值，致力于成为国际领先的科技型个人金融生活服务集团。

2018 年

2018 年伊始，国内首个区块链＋物流＋供应链金融的项目在深圳落地。深圳市星辰亿链供应链金融区块链平台成功为客户发放融资贷款，解决了平台类无车承运企业的资金制约问题。

2018 年初，深圳市地方金融监督管理局接连发布了《关于进一步做好全市网络借贷信息中介机构整改有关事项的通知》《深圳市网络借贷信息中介机构整改验收指引表》等文件，严格验收标准、扎实做好整改验收工作。对于没有通过本次整改验收的，市整治办协调市各职能部门根据相关规定予以处置。

2018 年 1 月，平安科技与来自硅谷的加速器及创投基金 Spark Labs Group 签署合作协议，宣布"平安金融科技加速器 Powered by Spark Labs"在深圳市福田区成立。

2018 年 2 月 7 日，国任财产保险股份有限公司在深圳启动新职场揭牌暨深圳总部入驻仪式，标志着深圳市属控制的唯一一家国有保险公司正式亮相特区金融创新一线。

2018 年 3 月 2 日，深交所发布开展"一带一路"债券业务试点通知。

2018 年 3 月，深圳市外汇局印发《前海深港现代服务业合作区资本项目收入支付审核便利化试点实施细则》，在全国率先试点资本项目收入支付审核便利化政策。交行深圳分行成为首批开展试点业务的银行。

2018 年 4 月 18 日，《关于开展我市小额贷款公司互联网小额贷款业务分类处置及验收工作的通知》发布。

2018 年 4 月，建行深圳分行推出了无感停车，依托"新一代"手机银行快捷支付平台，以"互联网＋"思维模式，集合了信用卡、微信、支付宝等线上线下全渠道聚合支付功能，涵盖全市 500 多个小猫停车场，实现停车、缴费无形的无感出行方式，为客户出行提供了更多便利。8 月，建行深圳分行首家自助银行体验店开业，为客户提供全天候综合金融服务。在这一年，建行深圳分行确立了金融科技、住房租赁、普惠金融"三大战略"，明确提出普惠金融战略。随后，又出台普惠金融三年发展规划，强化小微企业、商户型企业、个体工商户、小微企业主、农户等重点客群批量服务。建行深圳分行积极落实总行"双小"战略部署，结合深圳市场需求，重点推出"百行千亿、普惠万家"发展战略。

2018年5月14日，作为落实"一带一路"倡议的重要举措，深圳证券交易所牵头组成的深沪交易所联合体收购孟加拉国达卡证券交易所25%的股权。

2018年5月15日，国家外汇管理局深圳分局发布《严惩支付机构为非法互联网平台提供资金清算、支付服务的违法违规行为》，对智付支付开出巨额罚单，惩罚智付公司为非法交易、虚假交易提供了网络支付服务的行为。惩罚智付公司未严格落实商户实名制、未持续识别特约商户身份、违规为商户提供T+0结算服务、违规设置商户结算账户等违法违规行为。中国人民银行深圳市中心支行对智付公司给予警告并罚没金额合计约2561万元。此外，国家外汇管理局深圳市分局也对智付支付进行了警告并罚款约1591万元，连续两次被罚没金额合计约4152万元。

2018年5月23日，由央行主导、中国互联网金融协会与8家市场机构共同发起组建的市场化个人征信机构——百行征信在深圳正式挂牌。作为全国首家个人征信机构，百行征信的设立，有利于提高行业风险防控水平，防范系统性金融风险，打击"过度多头借贷""诈骗借贷"等乱象，有效避免平台间"共债"发生；对于投资人来说，也意味着可以更加放心地进行投资，实现良性循环，促进互联网金融持续健康发展。

2018年5月，全国首家市场化个人征信机构百行征信正式落户深圳，初步形成"政府＋市场"征信体系新格局。

2018年5月，深圳市住房公积金管理中心通过了华商银行开展深圳市商业性住房按揭贷款转住房公积金贷款业务的资格审核，标志着华商银行成为深圳市第一家开办公积金商转公贷款业务的外资银行。

2018年6月15日，中国人民银行数字货币研究所在深圳成立深圳金融科技有限公司。

2018 年 6 月，工行深圳分行成功投产首笔工银聚 - 收款伴侣业务。工银聚 - 收款伴侣是一款便捷的线上支付结算工具，可结合企业个性化的收款场景，提供包括个人及对公工行账户批量代扣、自动批量发送催缴信息、自动入账与记账服务，节假日正常到账。同时，与传统的批量代扣相比，收款伴侣还可支持逐笔短信 / 微信确认扣款、实时入账、自定义摘要等个性化功能，对于不便于开立企业网银进行自助操作的客户，还支持为客户提供独立于企业网银的商务服务平台，专门用于收款清单上传、账单催缴、交易统计等功能。该产品可广泛用于资金支付效率要求较高的行业，如快销品连锁销售、市场缴费、快递物流公司等，并可配合工银聚 - 到账伴侣功能，实现批扣结果自动记账。同年，深圳分行联合广东粤通宝公司以高速通行为切入点，围绕"无感高速、无感停车、无感加油"等方面开展合作，共同打造"粤通宝·工银 e 钱包"，借此构建粤港澳大湾区人、车、生活的生态圈，促进金融服务在智慧城市、民生场景应用。"粤通宝·工银 e 钱包"于 2018 年 10 月 16 日投产，10 月 25 日全面推广。

2018 年 7 月 13 日，深圳市互联网金融协会发布《深圳市互联网金融协会关于积极稳妥应对当前 P2P 行业流动性风险及做好退出工作的通知》，保障平台退出工作有序平稳进行、维护社会经济正常秩序和金融消费者合法权益。9 月，深圳市地方金融监督管理局发布《关于开展深圳市 P2P 网贷借贷机构合规检查工作的通知》，分为机构自查、自律检查和行政核查三部分，对于是否有资金池、是否发售理财产品募集资金和是否以高额利诱等方式吸引投资者加入等进行重点关注。11 月，深圳市互联网金融协会发布了《关于开展深圳市 P2P 网络借贷机构自律检查工作的通知》，对自律检查的相关内容进行详细说明。

2018 年 7 月 2 日，深圳市金融办与腾讯公司合作共建的灵鲲金融安全大数据平台正式上线。

2018 年 7 月 5 日，修订后的《深圳市中小微企业动产融资贷款风险补偿金操作规程（试行）》《深圳市中小微企业贷款风险补偿金操作规程（试行）》发布。

2018 年 8 月 10 日，全国第一张区块链电子发票在深圳开出。

2018年8月28日，前海人寿深圳幸福之家养老院正式开业运营，成为前海人寿旗下首家开业的养老机构，也成为保险行业加大对养老产业支持力度、为民生保障和经济发展提供长期资本的优秀样本。

2018年8月29日，深圳市政府出台了《关于促进我市上市公司稳健发展的若干措施》，安排150亿元资金，按照市场化方式运作，通过债权（100亿元）、股权（50亿元）两种方式化解上市公司股票质押风险。

2018年9月4日，中国人民银行贸易金融区块链平台项目一期首次对外发布并在深圳正式上线试运行。2019年7月4日，中国人民银行深圳市中心支行（国家外汇管理局深圳市分局）与国家税务总局深圳市税务局签署《战略合作框架协议》，税务备案表业务正式上"链"，央行贸易金融区块链平台上"链"的业务由最初的供应链应收账款融资，拓展为供应链应收账款多级融资、跨境融资、国际贸易账款监管、对外支付税务备案表四大应用场景。

2018年9月4日，"湾区贸易金融区块链平台"在深圳正式上线试运行，企业可在平台上进行包括应收账款、贸易融资等多种场景在内的贸易和融资活动。

2018年9月13日，《关于强化中小微企业金融服务的若干措施》（深府规〔2018〕17号）印发，提出"设立30亿元规模的政策性融资担保基金、首期20亿元的风险补偿资金池、试点政策性小额贷款保证保险、缓解中小微企业流动性融资难题、建立企业发债融资支持机制"等8项具体举措11个政策点，着力解决中小微企业融资难、融资贵问题。人民银行深圳市中心支行会同市地方金融监管局等4个单位联合发布《关于进一步改进小微企业金融服务的意见》，从货币政策、财税激励、监管考核、信用建设、支持创新、拓宽渠道和优化环境7个方面提出19条意见措施，共同向解决民营及中小微企业融资难问题发力。

2018年9月14日，《深圳市金融总部项目遴选及用地申报操作指引》发布。

2018年9月27日，深圳市福田区政府、深圳保监局、平安产险深圳分公司、深圳经济特区金融学会绿色金融专业委员会在第六届深圳国际低碳城论坛上达成战略合作，共同启动绿色保险的创新险种——绿色卫士装修污染责任险。这是国内首个绿色保险创新产品。

2018年10月18日，中国人民银行下发《中国人民银行关于深圳市设立人民币国际投贷基金的意见》（银函〔2018〕338号），原则支持深圳在前海设立人民币国际投贷基金。

2018年10月19日，香港交易所前海联合交易中心正式开业，首笔产品交易成功。

2018年10月26日，《深圳市金融发展专项资金管理办法》发布。

2018年11月，华夏银行与华为建立联合实验室。同月，华夏银行深圳分行试点上线全国首个指静脉生物识别存取款项目。

2018年12月2日，深圳市政府印发《关于以更大力度支持民营经济发展的若干措施》，实施"四个千亿"计划，设立总规模1000亿元的市民营企业平稳发展基金，力争实现企业年减负降成本1000亿元以上，新增银行信贷规模1000亿元以上和民企新增发债1000亿元以上，助力深圳民营经济健康发展。

2018年12月14日，全国首单公共人才租赁住房类REITs——深创投安居集团人才租赁住房第一期资产支持专项计划在深交所成功挂牌。

2018年12月21日，《深圳市扶持金融业发展的若干措施》发布。12月24日，《深圳市支持金融人才发展的实施办法》发布。12月27日，出台《深圳市人民政府关于构建绿色金融体系的实施意见》（深府规〔2018〕29号）。

2018年，中国人民银行深圳中心支行先后推出"微票通""绿票通""科票通"再贴现业务，实现货币政策与产业政策精准结合。

2018年，深圳获批在前海深港现代服务业合作区开展资本项目收入的支付审核便利化试点。合格境内投资者境外投资（QDIE）试点额度提升，银行不良资产跨境转让试点获准升级。

2018年12月，《深圳市网络借贷信息中介机构业务退出指引（征求意见稿）》发布。

2018年，在去杠杆与纾困的背景下，国信证券及时响应政策配合启动深投控 2018 年纾困专项公司债券相关工作，主承销全国首单公开发行的"纾困专项公司债券"，创新设计并发行支持民企资管计划产品以及股权投资基金等。

2018 年，中国平安启动百亿"三村智慧扶贫工程"，致力于通过产业扶贫、教育扶贫、医疗扶贫，实现贫有所助、学有所教、病有所医。

2018 年，中行深圳分行落地全国首笔区块链跨境供应链融资业务。

2018 年，获得中国第一张个人征信牌照的机构——百行征信有限公司，在深圳注册成立，鹏元征信作为百行征信创始九大股东之一，与百行征信公司开展深入合作。百行征信的成立，标志着我国个人征信发展迎来"里程碑"。百行征信意在为央行征信系统提供补充，主要服务对象为互联网金融个人借贷业务机构。百行征信将纳入央行征信中心未能覆盖到的个人客户金融信用数据，构建国家级的基础数据库，这将有利于行业信息共享，打破"数据孤岛"，有效降低风险和使用成本，从而有效改善"多头借贷"等行业乱象。2018 年，国家发改委发布全国 26 家"首批综合信用服务机构试点机构"名单，要求各地社会信用体系建设牵头部门积极支持开展相关工作，培育发展信用服务机构和信用服务市场，加快推进社会信用体系建设。其中，鹏元征信、信联征信、中证信用等多家深圳信用服务机构入选，充分说明深圳信用服务领域再次走在全国前列。截至 2018 年底，鹏元征信已服务 3500 多家机构客户及 520 多家银行客户，年提供 8.5 亿次信息服务。

2019 年

2019 年 1 月 11 日，农行深圳分行境内清算分中心在深圳开业运营。3 月，农行深圳分行"超级柜台"对公账户智能服务上线。

2019 年 1 月 14 日，深圳市地方金融监管局发布《关于促进深圳市供应链金融发展的意见》，该意见是国内首个省、市级地方政府发布的针对和鼓励供应链金融发展的政策文件。该意见分别从打造有影响力的供应链金融先行区、激发供应链金融各主体市场活力、营造良好业界生态、建立严苛的风控体系四大角度出发，对推进深圳市供应链金融创新规范发展、推进供给侧改革发挥了重要的作用。

2019 年 2 月 18 日，《粤港澳大湾区发展规划纲要》发布，支持深圳依规发展以深圳证券交易所为核心的资本市场，加快推进金融开放创新。支持深圳建设保险创新发展试验区，推进深港金融市场互联互通和深澳特色金融合作，开展科技金融试点，加强金融科技载体建设。支持符合条件的港澳银行、保险机构在深圳前海、广州南沙、珠海横琴设立经营机构。推进金融开放创新，拓展离岸账户（OSA）功能，借鉴上海自贸试验区自由贸易账户（FTA）体系，积极探索资本项目可兑换的有效路径。

2019 年 3 月 18 日，第一届深伦金融创新与合作论坛举行，深圳市地方金融监管局代表深圳市政府与伦敦金融城签署合作备忘录增补文本。

2019 年 3 月 23 日，第十届中国 (深圳) 金融科技发展论坛暨深港澳金融合作创新座谈会第八次会议在深圳举行。会上，"深港澳金融科技师"专才计划正式启动。

2019 年 3 月 27 日，《深圳市网络借贷信息中介机构良性退出指引》正式稿出炉，规范网贷平台业务退出一般程序和应递交材料，设立纠纷调解小组，最大限度地保障出借人合法利益。

2019 年 4 月 22 日，交行深圳分行与深圳市南方电子口岸有限公司对接的"单一窗口联网项目"正式投产，成为首批在"深圳单一窗口"为客户提供一揽子综合金融服务的银行，也是交行系统内首家成功上线单一窗口的分行。11 月，交行深圳分行出台支持粤港澳大湾区业务发展的政策方案，提出有针对性的具体举措，聚焦服务"双区"、服务实体经济和普惠金融，持续发力，进一步推动高质量发展。

2019 年 5 月 11 日，深圳未来金融研究院、深圳未来金融监管科技研究院共同举行揭牌仪式。

2019 年 5 月 24 日，建信理财有限责任公司成立。

2019 年 7 月 3 日，粤港澳大湾区首个供应链金融协会——深圳供应链金融协会成立并正式揭牌。

2019年7月5日，深圳市地方金融监督管理局发布了《关于加强深圳市网贷行业严重失信行为联合惩戒工作的通知》。为了响应此通知，2019年9月深圳市互联网金融协会公示第八批失信人名单。《深圳市互联网金融协会失信惩戒操作规范》也于2019年7月5日发布，适用于经依法认定存在严重失信行为的网贷借款人，资料报送后严格存档并公开公示。

2019年，工行深圳分行成功发放深圳市首笔著作权质押融资贷款。7月19日，工行深圳分行顺利完成上海黄金交易所国际板保税仓库首笔入库业务。11月初，成功投产智能交接备查系统。

2019年8月18日，《中共中央 国务院关于支持深圳建设中国特色社会主义先行示范区的意见》发布，提出：提高金融服务实体经济能力，研究完善创业板发行上市、再融资和并购重组制度，创造条件推动注册制改革；支持在深圳开展数字货币研究与移动支付等创新应用，促进与港澳金融市场互联互通和金融（基金）产品互认；在推进人民币国际化上先行先试，探索创新跨境金融监管；探索设立国际海洋开发银行；发展绿色金融。

2019年8月22日，深圳市百千万金融人才培养工程启动仪式暨2019年金融领军人才研修班开班典礼在深圳举办。

2019年8月29日，经国家外汇管理局批准，深圳外汇局印发通知，在前期前海试点的基础上，在深圳市全辖开展资本项目外汇收入支付便利化试点，拉开了外汇支持中国特色社会主义先行示范区建设的序幕。

2019年9月6日，深圳市金融稳定发展研究院第一届理事会成立大会召开。

2019年9月，由深圳前海金融资产交易所、平安证券等机构联合发起的"平安证券－前交所保理资产供应链1-50号资产支持专项计划"100亿元储架额度成功获批，为"沉寂多年"的供应链金融资产交易市场注入活水。该专项计划为国内首单"N+N"创新模式供应链金融ABS，以供应商融资需求为出发点，涵盖多家核心企业与原始权益人，并辅以多种确权方式的资产，以保证从供应商处所归集资产的真实性。这种特殊结构的 ABS 通过分散基础资产、动态循环、信用增加等手段提炼与隔离风险，受到广大投资者的欢迎。

2019 年 10 月 12 日，前海人寿广州总医院举办开业仪式，前海人寿"保险＋医疗＋养老"产业生态布局正式进入"快车道"。该医院是国内首家由保险公司自建自营的综合医院，其开业标志着保险机构在医疗养老产业布局和助力"健康中国"和"健康湾区"建设方面取得里程碑式成果。截至 2019 年末，前海人寿注册资本金 85 亿元，总资产 2712 亿元，服务客户超 400 万人，为数万人提供就业岗位，贡献数十亿元税收，列 2019 年中国企业 500 强第 279 位，中国服务业企业 500 强第 110 位。

2019 年 10 月 28 日，国任财产保险股份有限公司联合其他 5 家企业（包括平安银行、国信证券、深创投、横琴人寿、法智金集团）共同发起成立深圳市知识产权科技金融联盟，是全国首家知识产权金融全业态联盟。

2019 年 11 月 8 日，深交所博士后工作站设站 20 周年暨大湾区金融业博士后工作研讨会在深圳举行。

2019 年 11 月 20 日，深圳市率先成立地方金融行政处罚委员会。

2019 年 12 月 31 日，中国出口信用保险公司深圳分公司举办出口信用保险赔付仪式，这笔赔款是中国出口信用保险公司深圳分公司自 2002 年成立在深圳地区开展出口信用保险业务以来最大的单笔赔款，赔款金额超过 10 亿元人民币。

2019 年 12 月，在中国银保监会深圳监管局批复发债资格后，经中国人民银行准许发行，招联金融获准在全国银行间债券市场公开发行不超过 70 亿元人民币的金融债券，这是目前持牌消费金融公司获准发行规模中最大的额度。

2019 年，中行深圳分行率先在香港推出"大湾区开户易"服务。同年，中行深圳分行在全国范围内率先推出"5G 贷"创新业务品种。此外，中国银行与深圳市政府签订全面战略合作协议，共同建设中国特色社会主义先行示范区。

2019 年，中国平安深入推进"金融＋科技""金融＋生态"战略转型，持续提升数据化经营能力，整体业绩及核心金融业务持续稳健增长，科技赋能成效显著，生态赋能效果初显，综合金融用户数、客户数、客均合同、客均利润均有明显增长。中国平安 2019 年营业收入达 11688.67 亿元，同比增长 19.7%；净利润 1643.65 亿元，同比增长 36.5%；归属于母公司股东的净利润 1494.07 亿元，同比增长 39.1%；公司总资产 8.22 万亿元，较年初增长 15.1%。

2019 年，深圳高新投创新研发工程担保"线上保函系统"，在国内金融系统内首创银担企全流程线上审批，有效地降低了交易成本。12 月 26 日，深圳高新投发行的"平安证券 – 高新投知识产权 1 号资产支持专项计划"在深交所正式挂牌。这是中国特色社会主义先行示范区首个知识产权证券化项目，也是全国首单以小额贷款为基础资产类型的知识产权 ABS 产品，标志着深圳构建起知识产权证券化先行示范的"深圳模式"。

2019 年，鹏元征信有限公司为深圳市人才引进落户"秒批"提供实时诚信查询服务，同时还为深圳市市政容缺服务提供实时征信查询服务，为符合信用条件的群众先办理登记并启动审批流程，通过信用服务促进市政服务效率的提升。在不断完善深圳市个人信用征信系统功能，助力深圳市社会信用体系建设的同时，鹏元征信基于当前行业发展趋势，整合大数据分析能力、数据应用经验、信用风险管理及金融业务服务能力推出了鹏元智助系统。

2020 年

2020 年 1 月，中国人民银行深圳市中心支行 2020 年工作会议披露，深圳运用 Hadoop 分布式存储、网络爬虫、大数据分析等金融科技手段，在全国率先研发建设了互联网金融 App 监测系统，重拳打击支付违规机构，持续保持对无证经营支付业务的高压监管态势。

2020 年 1 月，联合香港、澳门、广州发起设立"粤港澳大湾区绿色金融联盟"，联盟秘书处落户深圳。

2020 年 2 月，深圳整治办响应《关于网络借贷信息中介机构转型为小额贷款公司试点的指导意见》（整治办函〔2019〕83 号文）的要求，明确具备条件的 P2P 网络借贷平台可申请转型为全国经营的小额贷款公司。

2020 年 3 月 13 日，国内首家由金融监管机构批准、证券公司独资成立的金融科技子公司山证科技（深圳）有限公司正式成立，并宣布落户福田。

2020 年 3 月 13 日，深圳银保监局印发《关于推动深圳银行业和保险业支持粤港澳大湾区和中国特色社会主义先行示范区建设的指导意见》。

2020 年 3 月 20 日，深圳市金融委办公室地方协调机制正式建立。

2020 年 3 月 25 日，发行全国第一只百分百服务"战疫"企业的知识产权证券化产品、深圳市首个疫情防控专项知识产权证券化项目"南山区 – 中山证券 – 高新投知识产权 1 期资产支持计划（疫情防控）"。

2020 年 3 月 26 日，国家高端智库中国（深圳）综合开发研究院与英国智库 Z ／ Yen 集团共同编制的第 27 期"全球金融中心指数"（GFCI27）报告发布。该指数从营商环境、人力资源、基础设施、发展水平、声誉等方面对全球主要金融中心进行了评价和排名。本期指数共有 108 个金融中心进入榜单，深圳位列这份榜单的第 11 名。

2020 年 4 月，深圳整治办已发布九批自愿退出且声明网贷业务已结清网贷机构名单；深圳市互联网金融协会已发布三十批失信人公示名单。

2020 年 4 月 13 日，深圳市融资担保基金有限责任公司正式成立，注册资本 13 亿元，旨在积极落实国家构建自上而下政府性融资担保体系的统一部署。一方面，对上引入国家融资担保基金的再担保分险和股权投资，融入国家政府性融资担保体系；另一方面，对市、区两级融资担保机构开展的中小微企业融资担保业务进行再担保，并根据业务开展情况对合作机构进行保费补助、业务奖励和资本注入，多措并举构建全市统一的政府性融资担保生态体系。

2020 年 4 月 14 日，启动了"深圳市金融抗疫 ING 暨金融方舟"企业扶持计划，组织全市银证保等各类金融机构协同作战，创新开展中小企业金融支持专项行动。

2020 年 4 月 23 日，深圳市地铁集团在中央国债登记结算公司深圳中心发行全国首单注册制企业债券。发行总金额为 60 亿元，其中 30 亿元为 7 年期，另外

30 亿元为 3 年期。

2020 年 4 月 27 日,《创业板改革并试点注册制总体实施方案》出台,6 月 12 日发布相关制度规则,创业板注册制首批公司于 8 月 24 日上市。

2020 年 4 月 27 日,央行支持在上海市、重庆市、深圳市、河北雄安新区、杭州市、苏州市 6 市(区)扩大试点,引导持牌金融机构、科技公司申请创新测试,在依法合规、保护消费者权益的前提下探索运用现代信息技术手段赋能金融"惠民利企",纾解小微民营企业融资难融资贵、普惠金融"最后一公里"等痛点难点,助力疫情防控和复工复产,着力提升金融服务实体经济水平。

2020 年 4 月 28 日,深圳第二家地方 AMC——深圳资产管理有限公司成立,探索地方金融风险化解新模式。

2020 年 5 月 7 日,启动深圳经济特区地方金融监督管理条例立法研究项目。

2020 年 5 月 14 日,中国人民银行等四部门下发《关于金融支持粤港澳大湾区建设的意见》。

2020 年 6 月 5 日,在中国人民银行深圳市中心支行指导下,深圳市外汇和跨境人民币业务展业自律机制发布《深圳市优质企业跨境人民币结算高水平便利化方案》,将跨境人民币结算高水平便利化试点范围由中国(广东)自由贸易试验区前海蛇口片区拓展至深圳全市。

2020 年 6 月,世界知识产权组织专利数据库发布《2020 年全球金融科技专利排行榜 TOP100》,其中,中国平安以 1604 项金融科技专利申请量排名全球第一,阿里巴巴以 798 项名列第二。在榜单前 10 名中,平安旗下公司占据一半,平安科技、金融壹账通、平安人寿、平安产险及平安医保科技悉数入榜。

2020 年 7 月 15 日,发布《深圳经济特区数据条例(征求意见稿)》。

2020 年 7 月 16 日,率先启动"深圳市居民金融素养提升工程",强化居民金融知识及风险意识,致力于守护居民"钱袋子",构建防范金融风险长效机制。

2020 年 7 月 28 日,深圳市金融业信息技术应用创新攻关基地正式揭牌,成为深圳鲲鹏产业发展载体中的重要组成部分。

2020 年 7 月 30 日，联合国开发计划署深圳全球可持续金融中心可行性研究项目启动会在线上成功举办。

2020 年 7 月 31 日，深圳金融科技创新监管试点工作组在广泛征集项目的基础上，对外公示深圳市首批 4 个创新应用。据介绍，首批创新应用涉及商业银行、征信机构、科技公司等，涵盖人工智能、区块链、大数据、可信执行环境 (TEE) 等多种先进信息技术，凸显金融普惠、技术示范和风险可控三大特性。

2020 年 7 月，国家外汇管理局深圳市分局在辖内进一步扩大贸易外汇收支便利化试点范围。试点范围由货物贸易扩展至服务贸易，试点业务流程更加优化，并支持辖内更多符合条件、审慎合规的银行为信用优良的企业实施更加便利的措施。开展贸易外汇收支便利化试点的银行可为其推荐的试点企业实施以下便利化措施：优化企业办理货物贸易和服务贸易外汇收支业务时的单证审核；取消特殊退汇业务登记手续，超期限退汇及非原路退汇可直接在试点银行办理；简化进口报关核验手续。贸易外汇收支便利化试点范围由货物贸易扩展至服务贸易。

2020 年 7 月，深圳市天使母基金增资至 100 亿元，撬动更多社会资本投向天使类项目和种子期项目。

2020 年 7 月，制定出台《深圳市贯彻落实〈关于金融支持粤港澳大湾区建设的意见〉行动方案》，提出 50 条行动措施，共 85 项细分任务。

2020 年 8 月 6 日，金融委办公室地方协调机制（深圳市）召开会议，通报深圳协调机制成立以来的主要工作情况，研究金融支持稳企业保就业、防范化解金融风险和深圳"双区"建设等工作，审议深圳协调机制相关制度文件。

2020 年 8 月 6 日，由深圳证券交易所与福田区人民政府联合共建的产业资源与金融资源融合创新、企业上市加速"一站式"服务平台——香蜜湖产融创新／上市加速器启动仪式在深交所上市大厅举办。

2020 年 8 月 15 日，以线上方式组织了"深港澳金融科技师"专才计划一级一次考试，深港澳三地 1100 余名考生参加考试。

2020 年 8 月 18 日，最高人民法院发布《关于为创业板改革并试点注册制提供司法保障的若干意见》(法发〔2020〕28号)。

2020年8月18日,"南山区–中山证券–高新投知识产权2期资产支持计划(中小企业)"正式成立。

2020年8月18日,深圳私募基金业协会成立大会暨前海财富论坛在万科前海国际会议中心举办。

2020年8月26日,推出"先行示范区金融大讲堂"并发布专著《先行示范区金融创新发展研究》。

2020年8月,外汇管理个人项下创新政策落地,深圳市政府引进的海外高层次人才与外国高端人才开展个人赠家款项下跨境汇款便利化试点,便利特定人才办理赠家款项下跨境汇款。

2020年9月25日,"第28期全球金融中心指数报告(GFCI 28)"在中国深圳和韩国首尔同时发布,深圳排名全球第九,深圳金融科技指数位列全球第5名。

2020年9月25日,2020年度深圳市金融发展决策咨询委员全体会议召开,会议评选出2019年度深圳市金融创新推进奖,并审定了50个金融创新奖、14个金融科技专项奖的拟奖项目。

2020年10月,《深圳建设中国特色社会主义先行示范区综合改革试点实施方案(2020—2025年)》及《深圳建设中国特色社会主义先行示范区综合改革试点首批授权事项清单》发布。

2020年10月,深圳市人民政府联合人民银行开展"礼享罗湖数字人民币红包"试点活动,通过抽签方式将200元的资金以数字人民币红包的方式发放至在深个人数字人民币红包,红包数量共计50000个。

2020年10月14日,深圳经济特区建立40周年庆祝大会在深圳市隆重举行,习近平总书记发表重要讲话,强调要对标国际一流水平,大力发展金融、研发、设计、会计、法律、会展等现代服务业,提升服务业发展能级和竞争力;要在内外贸、投融资、财政税务、金融创新、出入境等方面,探索更加灵活的政策体系、更加科学的管理体制，加强同"一带一路"沿线国家和地区开展多层次、多领域的务实合作。

2020 年 10 月 17 日，2020 年深圳市金融领军人才研修班开班仪式举行。

2020 年 10 月 23 日，香港与内地 ETF(交易所买卖基金)互挂计划下首批产品在香港和深圳两地同时上市，香港交易所与深圳交易所亦签署合作备忘录，共同推广 ETF 互挂。

2020 年 10 月 24 日，第二届粤港澳大湾区资产证券化高峰论坛暨 2020 年资产证券化行业年会在深圳举办。

2020 年 10 月 29 日，《深圳经济特区绿色金融条例》通过，自 2021 年 3 月 1 日起施行，是国内首部绿色金融领域的法规。

2020 年 11 月 2 日，由深圳市人民政府主办，深圳市地方金融监督管理局和深圳贸促委等单位联合承办的第十四届中国（深圳）国际金融博览会在深圳会展中心开幕。

2020 年 11 月 3 日，中国人民银行数字货币研究所下属机构深圳金融科技研究院与香港银行同业结算有限公司旗下香港贸易融资平台有限公司联合宣布，湾区贸易金融区块链平台和香港贸易联动平台（eTradeConnect）已完成第一期对接项目，正式进入试运行阶段。项目将切实解决贸易金融现有操作流程中的痛点、难点，促进两地银行拓展贸易融资业务，并进一步推动两地金融科技合作的持续发展，打造开放、包容、共建的金融生态。

2020 年 11 月 9 日，最高人民法院发布《关于支持和保障深圳建设中国特色社会主义先行示范区的意见》（法发〔2020〕39 号），明确了人民法院支持保障先行示范区建设的总体思路、措施等。

2020 年 11 月 20 日下午，深圳市金融创新奖、金融科技专项奖成果展示暨先行示范区金融大讲堂第 2 期活动成功举办。

2020 年 11 月 20 日，深圳交易集团有限公司（深圳公共资源交易中心）正式揭牌，高质量建设"立足深圳、服务大湾区、辐射全国"的全要素大型综合性交易服务机构，打造公共资源交易领域的"深交所"。

2020年11月24日，国家外汇管理局批准深圳合格境内投资者境外投资（QDIE）试点规模由50亿美元增加到100亿美元。

2020年11月26日，深圳天然气交易中心正式揭牌运营，深港大宗商品跨境交易再上新台阶。

2020年11月26日，《深圳市扶持金融科技发展若干措施（征求意见稿）》发布，提出推进深圳全球金融科技中心建设。

2020年11月27日，第二届中国（深圳）董事会多样性论坛——董事会"她力量"活动在深圳举行，由12家投资机构和11家上市公司在国内首先发起了"投资机构香蜜湖女性董事倡议"和"上市公司香蜜湖女性董事倡议"。

2020年11月28日，香蜜湖金融风险管理2020年年会在南方科技大学成功举办，会上举行深圳市首席风险官联盟成立仪式。

2020年12月10日，深圳发布国内首个金融区块链的地方标准《金融行业区块链平台技术规范》。

2020年12月13日，举办2020中国（深圳）金融科技全球峰会，会上举行了深圳国家金融科技测评中心成立仪式、中汇金融科技（深圳）有限公司揭牌仪式、《深圳市金融科技伦理宣言》发布暨深圳市金融科技伦理委员会成立仪式、深港澳金融科技师专才计划认证三地签章仪式。

2020年12月15日，证券时报社中国资本市场研究院与新财富联合发布《2020中国内地省市金融竞争力排行榜》，在中国内地城市金融竞争力50强中，深圳名列第三；在副省级及计划单列城市金融竞争力榜单中，深圳凭借多层次资本市场的优势排名第一，遥遥领先。

2020年12月17日，福田区人民政府联合深圳证券信息有限公司共同研究编制的"国证香蜜湖文化创意指数"发布，是国内首只文化创意主题股票指数，也是全国首只深港跨境文创指数。

2020年12月18日，深圳市新兴金融行业党委第一次党员代表大会召开，选举产生新一届党委、纪委领导班子。

2020 年 12 月 18 日，"深港澳金融科技师"专才计划工作会议召开。

2020 年 12 月 25 日，深圳市地方金融监管局与龙华区人民政府签署战略合作框架协议。

参考文献

1．冯猜猜、胡振宇：《海洋金融助力深圳全球海洋中心城市建设研究》，《特区经济》2019 年第 9 期。

2．郭翰、邢春晓、洪振挺：《深圳文化金融创新发展研究》，《中国物价》2020年第 12 期。

3．国际、国世平：《金融——深圳经济 40 年快速发展重要支撑点》，《特区经济》2020 年第 6 期。

4．国家外汇管理局深圳市分局：《乘风破浪勇改革 扬帆远航敢创新——深圳金融业改革创新的历程及成就》，《中国外汇》2008 年第 24 期。

5．国家外汇管理局深圳市分局：《面向市场抓机遇 和谐稳定促发展——深圳金融业改革开放的经验与启示》，《中国外汇》2008 年第 24 期。

6．国家外汇管理局深圳市分局：《深港合作为依托 对外开放结硕果——深圳金融业对外开放的历程及成就》，《中国外汇》2008 年第 24 期。

7．国家外汇管理局深圳市分局：《相伴而生 相随发展——回顾招商银行的成长历程》，《中国外汇》2008 年第 24 期。

8．何海燕：《促进深圳证券市场健康协调发展——访深圳市副市长张鸿义》，《特区经济》1990 年第 3 期。

9．刘鸿儒：《突破：中国资本市场发展之路》，中国金融出版社，2008。

10. 胡国华:《深圳市长郑良玉谈——深圳改革发展》,《瞭望周刊》1991 年第 32 期。

11. 胡继之、王喜义:《王喜义行长纵谈深圳金融改革和深港金融对接》,《证券市场导报》1996 年第 4 期。

12. 李扬、刘世锦、何德旭等:《改革开放 40 年与中国金融发展》,《经济学动态》2018 年第 11 期。

13. 李子彬:《我在深圳当市长》,中信出版社,2020。

14. 陆磊:《在开放中变革、融合与创新的金融机构体系——40 年中国金融改革开放的基本经验》,《清华金融评论》2018 年第 12 期。

15. 罗伯川:《深圳金融业改革创新的探索与经验》,《中国金融》2009 年第 6 期。

16. 罗清和、张畅:《深圳经济特区四十年"四区叠加"的历史逻辑及经验启示》,《深圳大学学报》(人文社会科学版)2020 年第 2 期。

17. 马运晴、姜斌:《深圳投控探索国资国企改革发展新路径》,《企业管理》2020 年第 6 期。

18. 任涛:《深圳经济特区外汇调剂中心的发展回顾》,《特区经济》1996 年第 12 期。

19. 深圳创新发展研究院:《改革者:百位深圳改革人物》,中信出版社,2019。

20. 王喜义:《大力推进深圳特区金融的国际化进程》,《武汉金融》1990 年第 10 期。

21. 王喜义:《改革前沿东风劲》,《中国金融》2008 年第 24 期。

22. 王喜义:《深圳股市的崛起与运作》,中国金融出版社,1992。

23. 王喜义:《深圳黄金市场改革的实践》,《金融博览》2012 年第 10 期。

24. 王喜义:《深圳企业股份制改造及股票市场试点成效显著》,《税务研究》1992 年第 7 期。

25. 王喜义:《深圳特区金融情况与当前工作意见》,《中国金融》1985 年第 12 期。

26．王喜义：《我的深圳之路》，《金融博览》2012 年第 1 期。

27．王喜义：《血路：深圳金融改革拓荒者足迹》，中国金融出版社，2011。

28．吴晓求：《改革开放四十年：中国金融的变革与发展》，《经济理论与经济管理》2018 年第 11 期。

29．邢毓静、丁安华：《粤港澳大湾区金融融合发展研究》，中国金融出版社，2019。

30．邢毓静：《金融改革开放 40 年：深圳案例》，中国金融出版社，2020。

31．熊良俊：《深圳金融机构演进与产业发展》，《中国金融家》2008 年第 12 期。

32．许涛、王亚亚：《雄关漫道真如铁 而今迈步从头越——深圳金融业改革开放 30 年专题：深圳金融改革创新大事记》，《中国外汇》2008 年第 24 期。

33．薛靖东、张兴军：《改革开放 40 年金融大事记》，《中国经济信息》2018 年第 5 期。

34．姚龙华：《深圳金融的全球竞争力从何处寻？》，《深圳特区报》2020 年 12 月 18 日。

35．姚龙华：《深圳金融竞争力是如何炼成的？》，《深圳特区报》2020 年 12 月 17 日。

36．易纲：《在全面深化改革开放中开创金融事业新局面——纪念改革开放 40 周年暨中国人民银行成立 70 周年》，《中国金融家》2018 年第 12 期。

37．禹国刚：《深市物语》，海天出版社，2000。

38．张昊：《改革开放四十年我国金融改革历程与展望——从国家财政角度的观察与思考》，《财政科学》2018 年第 8 期。

39．张鸿义：《见证金融改革开放的成功试验》，《中国金融》2020 年第 Z1 期。

40．张鸿义：《借鉴海外经验 推动深圳金融市场发展——深港金融系列研讨会闭幕词》，《特区经济》1988 年第 6 期。

41．张鸿义：《迈向社会主义市场经济——深圳财税、金融、证券、国有资产管理改革探索》，中国金融出版社，1994。

42. 张鸿义：《深圳股份制改革与证券市场发展》，《管理世界》1992年第1期。

43. 张鸿义：《深圳金融——特区的支柱产业》，《中国金融》1990年第6期。

44. 张鸿义：《深圳金融中心建设的总结、评价与展望》，《开放导报》2015年第2期。

45. 张鸿义：《兴利除弊创建有中国特色的证券市场》，《证券市场导报》1991年第1期。

46. 张建军：《深圳金融改革创新的经验与启示——写在深圳经济特区建立30周年之际》，《中国金融》2010年第18期。

47. 张艳花：《股份制的深圳实验——访国务院经济特区工作组成员、中国证监会首任主席刘鸿儒》，《中国金融》2020年第Z1期。

48. 张艳花：《深圳股市初创的激荡岁月——访深圳市原副市长张鸿义》，《中国金融》2018年第22期。

49. 赵淮：《深圳特区诞生的历史及发展经验》，《特区经济》2004年第10期。

50. 郑联盛：《深圳金融改革创新的演进路径与经验》，《经济纵横》2019年第4期。

51. 郑明俊：《从五大跨境人民币业务看深圳前海自贸区金融创新战略》，《市场周刊》2020年第4期。

52. 钟坚：《深圳经济特区改革开放的历史进程与经验启示》，《深圳大学学报》（人文社会科学版）2008年第4期。

后　记

　　过去 40 年，金融业在深圳经济特区波澜壮阔改革历程中留下浓墨重彩的一笔。在党中央的正确领导和关怀下，深圳金融业不断改革创新、锐意进取，书写了金融与实体经济良性互动、相生相伴的壮丽篇章。当前，站在成立"粤港澳大湾区"和"先行示范区"的时代机遇前，深圳再一次整装待发，传承"敢闯敢试"的特区精神，拥抱建设"全球标杆城市"的奋斗梦想，开启探索中国特色社会主义伟大实践的新征程。

　　"以史为鉴，可以知兴替"，回顾总结深圳金融发展的历程、主要成就、经验与不足，既能彰显过去 40 年深圳金融业取得的辉煌成就，又能为深圳金融业的再出发提供指导思路。本书 40 年来首次系统完整地梳理深圳金融业的改革发展史，汇编全市典型金融机构和代表性金融改革人物，从不同的视角全方位展示了深圳金融发展的历史脉络。全书的最后以开放的视角、宏观的格局提出了深圳金融业改革开放再出发的总体方向和实施路径。

　　对本书的编者而言，编写一本涵盖大量历史史料的图书，意义重大也挑战不小。本书的成书和付梓，离不开全市金融各行业协会、金融机构和金融界人士的大力支持。

　　首先，特别感谢招商银行股份有限公司对本书的写作支持，感谢中央驻深金融监管部门、深圳市银行业协会、深圳外资金融机构同业公会、深圳市证券业协会、深圳市期货业协会、深圳市保险同业公会、深圳市保险中介行业协会、深圳私募基金业协会、深圳市私募基金商会、深圳市投资基金同业公会、深圳市创业投资同业公会、深圳市小额贷款行业协会、深圳市互联网金融协会、深圳市信用担保同业公会、深圳市金融科技协会、深圳市融资租赁行业协会、深圳市商业保理协会、深圳市典当协会、深圳市供应链金融协会、深圳市绿色金融协会、深圳排放权交易所、深圳市前海金融同业公会、深圳上市公司协会，对本行业史料的梳理和收集。感谢招商银行、工行深圳分行、农行深圳分行、中行深圳分行、建行深圳分行、交行深圳分行、邮储银行深圳分行、国开行深圳分行、中国进出口银行深圳分行、深圳农商行、微众银行、福田银座村镇银行；深圳证券交易所、国信证券、中信证券、招商证券、南方基金、博时基金；中国平安、国任保险、招商仁和人寿保险、前海再保险、中国人保深圳分公司、中国人寿深圳分公司；深投控、深创投、深圳高新投、深圳担保集团、深圳资本运营集团；鲲鹏资本、深圳天使母基金、前海母基金、招商平安资管、基石资本、同创伟业、松禾资本；深圳国际仲裁院、百行征信、前海金控、华润信托、招联金融、国银金融租赁、联易融提供的案例资料。当然，由于本书篇幅所限，还有大量机构和个人提供的素材未直接反映在书中，但对于深圳金融发展历程的写作和发展经验的总结仍然具有重要参考价值。在此，对所有为本书写作提供素材支持的机构和个人一并表示感谢。

感谢刘平生、何杰、林居正、李凯、余臻、张润泽、吕秋红、田程偲等参与本书的撰写工作，感谢深圳市地方金融监管局汤怀群、赵昕、刘军良对本书的指导和支持，感谢招商银行胡安庚、张梦雅对本书案例和人物写作的资料支持和协调沟通，感谢何禹曈、薛冰、张敬思、林子尧、罗诗睿、万政新、王万达、尹赫、陈怡仲、逯婧对本书资料收集整理、统稿工作的帮助。感谢社会科学文献出版社王利民社长、经管分社恽薇社长和高雁编辑，为本书出版付出的辛劳。

本书编写难免有疏漏之处，敬请读者批评指正。

2021 年 11 月

图书在版编目（CIP）数据

深圳经济特区金融40年 / 刘平生, 何杰主编. -- 北京：社会科学文献出版社, 2022.1

ISBN 978-7-5201-9390-0

Ⅰ.①深… Ⅱ.①刘… ②何… Ⅲ.①地方金融事业－研究－深圳 Ⅳ.①F832.765.3

中国版本图书馆CIP数据核字（2021）第232307号

深圳经济特区金融40年

主　　编 / 刘平生　何　杰
执行主编 / 林居正　李　凯

出 版 人 / 王利民
责任编辑 / 高　雁
责任印制 / 王京美

出　　版 / 社会科学文献出版社·经济与管理分社（010）59367226
　　　　　　地址：北京市北三环中路甲29号院华龙大厦　邮编：100029
　　　　　　网址：www.ssap.com.cn
发　　行 / 社会科学文献出版社（010）59367028
印　　装 / 三河市东方印刷有限公司

规　　格 / 开　本：787mm×1092mm　1/16
　　　　　　印　张：30.75　字　数：459千字
版　　次 / 2022年1月第1版　2022年1月第1次印刷
书　　号 / ISBN 978-7-5201-9390-0
定　　价 / 168.00元

读者服务电话：4008918866